POSTKOLONIE

TURIA REPRINT

Achille Mbembe

Postkolonie

Zur politischen Vorstellungskraft
im zeitgenössischen Afrika

Aus dem Französischen
von Brita Pohl

VERLAG TURIA + KANT
WIEN-BERLIN

Bibliografische Information der Deutschen Nationalbibliothek
Die Deutsche Bibliothek verzeichnet diese Publikation in der
Deutschen Nationalbibliografie; detaillierte bibliografische
Daten sind im Internet über http://dnb.ddb.de abrufbar.

Bibliographic Information published by
Die Deutsche Nationalbibliothek
The Deutsche Bibliothek lists this publication in the
Deutsche Nationalbibliografie;
detailed bibliographic data are available
on the Internet at http://dnb.ddb.de.

ISBN 978-3-85132-977-3

VERLAG TURIA + KANT
A-1010 Wien, Schottengasse 3A/5/DG1
Büro Berlin: D-10827 Berlin, Crellestraße 14 / Remise
info@turia.at | www.turia.at

Inhalt

Vorwort zur zweiten Auflage

POLITIK DES LEBENS UND PRÜFUNG DES BRUDERMORDS[1]

In diesem Vorwort kann sicher nicht detailliert auf jede – zumeist berechtigte – Kritik eingegangen werden, zu der dieses Buch Anlass geboten hat. Um sie meinerseits zu kommentieren, werde ich dennoch zwei grundsätzliche Einwände erheben. Der erste bezieht sich auf das sinnliche Leben der Macht, der zweite auf die Möglichkeit einer Interpretation der Geschlechterpolitik der Postkolonie ausgehend von einer Ethik der Geschlechterdifferenz. Zunächst möchte ich das Buch im intellektuellen Kontext seiner Entstehung verorten – damit möchte ich seine Position im Archiv des modernen Diskurses über Afrika präzisieren. Nebenbei werde ich dem Leser einige ergänzende Reflexionen mitgeben, die den Kern des ursprünglichen Projekts und die Problemstellung möglicherweise deutlicher machen und, so hoffe ich, weiter ausführen.

NARZISSMUS

Obwohl *Postkolonie* ursprünglich auf Französisch geschrieben und veröffentlicht wurde, ist das Buch doch in der angelsächsischen Welt auf lebhafteres und zweifellos kreativeres kritisches Interesse gestoßen.[2] Das

---

[1] Beim Verfassen dieses Vorworts unterstützten mich Sarah Nuttall, Peter Geschiere, Françoise Vergès und Stephania Pandolfo mit Kritik und Kommentaren.

[2] Auf Französisch ist allerdings auf folgende Beiträge hinzuweisen: Tshikala K. Biaya, »Dérive épistémologique et écriture de l'histoire de l'Afrique contemporaine«, *Politique africaine* 60 (1995), 110–116; Catherine Coquery-Vidrovitch in H-Africa@h-net.msu.edu (März 2002), übernommen von den *Cahiers d'études africaines* 167 (2002); sowie auf die Debatte um das Buch in *Politique africaine* 91 (2003), 171–194. Die englische Fassung des Buches, die unter dem Titel *On the Postcolony*, Berkeley, University of California Press 2001 erschienen ist, enthält ein zusätzliches Kapitel mit dem Titel »The Thing and Its Doubles«.

sollte nicht überraschen, da die Gründe für diese Diskrepanz nur zu bekannt sind und hier nicht noch einmal wiederholt werden müssen. Sie hat im Wesentlichen zwei Ursachen.

Einerseits – und bis auf wenige Ausnahmen – scheint die französischsprachige Welt die weitreichende Bedeutung der jüngsten Zäsuren in den Sozialwissenschaften im Allgemeinen und insbesondere in der politischen und kulturellen Kritik nicht ausreichend zu würdigen. Damit meine ich die Wende, die in den unterschiedlichen Wissensfeldern Philosophie, Kunst und Literatur durch das Eindringen der drei oder vier intellektuellen Strömungen ausgelöst wurde, die im Lauf des letzten Viertels des zwanzigsten Jahrhunderts in anderen Weltteilen mehr als andere dafür prägend waren, wie das Soziale, das Politische und die Kultur gedacht werden.[3]

Heute ist allgemein anerkannt, dass diese drei oder vier intellektuellen Strömungen wohl kaum vorübergehende Phänomene sind. Denn sie haben nicht nur eigene Gegenstände definiert, sondern auch sehr eigene Begrifflichkeiten sowie ein theoretisches Arsenal, Analyse- und Fragemethoden entwickelt, also Paradigmen um Fragen bezüglich Rasse und Diaspora (*Critical Race Studies*), Geschlechterdifferenz (Feminismen, Fragen der Homosexualität), Postkolonialismus und subalternem Wissen (*Subaltern Studies*), und auch der aktuellen Zirkulation unterschiedlichster Strömungen (*Public Culture*).

Überall im Okzident, wo die von diesen Strömungen aufgeworfenen Probleme in der intellektuellen Diskussion und in den Abläufen des öffentlichen Lebens ernst genommen wurden, hat sich im Ergebnis, wenn auch keine Erneuerung, so doch eine Vertiefung der

---

[3] Und das trotz der Übersetzungen einiger Haupttexte dieser Strömungen, insbesondere Edward Said, *Impérialisme et culture.* Paris, Fayard 1996 (*Kultur und Imperialismus.* Aus dem Amerikanischen von Hans-Horst Henschen. München, S. Fischer 1994); Arjun Appadurai, *Après le colonialisme. Les conséquences culturelles de la globalisation.* Paris, Payot 2001; Paul Gilroy, *L'Atlantique noir.* Paris, Kargo 2003; Judith Butler, *La vie psychique du pouvoir. Théories de l'assujettissement.* Paris, Léo Scheer 2002 (*Psyche der Macht. Das Subjekt der Unterwerfung* .Aus dem Amerikanischen von Reiner Ansén. Frankfurt/Main, Suhrkamp 2001); die von Mamadou Diouf herausgegebene Aufsatzsammlung *Histoire indienne en débat. Colonialisme, nationalisme et sociétés postcoloniales.* Paris, Karthala 1999. Siehe hierzu auch die Sondernummer der französischen ethnologischen Zeitschrift *L'Homme* 156 (2000), die sich den »Intellektuellen in der Diaspora und nomadischen Theorien« widmet.

Reflexion über das Wesen der demokratischen Ordnung (bürgerlichen Politik), die ethischen Bedingungen des Zusammenlebens (Politiken von Anerkennung und Inklusion) und die Arten von Beziehungen zum anderen und zur Welt (Kosmopolitismus) gezeigt.[4]

Diese intellektuellen Strömungen haben in hohem Maße von der Vielfalt von politischen und sozialen Bewegungen profitiert, die unter anderem die Forderung nach dem Recht auf Selbstbestimmung oder einfach die Gleichberechtigung in bereits bestehenden Nationen gemeinsam hatten (insbesondere antikoloniale und antiimperiale Kämpfe in der Dritten Welt, die Bürgerrechtsbewegung in den Vereinigten Staaten, der Kampf gegen die Apartheid sowie feministische Bewegungen). Sie profitierten besonders im amerikanischen Universitätssystem auch vom Zustrom einer Generation von Intellektuellen und Denkern, die aus ehemaligen Kolonien stammten und von der in den kulturellen Institutionen der Neuen Welt praktizierten Aufnahmebereitschaft und Gastlichkeit begeistert waren.

Dieser Einbruch des »anderen« ebnete einer Erneuerung des Denkens über Differenz und Alterität den Weg. Ohne unbedingt allen Postulaten der philosophischen Generation zuzustimmen, die den »Tod des Menschen« proklamiert hat, verliehen die Intellektuellen der ehemaligen Kolonien der Kritik am westlichen Zentrismus neuen Schwung – diesem seltsamen Subjekt, das als das Universelle schlechthin gelten will und letzten Endes als Alibi für seine beherrschende Position eine perverse Vorstellung von Differenz produziert.

Dass dieses Denken von den Rändern heute in den verschiedenen kunst- und geisteswissenschaftlichen Disziplinen und auch in der öffent-

---

[4] Siehe zum Beispiel Paul Gilroy, *Against Race. Imagining Political Culture Beyond the Color Line.* Cambridge, Harvard University Press 2000; Kwame A. Appiah, *The Ethics of Identity.* Princeton, Princeton University Press 2005; Iris Young, *Justice and the Politics of Difference.* Princeton, Princeton University Press 1990 sowie *Inclusion and Democracy.* Oxford, Oxford University Press 2000; Seyla Benhabib (Hg.), *Democracy and Difference.* Princeton, Princeton University Press 1987 und *The Claims of Culture. Equality and Diversity in the Global Era.* Princeton, Princeton University Press 2002; Wendy Brown, *States of Injury. Power and Freedom in Late Modernity.* Princeton, Princeton University Press 1995; Nancy Fracer, *Justice Interruptus. Critical Reflections on the »Postsocialist« Condition.* New York, Routledge 1997; Charles Taylor, *Multiculturalism.* Princeton, Princeton University Press 1994; Axel Honneth, *Kampf um Anerkennung. Zur moralischen Grammatik sozialer Konflikte.* Frankfurt/Main, Suhrkamp 1994.

lichen Diskussion zum konventionellen Diskurs gehört, ist zu einem sehr großen Teil dem kosmopolitischen Charakter der meisten großen angelsächsischen Universitäten zu verdanken. Auf diese kosmopolitische Sensibilität beziehen sich eine Vorstellung von politischer Gemeinschaft und ein Modell der gesellschaftlichen Inklusion, die sich um die Rechte aller möglichen Minderheiten bemühen – und das nicht nur nach außen hin.[5]

Vom philosophischen Standpunkt aus fördert dieses Modell das – freilich hier und da in Frage gestellte – Projekt einer multikulturellen Demokratie auf Grundlage gegenseitiger Anerkennung als Bedingung für ein Gemeinschaftsleben.[6] Gleichheit ist hier nicht mehr so sehr »eine Vergleichbarkeit der Subjekte hinsichtlich irgendeiner Maßeinheit« als »die Gleichheit der Singularitäten in der Unvergleichbarkeit der Freiheit«[7]. Deshalb ist die Formulierung von Singularität im Plural als eines der effizientesten Mittel zu betrachten, das Babel der Rassen, Kulturen und Nationen zu bewältigen, das durch die lange Geschichte der Globalisierung unvermeidlich geworden ist.[8] Dies galt zumindest bis zum Ausbruch des »Kriegs gegen den Terrorismus«; eine seiner Folgen ist die relative Abkapselung der Vereinigten Staaten.

Obwohl diese intellektuellen Strömungen in der angelsächsischen Welt entstanden sind, wurden sie doch zumindest teilweise von wesentlichen Aspekten des französischen Nachkriegsdenkens befruchtet. Das gilt, um nur einige Beispiele zu nennen, für die Dekonstruktion essentialistischer Konzeptionen von Mensch und Natur; die Beziehungen zwischen Subjekt und Sprache in der Strukturierung von Subjektivität; den Skeptizismus gegenüber Postulaten der transzendentalen Vernunft; oder auch die Bedeutung, die nun der Heterogenität von Zeitlichkeiten zuge-

---

5 Siehe James Tully, *Strange Multiplicity. Constitutionalism in an Age of Diversity*. Cambridge, Cambridge University Press 1995; und Seyla Benhabib, *Die Rechte der Anderen. Ausländer, Migranten, Bürger*. Aus dem Amerikanischen von Frank Jakubzik. Frankfurt/Main, Suhrkamp 2008.

6 Paul Gilroy, *After the Empire. Melancholia or Convivial Culture*. New York, Columbia University Press 2005.

7 Jean-Luc Nancy, *L'expérience de la liberté*. Paris, Galilée 1988, 96.

8 Siehe zu diesen Debatten so unterschiedliche Betrachtungsweisen wie Jean-François Bayart, *Le Gouvernement du monde*. Paris, Fayard 2004; und Paul Gilroy, *The Black Atlantic, Modernity and Double Consciousness*. Cambridge, Harvard University Press 1993; Arjun Appadurai, *Modernity at Large. Cultural Dimensions of Globalization*. Minneapolis, University of Minnesota Press 1996.

standen wird. Zur Untermauerung muss nur an die oft sehr kritischen Besprechungen und Wiederaneignungen der Thesen von Barthes, Lacan, Foucault, Deleuze, Derrida und anderen durch die besten Intellektuellen der postkolonialistischen Strömung, der *Subaltern Studies* oder feministischer und schwuler Theorien und ihre Gedankengänge und Argumentationslinien erinnert werden.

In Frankreich selbst jedoch sind diese Strömungen inzwischen an die Mauer eines politischen, kulturellen und intellektuellen Narzissmus gestoßen, von dem behauptet werden könnte, sein blinder Fleck bestünde aus einer Art von »rassisierendem Ethno-Nationalismus«. Auf den ersten Blick ist dieser rassisierende Ethno-Nationalismus umso erstaunlicher, als er im Schatten einer der Traditionen des politischen Denkens gedeiht, die in der Geschichte der Modernität eine radikale Sorge zumindest um den »Menschen« und die »Vernunft«, wenn nicht »das Menschliche« im Allgemeinen bewiesen hat. Dieses Denken postulierte den »Menschen« und die »Vernunft« gleichzeitig als die beiden zentralen Gestalten der Souveränität von Subjekt und Handeln schlechthin, als grundlegende Instanzen des Wissens und des Handelns, sowie schließlich als Urerfahrungen, von denen ausgehend sich die Welt und die Wahrheit des Politischen, der Ethik und der Kultur interpretieren ließen. Diese radikale Sorge um den »Menschen« und das »menschliche Wesen« soll das Konzept der »Republik« verkörpern, dessen Modernität sich über die Rede von Freiheit, Gleichheit und Brüderlichkeit artikuliert.

Historisch zeigte jedoch diese Sorge, die dem Schicksal des »Menschen« und der »Vernunft« vorbehalten war, immer dann rasch ihre Grenzen, wenn die Gestalt des »Menschen« im Antlitz eines Anderen wiedererkannt werden musste, der von der Gewalt der Rasse entstellt war. In der Geschichte der Republik stellten Sklaverei und die Tatsache des Kolonialismus die institutionelle Ausformung der explizitesten zerstörerischen Absicht dar, die von der Rasse getragen wird. Denn worin bestehen Rasse und Rassismus – und umgekehrt, worin bestehen Versklavung und koloniale Unterwerfung –, wenn nicht in der Macht, sich den anderen als »Abfall« zu denken, und in der Fähigkeit, ihm »selbst zu Lebzeiten«[9] diesen Status des Abfalls zuzuschreiben? Die nächtliche Kehrseite der Republik, die träge Dichte, in der sich ihre Radikalität

9 Jacques Hassoun, *L'obscur objet de la haine*. Paris, Aubier 1997, 27.

verfängt, ist damit die *Rasse*. Denn die Rasse ist der namenlose Strand, an dem das menschliche Wesen es durch die Macht des Blicks des anderen unmöglich findet zu erkennen, worin das Wesen seiner Aufgabe besteht.

Radikaler gesprochen ist sie der bodenlose Bereich, in dem »dem Menschen« die Fähigkeit abhanden kommt, sich sein Leben vorzustellen. Als fiktiver Standort und irrealer Raum führt sie dazu, dass wir an der Frage scheitern, wie »der Mensch« zu erkennen und über ihn ein Diskurs zu führen sei. Jede Analyse der grundlegenden Endlichkeit des »Menschen« muss weitgehend damit beginnen, die *Rassen*kritik zum Ausgangs- und Endpunkt zu nehmen. Denn die *Rasse* erlaubt es, die Zeiten zu denken, in denen »der Mensch« verschwindet, sich auflöst, oder einfach nicht mehr existiert: den blinden Fleck, von dem aus es unmöglich ist, »den Menschen« zu erkennen und die radikale Sorge um ihn zu markieren, als deren letzter Ausdruck die Republik sich im Übrigen versteht.

In Frankreich, diesem alten Land, leugnet eine unüberwindbare Tradition weiterhin die brutale Tatsache der Rasse: das Erbe der Revolution von 1789 und der *Terreur*, das unter dem Vorwand mit der Nationalisierung der Idee des Universalismus operiert, dass die Forderung nach dem Recht auf Differenz – gleich welcher – dem republikanischen Dogma der universellen Gleichheit widerspricht. Dass das blinde Streben nach einem so edlen Ideal im Kontext einer objektiven Multikulturalität, ethnischer und religiöser Vielfalt und einer erst jüngst abgeschlossenen Kolonialgeschichte letztlich zum genauen Gegenteil dessen führt, was dieses Ideal fordert – das wird nur zögerlich zum Gegenstand einer konsequenten Bewusstwerdung.

Im Namen des Prinzips der Gleichheit affirmiert die französische Tradition des abstrakten Universalismus nun, dass das Projekt der Moderne im Kern darin besteht, »das Soziale seiner Substanz zu berauben, um es auf einen seiner Anteile zu reduzieren: die Äquivalenz- und Kommensurabilitätsbedingungen zwischen unabhängigen Individuen«, wobei ihre Zugehörigkeit zu verschiedenen kulturellen oder religiösen Gemeinschaften nicht in Betracht gezogen wird.[10] So ist der Hohn zu erklären, mit dem in den meisten wohlmeinenden Milieus jedem Ver-

---

[10] Pierre Ronsanvallon, *Le Peuple introuvable. Histoire de la représentation démocratique en France*. Paris, Gallimard 1998, 13.

weis auf Politiken der sogenannten positiven Diskriminierung begegnet wird. Zu dieser Blindheit kommt, wenn nicht die Weigerung, so doch die Schwierigkeit damit, Geschichte und Erinnerung als Geschichte und Erinnerung von Verantwortung zu denken.

Diese Verweigerung der Verantwortung – die gleichzeitig eine Weigerung ist, sich einzugestehen, dass ein aktives Bedürfnis nach Vergessen besteht – wird insbesondere dann sichtbar, wenn es darum geht, die koloniale Vergangenheit ernsthaft in Frage zu stellen.[11] Vor allem damit beschäftigt, den »Geist des Gulag« zu verurteilen, hat die Intelligenzija diese dunkle Seite, den Kolonialismus, verdrängt – die für die Republik konstitutiv ist.[12] In den seltenen Fällen, in denen eine Neubewertung dieser Epoche skizziert worden ist, wurde die Kolonisierung auf die Manifestation einer rein narzisstischen Verletzung reduziert.[13] Das Ziel war kaum, das Wissen, das die ehemals kolonisierten Völkern oder ihre Nachkommen produzierten, die zwangsläufig zu »überseeischen« Staatsbürgern geworden sind, in die nationale »Bibliothek« zu integrieren. Sie sind praktisch unsichtbar, ihr »Heimatrecht« in der öffentlichen Sphäre der Nation wird symbolisch in Frage gestellt.

Wie bereits Fernand Braudel anklingen ließ, speist sich die Identität Frankreichs also aus der fruchtlosen Spannung zwischen Republikanismus und Differentialismus – und ist gleichzeitig ihr Ergebnis.[14] Da das republikanische Projekt aus einem rein abstrakten Universalismus in eine Art Nationalisierung abgewandelt wurde, geriet schließlich in Vergessenheit, dass, wenn der »Mensch« sich immer in jeweils unterschiedlichen Gestalten wieder auffinden lässt, kein Denken des Subjekts vollständig sein kann, das außer Acht lässt, dass das Subjekt sich nur in einer Distanzierung von sich selbst erfassen lässt und sich nur in der

---

[11] Siehe zu diesem Thema die Kritik von Françoise Vergès, *Abolir l'esclavage, une utopie coloniale.* Paris, Albin Michel 2001; Nicolas Bancel, Pascal Blanchard, Françoise Vergès, *La République coloniale.* Paris, Albin Michel 2003, sowie die vorsichtige Kritik von Olivier Mongin, »Création et culture à l'âge postcolonial«, *Esprit* (März–April 2003), 316–332.

[12] Siehe hierzu die Sondernummer von *Hommes & Migrations,* »L'Héritage colonial: un trou de mémoire«, 1228 (2000).

[13] Siehe Nicolas Bancel, Pascal Blanchard, »Les pièges de la mémoire coloniale«, *Cahiers français* 303 (2003).

[14] Fernand Braudel, *L'Identité de la France.* Paris, Arthaud 1986. Eine Kritik an dieser Gegenüberstellung findet sich bei Jean Baubérot, »Une société multiculturelle: jusqu'où?«, *Cahiers français* 316 (2003).

Anerkennung des Anderen erleben kann. Die Existenz dieser Spannung und das Gewicht dieses »doppelten Bewusstseins« erklären mehr als alles andere das Scheitern von Postkolonialismus oder Rassenkritik in Frankreich – intellektuelle Strömungen, die man zu Unrecht mit dem verwechseln würde, was hier mit dem pejorativen Begriff des »*Tiers-Mondisme*« bezeichnet wird.

Es führt auch dazu, dass, weit davon entfernt, das schlichte Äquivalent des Kosmopolitismus zu sein, die französische Rede vom Universalismus in ihrer militanten Abstraktion vor allem einem ethno-rassischen Nationalismus als Deckmantel dient, der sich weigert, sich benennen zu lassen. Es handelt sich um eine Form von Universalismus, der »nur in Begriffen der Verdoppelung, der unendlichen Spaltung eines narzisstischen Bilds denken kann«[15], dem seine Vertreter rettungslos verfallen sind. Im Zeitalter der Globalisierung führt diese Unfähigkeit, zum Kosmopolitismus überzugehen, in die theoretische Sackgasse, in der sich das französische Denken heute scheinbar befindet, auch wenn es darum geht, ein Modell einer »Weltregierung« zu denken, das von dem gerade zeitgeistigen Unilateralismus abweicht.[16]

POSITIONEN

Kommen wir nun auf *Postkolonie* zurück. Über den Titel ist zu sagen, dass er deutlich zeigt, von welchen Ansätzen dieses Buch sich abwendet. Jenseits seiner unmittelbaren Definition – einer Zeit, deren Merkmal es ist, unruhig zu sein oder Anlass zu Unruhe und Tumulten zu geben, zu einem Mangel an Heiterkeit, diesem alten Ideal, das jedem glücklichen Leben zugrunde liegt – ermöglichte mir das Konzept der *Postkolonie*, die Klippen der Allgemeinplätze zu umschiffen, die so geläufig sind, sobald es um Afrika und bis vor Kurzem kolonisierte Welten geht.

Besonders drei dieser Diskurse sind an ihre Grenzen gestoßen. Der erste muss wohl als Afro-Pessimismus bezeichnet werden. Es handelt sich um einen Avatar der rassistischen Vorstellungswelt – ein Vergnügen

---

[15] Jacques Hassoun, *L'Objet obscur de la haine*, 14.

[16] Siehe »Vers une anthropologie comparative des démocraties modernes. Entretien avec Vincent Descombes (II)«, *Esprit* 263 (2000).

für Idioten. Der afro-pessimistische Diskurs, der von Hass und Abscheu gegenüber Schwarzen und zudem von Verachtung für den Kontinent und alles, wofür er steht, beherrscht wird, ist ein bösartiger und irrationaler Diskurs. Ganz allgemein ist er an seiner Ausdrucksweise zu erkennen – die sich in einer Art jungfräulicher Energie und Disziplinlosigkeit zügellos entfaltet. Als Diskurs einer bestimmten Form von Wahn also, der manchmal unsinnig, manchmal zerstreut, immer knapp an der Beleidigung daherkommt, und der so sehr durch seine Dummheit glänzt, dass es Zeitverschwendung wäre, ihn widerlegen zu wollen.

Danach kommt die Afrikanistik. Sie ist verknöchert, fast tödlich von ihrer Unfähigkeit getroffen, philosophisch und quer (komparativ) zu denken. Sie hat sich von dem abgewandt, was einst ihre Stärke war – der seriösen Feldforschung – und tendiert immer mehr dazu, ihr Wissen über Afrika nur noch auf Basis fragmentarischer Daten, Halbwahrheiten, Lügen, Fiktionen und Anekdoten zu erweitern, die schlecht und recht gesammelt werden, die niemand verifizieren kann, denen aber alle beipflichten und die sie um die Wette wiederholen.

Die dritte Diskursserie sind Afro-Radikalismus, Afrozentrismus und ihre diversen Varianten (Marxismus, Nationalismus, Panafrikanismus, Nativismus, Ägyptomanie). Afro-Radikalismus und Afrozentrismus entstehen aus einem ursprünglichen Einschnitt: der Begegnung von Afrika mit seinem großen Anderen, dem Okzident. In mehrfacher Hinsicht wird diese Begegnung als Vergewaltigung erlebt. Das Ich (Afrika) erscheint dort immer nur in Gestalt eines analen Objekts, das der Gewalt des Vaters (des Okzidents) unterworfen ist.[17]

Der Okzident ist das unklare Objekt ihres Hasses. Bei näherer Betrachtung haben diese Diskurse keine eigene Aussage. Im Gegenteil, vom Anderen gefesselt sind sie die Manifestation eines Subjekts, das der Dämon, der es reitet, seiner Subjektivität, seiner Stimme und seines Begehrens beraubt hat.[18] Wild entschlossen, die vermutete Ursache der Würdelosigkeit zu vernichten, an der der Schwarze leiden würde, sind sie nicht nur Ausdruck einer gebrochenen Subjektivität, die sogar zu

---

[17] Hierzu die Kritik von Valentin-Y. Mudimbe, *L'Odeur du père*. Paris, Présence africaine 1977.

[18] Eine kritische Position dazu siehe Achille Mbembe, »African Modes of Self-Writing«, *Public Culture* 14.1 (2002), 239–274; sowie die Kontroverse in *Public Culture* 14.1 (2002), 585–628; siehe auch Nira Wickramasinghe, »A Comment on ›African Modes of Self-Writing‹«, in *Identity, Culture and Politics* 2 (2001), 37–42.

sich selbst im Widerspruch steht, sondern auch diverser Verteidigungsmechanismen, die das Ich anwendet, wenn es mit einer inakzeptablen Darstellung seiner selbst konfrontiert ist. Dieses Denken erlebt die Ablehnung durch den großen Anderen als Kastration.

Ich bediene mich daher des Konzepts der »Postkolonie«, um mich von diesen Diskursformationen über Afrika abzugrenzen. Dieses aus Versatzstücken zusammengestückelte Konzept ermöglicht mir auch, mich gegenüber zwei prominenten intellektuellen Strömungen abzugrenzen: eine ist unter der Bezeichnung *Subaltern Studies* bekannt, die zweite unter dem Namen postkoloniale Theorie (*Postcolonial Theory*).[19] Die Rolle dieser Strömungen bei der Dekonstruktion von imperialem Wissen und der Kritik an jeder Form von differenzfeindlichem und damit der Gestalt des Andern feindlichem Universalismus ist nicht zu leugnen. Durch ihre radikale Kritik am totalisierenden Denken des Gleichen legten sie die Basis für ein Denken der Alterität und damit der pluralen Singularität – der zersplitterten Vielfalt, auf die sich Edouard Glissant bezieht.[20]

Doch indem sie zu sehr auf Differenz und Alterität insistierten, verloren diese Diskurse das Gewicht des *Mitmenschen* aus den Augen, ohne das es unmöglich ist, eine *Ethik des Nächsten* zu denken – und noch weniger die Möglichkeit einer gemeinsamen Welt, einer gemeinsamen Humanität in Betracht zu ziehen. Andererseits machten sie den Kampf zwischen »Vater« und »Sohn« – das heißt das Verhältnis von Kolonialherrn und Kolonisiertem – zum letztinstanzlichen Paradigma des Politischen in außereuropäischen Gesellschaften und verschleierten

---

19 Zu diesen Strömungen siehe insbesondere Edward Said, *Orientalismus*. Aus dem Amerikanischen von Hans Günter Holl. München, S. Fischer, 4. Aufl. 2009; Gayatri Spivak, *Kritik der postkolonialen Vernunft. Hin zu einer Geschichte der verrinnenden Gegenwart*. Aus dem Englischen von Nadine Böhm-Schnitker et al. Stuttgart, Kohlhammer 2013; Ranajit Guha (Hg.), *Subaltern Studies I: Writings on South Asian History and Society*. Delhi, Oxford University Press 1982; Dipesh Chakrabarty, *Provincializing Europe. Postcolonial Thought and Historical Difference*. Princeton, Princeton University Press 2000; und als allgemeine Einführung Robert J. C. Young, *Postcolonialism: A Historical Introduction*. London, Blackwell 2001.

20 Siehe Edouard Glissant, *Poétique de la relation*. Paris, Gallimard 1990, sowie *Traktat über die Welt*. Aus dem Französischen von Beate Thill. Heidelberg, Wunderhorn 1999. Überdies Dipesh Chakrabarty, *Habitations of Modernity. Essays in the Wake of Subaltern Studies*. Chicago, University of Chicago Press 2002.

damit die Intensität der »Gewalt zwischen Brüdern« und den problematischen Status von »Schwester« und »Mutter« unter den Geschwistern. Nebenbei verwirrten sie unser Verständnis vom Verhältnis des Wunsches nach Souveränität zu Mord, Brudermord und Selbstmord des anderen.[21]

Grundsätzlicher, und das wahrscheinlich wegen ihrer relativen philosophischen Armut, konnten diese beiden Strömungen kaum Fragen von Schande und Bedeutungsunmöglichkeit denken – der Hauptmerkmale, die dem afrikanischen Signifikanten auf der Weltbühne gewaltsam zugewiesen wurden. Bedeutungsunmöglichkeit nicht so sehr, weil das afrikanische Zeichen jedem Symbolisierungsverfahren widerstehen würde, sondern weil es für das Denken des Gleichen in sich ein irreduzibles Außen konstituiert, einen unmöglichen Rest, dessen Sinn und Identität nur von einem ursprünglichen Enteignungsakt aus gedacht und angesprochen werden können. Dieser ursprünglichen Ablehnung des Menschlichen im Afrikaner – und damit dem Verschließen gegenüber der Vorstellung des *Gleichen* –, diesem Versuch einer Abschottung in der rohen Differenz, dieser primitiven Erniedrigung des afrikanischen Zeichens, bemühten sich Senghor, Césaire, Fanon und andere manchmal mehr schlecht als recht zu widersprechen, soweit es die Mittel ihrer Zeit zuließen.[22]

Und im Grunde lud *Postkolonie* dazu ein, noch einmal dieses Archiv der Schande und des Ausschlusses zu besuchen, nicht mehr im Kontext des »Vatermords«, sondern im Zeitalter der »Gewalt des Bruders gegenüber dem Bruder«. Damit wollte das Buch eine afrikanische Tradition der kritischen Reflexion darüber fortsetzen, was *in einer Epoche, in der Bruder und Feind ein- und derselbe sind* – der feindliche Bruder – als *Politik des Lebens* bezeichnet werden muss.[23] Und eben auf dieser Ebene meldet sich das Gespenst von Fanon zu Wort.

---

[21] Der Versuch einer Interpretation dieser Tatsachen in einem anderen Zusammenhang findet sich bei Domenica Mazzù (Hg.), *Politiques de Caïn. En dialogue avec René Girard*. Paris, Desclée de Brouwer 2004.

[22] Vgl. Léopold Sédar Senghor, *Œuvre poétique*. Paris, Seuil 1980. Aimé Césaire, *Über den Kolonialismus*. Berlin, Karin Kramer Verlag 2010.

[23] Von diesem Blickwinkel aus sollten die Bücher von Fabien Éboussi Boulaga neu interpretiert werden: *La Crise du Muntu. Authenticité africaine et philosophie*. Paris, Présence africaine 1977; *Christianisme sans fétiche. Révélation et domina-*

Denn unter allen unseren Vorgängern hat er in seiner Zeit bezüglich der Politik des Lebens am eindringlichsten eine Reihe von Fragen formuliert. Deshalb ist dieses Buch in mehrfacher Hinsicht bemüht, *mit* und *gegen* Fanon zu denken.

Bezüglich der Politik des Lebens in den afrikanischen Archiven der Moderne können folgende Fragen formuliert werden: Was heißt es, in einem Kontext, in dem alles – oder fast alles – Gewalt und Tod bezeichnet, Gewalt und Tod aufruft und beiden einen zentralen Platz in den Verfahren der Ausformung von Erinnerungen, in den Technologien und der Alltagspraxis der Macht ebenso wie in Selbsterzählungen und Strukturen der Vorstellung einräumt, zu sagen, »Ich bin ein menschliches Wesen«, »Ich bin lebendig«, oder auch »Ich existiere«? Was will man damit sagen, wenn man behauptet, »frei zu sein« und »selbst entscheiden zu wollen«[24]?

In der jüngsten Geschichte unserer Moderne war die Kolonie mehr noch als der Sklavenhandel der Ort schlechthin, an dem die Frage nach dem Leben aufbrach. Die Erklärung ist einfach: alles in der Kolonie konnte sich in jedem Augenblick in eine Gestalt der Gewalt, ja des Sterbens wandeln, wobei der *Überlebenskampf* übrigens nicht davor zurückschreckte, wenn nötig zum *Kampf bis auf den Tod* zu werden.[25] Diese Gegenwart des Todes im Leben und des Lebens im Tod bewirkt, dass es keine kritische Reflexion über die Politik des Lebens geben kann, die nicht gleichzeitig die Frage nach den Strukturen von Gewalt und Sterben stellt.

Hinsichtlich der Kolonie zeichnet Fanon die Genealogie dieser Strukturen weit jenseits der politischen, kulturellen, militärischen und ökonomischen Dispositive nach. Er verortet diese Genealogie zentral im *Bereich der Psyche*. Die Gewalt, so sagt er, wird nicht nur in die Häuser, sondern auch in das Gehirn des Kolonisierten getragen. Er zeigt diesbezüglich, dass in der Kolonie die *Rasse* sehr wohl die primitive Bühne ist,

---

tion. Paris, Présence africaine 1981; Jean-Marc Ela, *Le Cri de l'homme africain*. Paris, L'Harmattan 1980.

[24] Frantz Fanon, *Schwarze Haut, weiße Masken*. Aus dem Französischen von Eva Moldenhauer. Wien/ Berlin, Turia + Kant 2016.

[25] Eine jüngere Studie findet sich bei Olivier Le Cour Grandmaison, *Coloniser, Exterminer. Sur la guerre et l'État colonial*. Paris, Fayard 2005.

vor der das Leben der Psyche sich abspielt. Als privilegierter Ort jeder phantasmatischen Aktivität wird in ihrem Namen die Macht ausgeübt, den Tod zu geben oder zu »zivilisieren«, wobei die beiden Begriffe im Übrigen häufig austauschbar sind. Hier ist die *Rasse* nicht nur Antrieb des sinnlichen Lebens. Sie ist auch eine Art ursprünglicher Einschnitt: der Indikator für die außerordentliche Prekarität des Lebendigen.

Mit anderen Worten ist die *Rasse* in der Kolonie gleichzeitig Mordwerkzeug und -bühne – ihr Spiegel, ihr Unbewusstes und ihr Schmuck.[26] Von diesem Blickwinkel aus ist der Kolonialkrieg, wenn er stattfindet, immer in gewisser Weise ein *Rassenkrieg*.[27] Die Macht zu töten – die im Übrigen mit der Macht der Erniedrigung und der Grenzverletzung einhergeht – verbirgt sich immer hinter der Pantomime des Rechts, auch in ihren groteskesten und komischsten Ausformungen. Denn das Recht ist in der Kolonie notwendigerweise ein Kind der Gewalt. Es beruht auf einer ersten Gewalt, der Rasse. Diese erste Gewalt legitimiert die Gewalt des Kolonialrechts, während sie ihre primitive Basis verschleiert – das tiefe *Tötungsverlangen*, das bekanntlich im Innersten jeder Kultur und jeder Zivilisation verborgen liegt.[28]

Unter diesen eben skizzierten Bedingungen – die für die koloniale Situation charakteristisch sind – lehrt uns Fanon, dass das Leben nicht von vorneherein gegeben ist. Es ist eine *Prüfung* – sowohl eine Selbstprüfung als auch eine Prüfung der Welt. Infolgedessen ist die Politik des Lebens das Mittel, sich den eigenen geschichtlichen Verhältnissen zu entziehen – angefangen mit der Rasse. Und in der Verweigerung, sich in den Blick des anderen einschließen zu lassen, arbeitet man daran, die Verhältnisse dergestalt zu schaffen, dass die Geschichte immer offen und das Subjekt niemals geschlossen bleibt.[29] Die Arbeit für das Leben, stellt

---

[26] Dieses Argument findet sich im Übrigen auch im Kontext der Sklaverei. Siehe hierzu Saidiya V. Hartman, *Scenes of Subjection. Terror, Slavery, and Self-Making in Nineteenth-Century America*. Oxford, Oxford University Press 1997; Stephen M. Best, *The Fugitive Properties. Law and the Poetics of Possession*. Chicago, Chicago University Press 2004.

[27] Michel Foucault, *›Il faut défendre la société‹ Cours au Collège de France*, 1976. Paris, Hautes Études/ Gallimard/ Seuil 1997.

[28] Sigmund Freud, *Das Unbehagen in der Kultur*. Wien, Internationaler Psychoanalytischer Verlag 1930.

[29] Frantz Fanon, *Schwarze Haut, weiße Masken, op. cit.*, insbesondere die Schlussfolgerung.

er fest, ist von Anfang bis Ende eine »gewalttätige Praxis«, die »integrierend« wirkt, innerhalb einer »großen Kette«, einer »gewalttätigen Organisation«, in der jeder einzelne sich »zum gewalttätigen Glied« macht.[30]

Das Problem des Lebens in diesen Begriffen darzulegen, zwingt zu einer Aussage über den Status *des Todes als solchem*. Bei Fanon repräsentiert der Tod die äußerste und paradoxe Gestalt des Politischen. Fanon scheint, wenn nicht den Tod an und für sich, so zumindest den Akt des Tötens für das historische Ereignis schlechthin zu halten. In seinen Augen ist das Töten des Feindes die privilegierte Dialektik der Geschichte, die Sprache der Subjektwerdung, oder, wie er selbst sagt, die »absolute Praxis«.[31] Fanon deutet an, dass man in Kontexten der absoluten Unterwerfung und Erniedrigung aus rassischen Gründen nur *man selbst* werden könne, indem man sich dieser Fähigkeit, den Tod zu geben, bemächtigt. Aufrecht zu leben bedeutet, diese Macht, die der Feind zu monopolisieren sucht, für sich nutzbar zu machen. Noch radikaler scheint Fanon zu sagen, dass es in diesen Kontexten nicht nur eine Pflicht ist, dem Feind den Tod zu geben, sondern eine politisch-ethische Verantwortung. »Das Leben kann für den Kolonisierten nur aus der verwesenden Leiche des Kolonialherrn entstehen«,[32] – das Leben als Durchhalten also, und das Leben als Organisationsform im Hinblick auf den Tod!

Eine Politik des Lebens, die so eng vom Akt abhängig ist, dem Feind den Tod zu geben – sowie von dem Zeichen, das die Verwesung darstellt –, muss Probleme bereiten. Einige davon sind praktisch unlösbar. Zunächst kann man bekanntlich einem hochgerüsteten Feind nicht den Tod geben, ohne in derselben Geste sein eigenes Leben zu riskieren. Die »Gabe des Todes« schreibt sich also insgesamt in eine Zirkulationsstruktur ein, die zumeist vom Gesetz der ungleichen Verteilung der Waffen regiert wird.

Inwiefern nämlich unterscheidet sich die Logik der Gabe des Todes von der Logik des Selbstmords, wenn »den Tod geben« auch die Möglichkeit in sich birgt, in der großen Selbstaufopferung des revolutionären Kriegs sich selbst den Tod zu geben? Und überdies, worin unter-

---

30 Frantz Fanon, *Die Verdammten dieser Erde*. Aus dem Französischen von Traugott König. Frankfurt/Main, Suhrkamp 1981, 76.

31 Ebenda, 72.

32 Ebenda, 76.

scheidet sich von einem rein ethischen Standpunkt aus die Tötung des Kolonialherrn vom schlichten »Recht, den Tod zu geben« (für den Tod den Tod zu geben), das bekanntlich eines der treibenden Prinzipien des *Kolonialdaseins* ist? Kann man ernsthaft die Geschichte der menschlichen Freiheit als eingleisige Geschichte in Betracht ziehen, deren bindendes und unausweichliches Gesetz auf der verallgemeinerten Zirkulation des Todes beruhen würde?

Fanons Antwort ist bekannt: Sein eigenes Leben zu geben oder auch dem Kolonialherrn den Tod zu geben, heißt, *zur Humanität aufzusteigen*. Für ihn wäre dieses Aufsteigen zur Humanität ein intrinsisch politischer und moralischer Akt. Es gibt Momente, in denen Fanons Denken, in denen dieses Aufbrechen die Züge eines orgiastischen Mysteriums annimmt – gleichzeitig Initiations-, Sühne-, Entzugs- und Reinigungsritual, ein Augenblick der Erleuchtung.

Postkolonie gibt sich mit dieser Antwort nicht zufrieden. Sie ist nur schwer auf einen Kontext – den unseren – anzuwenden, in dem es künftig weniger darum geht, dem Kolonialherrn das Leben zu nehmen, als sich der Prüfung des Brudermords und der Weigerung zu stellen, »Gemeinschaft zu werden«. Im Lauf dieses Jahrhunderts wurde die Gefahr für die Vorstellung vom Menschen und vom Lebendigen selbst sehr deutlich, die von aufständischen Bewegungen – sogar Staaten – ausgeht, die unter dem Vorwand von Freiheit und Souveränität eine Politik verfolgen, in der »den Tod um des Todes willen zu geben« zum Selbstzweck wird, frei von jeglicher ethischer Zweckbestimmtheit, und in denen der politische Kampf nicht auf Verhandlung abzielt, sondern auf die Vernichtung des Gegners, der zu diesem Zweck in die Idealgestalt des Feindes verwandelt wird.

Um diese Fanonsche Sackgasse zu umgehen – die Zirkulation und den verallgemeinerten Austausch des Todes als Bedingung für den Aufstieg zur Humanität –, so legt *Postkolonie* nahe, muss untersucht werden, inwieweit *den Tod dem Tod auszuliefern* tatsächlich der Kern jeder echten Politik des Lebens und mithin der Freiheit wäre. Unter diesen Bedingungen würde ein ethischer Umgang bedeuten, darum zu kämpfen, dass das souveräne Recht zu töten sich nie der Messlatte eines immer noch souveräneren Gesetzes entzieht: dem, das darin besteht, »den Tod dem Tod auszuliefern«.[33]

---

[33] Ein anderer Zugang zu dieser Frage findet sich bei Jacques Derrida, »Den Tod

Diese radikale Utopie durchzieht *Postkolonie* insgesamt. Sie taucht mit aller Macht im Kapitel »Die Peitsche Gottes« auf – das leider bei den Kritikerinnen und Kritikern nur wenig Beachtung fand. In diesem Kapitel wollte ich einerseits zeigen, dass ein derartiges Projekt wesenhaft einen Kern von im eigentlichen Sinne metaphysischer Gewalt trägt. Andererseits weise ich darauf hin, dass die Bedingungslosigkeit einer solchen Utopie nur in poetischer oder sogar träumerischer Form ausgedrückt werden kann. Diese Utopie, dieses radikale Projekt, das darin besteht, »den Tod dem Tod auszuliefern«, bildet in meinen Augen die letzte ethische Grenze des Politischen – seinen unüberwindbaren Horizont.

Die Politik des Lebens, das heißt die Möglichkeitsbedingungen des afrikanischen Subjekts, »sich selbst zu erreichen«, an sich selbst Souveränität zu entfalten und in diesem Verhältnis zu sich selbst die Erfüllung seines Glücks zu finden, darin bestand der Kern meiner Fragestellung. Es versteht sich: die Frage in diesen Worten zu stellen, verweist auf das Anliegen, mich nicht dem Lauf der Welt zu beugen, sondern ich nahm mich im Gegensatz zur üblichen Vorgehensweise der *Postcolonial Theory* des Solipsismus des okzidentalen Logos an, um der Selbstkritik und dem Denken der Verantwortung den Weg zu ebnen.

Es musste jedoch noch ein Weg gefunden werden, diese Prüfung der Verantwortung auszusprechen, und eine Sprache, ihr den Puls zu nehmen. Angesichts der Absurdität der meisten Diskurse über den Kontinent schien mir, dass eine Möglichkeit, das Joch abzuwerfen, wäre, mit der Sprache zu experimentieren und zunächst zu versuchen, sie zu sprengen. Diese Zerstörungsarbeit versuchte ich über den Umweg von Verkürzungen, Wiederholungen, Erfindungen, über einen Erzählstil zu erreichen, der sowohl von Erinnerungen und Abschweifungen wie von Sätzen Gebrauch macht, die sich klar, »wissenschaftlich« gerieren, die alle einfach aufeinander folgen. Mein Schreiben über Afrika gab sich manchmal offen, manchmal hermetisch, bestand aus Rhythmen, Melodien und Klängen, einer gewissen Musik nach der Art eines »Schatten-

geben«. Aus dem Französischen von Hans-Dieter Gondek. In Anselm Haverkamp (Hrsg.), *Gewalt und Gerechtigkeit. Derrida – Benjamin.* Frankfurt/Main, Suhrkamp 1994, 331–445.

gesangs« (Senghor), den man nicht nur hören, sondern mit allen Sinnen erfassen muss, um ihn wirklich zu hören.

Ich suchte nach einem Schreiben, dass den Leser zwingt, seinen eigenen Sinnen zu begegnen. Diese Begegnungen interessieren nur insofern, als sie fragmentarisch, flüchtig, manchmal verfehlt sind. Es geht um Begegnungen mit überfrachteten Zonen des afrikanischen Gedächtnisses und seiner Gegenwart und um Wissensbereiche, die nicht zur klassischen Sozialwissenschaft gehören: Philosophie, Kunst, Musik, Religion, Literatur, Psychoanalyse.

Dieses Schreiben ist eng mit einer Form der Lektüre verbunden, insbesondere dem Lesen des Alltags, dieses privilegierten Orts, an dem das Subjekt die Erfahrung seiner Geschichte macht. Ich bestehe auf der Vorstellung von Erfahrung. Für jene, die darin verstrickt sind, hat sie unterschiedliche, manchmal unerträgliche Formen. Im letzteren Fall nehmen nackte Prädation und brutaler Schrecken phantasmatische, alptraumhafte Züge an. Es sind auch Erfahrungen, in denen Reales und Fabel sich ineinander spiegeln. Alles verweist darin auf mehrere andere Dinge. Alles löscht und erschafft andere Dinge, in einer Beziehung, die man als überbordend, verfälschend bezeichnen könnte: *die Macht der Fälschung.*[34]

Diese Macht der Fälschung verleiht der Erfahrung der Postkolonie ihren, wenn auch nicht einzigartigen, so zumindest originellen Charakter. Dieser einzigartige Charakter kann folgendermaßen zusammengefasst werden: Abwesenheit von glatten Brüchen und Schwäche der Kontinuitäten; Allgegenwart einer unaufhaltsamen Vervielfältigungs- und Verfälschungsfähigkeit; und schließlich die Verflechtung von Logiken des Wirbels und Logiken der Unfertigkeit. Und eben diese Verflechtung erklärt auch die Anteile von Unbestimmtheit und Unentscheidbarkeit sowie die Willkür, mit der sich das Buch auseinandersetzt – wobei in vielen Fällen beide problemlos Hand in Hand gehen.

---

[34] Vgl. Achille Mbembe, »Notes sur le pouvoir du faux«, *Le Débat* 118 (Jan/Feb 2002), 49–58.

Ein Teil der Kritik interessierte sich für die philosophischen und literarischen Aspekte des Buches.[35] Unter den komplexen Fragen, die sie aufwerfen, betrachten sie es unter anderem als problematisch, westliche Philosophie dazu zu verwenden, einen Gegenstand (Afrika) zu interpretieren, den eben diesen Philosophie zuvor aus dem Feld der Rationalität ausgeschlossen und zur Passivität verurteilt hat; die scheinbar unabgeschlossene Neulektüre der Hegelianischen Dialektik von Herr und Knecht; die politischen Sackgassen, in die eine »poststrukturalistische« Interpretation von Gewalt führen würde, und eine für das Erklären von Subjektivität zu ausgeprägte Abhängigkeit von hermeneutischem Denken; den Verdacht des Historizismus oder auch einer politischen Geschichte ohne Subjekt; die Frage des ungelösten Verhältnisses zwischen Politischem, Theologischem und Ästhetischem; die Weigerung, sich bezüglich der Frage der Zukunft und der Bedingungen einer Politik der Hoffnung eindeutig zu äußern; den unklaren Status der eigentlich literarischen Quellen und diskursiven Strategien in der allgemeinen Ökonomie des Buches.[36]

Die politischen Besprechungen wiederum bezogen sich vor allem auf die Argumente bezüglich der Natur der Herrschaft in diesem Buch – dessen, was in diesem Buch als »Befehlsgewalt« bezeichnet wird. Sie stellen fest, welches Gewicht ich beim Aufbau der offiziellen, öffentlichen Sphäre der Interaktion zwischen dem Politischen, dem Symbolischen und dem Ritual beimesse. Sie bemerken auch, sei es, um sie zu kommentieren, sei es, um ihre Grenzen aufzuzeigen, die Dialektik zwischen Zwang und Zustimmung sowie die Karnevalisierung des Austauschs zwischen postkolonialen Herrschenden und Beherrschten – wobei es im Allgemeinen darum geht, die Logiken von Widerstand und Gegenmacht zu rehabilitieren. Die Ethnologie wiederum glaubte festzu-

---

[35] Insbesondere Ato Quayson, »Breaches in the Commonsense«, *African Studies Review* 44.2 (2001), 151–166; und der Beitrag von Bruce Janz zur von H-AFRICA organisierten Diskussion unter http://www2.h-net.msu.edu/~africa/ (März 2002). Siehe außerdem Adeleke Adeeko, »Bound to Violence? Achille Mbembe's *On the Postcolony*«, http://www.africaknowledgeproject.org/index.php/war/article/view/330.

[36] Vgl. insbesondere die Anmerkungen von Juan Obarrio, Mariane Ferme und Jacques Pouchapadas in *Politique africaine* 91 (2003), 171–194.

stellen, wie wenig Platz ethnographischem Material eingeräumt wurde, die mangelnde Beachtung von regionalen Varianten in der Definition des Gegenstands Postkolonie und die Tendenz, die Praktiken subalterner sozialer Akteure zu homogenisieren.[37]

Die wahrscheinlich kontroverseste These von *Postkolonie* bezieht sich auf das sinnliche Leben der Macht und die Logik der gegenseitigen Korrumpierung und der Geselligkeit, die Herrschende und Beherrschte in ein- und derselben Episteme vereint. Während ein sehr großer Teil der Gesellschaftstheorie der letzten Jahre des zwanzigsten Jahrhunderts mit Phänomenen der Identität, der sozialen Kontrolle und des Widerstands beschäftigt war, behauptet das zentrale Kapitel des Buches, dass der Antrieb der postkolonialen Käuflichkeit und Brutalität sich als die Einschreibung der politischen Beziehung zwischen Regierenden und Regierten in eine symbolische Ordnung erweist, die weitgehend geteilt wird. Diese Ordnung wird von zwei Triebfedern regiert: einerseits dem unbeschränkten Begehren nach der Aneignung von Gütern und Reichtümern (*Chrematistik*) und andererseits der Abstumpfung im Genuss (*Pleonexie*). Diese beiden Triebe (Besitz, Zerstörung und Selbstzerstörung) schreiben sich in eine *Ökonomie der Pracht* und eine *Politik der Wollust* ein, die sowohl aus historischen kolonialen als auch überlieferten Vorstellungen von der Regierung ererbt sind, aus denen sie sich speisen. Diese Triebe werden besonders in alltäglichen politischen Ritualen sichtbar. Sie umkreisen die Macht, stumpfen sie ab, belasten sie und tragen zu ihrer Verbreitung bei; zusätzlich lenken sie von der Möglichkeit eines Umsturzes ab.

Diese Ökonomie der Pracht verschließt sich kaum vor dem Geschenk. Doch Geschenk und Aufwand sind nur schwer voneinander zu trennen. Denn in ihrem verstohlenen Aufblitzen ist die Prachtökonomie Vorstellungen des Sparens und des Haushaltens abgeneigt. Ob es darum geht, Leben zu verbrauchen oder Güter zu verschwenden, sind für sie ihre Maßlosigkeit und Ausschweifung typisch. Sie ist also eine Ökonomie souveränen Typs, zumindest in dem Sinne, in dem Bataille zum Beispiel von der Souveränität sagte, sie sei eine Art, ohne Rücksicht auf Verluste, ohne Zurück, vorbehaltslos zu prassen.

---

[37] Zum Beispiel Mikael Karlstrom, »On the Aesthetics and Dialogics of Power in the Postcolony«, *Africa* 73.1 (2003); und Basile Ndjio, »Le carrefour de la joie ...«, Manuskript, 2004.

Diese Fähigkeit, nicht »den Rest zu denken«, Ausgaben nie hinauszuschieben, endgültig im Leben festgefahren zu sein – das verleiht der Postkolonie ihren Hang zur Überschwänglichkeit, ihren Stil, kurz ihre »Unmittelbarkeit«. Die Weigerung der Macht, das Leben ihrer Untertanen zu schonen oder damit hauszuhalten, beruht auf der Vorstellung, es sei im Überfluss vorhanden (und damit überflüssig). Andererseits führt paradoxerweise sein Mangel nur dazu, dass Gier und Raub zunehmen. Wegen dieser Weigerung, mit Menschen und Dingen hauszuhalten, läuft der Lebende hier ständig das Risiko, letztlich im Tod zu versinken. Die Macht selbst drückt sich vor allem im orgiastischen Modus aus.

Anstatt Wesen und Ursachen der Herrschaft mit den bekannten Gründen zu erklären (Kolonisierung, Imperialismus, Klassenkampf, Ethnizität und so weiter), situiert das Buch Herrschaft allgemein in der intimen Begegnung zwischen dem Willen dessen, der sie ausüben will, und dem Willen derer, die sich von ihr verführen lassen und sich ihr unterwerfen, oder sie zu fassen, nachzuahmen, auszubeuten und möglicherweise zu ihrem Vorteil zu nutzen suchen. Das Buch macht anhand vieler Beispiele aus dem täglichen Leben aber auch aus fiktiven Erzählungen geltend, dass eine der Quellen der Unterwürfigkeit in der Postkolonie im Unterbewusstsein liegt, in der Unterwerfung aller, der Herrschenden und der Beherrschten, unter eine Reihe von Hauptsignifikanten. Diese Signifikanten unterliegen einer doppelten Ökonomie: den Ökonomien von Genießen und Begehren, die im Übrigen bekanntlich mit dem Todestrieb in Verbindung stehen.

Das Buch leugnet auch nicht, dass sowohl die gegenseitige Korruption wie das Spiel der scheinbaren Unterwürfigkeit in historischen Strukturen von Macht und Ungleichheit verankert sind. Es macht jedoch geltend, dass die Umklammerung von Herrschenden und Beherrschten über den Umweg einer zeremoniellen Höflichkeit und einer Nüchternheit des stark ritualisierten Zwangs ständig maskiert, ratifiziert und wiederholt wird. Zudem wird die so erzeugte Ungleichheit von beiden als Form von Austausch und Geschenk erlebt. In diesem Spiel von Befehl und Unterwerfung erlauben es Gnadenakte, Austausch und Geschenke einerseits, Schulden zu generieren (und den Anschein zu erwecken, sich ihrer zu entledigen), und andererseits, Netzwerke gegenseitiger Abhängigkeit aufzubauen, durch die die gemeinsame Teilnahme an ein- und demselben Ethos zementiert wird.[38] Teils eben weil dieses Ensemble an Überlegungen nicht dem autorisierten Wortschatz einer bestimmten, als radikal bezeichneten Denktradition zuzuordnen ist, haben mehrere Kritiker daraus – zu Unrecht – geschlossen, dass das Buch die Merkmale eines postmodernen, ja zynischen Nihilismus aufweist.[39]

DAS FÜLLHORN

Eine weitere Interpretation von *Postkolonie* geht von der Frage aus, in welche Gestalten die Macht sich in der Postkolonie kleidet und Zeichen welcher psychologischer Prozesse sie ist, wenn man sie ausgehend von einer »Ethik der sexualisierten Differenz« neu untersucht. Besonders Judith Butler ortet darin den größten Mangel des Projekts.[40] Um ihre hochkomplexen Fragen zu beantworten, muss zuvor noch eine genealogische Analyse der symbolischen Systeme vorgenommen werden, die es in Afrika ermöglichten, die Geschlechterwelt zu denken und Verständnis für die Beziehungen zwischen den Geschlechtern in ihrem Verhältnis zur Welt der Macht zu erreichen. Auch müssen danach die Verbindungen beleuchtet werden, die diese beiden Welten (die Welt des Geschlechts und die Welt der Macht) mit den phantasmatischen Konfigurationen des Genießens, des Begehrens und der Wollust unterhalten. Allerdings ist unser Wissen über diese Wirklichkeiten zumindest lücken-

---

[38] Zu dieser Kontroverse siehe v.a. die Beiträge von Michel Rolph-Trouillot, »The Vulgarity of Power«, John Pemberton, »Disempowerment Not«, Fernando Coronil, »Can Postcoloniality Be Decolonized?«, Tejumola Olayinan, »Narrativizing Postcoloniality: Responsiblities«, und Dan Borges, »Machiavellian, Rabelaisian, Bureaucratic?«, in *Public Culture* 5.1 (1992), 47–112.

[39] Eine derartige Kritik findet sich etwa bei Jeremy Weate, »Achille Mbembe and the Postcolony Going Beyond the Text«, *Research in African Literatures,* 34.4 (2003), 27–56; und *African Identities;* Catherine Coquery-Vidrovitch in H-AFRICA; Tejumola Olaniyan, »Narrativizing Postcoloniality: Responsibilities«, Nkolo Foe, in *Le Patrimoine.* Siehe auch Stephen Ellis in *African Affairs* 100 (2001), 670–671.

[40] Judith Butler, »Mbembe's Extravagant Power«, *Public Culture* 5.1 (1992), 67–74.

haft.[41] Beschränken wir uns daher hier darauf, einige Paradoxa zu betonen und einige Hypothesen vorzubringen.

Stellen wir zuallererst fest, dass die Macht in der Postkolonie von vorneherein eine männliche Gestalt annimmt. Die *Polis* ist vor allem das Äquivalent einer *Männergesellschaft*. Ihr Symbol ist das männliche Glied in Erektion. Ihr gesamtes psychisches Leben organisiert sich um das Ereignis des Anschwellens des männlichen Glieds. Die Macht erlebt den Prozess der Turgeszenz als den Augenblick, in dem sie doppelt so groß wird und sich über ihre Grenzen hinaus projiziert. In diesem Schub zum Extrem verstärkt sie sich und erzeugt einen phantasmatischen Doppelgänger, dessen Funktion darin besteht, den Unterschied zwischen realer und fiktiver Potenz auszulöschen. Von da an hat das Symbol eine geisterhafte Funktion. Indem er versucht, über seine Konturen hinauszugehen, legt der Körper der Macht zwangsläufig seine Nacktheit und seine Grenzen offen, exponiert sich durch diese Offenlegung selbst und verkündet paradoxerweise eben in dem Akt, mit dem er seine Allmacht demonstrieren wollte, seine Verletzlichkeit.

Diese Politik der sexuellen Macht beruft sich auf verschiedene patriarchale Traditionen, einige autochthon, andere rein kolonial und modern. Eben dann, wenn es Praktiken entwickelt, die den Körper und seine Erscheinungsformen bekleiden und umsorgen sollen[42], fördert zum Beispiel das Christentum in diesen Gesellschaften das Ethos eines Fleisches, das der Buße geweiht ist und freiwillig kasteit wird.[43] Der Islam dagegen zögert nicht, eine himmlische Sexualität zu verherrlichen, auf die ihr irdisches Gegenstück sozusagen ein Vorgeschmack ist.[44] Die autochthonen Traditionen etablieren einen mehr oder weniger deutli-

---

[41] Es ist anzunehmen, dass sich ein Teil der Beobachtungen von Fatima Mernissi auf die moslemische schwarzafrikanische Welt anwenden lässt. Siehe *Beyond the Veil. Male-Female Dynamics in Muslim Society*. London, Al Saqi Books 1975; und *Scheherazade Goes West*. New York, Washington Square Press 2001. Und allgemeiner Fethi Benslama und Nadia Tazi, *La virilité en islam*. Paris, Édition de l'Aube 2004.

[42] Hierzu siehe u.a. Jean & John Comaroff, *Of Revelation and Revolution. Vol. 2: The Dialectics of Modernity on a South African Frontier*. Chicago, Chicago University Press 1992.

[43] Siehe zum Beispiel Patrick Vandemeersch, *La Chair de la passion*. Paris, Éditions du Cerf 2002.

[44] Aziz Al-Azmeh, »Rhetoric for the Senses. A Consideration of Muslim Paradise Narratives«, *Journal of Arabic Literature* 26 (1995).

chen Unterschied zwischen orgiastischer und ausschweifender Sexualität und einer Sexualität der Reproduktion des anderen. Obwohl der fleischliche Akt als solcher nicht schuldhaft belegt zu sein scheint, ist die Reproduktionssexualität dennoch von einer Reihe von Verboten beschränkt. Der Vorstellungskomplex, um den sich das Konzept der männlichen Potenz organisiert, ist also nicht frei von Mehrdeutigkeit.

Ahnentraditionen und koloniale Traditionen teilen die Vorstellung, der Phallus – ein wahres Füllhorn und zugleich das privilegierte Organ der Potenz, die Quelle jeder Berufung, kurz der Signifikant der Signifikanten – sei das Modell des vollkommenen Geschlechts. Das trifft besonders auf die beiden monotheistischen Religionen Christentum und Islam zu, in deren Augen die männliche Souveränität eine sowohl theologische als auch juridische Eigenschaft ist. Die autochthonen Traditionen vertreten unbestreitbar die Vorstellung, dass Männlichkeit und Weiblichkeit an der Materialität einer organischen Differenz hängen. Sexualität und Genitalität überschneiden sich demnach.

Der Männergesellschaft steht die Welt der Frauen, der Söhne und der unmündigen Kinder gegenüber. Die Symbolisierung des weiblichen Geschlechts verläuft über mehrere Bahnen. In den männlichen sozialen Praktiken der sexuellen Vorstellung erscheint die Vagina, indem sie als Leerstelle erigiert, bald als Behälter, bald als Hülle oder Scheide, deren Funktion darin besteht, die Maßlosigkeit des Glieds zu umschließen, einzuengen und zu disziplinieren. Wie in den islamischen Kontexten, die Hachem Foda beschreibt, dient die Vagina dazu, »das Erigierende einzufassen, zu zügeln, zu umschmeicheln, zu begrenzen«[45].

Zudem werden ihr andere Attribute zugeschrieben: ungezügeltes und unstillbares Verlangen (der Abgrund); Unterpfand des Lebens (über die Reproduktionsfunktionen und die Ideologie von Fruchtbarkeit und Mutterschaft); Zeichen schlechthin der Bedrohung (das Loch im anderen, der ursprüngliche Einschnitt, der besonders durch das Menstruationsblut symbolisiert wird). Auf jeden Fall sind diese symbolischen Bedeutungen fast immer in sich widersprüchlich. Sie schwanken zwischen Anziehung und Ekel[46] (dem Problem von Hässlichkeit und Befleckung), der verworrenen Angst vor dem Verschlungen-Werden (der

---

[45] Hachem Foda, »L'ombre portée de la virilité«, in Fethi Benslama, Nadia Tazi (Hg.), *La Virilité en islam*. Paris, Éditions de l'Aube 2004, 163 f.

[46] Henri Rey-Flaud, *Le Démenti pervers. Le refoulé et l'oublié.* Paris, Aubier 2002, 119.

angeblichen Kastrationsmacht der Frau) und dem Sitz des Lebens (der mütterlichen Funktion).[47]

Viele Arbeiten zeigen mit gutem Grund, dass der Gegensatz männlich/weiblich nicht so streng gehandhabt wird, wie man auf den ersten Blick glauben könnte.[48] Immer trifft zu, dass die Zentralität des männlichen Glieds in der sozialen Vorstellung de facto das Gesetz des Vaters bestätigt – und bevorzugt des betagten Vaters. Und, wie Lacan anmerkt, »mit dem Penis wird ein Signifikant des Verlusts erzeugt, der auf der Ebene der *Jouissance* über die Gesetzesfunktion entsteht«[49]. Das erklärt, dass in unterschiedlichen präkolonialen und zeitgenössischen afrikanischen Traditionen der Phallus Gegenstand eines Kultes ist, der in verschiedenen rituellen Praktiken nachweisbar ist. Der Geschlechtsakt wird mit einer Totemmahlzeit gleichgesetzt, die vollständig von der Dialektik der Einverleibung – Einverleibung des anderen und Einverleibung durch den anderen – motiviert wird.

Andererseits beruhen die patriarchalen Machttraditionen in der Postkolonie auf einer ursprünglichen *Verdrängung*: der homosexuellen Beziehung. Wenn diese Beziehung auch unterschiedliche Formen annehmen kann, ist es hier die Beziehung über den Anus, die von den Verdrängungspraktiken in den Blick genommen wird. Tatsächlich wurde im symbolischen Universum vieler präkolonialer afrikanischer Gesellschaften der Anus im Gegensatz zum Gesäß, dessen Schönheit, Umfang und Kurven gerne besungen wurden, als Objekt von Abscheu und Befleckung betrachtet. Er repräsentierte das Prinzip der Anarchie des Körpers schlechthin und den Höhepunkt von Intimität und Geheimnis. Als Symbol des Universums von Ausscheidung und Exkrement stellte er unter allen Organen das »völlig andere« schlechthin dar. Es ist allerdings bekannt, dass in den Registern der autochthonen Vorstellung der »völlig andere«, besonders, wenn er sich mit dem »völlig intimen« mischt, auch eine der Gestalten der dunklen Macht und besonders die-

---

47 Vgl. die Studien im Sammelband von Signe Arnfred (Hg.), *Re-thinking Sexualities in Africa*. Stockholm, Almquist & Wiksell 2004.

48 Siehe insbesondere Marcel Griaule, *Dieu d'Eau;* und *Masques Dogons*. Siehe auch Dominique Zahan, *La Viande et la graine*. Paris, Présence africaine 1969.

49 Zitiert nach Claude Lévesque, *Par-delà le masculin et le féminin*. Paris, Aubier 2002, 105.

ses »anderen des Begehrens« repräsentiert, den die unbezähmbare Lust darstellt – die Macht zu verschlingen und in sich aufzunehmen.[50]

Das Paradox liegt hier in der Tatsache, dass die Heftigkeit der Verdrängung nur mit der Überrepräsentation besonders der männlichen Homosexualität zu erklären ist, wenn nicht in normalen Sexualpraktiken, so zumindest in sakralen Ritualen und im sexuellen Unterbewusstsein der Gesellschaft.[51] Die verkündete Verweigerung der homosexuellen Unterwerfung unter einen anderen Mann bedeutet wohl kaum ein Fehlen des Verlangens, »sich den ›idealen und idealisierten Penis‹ anzueignen«[52], das beide Geschlechter teilen. Tatsächlich gehen Herabwürdigung und Abscheu, deren Objekt die Analität im öffentlichen Diskurs ist, mit ihrem häufigen Auftauchen in Form diverser Phantasmen auf der Bühne des Symptoms einher.

Diesbezüglich sind allein die Funktionen zu betrachten, die sie in den Phantasmen vom Tausch von männlicher und weiblicher Rolle spielen, oder auch im Verlangen – das die meisten Männer kennen und das in den politischen Techniken der Unterwerfung geläufig ist –, sich anderer Männer zu bedienen, als wären sie auch nur Frauen, die die Begattung erdulden und ihre Herrschaft im Modus des Vollzugs des Koitus erleben. Nehmen wir dazu noch all die Zwitterwesen, die in Märchen und Mythen dem Leben vorangehen; oder auch die Praxis in sozialen und politischen Kämpfen, den Feind aller Symbole seiner Männlichkeit zu berauben und sie zu verzehren (*das Prinzip der Aufnahme der Macht*); oder auch die Obsession mit der Regeneration einer abnehmenden Männlichkeit über den Umweg von Gebräuen und Rindenextrak-

---

[50] Peter Geschiere, *The Modernity of Witchcraft. Politics and the Occult in Postcolonial Africa.* Charlottesville, University of Virginia Press 1997.

[51] Siehe Stephen O. Murray, Will Roscoe (Hg.), *Boy-Wives and Female Husband. Studies of African Homosexualities.* New York, St Martin's Press 1998. Zum Thema der Praxis des »thigh-sex« zwischen erwachsenen Männern und männlichen Jugendlichen, siehe Dunbar Moodie, »Black Migrant Mine Labourers and the Vicissitudes of Male Desire«, in Robert Morrell (Hg.), *Changing Men in Southern Africa.* London, Zed Books 2001. In Bezug auf sexuelle Beziehungen zwischen Frauen, siehe Kathryn Kendall, »Women in Lesotho and the (Western) Construction of Homophobia«, in E. Blackwood und S. Wieringa (Hg.), *Female Desires. Transgender Practices Across Cultures.* New York, Columbia University Press 1999.

[52] Lucile Durrmeyer, »Et changer de plaisir!«, in Jacques André (Hg.), *La Féminité autrement.* Paris, PUF 1999, 57.

ten.[53] Die Homosexualität ist damit Teil einer sehr weitreichenden Stratifizierung des sexuellen Unterbewusstseins der afrikanischen Gesellschaften.

Da Gestaltung, Ausarbeitung und Sinngebung der Macht in der Postkolonie sich über den Modus einer endlosen Erektion vollziehen, kann also gesagt werden, dass der Götze der Postkolonie der erigierte Penis ist. Dieses – unstillbare – Begehren nach einer unendlichen Erektion entspricht wiederum dem Begehren nach Souveränität, das selbst einer souveränen Unmöglichkeit entspricht. Es erklärt sich teilweise aus dem Gefühl der Macht, eingekreist zu ein – gleichzeitig bedroht von Verletzlichkeit und Feminisierung, deren Hauptsymbol die Vulva ist; und von der Möglichkeit der Kastration, die von der Analität repräsentiert wird, dem Sitz der Scham, aber auch dem Symbol jenes anderen der Allmacht, welches das Exkrement darstellt.

In diesem Kontext nimmt der politische Kampf fast immer die Züge eines Geschlechterkampfs an und umgekehrt. Beleidigung und Gewalt, die dem Körper des anderen – und vor allem dem Körper der Frau – zugefügt werden, machen nur einen der – zweifellos dramatischen – Aspekte dieses Kampfs aus. Andere – nicht weniger gewalttätige – Aspekte operieren über die Einschreibung der Sexualität innerhalb einer Spiegelökonomie des Genusses, in der zwischen Männern und Frauen Körper als vorrangige Tauschobjekte zirkulieren. Die Geschwindigkeit, mit der Körper/ Sexualität zirkulieren, ermöglicht die Umsetzung einer molekularen Macht, die danach strebt, die endgültige Kontrolle über die Potenz des Lebens auszuüben, allerdings eben im Akt der Ritualisierung des Todes. Es geht zum Beispiel für Inhaber der Macht ebenso wie für einfache Leute darum, ständig ihr männliches oder weibliches Guthaben zu maximieren; die Verifizierungsrituale von Männlichkeit oder Weiblichkeit zu vervielfältigen, die Überrepräsentation von Männlichkeit oder Weiblichkeit zu bestätigen. Das Ziel der Macht besteht dabei darin, dem, der über sie verfügt, tunlichst ein *Plus-de-jouir* (Mehr an Genießen) zu verschaffen. In der anatomischen Geographie der Postkolonie bildet der Hodensack den privilegierten und quasi animalischen symbolischen Signifikanten dieses *Plus-de-jouir*.

---

53 Besser als die sozialwissenschaftliche Literatur zeigt die afrikanische Literatur diese Vorstellungswelt, zum Beispiel Sony Labou Tansi oder aktueller Samy Tchak, *La Place des fêtes*. Paris, Gallimard 2001.

Bei Männern verläuft dieses *Plus-de-jouir* über das Phantasma, einen »Gegenstand« zu besitzen: die Frau. Da es sich allerdings um einen »Gegenstand« handelt, den man unmöglich ein- für allemal besitzen kann, kann das Genießen nur ein Genießen in der Wiederholung sein. Der Akt der Inbesitznahme muss immer wieder von Neuem in Angriff genommen werden. Aufgrund dieses neurotischen Wiederholungszwangs wird die Beziehung zwischen Mann und Frau ständig als Frustration erlebt. De facto kommt es im Kampf oder im Austausch der Geschlechter oft vor, dass das Weibliche versucht, wenn nicht den »Rückzug des Instruments aus dem Spiel«[54] zu erreichen, indem es mit allen Mitteln seine Detumeszenz und seinen Verfall zu erreichen sucht (besonders dann, wenn es zur Vergewaltigungswaffe wird), so doch zumindest, das männliche Vermögen zu frustrieren und den männlichen Genuss vorzuenthalten, so dass die vergebliche Hoffnung auf Befriedigung ständig erneuert wird und der andere dadurch zum Sklaven der Vulva wird.[55]

Der Verkehr zwischen den Geschlechtern und der Machthandel nehmen damit einen rein repetitiven Charakter an, der keine echte Zeitlichkeit besitzt und sich innerhalb einer immer offenen Totalität vollzieht, in der jedoch nur ein erstarrtes Genießen existieren kann. Männer und Frauen sind dabei immer gezwungen, einander innerhalb der Ökonomie der Zirkulation als Gegenstände zu behandeln, die von der Unterscheidung zwischen »Mutter« und »Ehefrau« gefördert wird.[56] Daher die scheinbare Destruktivität des Begehrens. Wie der postkoloniale afrikanische Roman deutlich zeigt, ist hier das erstarrte Genießen der Anteil des Genießens, der »nichts mit Vergnügen zu tun hat und den

---

[54] Diese Formulierung stammt aus Jacques Lacans Seminar vom 6. März 1963, in *Das Seminar, Buch X. Die Angst.* Aus dem Französischen von Hans-Dieter Gondek. Wien/ Berlin, Turia + Kant 2010, 210.

[55] Callixthe Beyala, *Femme nue, femme noire.* Paris, Albin Michel 2003.

[56] Über diese Unterscheidung siehe Oyewùmí Oyèrònké, »Family Bonds/ Conceptual Binds: African Notes on Feminist Epistemologies«, *Signs* 24.5 (2000); und »Conceptualizing Gender: The Eurocentric Foundations of Feminist Concepts and the Challenge of African Epistemologies«, *Jenda* 2.1 (2002). Über die Zirkulation von Frauen hinsichtlich der Ideologie der Mutterschaft, vgl. Jane Guyer und ihr Konzept der »*polyandrous motherhood*« in »Lineal Identities and Lateral Networks: The Logic of Polyandrous Motherhood«, in Caroline Bledsoe und Gilles Pison (Hg.), *Nuptiality in Sub-Saharan Africa. Contemporary Anthropological and Demographic Perspectives.* Oxford, Clarendon Press 1994.

man nur anstrebt, um ihn zu verausgaben«. Ein »verfluchter Anteil« also, der den Orgasmus in der Postkolonie freilich zur Macht werden lässt – einer Macht, die nicht nur nie absolut, sondern eine »Macht des reinen Verlusts«[57] ist.

Diese Fragen wurden hier ausführlich behandelt, um deutlich nachzuweisen, dass die Trennlinie zwischen sexuierten Positionen in der Postkolonie nicht unüberwindbar ist. Die Rede von der Sexuierung ist selbst sehr komplex. Sie ist eine Rede, die jedem Geschlecht einen vorgeblich auf der Natur der Dinge und dem Gesetz des Schicksals beruhenden Platz zuweist – und dieses Schicksal ist entschieden anatomisch. Sie ist auch eine Rede, die sich aus der Trivialisierung der sexuellen Beziehung speist, der die gesellschaftlichen Akteurinnen und Akteure nun ein ausgesprochen spielerisches Wesen einräumen, das jedoch nicht eines Elements des Begehrens oder der Sinnlichkeit entbehrt.[58] In der Logik der postkolonialen Macht freilich ist die Frau vor allem ein Opfer, ein Verbrauchs- und Konsumgegenstand. Als Beispiel funktioniert die Sexualität des Autokraten ausgehend vom Prinzip des Verschlingens, der Macht, sich Frauen einzuverleiben. Er entjungfert fröhlich Jungfrauen und verschwindet danach, und verstreut überall, abhängig von seinen Wanderungen und Launen, seinen Samen nach Art des *Philogunès* (Frauenliebhabers), von dem Nicole Loraux für den Fall des antiken Griechenland berichtet.[59]

Ein dominanter Anteil der Sexualität wird hier also nach dem männlichen Modell der Entladung ausgelebt, von dem Freud im Übrigen sagt, sein zentrales Moment sei die Ejakulation. Judith Butler macht darauf aufmerksam, dass der Mann sich entleert, indem er die Überfülle an Samen eliminiert, die er akkumuliert hat. Diese positive Wertung des Ausscheidens stünde im Gegensatz zum Verfall, den die Frau vermeintlich erlebt. Und es gibt hier kaum eine Trennung zwischen Phallischem und Samen. In einem Roman von Sony Labou Tansi bewahrt der Körper der Frau die Erinnerung an den Potentaten und die Spuren seiner Werke. Wird sie in der phallischen Logik der Macht nicht als Subjekt in

---

57 Jean-François de Sauverzac, *Le désir sans foi ni loi. Lecture de Lacan.* Paris, Aubier 2000, 255.

58 Vgl. Tshikala K. Biaya, » ›Crushing the Pistachio‹: Eroticism in Senegal and the Art of Ousmane Ndiaye Dago«, *Public Culture* 12.3 (2000).

59 Nicole Loreaux, *Les expérience de Tirésias. Le féminin et l'homme grec.* Paris, Gallimard 1989.

der Leerstelle als Urbehältnis des Penis betrachtet? Analysiert man sie von diesem Blickwinkel aus, bestünde ihre Hauptfunktion darin, das zu verschlucken und aufzunehmen, auf das der Potentat momentan verzichtet: die Samenflüssigkeit, die etwas Lebendiges gebären soll.

Umgekehrt läuft der männliche Potentat ständig Gefahr, ein gefallener, gestürzter Gegenstand zu werden – die Gefahr der nachlassenden Potenz, der ursprüngliche Schrecken, dem die Macht unaufhörlich ausgesetzt ist, ein Stück ihrer Männlichkeit könnte ihr gestohlen werden (das Phantasma der Totaloperation). Vom Phallus zu behaupten, er werde in der Postkolonie zum Götzenbild erhoben – oder auch zu behaupten, dass der politische Kampf hier zunächst in einer Konfrontation mit dieser Statue besteht – bedeutet nicht, dass die Vulva nicht Gegenstand einer privilegierten Entschlüsselung ist. De facto erscheint sie nicht nur als ein Stück des Körpers, sondern im Grunde als ein Fragment dessen, was »im Körperlichen selbst sich als Versprechen eines anderen Körpers und eines anderen Lebens ankündigt, ein Leben, das um diesen körperlichen Vorbehalt angeordnet ist«[60]. Dieses Monopol auf das Leben wird dem Mann streitig gemacht.

Die Frau ist in Wirklichkeit also nie ganz vollständig, aber auch nicht ein- für allemal auf die Position des Objekts reduziert. Dadurch bilden Penis und Vulva die Symbole zweier Arten der Macht, die sich deutlich voneinander unterscheiden. Es gibt also mehrere Arten von Sexualität und Genießen. Da die vollständige Inbesitznahme unmöglich ist, bleibt die Verschwendung. Das homosexuelle Prinzip wiederum droht dem Mann ständig mit der Möglichkeit, namenlos zu enden, ihn also in seinem Willen zu blockieren, sich als Gattung über die Frau zu perpetuieren. Diese Bedrohung ist selbst in mehrfacher Hinsicht imaginär. Denn hier ist das Kosten »schwuler« Freuden kaum ein Hindernis, gleichzeitig über den heterosexuellen Weg die Reproduktion zu sichern.

DIE KOMMENDE UND DIE VERBLEIBENDE ZEIT

Es bleibt also die Frage der Zukunft – die Kritik drängt mich, mich ihr zu stellen –, die nur Sinn hat, wenn sie von einer Grundaffirmation aus gestellt wird. Tatsächlich, wenn wir Fragen über unsere mögliche

---

60 Monique Schneider, *Généalogie du masculin*. Paris, Aubier 2000, 127.

Zukunft stellen wollen, und sei es auch nur mit dem mindesten Ernst, ist zuvor eine Geste notwendig: Wir müssen uns zunächst dem Nihilismus aussetzen, den eine *Politik des Lebens* darstellt, *die ihre Grundlagen in der verallgemeinerten Zirkulation des Todes zu finden meint.* Wir ich eben gezeigt habe, besteht eben darin das Paradox, das im Zentrum der Fanonschen Vorgangsweise des Aufstiegs zur Humanität (Befreiungspolitiken) und auch der Praktiken des Genießens in der Postkolonie liegt.

Denn man muss, und wenn auch nur provisorisch, bereit sein, das Risiko einer verallgemeinerten Zirkulation des Todes in unserer Welt noch vor der zeitgenössischen Niedertracht einzugehen, um aus ihr im Umkehrschluss die Bedingungen für eine wahrhaftig radikale Politik in der Gegenwart zu gewinnen. Die Angst, vom Totemtier verschlungen zu werden, welche Maske es auch tragen mag, muss ergründet werden. Was wir denken müssen, ist die Tatsache, uns im Loch wiederzufinden, am Platz des Lochs, als Zeugen des Tiers, das in der Nacht umgeht, und des Gespensts, das über dem Tag schwebt.[61] Es geht also in einem ersten Schritt darum, eine Interpretation von Verhexung und Zauber zu entwickeln, die das Leben versehren und am Ursprung der Freude am Hass stehen. Das setzt im eigentlichen Sinne voraus, ein Schreiben und eine Sprache zu erfinden, die den Geistern der Toten in einem radikalen Streitgespräch mit dem nächtlichen Anteil des Lebens in der Welt unserer Zeit entgegentreten können.

Abgesehen davon ist man sich sehr wohl der Tatsache bewusst, dass neben den Formen des politischen Kampfs als Zugriff auf Körper, Dinge und das Leben (das tödliche Modell) auch andere Vorstellungswelten und Modalitäten der historischen Aktion bestehen. Diese Vorstellungen entwerfen andere historische Möglichkeitsfelder: Politik als Gabe und Geschenk, Sprachen des Lebens und des Fests, das Thema von Freude und Vergnügen in ihrem Verhältnis zum Tragischen, Möglichkeiten einer Beziehung zur Welt, die sich nicht am Modell des Rassenkriegs orientiert.[62]

---

[61] Eine derartige Vorgangsweise findet sich bei Jacques Derrida, *Das Tier und der Souverän I. Seminar 2000–2001*. Aus dem Französischen von Markus Sedlaczek. Wien, Passagen Verlag 2015; sowie vom gleichen Autor *Schurken*. Aus dem Französischen von Horst Brühmann. Frankfurt/Main, Suhrkamp 2003.

[62] Siehe etwa die Nummer der Zeitschrift *Le genre humain*, herausgegeben von Barbara Cassin et al., »Vérité, réconciliation, réparation«, *Le genre humain* 43,

Die meisten dieser Möglichkeitsfelder sind noch im Entstehen begriffen – bisher nur Punkte auf einer Linie, die alles andere als gerade verläuft; oder Notizen an den Margen einer Seite, die insgesamt düster ist. Denn es ist kaum zu leugnen, dass Afrika in den Augen der allgemeinen Weltbühne noch schläft. Alles, oder fast alles, ist dort noch hervorzubringen oder zu erneuern. Die Zeichen, was Afrika sein könnte, müssen entziffert und die Hoffnung, die sie wecken, muss wach gehalten werden. Abgesehen davon besteht ein qualitativer Unterschied zwischen dem »Prinzip Hoffnung«, dem ich anhänge, und dem Auftragsoptimismus derer, die in der kurzen Zeit der brutalen Notwendigkeit eingeschlossen sind (die Wunde, die geheilt, der Körper, der bekleidet und behaust, der Brunnen, der gegraben, die Schule, die gebaut, der Staudamm, der errichtet werden muss) und mir vorwerfen könnten, naiv den Verlockungen des Postmodernismus anheim zu fallen.

Außer durch Eschatologie oder Wahrsagerei kann niemand das Schicksal dessen vorhersagen, was im Entstehen begriffen ist. Und die Unsicherheit bezüglich dessen, »was kommt«, die Spannung zwischen »Autonomie« und »Determinismus« muss nicht aufgelöst werden. Wir müssen sie als epistemologischem Trumpf nutzen, indem wir lernen, *ausgehend vom Bruch zu schreiben* und zu lesen. Keinerlei Bedarf an einer Synthese also, und sei sie dialektisch. Auch kein Bedarf an »Vorschriften«. Und eine derartige Haltung ist nicht »nihilistisch«, ganz im Gegenteil.

Es geht darum, Leben und Politik anders zu befragen, ausgehend von Kategorien, deren heuristischer Wert vor allem aus ihrem philosophischen, literarischen, künstlerischen, ästhetischen und stilistischen Mehrwert erwächst. Ethnographie, Soziologie, Geschichte oder auch Politikwissenschaft haben ihren Platz in diesen Projekt, allerdings nicht den zentralen Platz, und das ist vielleicht der Preis, der für eine »Wiederverzauberung« von Afrika und seine Befreiung aus dem Ghetto zu zahlen ist, in das es die »Afrikawissenschaften« eingeschlossen haben.

Eine hermeneutische und phänomenologische Fragestellung, die Geschichte und Kultur achtet, offenbart letztlich, dass in bestimmten Situationen unsere gewohnten Unterscheidungen zwischen Tod und

---

Paris, Seuil 2004; und die Sondernummer der *Cahiers d'études africaines* 173–174 (2004), herausgegeben von Bogumil Jewsiewicki über »Réparations, restitutions, réconciliations«.

Auf einer anderen Ebene entfaltet sich der Text über das subsaharische Afrika fast immer innerhalb des Rahmens (oder an den Rändern) eines Metatextes über das *Tier*, oder genauer über die *Bestie,* ihr Erleben, ihre Welt und ihr Schauspiel. Was aber ist ein Tier im westlichen Verständnis, wenn nicht das, was einen bestimmten *Trieb* auslebt und im Vergleich mit dem Menschen immer unter dem Zeichen der Unvollständigkeit auftaucht? In diesem Metatext steht das Leben von Afrikanern unter einem doppelten Vorzeichen. Zunächst jenem der *Fremdheit* und des *Ungeheuerlichen*, dessen, was vor uns zwar eine anziehende Tiefe eröffnet, sich uns aber ständig entzieht und ausweicht. Deshalb versucht man, seinen Status zu enthüllen. Dazu geht man vor, als müsse man zunächst aus unserem Sinnuniversum heraustreten. Muss Afrika nicht als das erfasst werden, was es ist: eine Einheit mit der Eigenschaft, mit absoluter Brutalität, sexueller Enthemmtheit und Tod eine gemeinsame Wurzel zu haben?

Doch das Tier ist nicht nur das absolute Andere. Seinetwegen ist das zweite Vorzeichen, unter dem das Leben der Afrikaner steht, die *Intimität.* In diesem Fall verfährt man, als gehörte der Afrikaner bis zu einem gewissen Grad einer Welt an, die uns nicht vollkommen unzugänglich ist, auch wenn seine Beschaffenheit ihn eher an das *Tierwesen* als an das *Menschenwesen* annähert. Im Grunde ist er uns vertraut. Wir können uns seiner auf dieselbe Weise bewusst werden, wie wir das Seelenleben der *Bestie* verstehen können. Durch Domestizierung und Abrichtung können wir den Afrikaner sogar zu einem entwickelten menschlichen Leben erziehen. In dieser Perspektive ist Afrika für uns im Wesentlichen ein Versuchsgegenstand.

Für diesen Stand der Dinge gibt es nicht nur eine Erklärung. Erinnern wir zunächst allgemein daran, dass das Erleben des Anderen oder auch das Problem des Ich der anderen und der uns fremden Menschlichkeiten für die westliche politische und philosophische Tradition fast immer eine mehr oder minder unüberwindliche Schwierigkeit dargestellt hat. Sei es in Bezug auf den schwarzen Kontinent oder andere »außereuropäische« Welten, hat diese Tradition lange die Existenz jedes »Selbst« außerhalb des eigenen abgelehnt. Immer dann, wenn es sich um rassisch, sprachlich und kulturell andersartige Völker handelt, wird die Vorstellung, nach der wir konkret und typischerweise denselben Leib hätten, oder auch, dass »mein Leib bereits den Sinn hat, ein für uns alle eigentümlicher Leib im Allgemeinen zu sein« (Husserl), problematisch. Die theoretische und praktische Anerkennung des Leibes und des Fleisches des »Fremden« als dem meinen ähnlicher Leib und ähnliches Fleisch, kurz, die *Vorstellung einer gemeinsamen menschlichen Natur, einer Menschlichkeit mit den anderen*, hat dem westlichen Bewusstsein lange Probleme bereitet und bereitet ihm weiterhin Probleme.[4]

Doch im Zusammenhang mit dem subsaharischen Afrika erreichte das Konzept des »absolut Anderen« seinen Höhepunkt. Wie man heute weiß, hat Afrika als Vorstellung und als Begriff dem Westen in seiner Manie, seine Verschiedenheit zum Rest der Welt zu markieren, historisch als polemisches Argument gedient, und diese Funktion erfüllt es weiterhin. In mehr als einer Hinsicht konstituiert es noch immer die Antithese, vor deren Hintergrund der Westen sich den Ursprung seiner eigenen Normen vorstellt, ein Bild von sich selbst ausarbeitet und es in ein Ensemble anderer Signifikanten integriert, derer er sich bedient, um zu artikulieren, was er für seine Identität hält.[5] Und weil Afrika dieser Spalt zwischen dem war und ist, was der Westen ist, was er darstellen und was er bedeuten will, ist es nicht nur Teil seiner imaginären Bedeutungen. Afrika ist sein Unbewusstes, »dieses erfundene Etwas«, das paradoxerweise für seine politische Ordnung notwendig wird, weil dieses »Etwas« eine herausragende Rolle einnimmt, sowohl in dem Universum, das sich der Westen konstituiert, als auch in seinen apologetischen Sorgen und in seinen Praktiken der Exklusion und Brutalität im Aufeinandertreffen mit Anderen.[6]

---

4 Die Lösung dieses Problems auf philosophischer Ebene erlebte erst mit den Arbeiten von Max Scheler, Martin Heidegger, Karl Jaspers und später Emmanuel Lévinas oder auch Paul Ricoeur einen Aufschwung. Dazu auch Maurice Merleau-Ponty, *Phänomenologie der Wahrnehmung*. Aus dem Französischen von Rudolf Boehm. Berlin, de Gruyter 1966/1974, und Jean-Paul Sartre, *Das Sein und das Nichts*. Aus dem Französischen von Traugott König. Hamburg: Rowohlt, 10. Aufl. 1993. Doch auch diese Studien münden letztlich sehr häufig in einer Art von pluralistischem Idealismus, der die Grundlagen des westlichen Solipsismus wiederum unangetastet lässt.

5 Vgl. die Arbeiten von Valentin-Y. Mudimbe, *The Invention of Africa*. Bloomington, Indiana University Press 1988, und *The Idea of Africa*. Bloomington, Indiana University Press 1994.

6 Cornelius Castoriadis erinnerte sehr treffend daran: »Unter Institution der Welt ist jeweils die Instituierung eines Magmas gesellschaftlicher Bedeutungen zu verstehen, die wir als eine *Welt* von Bedeutungen bezeichnen können und müssen [...] Die Gesellschaft lässt eine Welt von Bedeutungen sein und ist selbst erst in der

Sowohl im Alltagsdiskurs als auch in vorgeblich wissenschaftlichen Aussagen ist in diesem Zusammenhang der Kontinent die Gestalt des sich selbst Fremden selbst. Er ähnelt jenem »großen Anderen«, dessen Unzugänglichkeit Lacan beschreibt. An diesem Ende der Welt werde der Vernunft ständig der Prozess gemacht, und das Unbekannte habe den Punkt seiner höchsten Vollendung erreicht. Als akephale Gestalt, die vom Wahnsinn bedroht und frei von jeder Vorstellung eines Zentrums, einer Hierarchie oder einer Stabilität ist, sei Afrika jene riesige dunkle Höhle, in der sich alle Anhaltspunkte und Unterschiede verlieren und sich die Verwerfungen einer tragischen und unglücklichen Menschheitsgeschichte enthüllen: ein Durcheinander aus unvollständiger Schöpfung und Unfertigkeit, seltsamen Zeichen, krampfhaften Bewegungen, kurz, ein grenzenloser Abgrund, in dessen Tiefe alles Lärm, klaffende Lücke und primordiales Chaos ist.[7]

Oder auch, da nichts von dem, was Afrika sagt, nicht im Prinzip in eine menschliche Sprache übersetzt werden könnte, ist zur Kenntnis zu nehmen, dass diese angebliche Unzugänglichkeit nicht an der intrinsischen Schwierigkeit des Themas oder daran liegt, was Afrika hören und sehen lässt oder verheimlicht. Sie ergibt sich aus der Tatsache, dass der Diskurs fast niemals Afrika für sich betrifft. Aussagen über Afrika sind von Anfang an in ihrer Sprache und ihren Zielen ein Vorwand für Äußerungen über etwas anderes, einen anderen Ort, andere Leute. Genauer formuliert ist Afrika die Vermittlung, dank der der Westen Zugang zu seinem eigenen Unbewussten finden und öffentlich über seine Subjektivität Rechenschaft ablegen kann.[8] Deshalb muss man

---

Bezugnahme auf eine solche Welt [...] Und nur unter Bezug auf diese jeweils instituierte Bedeutungswelt können wir die oben gestellt Frage bedenken: Was macht die „Einheit" und „Identität" einer Gesellschaft aus – was ist ihre *Diesheit,* was hält sie zusammen? Was sie zusammenhält, ist der Zusammenhalt ihrer Bedeutungswelt.« *Gesellschaft als imaginäre Institution. Entwurf einer politischen Philosophie.* Aus dem Französischen von Horst Brühmann. Frankfurt/Main, Suhrkamp 1984, 587–588.

7 Ein Beispiel für den alltäglichen Ausdruck dieser Tendenz etwa »Africa: The Heart of the Matter«, *The Economist,* 355, 8170 (2000), 23–25.

8 Siehe Christopher Miller, *Blank Darkness.* Chicago, Chicago University Press 1985.

nicht weit suchen, um den Status dieses Diskurses zu verstehen. Im Wesentlichen gehört er dem Bereich der Selbstfiktion, im schlimmsten Fall der Perversion an.

Diese Diagnose mag aufgrund ihrer Strenge erstaunen. Das hieße, zu vergessen, dass weiterhin beinahe überall das viel zu einseitige und engstirnige Vorurteil weiterbesteht, dem zufolge den afrikanischen Gesellschaftsformationen eine besondere Kategorie zugewiesen wird, jene der primitiven oder traditionellen Gesellschaften.[9] Dass die aktuelle Kritik dieses Vorurteil jeder Substanz beraubt hat, scheint nichts daran zu ändern: Der Leichnam ersteht hartnäckig nach jeder Beerdigung wieder auf, und jahrein, jahraus bleiben sowohl der Alltagsdiskurs als auch ein guter Teil der vermeintlich wissenschaftlichen Arbeiten dieser Annahme verpflichtet.[10] Drei Hauptmerkmale charakterisieren demnach traditionelle Gesellschaften. Einerseits das, was man *Kontingenz* und *Willkür* nennen könnte. Kontingenz in dem Sinne, dass, um Hegels Formulierung aufzunehmen, »die Sache *ist*; und sie *ist*, nur weil sie *ist* [...] und diese einfache Unmittelbarkeit macht ihre *Wahrheit* aus«.[11] Damit bestünde kein Rechtfertigungsbedarf. Da die Dinge und Institutionen schon immer dagewesen sind, bestünde keinerlei Notwendigkeit, sie auf irgendetwas außer ihr *tatsächliches Dasein* zu gründen. Willkürlich in

---

9 Diese Vorgehensweise – die oft im selben Zug den »Selbstidenten« dem »Anderen« gegenüberstellt, der dadurch ausgeschlossen wird – steht an der Basis einer mehr oder weniger ähnlichen Kontrastierung von als ganzheitlich angenommenen und anderen, sogenannten individualistischen Gesellschaften. Erstere würdigen demnach »vorrangig Ordnung, also die Konformität jedes Elements mit seiner Rolle im Ganzen, mit einem Wort der Gesellschaft als Ganzem«. Zweitere, »jedenfalls unsere, schätzen zunächst das individuelle menschliche Wesen: In unseren Augen ist jeder Mensch der Inbegriff der gesamten Menschheit und als solcher jedem anderen Menschen gleich und frei«. Vgl. Louis Dumont, *Homo aequalis. Genèse et épanouissement de l'idéologie économique.* Paris, Gallimard 1985, 12. Siehe auch sein *Homo hierarchicus. Le système des castes et ses implications.* Paris, Gallimard 1966.

10 Derartige Einschätzungen finden sich bei Georges Balandier, *Le dédale. Pour en finir avec le xxe siècle.* Paris, Fayard 1994, 25. Dass zahlreiche aktuelle Studien die »Erfindung« dieser Gesellschaften so stark betonen, ist teilweise dem Versuch geschuldet, derartige Ausführungen zu widerlegen und die betreffenden Gesellschaften wieder in einen historischen Kontext zu stellen.

11 Georg Wilhelm Friedrich Hegel, *Phänomenologie des Geistes.* Werke. Band 3. Frankfurt/Main, Suhrkamp 1979, 82.

dem Maße, als im Gegensatz zur Vernunft in den Ländern des Westens hier Mythos und Märchen Ordnung und Zeit bestimmten. Da Mythos und Märchen für die Macht des Ursprünglichen selbst stehen, würde, wie eben bemerkt, nichts an diesen Einheiten einer Rechtfertigung unterliegen und für freie Argumentation bliebe nur wenig Raum. Die Berufung auf die Zeit des Anfangs würde ausreichen. Verstrickt in eine Beziehung der reinen Unmittelbarkeit zur Welt und zu sich selbst, wären derartige Gesellschaften unfähig, das Universelle zum Ausdruck zu bringen.

Zweitens würden diese Einheiten zusätzlich dazu, dass sie von dieser blinden Macht, dem Brauch, getrieben werden, unter dem Gewicht von Magie, Zauber und Wundern leben und keinem Wandel unterliegen. Die Zeit, »immer schon da«, »seit unvordenklichen Zeiten« würde in ihnen stillstehen. Daher die Bedeutung von *Wiederholung* und Zyklen und der zentrale Ort, den im wirklichen Leben Zauberei und Wahrsagungen und Strategien der Gewöhnung im Gegensatz zu jenen des Bruchs einnehmen. Selbst die Vorstellung des Fortschritts würde sich dort auflösen. Sollte sich dort eine Veränderung ergeben – alles in allem eine Seltenheit – folgt darauf notwendigerweise eine chaotische und zufällige Phase, die letztlich nur in undifferenziertem Chaos münden kann. Schließlich würde die Person in diesen Gesellschaften vor dem Individuum dominieren, wobei hinzugefügt sei, dass die zweite Kategorie »eine eigentlich westliche Erfindung« ist.[12] Anstelle des Individuums stünden Einheiten, die in einer verzauberten und feengleichen Welt im Bann magischer Zeichen stehen, in der die Macht von Anrufung und Beschwörung die Macht der Produktion ersetzt und das Wunderbare, die Fantasie und die Laune nicht nur mit der Möglichkeit des Unglücks sondern mit seiner Aktualität einhergehen.

Mehr als jede andere Weltgegend erscheint das subsaharische Afrika also als Sammelbecken par excellence für Obsession und Zirkularität des westlichen Diskurses über den Tatbestand von »Abwesenheit«, »Mangel« und »Nicht-Sein«, von Identität, Differenz und Negativität, kurz, vom Nichts.[13] Und im Gegensatz zu der Vorstellung, die

---

[12] Eine Untersuchung der Frage nach dem Individuum in Afrika findet sich bei Alain Marie (Hg.), *L'Afrique des individus*. Paris, Karthala 1997.

[13] Zu diesen Konzepten vgl. Kojève, *Introduction à la lecture de Hegel*. Paris, Gallimard 1947; Jean-Paul Sartre, *Das Sein und das Nichts*. Hamburg: Rowohlt, 10. Aufl. 1993; Martin Heidegger, *Questions I et II*. Paris, Gallimard 1990 [Anm. d.

Michel de Certeau sich im Zusammenhang mit einer anderen Frage davon machte, besteht das Problem nicht darin, dass das westliche Denken *das Gleiche* (die Identität mit sich selbst) behauptet, indem sie es als *anders als der Andere* postuliert.[14] Damit ist es auch unmöglich, alles in einem einfachen Gegensatz zwischen Wahrheit und Irrtum oder in einer Konfrontation zwischen der Vernunft und dieser Form der Unvernunft zu fassen, die Märchen, um nicht zu sagen Wahnsinn, darstellen würden.[15] In Wahrheit sind wir mit einem sprachlichen und klassifikatorischen Prinzip konfrontiert, in dem sich von jemandem oder etwas zu *unterscheiden* nicht nur bedeutet, *nicht so zu sein wie* (im Sinn der Nichtidentität oder auch des Andersseins). Es bedeutet auch, *schlechthin nicht zu sein* (Nicht-Sein). Mehr noch, es heißt *nichts zu sein* (Nichts). Angesichts sämtlicher Überlegungen von Wahrscheinlichkeit und Plausibilität sind diese Interpretationen der Welt bemüht, eine besondere Art von Autorität auszuüben, die darin besteht, Afrika einen Vorrat an Irrealität zuzuweisen, sodass der Kontinent zur Gestalt dessen wird, das nichts, aufgehoben, ist, und das in seinem tiefsten Wesen im Gegensatz dazu steht, was ist: der Ausdruck einer Art von Nichts, dessen Merkmal es ist, überhaupt nichts zu sein.

Das also ist in seiner Geschlossenheit der bisherige Diskurs, vor dessen Hintergrund jede Aussage eines Afrikaners über Afrika sich entfaltet. Das ist die Sprache, die jede Aussage eines Afrikaners über Afrika ständig streichen, validieren oder ignorieren muss, was oft zu seinem Nachteil geschieht. Viele Afrikaner versuchen ihr Leben lang zu vermeiden, seine impliziten Postulate versehentlich zwanghaft zu wiederholen. Sowohl in ihren Gegenständen, in ihrer Sprache wie auch in ihren Ergebnissen versuchen die in diesem Buch versammelten Studienfragmente, die Konsequenz daraus zu ziehen, dass die theoretischen und praktischen Auswirkungen dieser Gewalt und dieser Art von Extremis-

---

Ü.: Diese Aufsatzsammlung erschien in dieser Form nur auf Französisch; der Großteil der darin versammelten Schriften findet sich in Band 9 der Heidegger-Gesamtausgabe, *Wegmarken*. Frankfurt/Main, Vittorio Klostermann, 3. Aufl. 2004, einige auch in Band 11, *Identität und Differenz*, 2006].

[14] Vgl. Michel de Certeau, *Das Schreiben der Geschichte*. Aus dem Französischen von Sylvia M. Schomburg-Scherff. Frankfurt/ New York, Campus 1991, Kap. 5.

[15] Siehe hierzu Michel Foucault, *Wahnsinn und Gesellschaft. Eine Geschichte des Wahns im Zeitalter der Vernunft*. Aus dem Französischen von Ulrich Köppen. Frankfurt/Main, Suhrkamp (=stw 39) 1996.

mus erheblich sind. Ausgehend von einem Thema, der *Zeitgenossenschaft*, möchten sie auf möglichst verständliche Art ein Bewusstsein für Formen der politischen, sozialen und kulturellen Vorstellungskraft im heutigen Afrika zu schaffen, sowohl für sich als auch unter dem Blickwinkel einer vergleichenden Untersuchung von Gesellschaften. Das Problem besteht nämlich darin, das auf eine Art und Weise zu tun, die dem gerecht wird, was Jean-François Bayart als »die eigentliche Geschichtlichkeit der afrikanischen Gesellschaften«[16] bezeichnet, also unserer Meinung nach als die Grundlagen dessen, was man ihre »eigene Gesetzmäßigkeit« nennen könnte, ihre »eigenen *Raisons d'Être*« und ihren »Bezug auf nichts anderes als sich selbst«. Ein solches Unternehmen bietet unzählige methodische und begriffliche Schwierigkeiten, die man nicht einfach vom Tisch wischen kann.

Die erste betrifft die außerordentliche Dürftigkeit der politik- und wirtschaftswissenschaftlichen Literatur über Afrika und die Krise ihrer Sprachen, Verfahren und Argumentationen.[17] Nicht, dass nichts geleistet oder keine bemerkenswerten Fortschritte gemacht worden wären.[18] Und auch andere Disziplinen zeigten nicht weniger Unzulänglichkeiten und Schwächen.[19] Die von Foucault inspirierte, neo-gramscianische oder poststrukturalistische Zeitgeschichte, Anthropologie und feministische Kritik, die sich damit beschäftigen, einzigartige und unersetzbare Ereignisse oder symbolische und identitäre Repräsentationen zu erklären, problematisieren fortwährend alles im Hinblick auf »Erfindung« und »Hybridisierung«, »Fluidität« und »Verhandlung« von Identitäten.

---

16 Jean-François Bayart, *L'État en Afrique. La politique du ventre.* Paris, Fayard 1989.

17 Auf diese Fragen wurde bereits in Jean-François Bayart, Achille Mbembe, Comi Toulabor, *Le politique par le bas en Afrique noire. Contributions à une problématique de la démocratie.* Paris, Karthala 1992, 9–64 und 233–256 eingegangen.

18 Vgl. die Bilanz in Robert Bates, Valentin-Y. Mudimbe und Jean O'Barrs apologetischem Buch, *Africa and the Disciplines. The Contribution of Research in Africa to the Social Sciences and Humanities.* Chicago: University of Chicago Press 1993. Hier dürfen auch hervorragende französischsprachige Arbeiten in unterschiedlichen Disziplinen nicht unerwähnt bleiben.

19 Ein Ansatz einer Kritik, vgl. etwa Frederick Cooper, »Conflict and Connection: Rethinking Colonial African History«, *American Historical Review* 99.5 (1994), 1516–1545, oder auch Jean Copans, »Mondialisation des terrains ou internationalisation des traditions disciplinaires? L'utopie d'une anthropologie sans frontières«, *Anthropologie et Sociétés* 24.1 (2000), 21–42.

Unter dem Vorwand, sich von einseitigen Erklärungen für Dominanz abzugrenzen, reduzieren sie letztlich komplexe Phänomene wie Staat und Macht auf »Diskurse« und »Repräsentationen« und vergessen dabei, dass Diskurse und Repräsentationen eine Materialität besitzen. Die Wiederentdeckung des subalternen Subjekts und die Betonung seines Erfindungsreichtums gerieten zur endlosen Berufung auf Vorstellungen von »Hegemonie«, »moralischer Ökonomie« und »Widerstand«. Ganz auf der Linie einer überholten marxistischen Tradition wurde weiterhin vorgegangen, als würden sich ökonomische und materielle Existenzbedingungen automatisch im Bewusstsein der Menschen spiegeln und ausdrücken. Um sich die Spannung zwischen Strukturdeterminanten und individueller Handlung bewusst zu machen, fiel man in den gröbsten parsonschen Strukturfunktionalismus zurück.

So glaubt man, alles gesagt zu haben, sobald man auf der Grundlage von Dichotomien operiert, die so im gelebten Leben kaum vorkommen; man verweist darauf, dass die handelnden Subjekte, die der Herrschaft und dem Gesetz unterworfen sind (der Kolonisierte, die Frau, der Bauer, der Arbeiter, der Flüchtling, kurz, der Unterdrückte), über ein reiches und komplexes Bewusstsein verfügen; dass sie fähig sind, die Unterdrückung in Frage zu stellen, die auf ihnen lastet; und dass die Macht keineswegs total, sondern von ihren »Zielscheiben« ständig angefochten, geschwächt und wiederangeeignet wird.[20] Mit dem Scheitern des Marxismus als Analysewerkzeug und totalisierendes Projekt und dem Rückgang von Dependenztheorien sind ökonomische Erklärungen für aktuelle gesellschaftliche und politische Phänomene und die Berücksichtigung des drakonischen Charakters von äußerem Zwang beinahe verschwunden. Alle Kämpfe sind zu Kämpfen um die Repräsentation geworden. Abgaben, Ausbeutung, Fronarbeit, Steuern, Dienste und Nötigung existieren nicht mehr. Gegen den weberianischen Einfluss ist alles zum »Netz« geworden, und niemand fragt heute noch nach

---

[20] Wir wollen damit nicht sagen, dass solche Behauptungen unbedingt falsch sind, sondern, dass das Projekt eines kumulativen Wissens über Afrika sich nicht auf so magere Hypothesen stützen kann, ohne die Wirklichkeit gefährlich zu verfälschen. Alles auf die Frage des »Widerstands« oder eine quantifizierbare Berechnung zu reduzieren, führt dazu, die qualitative Vielfalt der Zwecke des menschlichen Handelns im Allgemeinen auszublenden. Zu diesen Fragen, siehe Pierre Bourdieu, *Les structures sociales de l'économie*. Paris, Seuil 2000 (insbesondere die Einleitung).

Unternehmen, Markt und Kapitalismus als gleichzeitig kontingente und gewalttätige Institutionen.[21]

Andererseits kommt es selten vor, dass jemand auf langfristige Effekte zurückkommt, um unterschiedliche gesellschaftliche Entwicklungen zu erklären und sich widersprüchlicher zeitgenössischer Phänomene bewusst zu werden. Merken wir schließlich die Beharrlichkeit der falschen Dichotomie zwischen der Objektivität der Strukturen einerseits und der Subjektivität der Repräsentationen andererseits an – eine Unterscheidung, auf deren Grundlage weiterhin kulturelles und symbolisches sowie wirtschaftliches und materielles Leben getrennt betrachtet werden. Die Verweigerung der philosophischen Perspektive ist so stark, dass jeder tiefergehenden Reflexion über afrikanische Gesellschaften und ihre Geschichte dadurch jegliche Legitimität abgesprochen wird.[22] Heute dominiert ausschließlich ein funktionalistisches Paradigma, das zu reduktiv ist, um die Grundprobleme hinsichtlich des Wesens der sozialen Wirklichkeit und das Problem der Veränderung in Afrika verständlich zu beleuchten.

Die hier versammelten Studien gehen von zwei Feststellungen aus. Die erste postuliert, dass im subsaharischen Afrika ein Ensemble von sozial hergestellten, materiell kodifizierten und symbolisch objektivierten Praktiken an die Stelle der sozialen Realität tritt. Diese Praktiken sind nicht nur diskursiv oder sprachlich verfasst, auch wenn klar ist, dass die existentielle Erfahrung der Welt hier wie anderswo durch Sprache symbolisch strukturiert wird. Die Konstitution des afrikanischen Selbst als reflexives Subjekt vollzieht sich auch über das Tun, das Sehen, das Hören, das Schmecken, das Fühlen, das Begehren oder das Berühren. In den Augen all derer, die an der Produktion dieses Selbst und die-

---

[21] Vgl. Max Weber, *Wirtschaftsgeschichte. Abriss der universellen Sozial- und Wirtschaftsgeschichte.* Berlin, Duncker & Humblot 1991. Auch die besten aktuellen Studien über Unternehmerschaft und die Schaffung von Wohlstand sind von dieser Bemerkung nicht ausgenommen. Siehe insbesondere: Yves-André Fauré, *Petits entrepreneurs de Côte d'Ivoire. Des professionnels en mal de développement.* Paris, Karthala 1994; Emmanuel Grégoire, Paul Labazée (Hg.), *Grands commerçants d'Afrique de l'ouest. Logiques et pratiques d'un groupe d'affaires contemporains.* Paris, Karthala 1993; Stephen Ellis, Yves-André Fauré (Hg.), *Entreprises et entrepreneurs africains.* Paris, Karthala-Orstom 1995.

[22] Vgl. Jean Copans, »Les sciences sociales africaines ont-elles une âme de philosophe?«, *Politique africaine,* 77 (2000), 54–71.

ses Subjekts beteiligt sind, konstituieren eben diese Praktiken das, was man als *signifikative menschliche Gesten* bezeichnen könnte.

Dadurch kann vom afrikanischen Subjekt gesagt werden, es sei so wie jedes andere menschliche Subjekt: Es ist der Produzent von signifikanten Handlungen. Es versteht sich von selbst, dass diese signifikativen menschlichen Gesten nicht unbedingt für alle auf dieselbe Weise Sinn ergeben. Die zweite Feststellung lautet, dass es außerhalb der oben erwähnten Handlungen und Praktiken oder außerhalb des Prozesses, durch den diese Praktiken sozusagen in Sinn gesetzt werden, kein afrikanisches Subjekt gibt. Nach diesen offensichtlichen Feststellungen orientieren sich die folgenden Texte in zwei Richtungen gleichzeitig. Einerseits sind sie bemüht, bestimmte *Orte* und *Augenblicke* dieses Prozesses des In-Sinn-Setzens zu untersuchen und damit zu zeigen, wie im postkolonialen Afrika dieser Prozess unlösbar mit einer subjektiven Individualisierung verbunden ist. Andererseits sollen darin ausgehend von einer Reihe von Beispielen aus Geschichte und Alltagsleben die Konstitutionsmodi dieser Subjektivität und ihre Beziehung zur Macht im Allgemeinen erfasst werden.

Kommen wir jedoch auf die politik- und wirtschaftswissenschaftliche Literatur zurück, um zu zeigen, wie diese Disziplinen selbst die Möglichkeit einer Analyse der ökonomischen und politischen Fakten in Afrika erschwert haben. Denn diese beiden Disziplinen waren mehr als andere Opfer von Tendenzen, die darauf abzielen, die Sozialwissenschaften dem Anspruch eines sozialen Utilitarismus zu unterwerfen. Es scheint, als läge ihre Legitimität nicht mehr in der Verpflichtung, Erkenntnisse über die reale afrikanische Welt zu produzieren *(was tatsächlich ist)*, sondern in den Imperativen eines *Social Engineering (was sein sollte)*. Die Verbindung zwischen der Entwicklung von Erkenntnissen und der möglichen Transformation von Gesellschaften wird hier als explizites Ziel gesetzt. Daraus ergeben sich zwei Hauptkonsequenzen.

Einerseits erfolgt die akademische Produktion in diesen Disziplinen trotz unzähliger Kritiken, denen sich die Theorien des sozialen Evolutionismus und die Ideologien von Entwicklung und Modernisierung ausgesetzt sahen, im Wesentlichen weiterhin in völliger Abhängigkeit von diesen beiden Teleologien.[23] Verstrickt in die Anforderungen des unmittel-

---

[23] Siehe hierzu die Kritiken von James Ferguson, *The Anti-Politics Machine*. Cambridge, Cambridge University Press 1991.

bar nützlichen, autoritär auf den engen Horizont der Doktrin der *Good Governance* und des neoliberalen Katechismus der Marktwirtschaft festgelegt, hin- und hergerissen zwischen den aktuellen Moden bezüglich der »Zivilgesellschaft« und den Kriegen der mutmaßlichen »Übergänge zur Demokratie«, drehen sich die Diskussionen, wie sie üblicherweise geführt werden, kaum noch um die Analyse und das Verstehen des Politischen in Afrika oder um die Produktion von Erkenntnissen im Allgemeinen.[24] Die autoritäre Affirmation der Zwecke (strukturelle Anpassung, Marktwirtschaft, *Good Governance*) wird unter diesen Bedingungen zu einer Form von Gewalt und einem Wunsch nach Unterwerfung, die bisher wenig reflektiert wurden.

Andererseits und vom Blickwinkel der Erkenntnisproduktion aus, führt dies dazu, dass *man immer mehr darüber weiß, was die afrikanischen Gesellschaften nicht sind (oder sein sollten), und immer weniger darüber, was sie tatsächlich sind.* Deshalb, und ganz generell, ist die Absicht dogmatisch normativ. Interpretationen sind beinahe immer salopp formuliert – und was sich als Argumentation gibt, ist reduktionistisch. Die Kriterien, die afrikanische Akteure als gültig anerkennen, und die Gründe, die sie innerhalb ihrer eigenen institutionalisierten rationalen Praktiken austauschen, sind in den Augen vieler wertlos. Was für afrikanische Akteure als *Beweggrund* gilt, was ihre Anmaßung, *vernünftig zu handeln* als allgemeine Anmaßung, *Recht zu haben*, impliziert, was ihr Handeln in ihren Augen verstehbar macht – all das zählt in den Augen der Analytiker kaum. Da die Modelle sich unabhängig von jeglicher Referenz auf einen Kontext, der ihnen Gültigkeit einräumt und ihnen Bedeutung verleiht, selbst genügen, gibt es weder Geschichte noch Ethnologie. Es reicht aus, auf Teufel komm raus und völlig zeitlos die Notwendigkeit zu postulieren, die Wirtschaft vom Gewicht des Staats zu »befreien« und eine Reform von oben zu verlangen, damit sie auf der Grundlage von universellen und erwünschten dekretierten Normen funktionieren.

Die Affirmation von Zwecken kann allerdings nur in Bezug auf Werte erfolgen. Sie impliziert notwendigerweise die Ausübung einer Form von Werturteil und Subjektivität. Sie bringt moralische und ethi-

---

[24] Vgl. Béatrice Hibou, »Économie politique du discours de la Banque mondiale en Afrique: du catéchisme économique au fait (et méfait) missionaire«, *Les Études du CERI* 39 (1998).

sche Optionen ins Spiel, die wiederum auf anthropologische Grundüberzeugungen verweisen. Im Falle Afrikas kommt man nicht umhin zu konstatieren, dass Werturteile geltend gemacht werden, während die Reflexion über die Grundlagen der Normativität kaum problematisiert wird. Es gibt keinerlei Diskussion über die Frage, welche Wertesysteme diese Normativität stützen könnten. Es herrscht nunmehr ein tragischer Schematismus, der dazu dient, *die entstehende Welt* zu verschleiern und auf die afrikanischen Gesellschaften – die zu diesem Anlass in maskierte Figuren verwandelt werden – die Züge eines Monsters zu übertragen, das, vor seinem eigenen Antlitz erschauernd, sich mit den Worten von Nietzsche »in eine geisterhafte Unwirklichkeit«[25] auflöst.

Merken wir auch an, dass es immer weniger sorgfältige Feldstudien gibt. Die Kenntnis der lokalen Sprachen, die für jeden theoretischen und philosophischen Entwurf so unverzichtbar ist, wird als entbehrlich betrachtet. Es wimmelt also anstelle geduldiger und eingehender Studien von spontanen Repräsentationen, von denen man nicht mehr weiß, wie man sie angesammelt hat; Vorstellungen, die jeder benutzt, deren Ursprung man jedoch nicht kennt, und, um die Formulierung von Kant aufzunehmen, »grundlose[n] Behauptungen, denen man ebenso scheinbare entgegensetzen kann«[26]. Diese Verblendung führt unter anderem dazu, dass afrikanische Politik und Wirtschaft dazu verurteilt sind, im Feld der Gesellschaftstheorie immer nur als Zeichen eines Mangels aufzutauchen, wobei der Diskurs der Politik- und Wirtschaftswissenschaft seinerseits zum Diskurs über die Suche nach den Ursachen dieses Mangels wird. Auf Basis einer überspitzten Dramatisierung gilt die eigene politische Vorstellungskraft in Afrika als unbegreiflich, pathologisch und anormal. Überall wütet demnach der Krieg. Als träger, wunderlicher großer Körper ist der Kontinent ohnmächtig in einem Prozess der verheerenden Selbstzerstörung befangen. Das menschliche Handeln, dumm und wahnhaft, folgt beinahe immer etwas anderem als vernünftigen Überlegungen. Kannibalismus, Pandemien und Pest walten überall.

Daran herrscht keine Not. Schreckliche Bewegungen, Gesetze, die Tragödie und Genozid begründen und anordnen, Götter, die in der

---

[25] Friedrich Nietzsche, *Die Geburt der Tragödie. Unzeitgemäße Betrachtungen.* Berlin/ New York, de Gruyter 1988, 64.

[26] Immanuel Kant, *Kritik der reinen Vernunft.* Werkausgabe Bd. 3. Frankfurt/ Main, Suhrkamp (=stw 55) 1974, 61.

Maske von Tod und Elend erscheinen, Donnerschläge, lauernde Monster, Leichen, die in den Fluten schwimmen, infernalische Mächte, Bedrohungen aller Art, Verzicht, Ereignisse ohne Reaktion, monströse Begattungen, blinde Wellen, unerklärliche Wege, schreckliche Mächte, die jeden Tag menschliche Wesen, Tiere, Pflanzen und Dinge aus ihrem Lebensraum reißen und zum Tod verurteilen; sie gibt es tatsächlich. Woran es jedoch mangelt, ist weitab der Sackgassen, der blinden Feststellungen und der falschen Dilemmata (Afropessimismus gegen Afrozentrismus) eine Radikalität in der Befragung. Denn das, was Afrika als Konzept gefährdet, ist die Art, wie die Gesellschaftstheorie bisher das Problem des Umsturzes von Welten, ihrer Schwankungen und ihres Zitterns, ihrer Wandlungen und Verkleidungen gedacht hat, das doch auch anderswo zu beobachten ist. Es ist auch die Art, wie diese Theorie daran gescheitert ist, ein Bewusstsein für die *gelebte Zeit* zu schaffen, das nicht synchronisch oder diachronisch ist, sondern ihre Vielfalt und in ihre Gleichzeitigkeiten, ihre Flüchtigkeit, ihre Gegenwart und ihre Latenzen jenseits der trägen Kategorien von Dauer und Veränderung vermittelt, für die so viele Historiker eine Vorliebe hegen.

Alle menschlichen Gesellschaften haben ohne Unterschied teil an einer komplexen und reichen Ordnung von Zufällen, Mäandern und Weggabelungen, ohne dass das allerdings in Ermangelung eines Zentrums ihre notwendige Abschaffung implizieren würde: Das konnte eine bestimmte Rationalität, die Anspruch auf Universalität erhebt und sich in Kontingenz und Partikularismus entwickelt, in Wahrheit nie verstehen. Die Qual des Unerfüllten, der Unfertigkeit, des labyrinthischen Gewirrs ist in keiner Weise ein spezifisch afrikanisches Merkmal. Fluktuationen, Volatilität und Unbestimmtheit bedeuten nicht zwangsläufig Unordnung. Und nicht jede Darstellung einer instabilen Welt ließe sich unter der Bezeichnung Chaos fassen. Reduziert auf Ungeduld und Unwissen, mitgerissen vom Wahn der Wörter, den Slogans und der linguistischen Armut (die einen lesen nur Französisch, die anderen lesen nur Englisch, lokale Sprachen sprechen nur wenige), fällt die Literatur Wiederholung und Plagiat anheim.

Daher mehren sich dogmatische Aussagen, saloppe Interpretationen, hingeworfene Überarbeitungen. Die ethnographische Beschreibung, die Unterscheidung zwischen Ursachen und Wirkungen, das Hinterfragen des Sinns einer Handlung für die betroffenen menschlichen Subjekte, die Bestimmung der Genese von Praktiken, ihre Verkettungen und ihre Akkumulationseffekte: All dies hat dem augenblicklichen Urteil das Feld geräumt, das häufig faktisch ungenau und mit spontanen Vorstellungen über korrupte politische Sitten, den »Rückfall« in die »Barbarei«, das Fehlen von Vorhersagbarkeit und bürgerlichen Tugenden in diesen Ländern belastet ist. Mit dem normativen und präskriptiven Diskurs des Ökonomismus verbinden sich nun sowohl die Ermahnungen als auch der gesellschaftliche Prophetismus einer gewissen politischen Haltung mit der Schwarzmalerei einer gewissen Philanthropie. In der Folge glauben wir heute zwar, fast alles darüber zu wissen, was der afrikanische Staat, die afrikanischen Gesellschaften und Wirtschaften *nicht sind*, wissen aber immer noch nichts darüber, *was sie tatsächlich sind.* Die in diesem Buch versammelten Studien grenzen sich von dieser behänden Brutalität und dem negativen Denken ab, dessen Triebfeder sie ist. Nicht, weil man sich absolut nicht vorstellen könnte, die Verneinung streng zu denken oder ein spezifisches Wissen als Wissen des Nicht-Seienden, des Nichts *(des Seins des Nichtseins)* zu begründen. Sondern weil es nicht wahr ist, dass am Ausgangs- und Endpunkt Afrika, dieses unvergleichliche Monster, dieser schweigende Schatten und stumme Ort der Nacht, sich auf eine Lücke reduziert.

ZWISCHEN UNIVERSALITÄT UND SINGULARITÄT

Die zentrale Hypothese, die den folgenden Text leitet, lautet, dass die eigene Gesetzmäßigkeit der afrikanischen Gesellschaften, ihre eigenen *Raisons d'Être* und ihre Beziehung zu nichts anderem als sich selbst in einer Vielfalt von Zeiten, Rhythmen und Rationalitäten wurzeln, die, wenn auch charakteristisch und manchmal lokal, nicht außerhalb einer Welt gedacht werden können, die sich sozusagen ausgedehnt[27] hat. Von einem streng methodischen Standpunkt aus bedeutet dies, dass es

[27] Diese Ausdehnung darf nicht nur im Sinne einer »verpassten Verwestlichung« gedacht werden, die zu gesellschaftlichen Traumata und Chaos in den internationalen Beziehungen geführt hat, wie Bertrand Bartie, *L'État importé. L'occidentalisation de l'ordre politique.* Paris, Fayard 1992. Eine historisch situiertere und damit komplexere Einschätzung dieser Phänomene bietet Frederick Cooper, »Africa and the World Economy«, in Frederick Cooper et al., *Confronting Historical Paradigms.* Madison: University of Wisconsin Press 1993, 84–201. Siehe

zumindest ab dem 15. Jahrhundert keine »eigene Historizität« dieser Gesellschaften gibt, die nicht auch wieder in diese anderen Zeiten und Rhythmen eingepasst wäre, die im Großen und Ganzen von der Dominanz Europas bedingt waren.[28] Daher besteht die Beschäftigung mit ihrer eigenen Gesetzmäßigkeit nicht nur darin, darauf hinzuweisen, was sich auf dem Kontinent selbst an der Schnittstelle zwischen der Arbeit von inneren Kräften und jener von internationalen Beteiligten anbahnt.[29] Dies setzt auch eine kritische Vertiefung in die westliche Geschichte und die Theorien voraus, die sie zu interpretieren suchen.

Sofort sind wir mit zwei Schwierigkeiten konfrontiert. Die erste steht mit dem Problem in Zusammenhang, eine rationale Gesellschaftstheorie zu formulieren. Tatsächlich sind Entstehung und Entwicklung der Sozialwissenschaften im Westen jenseits der Vielfalt der Disziplinen, ihrer spezifischen Orientierungen und ihrer Auffächerung in universitäre Spezialgebiete untrennbar damit verbunden, dass man die Krisen verstehen wollte, die aus dem Übergang von der »Gemeinschaft« zur »Gesellschaft« resultierten. Deshalb kann man das Argument, das Jürgen Habermas früher in Bezug auf die Soziologie vorbrachte, auf alle ihre Disziplinen umlegen. Da sie als Theorien der »bürgerlichen Gesellschaft« entstanden waren, bestand ihr vorrangiger Zweck darin, die Entwicklung der »Modernisierung« der »vorbürgerlichen« Gemeinschaften zu erklären, indem sie die anomischen Formen analysierten, über die diese »Modernisierung« in Erscheinung trat.

Sehr bald begann sich nun die Analyse des kapitalistischen Modernisierungsprozesses und seiner Konsequenzen auf die Gesellschaft mit einer weiter gefassten Infragestellung der Bedeutung von Modernität selbst und des Status der Rationalität zu vermischen. In diesem Kontext der Aufklärung stand der Begriff der *Rationalität* eng mit dem der Autonomie in Verbindung. Keiner von beiden konnte ohne den anderen gedacht werden, da die Vorstellung von einem autonomen Subjekt notwendigerweise auf die Möglichkeit einer *Selbstlegislation* verwies. Autonomie bedeutete andererseits den Glauben an die Tatsache, dass die

---

auch Arjun Appadurai, »Disjuncture and Difference in the Global Cultural Economy«, *Public Culture* 2.2 (1990), 1–24.

[28] Vgl. Paul Gilroy, *The Black Atlantic. Modernity and Double Consciousness.* Cambridge, Harvard University Press 1993.

[29] Vgl. hierzu die Anmerkungen von Catherine Coquery-Vidrovitch, »Les débats actuels en histoire de la colonisation«, *Revue Tiers Monde* 28.112 (1987), 782.

Gesellschaft fähig sei, auf sich selbst bezogen zu handeln, sich in sich nach ihren eigenen Plänen zu transformieren, ihre Geschichte geplant, willentlich und bewusst zu entwerfen. So erlangte im Kern der Entwicklung der Disziplinen, die später die Sozialwissenschaften konstituierten, das Anliegen, so vollständig wie möglich zu »beschreiben«, zu »analysieren« und umfassend zu »erklären«, so weit wie möglich die unterschiedlichen Formen der *sozialen Berechnung* »vorherzusehen«, eine so zentrale Stellung. Der Wille zu wissen und der Wille zu verändern trafen in ein- und demselben historischen Projekt der Emanzipation des menschlichen Subjekts zusammen.

Wir wissen auch, dass in der Geschichte der Sozialwissenschaften im Westen die Behandlung des Problems der Berechenbarkeit der sozialen Welt im Wesentlichen auf drei Ebenen erfolgte: theoretisch, methodologisch und empirisch. Auf diesen drei Ebenen begannen sich die Disziplinen untereinander auszudifferenzieren. Unabhängig von den Differenzierungen einte sie jedoch eines: Ob in Wirtschaft, Geschichte, Humangeographie oder Demographie, es ging immer darum, die unterschiedlichen Aspekte in den Blick zu nehmen, unter denen das menschliche Handeln für Rationalität empfänglich war. Bis vor Kurzem war anerkannt, dass die Produktion von sogenanntem objektivem Wissen über die Gesellschaft notwendigerweise über die Formalisierung von theoretischem Wissen in mathematischen Formeln und abstrakten Modellen verlaufen müsse. Das Wissen über die Welt war selbst mit der Möglichkeit der Intervention in eben diese Welt verknüpft, wobei Wissen und Handeln in direkter Linie verbunden waren.

Andererseits suchte die Gesellschaftstheorie immer, sich zu legitimieren, indem sie aus ihrer Fähigkeit heraus argumentierte, universelle Grammatiken zu verfassen. Auf der Basis dieser Anmaßung hat sie Wissensformen produziert, die eine bestimmte Anzahl von Kategorien bevorzugen, die dazu dienen, die Wirklichkeit zu zerlegen, Untersuchungsgegenstände zu definieren, Ähnlichkeits- und Gleichheitsbezüge herzustellen (Vergleich), Klassifizierungen anzuwenden. Sie hat sich auch mit Werkzeugen ausgestattet, die es ihr erlauben, Fragen zu stellen, Beschreibungen zu organisieren und Hypothesen zu formulieren.[30] Wie

---

30 Für eine Auseinandersetzung mit der grundlegenden Ordnung, aus der heraus sie denkt, und dem, von dem aus Erkenntnis und Wissen möglich sind, vgl. James S. Coleman, *Foundations of Social Theory*. Cambridge, The Belknap Press of Harvard University Press 1990, 1–23; Michel Foucault, *Die Ordnung der Dinge. Eine*

bereits festgestellt, hat sich dieselbe Gesellschaftstheorie vor allem als effiziente Wahrnehmung des Europa der sogenannten Neuzeit definiert.[31] Bei näherer Betrachtung lebt sie von einem Korpus, der im Wesentlichen im Zeitalter der ersten Industrialisierung und der Geburt der modernen urbanen Gesellschaften geschaffen wurde. Als Phänomen wurde die Moderne selbst nur innerhalb des Horizonts des westlichen Rationalismus verstanden.[32] Mit anderen Worten unterläge von Max Weber bis zu den Theoretikern der Dekonstruktion die Verbindung zwischen Moderne, Rationalismus und Okzidentalität nicht der einfachen Kontingenz. Sie wäre für beide konstituierend, so sehr, dass es eben jene Verflechtung (diese Tautologie?) wäre, die »dem Okzident eigen« ist, ihn vom Rest der Welt unterscheidet und bewirkt, dass das, was hier geschehen ist, anderswo nicht erfolgt ist.[33] So verhielte es sich zum Beispiel mit der Laisierung der Kultur, der Entzauberung der Natur, dem Ende aller Wunder und der Eliminierung des Finalismus der Religionen, der Erschütterung von primären Zugehörigkeiten und Loyalitäten, Bräuchen und alten Glaubenssätzen – Affirmationen, deren Validität tiefgehend in Frage gestellt werden könnte, wenn man wollte.

Weiter der gewohnten Argumentation folgend, wäre die Moderne auch durch die Befreiung des wissenden Subjekts und seiner Souveränität gegenüber der vereinheitlichenden Macht der Religion und der Autorität von Glauben und Tradition geprägt. Der Triumph des Prinzips des freien Willens (Recht auf Kritik, Recht darauf, nur das als gültig anzuerkennen, was berechtigt erscheint), die erworbene Fähigkeit des Individuums, sich auf sich selbst zu beziehen, alle Verabsolutierungen zu durchkreuzen und über den Umweg der Kunst eine expressive Selbstverwirklichung zu erreichen, gehörten zu den Attributen des modernen

---

Archäologie der Humanwissenschaften. Frankfurt/Main, Suhrkamp (=stw 96) 1995; Jürgen Habermas, *Zur Logik der Sozialwissenschaften.* Frankfurt/Main, Suhrkamp 1982; und James Bohmann, *New Philosophy of Social Science. Problems of Indeterminacy.* Cambridge, MIT Press 1991.

31 Anthony Giddens, *Konsequenzen der Moderne.* Aus dem Englischen von Joachim Schulte. Frankfurt/Main, Suhrkamp (=stw 1295) 1996, 20–22.

32 Siehe hierzu dennoch die aktuellen Bemühungen von asiatischen Theoretikern: Homi Bhabha, *Die Verortung der Kultur.* Tübingen, Stauffenberg Verlag 2000; Gayatri Spivak, *Kritik der postkolonialen Vernunft.* Stuttgart, Kohlhammer 2013.

33 Max Weber, *Die protestantische Ethik und der Geist des Kapitalismus.* In: Gesammelte Aufsätze zur Religionssoziologie. Band 1, Tübingen, Mohr Siebeck, 8. Aufl.1986, 10.

Bewusstseins. Ebenso verhielte es sich mit der eingetretenen Differenzierung zwischen den unterschiedlichen Bereichen des gesellschaftlichen Lebens (etwa zwischen Warenkreislauf und Marktbewegungen; oder zwischen öffentlichem und privatem Leben).

Im Wesentlichen sind sich also die hegelianische, posthegelianische und weberianische Tradition, die Philosophie der Praxis, die Heideggerianismen, Nietzscheismen und Philosophien der Dekonstruktion insofern einig, als sie die Darstellung teilen, nach der die Unterscheidung zwischen dem Westen und anderen historischen Menschengestalten zu einem großen Teil darin läge, wie das Individuum sich dort zunehmend aus der Gängelei der Traditionen emanzipiert und eine autonome Fähigkeit erlangt hat, in der Gegenwart die Definition der Normen und ihre freie Bildung durch individuelle und rationale Willensäußerungen zu konzipieren.[34] Alle diese Traditionen teilen zudem zu unterschiedlichen Ausmaßen das Vorurteil, dass in Bezug auf den Westen alle anderen Gesellschaften primitiv, einfach oder noch in dem Sinne traditionell sind, dass das Gewicht der Vergangenheit dort das individuelle Verhalten vorherbestimmt und *a priori* die Entscheidungsspielräume einschränkt. Grundlage von Normen wäre dort nicht das Modell der argumentierten und öffentlichen Beratung, da die argumentative Begründung von Normen eine spezifische Erfindung des neuzeitlichen Europa ist.

In diesem Kontext richtet sich die Kritik an der Moderne, wenn sie geäußert wird, immer gegen den Positivismus, der aus dem entfremdeten Leben und der Selbstenteignung durch eine Arbeitsweise kommt, die den Produzenten des Genusses dessen beraubt, was er erzeugt (Marx); oder gegen die völlige Gleichsetzung von Vernunft und Macht, wobei die Anmaßungen ihrer Gültigkeit die prosaische Machtanmaßung nicht mehr maskieren (Nietzsche); die Korrumpierung aller rationalen Kriterien, die Verwechslung von Vernunft, Technizismus und absoluter Herrschaft niedriger und totalitärer Kräfte (Horkheimer und Adorno); die

---

[34] Nach Luc Ferry und Alain Renaut hängt »das spezifische Merkmal der Moderne eben damit zusammen, wie das Subjekt, wenn es auch scheinbar nicht über die absolute Freiheit verfügt, seine eigenen Normen zu schaffen, sich dennoch das souveräne Recht zuspricht, sie einer freien Prüfung zu unterziehen und sich in diesem Moment der kritischen Prüfung selbst als letzte Grundlage des Arguments postuliert und denkt, dem zufolge es sie legitimiert oder ablehnt«, in *Pourquoi nous ne sommes pas nietzschéens*. Paris, Grasset 1992, 131.

Verabsolutierung der verdinglichenden, instrumentalistischen und berechnenden Vernunft (Heidegger); oder spricht im Namen des angenommenen Todes jeder Form von vereinheitlichender und teleologischer Interpretation der Welt (Derrida, Foucault, ...).[35] Der Zwist bezieht sich also nicht auf die Okzidentalität der Moderne, sondern darauf, was »wir« von der Aufklärung geerbt haben, und die realen Möglichkeiten, die Versprechungen der Universalität zu erfüllen, die in den Idealen der *Aufklärung*[36] enthalten sind.

Was ist aus diesen Hinweisen und ihrem tautologischen Wesen abzuleiten, wenn nicht, dass die Gesellschaftstheorie, indem sie sich gleichzeitig als effiziente Wahrnehmung der westlichen Moderne definiert – sich also ausgehend von Konventionen mit lokalem Wert entfaltet – und sich als Trägerin einer universellen Grammatik ausgibt, sich dazu verdammt hat, immer ausgehend von Idiomen zu verallgemeinern, deren Provinzialismus nicht mehr bewiesen werden kann, weil alle anderen Gegenstände (nicht-westliche, wohlverstanden) sich im Inneren dieser herrschenden Paradigmen schlecht für gute Erkenntnisse eignen.[37] In diesem Kontext stellt sich die rein methodologische Frage, ob es möglich ist, eine verständliche Interpretation der Formen der sozialen und politischen Vorstellungskraft im heutigen Afrika vorzulegen, indem man sich ausschließlich der konzeptuellen Strukturen und fiktiven Repräsentationen bedient, die eben dazu gedient haben, den afrikanischen Gesellschaften jede historische Konsistenz abzusprechen und sie als radikale

---

[35] Bei Jürgen Habermas, *Der philosophische Diskurs der Moderne.* Frankfurt/ Main, Suhrkamp 1985, findet sich eine Zusammenfassung der zentralen Elemente dieser unterschiedlichen Kritiken. Dazu auch Alain Touraine, *Critique de la modernité.* Paris, Fayard 1992.

[36] Im Original deutsch [Anm. d. Ü.]. Das ist zum Beispiel eine der Bedeutungen der Kontroverse zwischen Foucault und Habermas darüber, was das Erreichen des »Mannesalters« bedeutet. Von Foucault ist hierzu »Was ist Aufklärung« in Eva Erdmann, Rainer Forst und Axel Honneth (Hg.), *Ethos der Moderne. Foucaults Kritik der Aufklärung.* Frankfurt/ New York, Campus 1990, zu nennen; sowie Jürgen Habermas, *Der philosophische Diskurs der Moderne, op. cit.*, oder auch Michael Kelly, *Critique and Power. Recasting the Foucault/Habermas Debate.* Cambridge, MIT Press 1994.

[37] Die Bemerkungen von Vincent Descombes, »Notre problème critique«, *Stanford French Review* 15 (1991), 235–261, bieten einen guten Eindruck von der epistemologischen Dimension der hier angesprochenen Fragen.

Alterität, als Andersartigkeit im Urzustand und als *die* Antithese des Westens zu definieren.

Die zweite Schwierigkeit gehört einer anderen Ordnung an. Wir versuchen nun, Afrika in einem Kontext zu schreiben, der eher durch die Vergangenheit als durch die Anerkennung der Pluralität von Wissen charakterisiert ist. Der Blick der Gesellschaftstheorie, den wir eben skizziert haben, wurde im Laufe des 20. Jahrhunderts tiefgreifend in Frage gestellt. Zunächst waren da die Zersplitterung des Universums der Naturwissenschaften und die Distanzierung vom newtonschen Modell. Ersteres diente den Sozialwissenschaften insofern als Bezugspunkt, als sie versuchten, seine Protokolle zu imitieren. Zweiteres stellte das einzige Modell der wissenschaftlichen Rationalität dar. Eine der Konsequenzen dieser Zersplitterung ist die Hinterfragung von deterministischen Argumentationen ebenso in der Ausarbeitung von Theorien über die Gesellschaft wie in der Definition von Theorien über individuelles und soziales Handeln. Diese Hinterfragung ging mit drei Prozessen einher, deren Bedeutung nicht zu überschätzen ist: Der erste ist die Ablehnung von totalisierenden Geschichtsphilosophien und die Anerkennung der Kontingenz des Sozialen und des Historischen. Der zweite ist die *Affirmation der Vielfalt der Welten und der Lebensformen.* Der dritte ist die Anerkennung der Existenz von Wissensformen, die sich vom sogenannten wissenschaftlichen Wissen unterscheiden. Alle diese Entwicklungen führten zu einer Neudefinition der Beziehungen zwischen Objektivität und Repräsentation; zwischen Subjekt und Objekt; zwischen Deutung und Narration. In Extremfällen führten sie dazu, dass der Status der wissenschaftlichen »Wahrheit« selbst in Frage gestellt wurde.

Weiter oben legen wir nahe, das Projekt der Moderne beruhe unter anderem auf der Möglichkeit der Verwirklichung von Fortschritt und auf der Hoffnung auf einen definitiven Sieg der Vernunft über alle Arten von Obskurantismus. Nun mehren sich jedoch die Stimmen, die das Scheitern dieses Projekts postulieren. Dieses Postulat impliziert nicht unbedingt, »postmodern« zu sein. Es heißt vor allem zu realisieren, dass das Erbe des westlichen Rationalismus nicht mehr unangefochten Geltung besitzt. Die Idee, mit der Aufklärung und ihren Inhalten zu brechen, hat im Grunde die Entwicklung eines *dezentralisierten Verständnisses der Welt* gefördert. Außerhalb des exklusiven Rahmens der westlichen Moderne werden andere *Formationen des universellen*

Bewusstseins sichtbar, auch wenn dieser Prozess stark mit den Bedingungen des kolonialen Imperialismus und des modernen Kapitalismus verbunden bleibt – Begriffe, unter denen es von Ort zu Ort sehr unterschiedliche Dinge zu verstehen gilt.[38] Die marxistische Utopie der Abschaffung der Herrschaft der Ware als Bedingung und unausweichlicher Horizont der menschlichen Emanzipation ist schal geworden. Das heißt keineswegs, dass der Kapitalismus sich den globalen Triumph gesichert hätte und dadurch zum einzigen und letzten Akteur jeder möglichen Geschichte geworden wäre.

Diese Verschiebungen verbinden sich mit anderen. Auf rein epistemologischer Ebene wurden die Diskussionen in den Sozialwissenschaften lange Zeit von Fragen der Beziehung zwischen Subjekt und Objekt sowie nach Objektivität und Intersubjektivität beherrscht. Heute scheinen diese Anliegen neuen Fragen bezüglich der Sprache, der Produktion von Argumenten, den Wahrheitsbedingungen von Aussagen, den Modalitäten des Verstehens zu weichen. Aus diesen Verschiebungen ergeben sich hauptsächlich zwei Konsequenzen: Zunächst ist da der Vorrang, der nun der Interpretation eingeräumt wird. Im Extremfall leitet sich daraus der Schluss ab, dass es *Wirklichkeit* oder *Tatsachen* als solche nicht gäbe. Es gäbe nur *Erzählungen*. Die Macht bestünde in nichts anderem als in der Macht der Fabulation, der Macht der Betonung des Unterschieds zwischen Theorie und Beschreibung, Sprache und Realität. Wenn es stimmt, dass nur Erzählungen existieren, bestünde das Hauptproblem nicht mehr darin, Mechanismen zu erklären. Alles läge in der Sprache. Und die Grenzen jeder Sprache entsprächen genau den Grenzen jener Welten, die sie stützen.

Parallel zu diesen Veränderungen der Wissensgebiete zeichnen sich globalere soziale Dynamiken ab. Die meisten schreiben sich in das – für das Ende des 20. und den Beginn des 21. Jahrhunderts typische – Bewusstsein ein, in eine neue *Weltzeit* einzutreten, die notgedrungen alte Spaltungen umstürzt und der gesamten Menschheit gemeinsame Bezugspunkte aufdrängt. Die Ausdrucksformen dieser Verankerung in der »Zeit der Welt« sind komplex und vielfältig.[39] Sie gehorchen internationalen ebenso wie lokalen Logiken. Sie haben enormen Einfluss auf die

---

[38] Jean-François Bayart (Hg.), *La réinvention du capitalisme*. Paris, Karthala 1995.

[39] Siehe Arjun Appadurai, *Modernity at Large: Cultural Dimensions of Globalization*. Minneapolis, University of Minnesota Press 1996.

Art, wie Menschen sprechen, handeln, Sinn schaffen, arbeiten, sich benutzen, sich bereichern und verarmen, den Ort wechseln, Krieg führen oder miteinander kommunizieren. Immer mehr zeichnet sich in unserem Bewusstsein ein Universum ab, das aus Fragmenten, flottierenden Zeichen, offenen Texten, flexiblen Ökonomien, Bedeutungen in ständiger Mobilität besteht.

Instabile Märkte, Ökonomien, die permanenten Anpassungen unterworfen sind, eine Zeitlichkeit, die durch Zufall, Sprunghaftigkeit und Flüchtigkeit geprägt ist, machen klassische Werterklärungen zunichte, gleich ob diese gesellschaftlich oder warenmäßig sind. In Frage gestellt werden die Formen, die Kapital, Geld und Preise annehmen, die Gestalten von Profit, Macht und Göttlichem, also die komplexen Zusammenhänge, die das materielle Leben mit anderen Formen der menschlichen Vorstellung verbinden. Auf politischer Ebene war der Gegensatz zwischen Macht und Gewalt einerseits und zwischen der Gewalt und der Verantwortung für den anderen möglicherweise noch nie so deutlich. Diese neuen Realitäten, die verstreut, vielfältig, sporadisch, fragil und manchmal unorganisiert und nicht institutionalisiert sind, destabilisieren die Kategorien, von denen ausgehend wir gewohnt waren, die Welt zu erfassen und *die Wahrheit zu sagen*.

Aus allen diesen Gründen folgt in diesen Seiten nicht der Versuch, in Afrika Spuren der europäischen Moderne zu identifizieren oder auch riskante Vergleiche zwischen verschiedenen historischen Entwicklungen zu skizzieren. Denn die jüngste Vergangenheit zeigt, dass es den Werkzeugen, mit denen bisher das menschlichen Leben im Allgemeinen und in Afrika im Besonderen erklärt wurde, heute an Relevanz fehlt. Sie trüben die Dinge mehr als sie sie erhellen. Allgemeiner hat sich in Bezug auf die Sozialwissenschaften und im Hinblick auf ihre Fähigkeit, *Lebenswelten* und die Diversität der (ästhetischen, religiösen, ethischen, wissenschaftlichen...) Sprachen effektiv zu erklären, in denen sich diese Welten ausdrücken, ein Gefühl der tiefen Entfremdung eingestellt. Der Skeptizismus hinsichtlich der Fähigkeit der Sozialwissenschaften, den Verlauf der Geschichte von Gesellschaften zu analysieren, zu erläutern, vorherzusagen und diese aus allen Arten der Knechtschaft zu befreien, wurde durch den postmodernen Nihilismus, den Afropessimismus und seinen anderen Dämon, den Afrozentrismus und die verschiedenen Spielarten von Neoevolutionismen verstärkt, die für die Diskurse unserer Zeit charakteristisch sind. Es ist zu bezweifeln, ob diese Krise durch einen einfachen Rückgriff auf Konzepte wie Hybridität, Vielfalt und Kontingenz überwunden werden kann.

VON DER IM ENTSTEHEN BEGRIFFENEN ZEIT

Im Folgenden sollen Fragmente entstehen, die Afrika ähnlich sind und dabei die folgenden Verschiebungen berücksichtigen: das Auseinanderbrechen des Universums der Sozialwissenschaften und den Niedergang des newtonschen Modells, das diesen bisher als Bezugsrahmen und Modell und letztlich als wissenschaftliche Rationalität gedient hat; den Glaubwürdigkeitsverlust der »großen Erzählungen« (Glaube an die Unausweichlichkeit des rationalen Fortschritts, an das individuelle Subjekt, an eine universelle Wahrheit); die allgemeine Affirmation der *Vielfalt von Welten und Lebensweisen;* Anerkennung der Existenz von Wissensformen, die sich vom sogenannten wissenschaftlichen Wissen unterscheiden (Möglichkeit narrativer Wissensformen); Pluralität von Formen der Erfindung von Differenz und Universalität; und die Neudefinition der Beziehungen zwischen Objektivität und Repräsentation. Dabei ging es nicht darum, noch einmal die alte Frage zu wälzen, was es bedeutet, in dieser Welt Afrikaner zu sein. Wie auch die Juden in einem noch nicht lange zurückliegenden Abschnitt ihrer Geschichte, versuchten viele afrikanische Denker, die bemüht waren, eine Geschichte der »schwarzen Nation« aufzubauen, in ihrem Werk letztlich, den Afrikanern ein sinnerfülltes Bild ihrer Geschichte zu bieten.[40] Sie hofften damit zu beweisen, dass Afrikaner in die Soziabilität des Raums der Nationen eintreten und die Gestalt ihrer Geschicke selbst bestimmen können. Solche Bemühungen gehörten zum allgemeinen Projekt der Befreiung aus der Knechtschaft und der Assimilation an eine Welt, die jetzt in absoluter Freiheit von Vorurteilen der Irrationalität entkommen würde; zumindest dachten sie das.

---

[40] In Bezug auf das Judentum siehe etwa Hannah Arendt, *Elemente und Ursprünge totaler Herrschaft*. München, Piper 1991. Oder auch Gerschom Scholem, *Fidélité et utopie. Essais sur le judaïsme contemporain.* Paris, Calman-Lévy 1978, 79–100; Isaiah Berlin, *Trois essais sur la condition juive.* Paris, Calman-Lévy 1973. Über die Afrikaner, vgl. Cheikh Anta Diop, *Nations nègres et culture.* Paris, Présence africaine 1954.

Sie dachten zudem, dass Emanzipation und Assimilation über die Produktion eines apologetischen Diskurses verlaufen, der sich auf die Wiederentdeckung dessen bezog, was als Wesen, als eigener Charakter der schwarzen Rasse angenommen wurde, und forderten die Aktualisierung von Möglichkeiten ein, die ihr zugeschrieben wurden, ihre eigenen Fähigkeiten und ihr Vermögen, sich gewissermaßen in der Geschichte zu begründen. Der Horizont der notwendigen Vollendung dieses Charakters war seine Eingliederung in den Schmelztiegel des Universellen.[41] Dass dieser afrikanische Kampf darum, sich selbst zu verstehen, vielleicht unbewusst naiv war, steht völlig außer Zweifel. Er entstand aus dem Unglück, den Schatten alter und schrecklicher Träume, blinden Gängen, der Verzweiflung einer Existenz ohne Frieden und Ruhe. Ihre Fantasie arbeitete aus einer Distanz von Jahren, sogar Jahrhunderten, an der Erinnerung an ein Afrika, ein immenses versteinertes Gedicht, das man für verschwunden und unverstanden hielt.[42] Wegen der inhärenten Spannung dieses doppelten Projekts von Emanzipation und Assimilation reduzierte sich die Diskussion über die Möglichkeit einer afrikanischen Moderne zunehmend auf die ewige Frage bezüglich der Möglichkeit eines afrikanischen Subjekts, eines Gleichgewichts zwischen seiner vollständigen Identifikation mit dem »traditionellen« afrikanischen Leben (Philosophien der Authentizität) und seiner Übertragung und späteren Auflösung in der Moderne (Diskurs der Entfremdung) [43].

Für die Männer und Frauen dieser Generationen, die ein bisschen Glück suchten, stellte sich der absolute Bruch jedenfalls so dar. Wir beabsichtigten hier nicht, noch einmal die Problematik von Identität und Differenz aufzunehmen. Für viele wurde sie oft vermindert, sei es durch die Akzeptanz einer tragischen Dualität und eine innere Verdop-

---

[41] Siehe hierzu die Texte von Africanus Horton, Blyden und anderen in dem von Henry S. Wilson herausgegebenen Sammelband *Origins of West African Nationalism.* London, Macmillan 1969, 157–265.

[42] Vgl. dazu, was Mamadou Diouf und Mohamad Mbodj über Cheikh Anta Diop zu sagen haben, in Valentin-Y. Mudimbe (Hg.), *The Surrepetitious Speech.* Chicago, Chicago University Press 1992.

[43] Die Kritik an dieser Fragestellung wurde bereits vorgelegt. Hierzu unter anderem Fabien Eboussi Boulaga, *La crise du Muntu. Authenticité africaine et philosophie.* Paris, Présence africaine 1977; Paulin Hountondji, *Sur la »philosophie africaine«.* Paris, Maspero 1977; Valentin-Y. Mudimbe, *The Invention of Africa.* Bloomington, Indiana University Press 1988; Kwame Anthony Appiah, *In My Father's House.* Oxford, Oxford University Press 1992.

pelung, sei es – im Bestehen auf der Absolutheit des afrikanischen Ich (afrozentrische Thesen) – durch eine außerordentliche identitäre Verbissenheit.[44] Wir wollen hier nicht behaupten, dass die Reaffirmation der schwarzen Identität in dem chaotischen Alptraum unwesentlich sei, der der Abschaffung der Sklaverei folgte und in der Kolonisierung mündete. Die Vorbehaltlosigkeit der Selbstsetzung des westlichen Ich und seine aktive Negation all dessen, was sich nicht darauf bezieht, führten im Gegenzug dazu, dass der afrikanische Diskurs auf eine einfache polemische Reaffirmation der Humanität der Schwarzen reduziert wurde. Doch die Vernichtung dieser Menschlichkeit ebenso wie ihre Reaffirmation erschienen nunmehr nur noch als die beiden sterilen Seiten eines einzigen und identischen Akts: der Eitelkeit, das Ich als absolutes Gegenteil des Nicht-Ich zu setzen.

Was dagegen unsere Epoche von vorhergehenden Epochen unterscheidet, die scheinbar unumgängliche Diskrepanz, der absolute Bruch unserer Zeit, die den Geist aus den Fugen hebt und spaltet, ist sehr wohl weiterhin die kontingente, zersprengte und machtlose Existenz. Eine kontingente, zersprengte und machtlose Existenz, als solche offenbart sie sich jedoch in der Gestalt der Willkür und der absoluten Macht, jederzeit, an jedem Ort, auf jede mögliche Art und Weise und unter jedem möglichen Vorwand den Tod zu bringen. Genauer ist sie die Aktualität der Willkür auf lange Dauer. Allerdings nicht irgendeine Willkür, sondern Willkür als Schauspiel und nackter Schrecken, als wirksamer Schatten, der zwar auf jegliche Schönheit verzichtet, aber dennoch keineswegs der Eindeutigkeit entbehrt. Nicht irgendeine Willkür, sondern Willkür als menschliche und kontingente Gewalt, für die typisch ist, Vernichtungsakte zu begehen, die in ihrer Nacktheit, ihrer Menge und ihren Verstrickungen die Besonderheit haben, den Schmerz der Menschen zu verbergen, ihn in einem unendlichen Kreislauf zu versenken, dessen Zentrum sozusagen überall ist. Es geht also um diese Willkür, die, indem sie ihr eigenes Werk vollbringt und sich selbst durch ihre eigene Souveränität bestätigt, erlaubt, dass die Macht sich als Recht zu töten ausübt und Afrika mit Toten füllt, die gleichzeitig außerhalb und im Herzen aller Epochen stehen.

---

44 Zu diesen Fragen, vgl. Achille Mbembe, »À propos des écritures africaines de soi«, *Politique africaine,* 77 (2000), 16–43.

Die Frage nach Gewalt und Tyrannei stellt sich Afrikanern angesichts ihrer fernen und jüngsten Vergangenheit, die nicht vergehen will. Man findet diese Obsession auch bei der afrikanischen Intelligenz im 19. Jahrhundert. Der Sklavenhandel wirkte bis in Dimensionen hinein, die uns bis heute fremd sind.[45] Dieser Handel ist zu einem großen Ausmaß sehr wohl das Ereignis, unter dessen Zeichen Afrika in die Moderne eintritt. Die Frage nach der menschlichen und kontingenten Gewalt stellt auch der Kolonialismus in seinen Formen wie in seiner Substanz. Im Übrigen reagierten Sklavenhandel und Kolonialismus aufeinander wie ein Echo, und zwischen den Zeilen steht der Zweifel über die Möglichkeit der Selbstverwaltung und das niemals verschwundene Risiko, dass der Kontinent und die Afrikaner auf lange Zeit in die Unwägbarkeiten eines erniedrigenden Zustands zurückgeworfen werden könnten. Darin bestehen die Trennlinien – aber auch die Kontinuitäten –, derer sich anzunehmen der afrikanischen Philosophie nicht gelungen ist. Unter dem Problem der Willkür und der Tyrannei, wie wir es eben skizziert haben, liegt wohlverstanden das der Befreiung aus< der Knechtschaft und der Möglichkeit eines autonomen afrikanischen Subjekts begraben. Um diese Fragen sichtbar zu machen, grenzen wir uns in diesem Buch von einer Problemstellung ab, die darin bestünde zu untersuchen, wie man im subsaharischen Afrika der Vernunft ihre kritische Fähigkeit bewahren oder auch mit welchen Mitteln man ihren Triumph über alle möglichen Aberglauben, Bräuche und Gewohnheiten sicherstellen könnte.

Denn die Frage, ob Afrika durch einen unüberbrückbaren Abgrund vom Westen getrennt ist, ist für uns gegenstandslos. In einem Versuch, Afrika zu zwingen, sich in der Welt durch sich selbst zu erklären, sollten auf möglichst produktive Art und Weise einige allgemeine Fragen beleuchtet werden, die sich aufgrund von Konzepten aus der Gesellschaftstheorie stellen, und insbesondere die Vorstellungen, die im Allgemeinen dazu dienen, Zeit, Unterwerfungsbeziehungen, Bedingungen der Wertschätzung und der Herrschaft, den Zusammenbruch von historischen Möglichkeiten oder ihre Bestätigung, die symbolische Verfassung der Welt, Zwang und Terror als Grenzen des Menschlichen oder

[45] Eine interpretative Skizze findet sich bei Rosalind Shaw, »The Production of Witchcraft/ Witchcraft as Production: Memory, Modernity and the Slave Trade in Sierra Leone«, *American Ethnologist* 24 (1997), 856–876.

die Beziehungen zu Transzendenz und Endlichkeit zu denken. Wo diese Konzpete sich eindeutig als unfähig erwiesen, bestimmte Ausformungen der Vernunft in der afrikanischen Geschichte und in den Praktiken dieser Zeit zu bezeichnen, entwickelten wir ein neues Vokabular.

Indem wir unsere Reflexion darauf konzentrieren, was wir *Postkolonie* nennen, wollten wir nicht die Macht als solche anprangern. Einerseits möchten wir die beiden Vorstellungen von *Epoche* und von *Dauer* rehabilitieren. Unter Epoche möchten wir nicht eine einfache Kategorie der Zeit verstehen, sondern eine bestimmte Zahl von Beziehungen und eine Konfiguration von Ereignissen, die oft sichtbar, wahrnehmbar, manchmal diffus, »vielköpfig« sind, die jedoch ihre Zeitgenossen bezeugen können, weil sie ihnen lebhaft bewusst sind. Als Epoche umfasst die Postkolonie in Wahrheit vielfältige Zeiträume, die aus überlappenden, ineinander verschachtelten und sich umschließenden Diskontinuitäten, Umstürzen, Trägheiten, Schwankungen bestehen.[46] Andererseits wollten wir eben die Frage nach der *Dislokation* stellen. Um dem auch nur ein bisschen Relevanz zu verleihen, mussten jene Theorien zurückgewiesen werden, die nicht nur den »Tod Gottes« und »des Menschen« verkünden, sondern auch den der »Moral« oder des »Subjekts«, wobei sie riskieren, jede axiologische Referenz und alles außerhalb des »Selbst« (der Selbstreferenzialität) aufzugeben, und damit Individuen auf schlichte triebhafte Ströme und ein Netz von »begehrenden« und »libidinösen Maschinen« zu reduzieren. Unser Hauptanliegen bestand darin, das Thema des afrikanischen Subjekts neu zu denken, das gerade auftaucht, sich mit sich selbst beschäftigt, oder sich im Akt und im Kontext der *Dislokation* aufgibt oder entmündigt wird.

Mit Dislokation wollten wir nicht nur Dislozierung, Transit oder die »Unmöglichkeit einer nicht nur provisorischen, punktuellen oder ständig neu definierten Zentralität«[47] bezeichnen. Während wir, wo nötig, bereitwillig einen philosophischen Standpunkt einnehmen, gehen wir von der Idee aus, dass zwischen Subjektivität und Zeitlichkeit eine enge Beziehung besteht – dass man in gewisser Weise die Subjektivität

---

[46] Siehe Michel Foucault, »Zur Geschichte zurückkehren«, in *Schriften*. Band 2. Frankfurt/Main, Suhrkamp 2002, 343–346.

[47] Diese Perspektive schlägt Pierre Michel in »De la notion de la transition: remarques épistémologiques«, *Cahiers internationaux de sociologie* 46 (1994), 214 vor.

selbst als Zeitlichkeit auffassen kann.[48] Wir ließen uns dabei von der Intuition leiten, dass jede Zeit und jede Epoche eine »Eigenheit« oder eine »Besonderheit« besitzt – oder, um einen schwammigen Begriff aufzugreifen, einen »Zeitgeist«[49]. Diese Eigenheit oder Besonderheit bildet sich über ein Ensemble von materiellen Praktiken, Zeichen, Figuren, Aberglauben, Bildern und Fiktionen aus, die, weil sie der Vorstellung und der Intelligenz der Menschen vorliegen, weil sie von ihnen wirklich empfunden werden, das formen, was man ihr »in der konkreten Welt leben« nennen könnte.

Dieses »in der konkreten Welt leben« ist nicht nur das Feld, in dem sich ihr Dasein praktisch abspielt. Es ist der Ort, an dem sie es ausüben, das heißt zum Einsatz ihres Lebens und zur Auseinandersetzung mit den diversen Formen ihres Todes übergehen. Auf dieser Basis stellten wir uns die Frage danach, was also dieses Ensemble an Dingen ist, das der derzeitigen afrikanischen Epoche ihren dringlichen Charakter verleiht, sie kennzeichnet, ihre Exzentrizität und Weitschweifigkeit ausmacht, und gleichzeitig Betroffenheit und Heiterkeit auslöst. Was verleiht diesem Ensemble von Dingen seine von allen geteilten Bedeutungen? In welchen Sprachen werden diese Bedeutungen ausgedrückt? Wie sind diese Sprachen zu dechiffrieren? Diese Fragen bilden eine der Achsen der hier vorgenommenen Reflexion, die uns auch veranlasst hat, uns zum Beispiel über die *Tatsache* und das Zeichen des Machthabers, die Beziehungen zwischen Regierung und Menschen und die Vermehrung der Dinge, die unterschiedlichen Formen der Armut, das Problem von Exzess und Vulgarität oder auch von Genuss, Endlichkeit und Wahn zu befragen, wie sie sich in den Sprachen und Praktiken von Wundern und des Göttlichem deklinieren.[50]

---

[48] Siehe zu diesem Thema Gilles Deleuze, *Kino 2. Das Zeit-Bild*. Frankfurt/Main, Suhrkamp (=stw 1289) 1996, 113.

[49] Im Original deutsch [Anm. d. Ü.]

[50] Das sind einige der Gründe, warum unsere Problemstellung wenig mit den besonders in den Vereinigten Staaten laufenden Diskussionen über den »Postkolonialismus« oder das »subalterne« Bewusstsein zu tun hat. Zu diesen siehe die Zusammenfassungen von Ato Quayson, *Postcolonialism: Theory, Practice or Process?* Cambridge, Polity Press 2000; Gayatri Spivak, *Kritik der postkolonialen Vernunft: Hin zu einer Geschichte der verrinnenden Gegenwart*. München, Kohlhammer 2013; Robert Young, *Colonial Desire: Hybridity in Theory, Culture and Race*. London, Routledge 1995, sowie seine *White Mythologies: Writing History and the West*. London, Routledge 1990. Zum »subalternen Bewusstsein« siehe die von

Von Anfang an mussten wir uns den folgenden beiden Schwierigkeiten stellen: Erstens ist jede Epoche in Wahrheit eine Kombination mehrerer Zeitlichkeiten.[51] Und hinsichtlich der Postkolonie reichte es nicht aus, für die Kolonisierung die Existenz eines *Vorher* und eines *Nachher* zu postulieren, um das Problem der Beziehungen zwischen Zeitlichkeit und Subjektivität erschöpfend zu behandeln. Sich über den Übergang vom einen (dem Vorher) zum anderen (dem Nachher) und über das Problem der *Transition* zu befragen, das sich mit diesem Übergang stellt, oder auch anzuerkennen, dass jede Epoche in den Augen verschiedener Akteure widersprüchliche Bedeutungen annimmt, war ebenfalls nicht befriedigend. Es fehlte das Wissen, wie in jedem Fall die Vielfalt der Zeiten nicht nur wieder in die *longue durée* einzuschreiben ist, sondern auch in die *autochthonen Zeiträume*. Auch musste zusätzlich der Status dieser spezifischen Zeit gedacht werden, der *im Entstehen begriffenen Zeit* oder besser der *ablaufenden Zeit*.

Diese im Auftauchen begriffene Zeit, diese ablaufende Zeit genau zu denken, würde voraussetzen, dass man auf klassische Sichtweisen verzichtet. Diese nehmen die Zeit nur als Strom wahr, der Individuen und Gesellschaften von einem Zurückliegenden nach vorne transportiert, wobei die Zukunft notwendigerweise aus der Vergangenheit entsteht und dieser Vergangenheit nachfolgt, die wiederum irreversibel ist. Unser Hauptinteresse war nun diese eigene Zeit, die man die *ablaufende Zeit, die Zeit der Existenz und der Erfahrung* nennen könnte, jene der Integration der afrikanischen Gesellschaften in die Gegenwart der Welt. Es war ausgeschlossen, plausibel darüber zu berichten, ohne gleich zu

---

Mamadou Diouf herausgegebenen Texte, *L'historiographie indienne en débat. Colonialisme, nationalisme et sociétés postcoloniales*. Paris, Karthala 1999, oder auch Ella Shohat, »Notes on the "Post-Colonial"«, in *Social Text* 31–32 (1992), 84–113; Gyan Prakash, »Subaltern Studies as Postcolonial Criticism«, in *American Historical Review* 99.5 (1994), 1475–1490; sowie sein Buch *After Colonialism: Imperial Histories and Postcolonial Displacements*. Princeton, Princeton University Press 1995; Dipesh Chakrabarty, »Postcoloniality and the Artifice of History: Who Speaks for "Indian" Pasts?«, in *Representations* 37 (1992).

[51] Eine Diskussion von Zeit im Allgemeinen findet sich bei Fernand Braudel, »Geschichte und Sozialwissenschaften. Die longue durée«, in Claudia Honegger (Hg.), *Marc Bloch, Fernand Braudel, Lucien Febvre: Schrift und Materie der Geschichte. Vorschläge zu einer systematischen Aneignung historischer Prozesse*. Frankfurt/Main, Suhrkamp (=edition suhrkamp 814) 1977, 47–85; Krysztof Pomian, *L'ordre du temps*. Paris, Gallimard 1984.

Beginn drei Postulate zu setzen. Einerseits ist diese Zeit der afrikanischen Existenz weder lineare Zeit noch ein einfaches Folgeverhältnis, in dem jeder Moment all jene, die ihm vorausgegangen sind, auslöscht, aufhebt und ersetzt, sodass im Herzen der Gesellschaft nur eine einzige Epoche zugleich existieren würde. Sie ist keine Serie, sondern eine *Verschachtelung* von Gegenwarten, Vergangenheiten und Zukünften, in denen jeweils eigene Untiefen anderer Gegenwarten, Vergangenheiten und Zukünfte liegen, wobei jede Epoche alle vorhergehenden in sich trägt, verändert und bewahrt.

Andererseits besteht diese Zeit vielmehr aus Turbulenzen, aus einem Bündel von Unwägbarkeiten, Fluktuationen und Schwankungen, die mehr oder minder regelmäßig sind, die nicht immer unbedingt im Chaos münden (wenn das auch manchmal der Fall ist). Darüber hinaus ziehen Instabilitäten, Unwägbarkeiten und Schwankungen nicht immer erratische oder unvorhersehbare Verhaltensweisen seitens der Akteure nach sich (auch wenn auch das vorkommen kann). Schließlich zeigt eine genaue Aufmerksamkeit gegenüber ihren wirklichen Periodisierungen, dass die Zeit nicht irreversibel ist. Sie besteht aus abrupten Brüchen, plötzlichen und brutalen Vorstößen, Flüchtigkeit, sie entzieht sich jeder vereinfachenden Modellierung und stellt die Hypothese von Stabilität und einem *einzigartigen Gleichgewicht* in Frage, die der Gesellschaftstheorie unterliegt, insbesondere dort, wo ihr einziges Anliegen darin besteht, von der westlichen Moderne oder vom Scheitern der außereuropäischen Welten zu berichten, diese identisch zu reproduzieren.

Worauf uns die Geschichte der afrikanischen Gesellschaften zurückverweist, ist die Vorstellung von einer Pluralität von Gleichgewichten und die Tatsache, dass die afrikanischen Gesellschaftsformationen als historische Gesellschaften nicht unbedingt auf einen Punkt, eine Tendenz oder einen einzigen Zyklus hin konvergieren, sondern dass sie in sich die Möglichkeit fraktionierter Bahnen tragen, die weder konvergieren noch divergieren, sondern sich übereinander schieben, *paradox* sind. Auf einer philosophischeren Ebene könnte man auch annehmen, dass die Gegenwart als Erfahrung einer Zeit eben der Moment ist, zu dem sich verschiedene Formen der Abwesenheit verschachteln: Abwesenheit von Gegenwarten, die nicht mehr sind, derer man sich erinnert (Gedächtnis) und Abwesenheit von jenen anderen, die noch nicht sind und die man vorwegnimmt (Utopie). Eben das soll in diesem Buch interpretiert werden. Es schien zumal, dass das Unterscheidungsmerkmal der afrikanischen zeitgenössischen Erfahrung im Unterschied zu anderen darin besteht, dass die Zeit im Zustand ihrer Entstehung in einen Kontext einbricht, in dem der Horizont der Zukunft heute scheinbar verschlossen ist, während der Horizont der Vergangenheit sich entfernt zu haben scheint.[52]

Zweitens verweigern wir mit der Konzentration unserer Aufmerksamkeit auf die entstehende Zeit nicht nur lineare Modelle sowie das Unwissen, das sie aufrechterhalten, und den Extremismus, zu dem sie unaufhörlich Anlass bieten. Die Afrikaforschung hat sich freilich nicht durch ihre Bemühungen darum ausgezeichnet, nicht-lineare Phänomene in ihre Analysen zu integrieren. Auch gelang es ihr nicht immer, Rechenschaft über komplexe Verhaltensweisen abzulegen. Einerseits setzte sie jede Nicht-Linearität mit Chaos gleich, und verdrängte dabei, dass Chaos nur eine der möglichen Konsequenzen von instabilen dynamischen Systemen ist, nicht die einzige. Darüber hinaus unterschätzte sie die Tatsache, dass eines der Merkmale afrikanischer Gesellschaften auf lange Sicht darin besteht, dass sie höchst unterschiedlichen zeitlichen Bahnen und sehr großen Schwankungen folgen können, die nur um den Preis einer außerordentlichen Verarmung der Wirklichkeit auf eine Analyse unter dem Blickwinkel konvergenter oder divergenter Entwicklungen zu reduzieren ist. Andererseits täuschte sich die Afrikaforschung wortwörtlich bezüglich der Natur der Verhaltensweisen afrikanischer Akteure. Indem sie diese nur unter dem Blickwinkel der Unvorhersehbarkeit und der Irrationalität betrachtete (da sie in den Augen dieser Analytiker nicht aus einem Maximierungskalkül, sondern aus emotiven Impulsen stammen, die sich aus überlieferten Repertoires herleiten), führte sie zur Verarmung unseres Verständnisses von Vorstellungen wie Rationalität, Wert, Wohlstand, Eigennutz, kurz all dessen, was es bedeutet, ein Subjekt und damit fähig zu sein, in diesen Kontexten der Instabilität und der Krise *effizient zu handeln*.

In diesem Buch verweist das auftauchende, effizient handelnde, sich zurückziehende oder abgesetzte Subjekt auf zwei Dinge. Zunächst auf Formen des eben angesprochenen »Lebens in der konkreten Welt« sowie auf subjektive Formen, die jede Anerkennung dieser Inhalte

---

[52] Hinsichtlich dieser Perspektive verweise ich auf die Untersuchung von James Ferguson, *Expectations of Modernity: Myths and Meanings of Urban Life on the Zambian Copperbelt*. Berkeley, University of California Press 1999.

ermöglichen, die es also objektivieren. Im heutigen Afrika ist das Subjekt, das *die Epoche vollendet* und validiert, das lebt und sich seine Zeitgenossenschaft aneignet, das heißt das »Eigene«, das »Besondere« seiner gegenwärtigen und aktuellen Welt, zunächst ein Subjekt, das die *Erfahrung* macht, »in der konkreten Welt zu leben«. Es ist ein Subjekt der Erfahrung und ein anerkennendes Subjekt, nicht nur in dem Sinn, dass es eine bewusste Existenz ist, oder auch weil es ein perzeptorisches Bewusstsein der Dinge besitzt, sondern wiederum in dem Maße, in dem sein »in der konkreten Welt leben« auch über seine Augen, seine Ohren, seinen Mund, kurz, sein Fleisch, seine Körperlichkeit verläuft.[53] Worin bestehen die Anerkennungsmodi dieser bewussten Existenz? Welche von ihnen können wieder aktualisiert werden? Worin besteht der willkürliche Anteil dieser Aktualisierung? Und auf welche besonderen Formen der Vernunft verweist dieses Willkürliche?

Es ist nicht sicher, dass dieses Buch all diese Fragen beantworten kann. Es ist nicht einmal sicher, dass sie gut gestellt sind, oder dass wir über die Mittel verfügen, sie zu behandeln. Es genügt, eine Reflexion bezüglich des postkolonialen afrikanischen Subjekts, seine Geschichte und seine Gegenwart in der Welt in Gang zu setzen. Über die gesamten folgenden Untersuchungen hinweg waren wir bemüht, »Afrika zu schreiben«, nicht als Fiktion, sondern in der Dauer seines Schicksals, seiner Kraft und seiner Ausschweifungen, ohne dass wir dabei den Anspruch erheben, im Namen von irgendjemandem zu sprechen. So weit als möglich nahmen wir die Haltung ein, dass über diesen Kontinent noch alles zu lernen ist und die Dinge uns jeden Augenblick überraschen oder einen Widerruf erzwingen können. Wir haben uns kaum eine »unmittelbare Erfassung und Wiedergabe der Wirklichkeit«[54] angemaßt. Da wir von dort kommen und der Welt angehören, reichte es aus, den Versuch zu unternehmen, auszusprechen, was sozusagen jedem *Aussprechen* zu widerstehen scheint.

Das magere Resultat wäre nicht möglich gewesen ohne endlose Gespräche mit Jean-Marc Ela und Jane Guyer darüber, was es bedeutet, Afrika in seinen Rhythmen und Klängen und auch seinen Rätseln zu denken; nicht als unüberbrückbaren Graben, sondern als lebendigen

---

53 Hierzu siehe Karin Barber (Hg.), *Readings in African Popular Culture*. London, James Currey 1997.

54 Ernst Cassirer, *Philosophie der symbolischen Formen. Die Sprache*. Berlin, Bruno Cassirer Verlag 1923, 6.

Körper in all seiner Kraft und Materialität ebenso wie in der Macht seiner Gegenwart im Realen und seiner schmerzvollen Beziehung zur Welt. Jean-François Bayart, Peter Geschiere, Bogumil Jewsiewicki, Richard Joseph, Crawford Young und Janet Roitman haben diese Entwicklung durchgehend begleitet. Für ihre Kommentare zum einen oder anderen Zeitpunkt, zu einzelnen Kapiteln oder dafür, über verschiedene Umwege den notwendigen Raum geboten zu haben, manche der Ideen in diesem Buch zu überdenken, schulde ich Jean Alter, Arjun Appadurai, Yao Assogba, Anatole Ayissi, Suleiman Bashir Diagne, Tessy Bakary, Karin Barber, T.K. Biaya, dem kürzlich verstorbenen Richard Bjornson, Carol Breckenridge, Catherine Choque, Catherine Coquery-Vidrovitch, Marie-Jo Descas, Mamadou Diouf, Fabien Éboussi Boulaga, Mariane Francis Higginson, Alcinda Honwana, Nancy Hunt, Murray Last, René Lemarchand, Birgit Meyer, Célestin Monga, Lydie Moudileno, Wambui Mwangi, Sarah Nuttall, Henri Ossebi, Pamela Reynolds, Luc Sindjoun, Michael Schatzberg, Comi Toulabor, Peter van der Veer, Françoise Vergès, Kamala Viswerwaran und Emmanuel Wonyu Dank.

Die Idee, sie als Buch zu veröffentlichen, kam von Lynn Hunt. Ohne das Engagement von Monica McCormick und Scott Norton wäre es bei einem frommen Wunsch geblieben.

Sollten die Notizen in diesem Buch irgendeinen Wert haben, ist das der Verdienst der erwähnten Freundinnen und Freunde. Für alle Ungenauigkeiten, Fehler, Übertreibungen und so weiter, *mea culpa, mea culpa, mea maxima culpa.*

1
Von der Befehlsgewalt

Dieses Kapitel hat zwei Ziele. Es geht zunächst darum, in groben Zügen über die verschiedenen Rationalitäten zu reflektieren, die seit dem Ende der direkten Kolonialherrschaft in der Absicht eingesetzt wurden, Individuen und Menschenmassen zu steuern und die Vermehrung von Vermögen und Dingen im subsaharischen Afrika sicherzustellen. Es geht andererseits darum, sich über die Bedingungen zu befragen, unter denen diese Tätigkeit, die darin besteht, »das Verhalten der Menschen in einem Rahmen und mit staatlichen Mitteln zu beherrschen« (mit anderen Worten die Tätigkeit des Regierens) in jüngster Zeit jenen entglitten ist, die sie ausüben sollten, was nicht zu einer irgendwie gearteten Revolution geführt hat, sondern zu einer Situation einer außerordentlichen materiellen Verarmung und der Ausbildung neuer Beziehungen zwischen Territorium, Macht und Ressourcen.

Bezüglich der Tätigkeit des Regierens drängen sich zwei Sachverhalte unmittelbar auf. Einerseits können das Verhalten von Menschen und die Art, wie es in einem Rahmen und mit staatlichen Mitteln geregelt wird, nicht nur behandelt werden, indem man sich dafür interessiert, was die Macht der Vernunft und die Staatsgewalt sind, sondern auch, sich bezüglich der Formen der Macht selbst zu befragen, ihrer Manifestationen, der verschiedenen Techniken, die sie nutzt, um ihren Wert zu steigern, die Produkte der Arbeit zu verteilen, Wohlstand zu sichern oder Armut und Mangel zu verwalten. Und da in Afrika, vor und nach der Kolonisierung, die Staatsgewalt ihren Wert steigerte, indem sie spezifische Unterwerfungsverhältnisse einsetzte, wird man nicht umhin kommen, einige Worte zu den Beziehungen zwischen diesen Unterwerfungsverhältnissen – die wir als *Befehlsgewalt* fassen werden –, der Anordnung von Reichtümern und Leistungen und dem allgemeineren Problem der Ausbildung des postkolonialen Subjekts zu sagen. Andererseits haben die postkolonialen Regime in Afrika ihr Wissen über die Regierung nicht frei erfunden. Dieses Wissen ging aus mehreren Kulturen, Erben und Traditionen hervor, deren Elemente sich im Laufe der Zeit stark verschlungen haben und schließlich zu einem Gewebe geworden sind, das sich auf »Bräuche« bezieht, ohne sich darauf zu reduzieren, und an der »Moderne« Anteil hat, ohne sich völlig darauf zurückführen zu lassen. Zu diesem Wissen oder dieser Rationalität gehört die koloniale *Befehlsgewalt*, die wir nun rasch skizzieren werden.

VERFÜGUNGSRECHT

In der Kolonie beruhte die Befehlsgewalt auf einer sehr spezifischen Vorstellung von staatlicher Souveränität. Anfänglich hatte die staatliche Souveränität zwei Hauptmerkmale. Einerseits verband sie Schwäche und Inflation des Rechtsbegriffs. Schwäche des Rechts insofern, als das koloniale Modell in den Macht- und Autoritätsverhältnissen theoretisch wie praktisch im exakten Gegensatz zum liberalen Modell von Diskussion oder Beratung stand. Inflation insofern, als der Rechtsbegriff sich oft als Leerstelle erwies, außer dann, wenn er sich als Willkür und Recht der Eroberung entfaltete. Die koloniale Souveränität beruhte andererseits auf drei Formen von Gewalt.[1]

Die erste ist eine Gründungsgewalt. Sie setzte und autorisierte nicht nur das Recht der Eroberung, sondern alle anderen Vorrechte, die sich aus ihm ableiteten. Sie hatte insofern eine *setzende Funktion,* und dies aus mindestens zwei Gründen. Einerseits trug sie dazu bei, zu schaffen, worüber sie ausgeübt wurde. Man könnte sagen, dass sie sich dadurch voraussetzte. Andererseits betrachtete sie sich als die einzige Macht, die ihre Gesetze beurteilen konnte. Daher ihre Unilateralität, umso mehr, um die Formulierung von Hegel aufzugreifen, als aufgrund ihrer Fähigkeit, den Akt des Zerstörens auf sich zu nehmen, ihr höchstes Recht gleichzeitig die höchste Negation des Rechts war.

Eine zweite Gestalt der Gewalt wurde im Vor- und Nachhinein erzeugt, oder auch im Schritt der Eroberung. Sie gehörte zur Ordnung der Legitimation. Wie Derrida in einem anderen Zusammenhang anmerkt, bestand ihre Funktion darin, die koloniale Ordnung mit einer Sprache und selbstinterpretierenden Modellen zu versehen, ihr Sinn zu verleihen, ihre Notwendigkeit und ihren universalisierenden Auftrag zu rechtfertigen, kurz, die Produktion einer imaginären Fähigkeit zu unter-

---

[1] Hier beziehen wir uns auf Bemerkungen von Jacques Derrida zu einem anderen Problem. Siehe sein *Gesetzeskraft.* Frankfurt/Main, Suhrkamp 1996, 84–87.

stützen, die bewirkte, die gründende Gewalt in autorisierende Autorität zu verwandeln. Die dritte Form musste ihre Aufrechterhaltung, ihre Vermehrung und Dauer gewährleisten. Indem sie sich sauber vom eigentlichen Krieg abgrenzte, wiederholte sie sich unaufhörlich in den banalsten und gewöhnlichsten Situationen. Sie kristallisierte sich schließlich in einem Sediment von unzähligen Handlungen und Riten, kurz, sie spielte im Alltagsleben eine so wichtige Rolle, dass sie sich am Ende als zentrale Vorstellung einer Kultur konstituierte, die der Staat mit der Gesellschaft teilte.[2] Sie erfüllte also eine Ratifizierungs- und Reiterationsfunktion.

Koloniale Souveränität herrschte allerdings nur dort, wo diese drei Gestalten der Gewalt zusammenkamen. Sie bildeten in diesem Fall ein und dasselbe Gerüst. Unmittelbar greifbar vermittelte diese einzigartige Gewalt den Eingeborenen einen Blick auf sich selbst, der im Verhältnis zu der Macht stand, die sie ihnen geraubt hatte. Ihre Eigenschaft bestand darin, sich gleichzeitig als Autorität und als Moral zu deklinieren. Autorität und Moral aus zwei Gründen: zunächst deshalb, weil sie sich eben jede Unterscheidung zwischen Zwecken und Mitteln verboten hatte. Je nach Umständen war diese souveräne Gewalt ihr eigener Zweck und ihre eigene Anwendungsmodalität. Und dann wegen des quasi unbegrenzten Positionswechsels, den sie dadurch zwischen gerecht und ungerecht, zwischen Recht und Unrecht einführte. So befand sich das Recht in den Augen der kolonialen Souveränität auf einer Seite. Es war im Vorliegen des Akts selbst erfasst. Vor ihm konnte es nur »Schuld« und Vergehen geben. Alles, was diese Gewalt nicht als Autorität anerkannte und ihre Protokolle anfocht, war wild und gesetzlos.

Die Kombination dieser Macht der Nichtunterscheidung mit der Macht der Disqualifizierung führte dazu, dass die Befehlsgewalt ihre Ziele kaum in Frage stellte, weil es allein ihre Setzung war, die sie rechtfertigte. Deshalb schloss der koloniale Staat in der Umsetzung seiner Projekte weder die Ausübung von roher Gewalt gegenüber den Eingeborenen noch die Zerstörung bestehender Formen der gesellschaftlichen Organisation oder ihre Verwendung zu Zwecken aus, für die sie nicht eingerichtet worden waren. Ungerechtigkeit der Mittel und Illegalität

---

2 Siehe etwa das Bild des »Bula Matari«. Vgl. Bogumil Jewsiewicki und Crawford Young, »Painting the Burden of the Past: History as Tragedy«, in Bogumil Jewsiewicki (Hg.), *Art pictural zaïrois*. Québec, Éditions du Septentrion 1992, 117–138.

der Zwecke verschworen sich, um einer Art Willkür und intrinsischer Schrankenlosigkeit zu weichen, die man als Merkmale der kolonialen Souveränität bezeichnen kann. Postkoloniale Staatsformen erbten diese Schrankenlosigkeit und das daraus folgende Regime der Straflosigkeit.

Wie sind diese Schrankenlosigkeit und Straflosigkeit zu erklären, wenn nicht im Rückgriff darauf, was lange Zeit das Credo der Macht in den Kolonien bildete. Zwei Traditionen müssen dazu unterschieden werden. Beide räumten einer Repräsentation des Kolonisierten einen zentralen Platz ein, die ihn zum Prototyp des Tieres machte.[3] Da gab es einerseits die, wie wir sie bezeichnen, hegelsche Tradition, in deren Augen der der Macht und dem Staat unterworfene Kolonisierte kein anderes »ich selbst« sein kann. Als Tier ist er mir strikt fremd. Seine Wahrnehmung der Welt, kurz seine Seinsweise ist nicht die meine. In ihm ist keinerlei Fähigkeit zu erkennen, sich zu transzendieren. In sich abgekapselt ist er ein Bündel von *Trieben*, nicht aber von Fähigkeiten.

Unter diesen Bedingungen ist das einzige mögliche Verhältnis zu ihm ein Gewaltverhältnis, ein Zwangs- und Beherrschungsverhältnis. Im Zentrum dieser Beziehung kann der Kolonisierte nur als Eigentum und Sache der Macht betrachtet werden. Er ist ein Werkzeug, das dem untergeordnet ist, der es, da er es erzeugt hat, benutzt und es nach Belieben modifizieren kann. Insofern gehört er zur Sphäre der Gegenstände. Man kann ihn vernichten, ebenso wie man ein Tier töten, zerteilen, kochen und notfalls essen kann. Insofern ist der Körper des Kolonisierten in der Kolonie in seiner Alltäglichkeit dem Rest der Dinge gleichgesetzt. Tatsächlich ist er, da er nur ein »Körper-Ding« ist, weder das Substrat noch die Affirmation irgendeines Geistes. Beim Tod des Kolonisierten ist es gleichgültig, ob er sich unter dem Zeichen des Selbstmords oder des Mordes ereignet, oder ob er ihm durch die Macht zugefügt wird: Streng genommen hat er absolut keine Verbindung mit irgendeiner Leistung für das Universelle. Seine Leiche bleibt in einer Art unerschütterlicher Starre auf der Erde liegen, als materielle Masse und schlichter lebloser Gegenstand, zur Haltung dessen verurteilt, das zu nichts taugt.

---

3 Die Idee, diesen Aspekt des Problems zu untersuchen, stammt von Wambui Mwangi. Die Ordnung der folgenden Reflexionen ist hauptsächlich von den Studien über das »Tier« in der Zeitschrift *Alter* 3 (1995) und in der Sondernummer von *Social Research* 62.3 (1995) inspiriert, deren Thema »In the Company of Animals« war.

Es gab zudem eine Tradition, die man Bergson zuordnen könnte. Sie beruhte auf der Vorstellung, der zufolge man mit dem Kolonisierten ebenso wie mit Tieren sympathisieren, ihn sogar »lieben« kann. So trauert man, wenn er stirbt, weil er bis zu einem gewissen Grad der vertrauten Welt angehörte. Die Zuneigung zum Kolonisierten kann sich auch in Gesten ausdrücken. Umgekehrt muss sie der Kolonisierte seinem Herrn mit der gleichen Zuneigung vergelten, die dieser ihm bezeugt. Aber jenseits der Gesten muss die Zuneigung des Herrn für das Tier vor allem als innere Kraft spürbar werden, die das Tier regieren muss. In der bergsonschen Tradition des Kolonialismus ersetzt das Verhältnis von Vertrautheit und Domestizierung nicht das Zwangsverhältnis, sondern ist seine Bedingung. Über das Verhältnis der Domestizierung führt der Herr das Vieh zu einer Erfahrung, durch die das Tier letzten Endes, während es bleibt, was es ist, also etwas anderes als der Mensch, dennoch und tatsächlich in die Welt-für-seinen-Herrn eintritt.

Der Eintritt des Kolonisierten in die Welt-für-seinen-Herrn ist nur am Ende eines *Abrichtungs*prozesses möglich. Der Kolonialherr kann dem Kolonisierten Gewohnheiten beibringen, ihm bei Bedarf Gewalt antun, mit ihm wie mit einem Kind sprechen, ihn tadeln, ihn beglückwünschen. Doch vor allem ist der Kolonisierte, ganz wie das Tier, ein Versuchsgegenstand im Zentrum eines Spiels, das der Kolonialherr sich selbst vorspielt, so bewusst er sich der Tatsache ist, dass zwischen ihm und dem Kolonisierten keinerlei Wesensgemeinschaft besteht. » [...] wir leben nicht mit ihnen, wenn Leben besagt: *Sein* in der Weise des Tieres. Gleichwohl *sind* wir *mit* ihnen. Dieses Mitsein ist aber auch kein *Mitexistieren*, sofern ein Hund nicht existiert, sondern nur lebt. Dieses Mitsein mit den Tieren ist so, daß wir die Tiere in unserer Welt sich bewegen lassen,«[4] wie Heidegger uns erinnert. Unter diesen Bedingungen bedeutet das Befehligen eines Tiers (des Sklaven oder Kolonisierten), das Spiel zu spielen, das darin besteht zu versuchen, ihn aus der Einkreisung zu befreien, während man genau weiß, dass dieser Kreis dennoch niemals verschwindet, da Abrichtung und Domestizierung fast immer innerhalb der triebhaften Eigenschaft des Tieres stattfinden. Mit anderen Worten, dieses Spiel zu spielen, während man sich der Tatsache

---

4 Martin Heidegger, *Die Grundbegriffe der Metaphysik: Welt – Endlichkeit – Einsamkeit*. Gesamtausgabe II. Abteilung: Vorlesungen 1923–1944, Bd. 29/30. Frankfurt/Main, Vittorio Klostermann 1983, 308.

bewusst ist, dass das Tier (der Kolonisierte) noch so sehr Teil der vertrauten Welt sein kann; es kann noch so sehr Bedürfnisse haben (Hunger, Durst, Kopulation); es kann niemals wirklich in den Bereich der menschlichen Möglichkeit eintreten. Wegen des Lebens, das es führt, gehört es dem Bereich der Lebensformen an, deren Wesen es ist, für immer in Virtualität und Kontingenz eingeschlossen zu bleiben.

Unter der Kolonialherrschaft wurden Objekt und Subjekt[5] der Befehlsgewalt in einer spezifischen Kategorie erfasst: *dem Indigenen.* Im strengen Sinne ist der Indigene jemand, der oder die in dem fraglichen Land geboren ist. Damit nähert sich der Begriff einem anderen, dem *Einheimischen* an, also jemandem, der oder die dem Boden entstammt, wo er lebt, der als jemand betrachtet wird, der nicht eingewandert ist. Doch im kolonialen politischen Sprachgebrauch wird diese Bezeichnung auf das kolonisierte Subjekt im Allgemeinen angewandt; die Gesamtheit der Indigenen bildet dabei nicht nur diesen »unförmigen Lehm der primitiven Massen«, von dem Albert Sarraut sprach und ausgehend von dem die Kolonisierung »das Antlitz einer neuen Menschheit« formen sollte, sondern das Indigenat war in sich ein besonderes Verwaltungsregime, das im Gegensatz zu den Kolonisatoren auf die Autochthonen einer Kolonie angewandt wurde.[6] Das sogenannte Indigenatsregime war seinerseits eine karikaturhafte Form der Einschreibung der kolonialen Souveränität in die Strukturen des Alltags der Kolonisierten. Dieses Strafregime verfügte über eine ganze Palette an Bestrafungen, die eine Unzahl von Vergehen abdeckten. Die Bestrafungen wurden von einem zentralen Staatsapparat oder vielmehr von seinen Agenten über eine Reihe spezialisierter Institutionen verabreicht, die entweder rezenten Ursprungs oder autochthon und im Sinne der praktischen Bedürfnisse umgestaltet waren.

Welche Formen oder Beschaffenheit die Strafrituale auch annahmen, ihr gemeinsames Merkmal war die Besetzung des Körpers des Kolonisierten. Als Produktivkraft war er gezeichnet, abgerichtet, zu Fronarbeit gezwungen, zu Zeremonien verpflichtet, deren Ziel nicht nur darin bestand, ihn fügsam zu machen und zu unterwerfen, sondern aus ihm auch maximalen Nutzen zu ziehen. Die koloniale Beziehung als

---

5 Wir verwenden das Konzept des »Subjekts« hier im Sinne von jemandem, der oder die einer souveränen Herrschaft unterworfen ist.

6 Zu diesem Thema vgl. Raymond Buell, *The Native Problem in Africa.* New York, Macmillan 1928.

Unterwerfungsbeziehung war dadurch untrennbar mit den spezifischen Modalitäten der Bestrafung und einer gleichzeitigen Suche nach Produktivität verbunden. In diesem letzten Punkt unterscheidet sie sich qualitativ von der postkolonialen Beziehung.

Doch eine der Eigenschaften der kolonialen Befehlsgewalt war die Vermischung von öffentlicher und privater Sphäre. Koloniale Akteure konnten sich in jedem Augenblick des Gesetzes und seines Überschusses bemächtigen und es im Namen der souveränen Macht des Staates ausschließlich zu Zwecken des privaten Gewinns ausüben. Was jedoch die Gewalt in der Kolonie ausmacht, war ihre Miniaturisierung. Sie machte sich auf einer Ebene geltend, die man Detailebene nennen könnte. Sie tendierte dazu, wann, unter welchem Vorwand und wo auch immer aufzutauchen. Sie entfaltete sich in einem gegliederten Modus, in Form von Mikroanordnungen, die sich unaufhörlich miniaturisierten und eine Vielzahl kleiner Ängste auslösten.

Kommen wir auf die Kolonisten zurück, um zu unterstreichen, dass sie im kolonialen Regime des Ancien Régime etwa, das Bonaparte wiederhergestellt hatte, lange Zeit alleinige Nutznießer der jeweiligen zivilen und politischen Freiheiten waren.[7] So wurden die Prinzipien der Gleichheit vor dem Gesetz und der Eigentumsrechte, die aus der Revolution von 1789 hervorgegangen waren, in Martinique und Guyana durch das Beharrungsvermögen eines auf Fronarbeit basierenden Ausbeutungsmodus verhindert. Mit rassistischer Diskriminierung, Bestrafungen, Folterungen, Hinrichtungen und Grausamkeit machten die Plantagenbesitzer ihre Herrschaft über die Sklaven geltend und konzipierten das Recht als Garantie, die Gesetze und rohe Gewalt ihrem Eigentum schuldeten. So wurden bis 1828 im Strafgesetz und in den Zivil- und Strafprozessordnungen nur zwei Kategorien von Menschen anerkannt: freie Männer und Sklaven.[8]

---

[7] Vgl. das einseitige und apologetische Werk von Jules Saintoyant, *La colonisation française pendant la période napoléonienne (1799–1815)*. Paris, La Renaissance du Livre 1931.

[8] Unter Charles X. wurden die ersten Maßnahmen für die zivile Gleichbehandlung beschlossen. Einige grundlegende Änderungen gab es nach der Revolution von 1830. Ein Gesetz vom 24. Februar 1831 gewährte zum Beispiel den sogenannten Farbigen volle Zivilrechte. Zwei Jahre später, im Jahre 1833 erhielten sie theoretisch das aktive und passive Wahlrecht. In der Praxis war aus der Hürde der Rassendiskriminierung eine andere Hürde geworden: ein höherer Zensus.

Diese Unterscheidung beruhte auf der Rasse. Freie Männer, das heißt im Wesentlichen die Weißen, hatten Anrecht auf die Arbeit der Sklaven (farbige Menschen) und konnten auf ihre Person Renten erheben. Sie konnten sie ihresgleichen vermieten, die sie arbeiten ließen. Das war bei kleinen Besitzern häufig der Fall, die ihre Sklaven über Kopfsteuer ausbeuteten und auf ihre Person eine Jahresmiete erhoben, sie bei Gelegenheit wieder verkauften, ihnen jedes gesammelte oder ersparte Eigentum abnahmen und so ein allgemeines Regime des Raubs festigten, das erst 1848 verboten wurde. Um die Wirklichkeit zu zerlegen, über Menschen und Dinge zu verfügen und Nutzen zu schaffen, verfuhr die Befehlsgewalt über Zuschreibung und Bezeichnung. Der menschlichen Personen zugesprochene Wert und ihre Rechte hingen von dieser Klassifizierung ab. Dasselbe galt für die Entbehrungen, zu denen sie genötigt werden konnten, das Leid und die Erniedrigung, die ihnen angetan wurden, ebenso wie die Leistungen, auf die sie Anspruch erheben konnten.

Doch um die Besonderheit dieses Modus der Machtausübung, die in der Kolonie den Rahmen vorgibt, wirklich zu verstehen, sind vier weitere herausragende Merkmale hervorzuheben, die in unterschiedlichen Formen auch in den meisten postkolonialen afrikanischen Gesellschaften zu finden sind. Einerseits nutzte der koloniale Machtausübungsmodus ein *Regime der Ausnahmen*, das heißt ein Regime, dessen Besonderheit darin bestand, gegen das als allgemein angenommene Recht zu verstoßen. Dieser Verstoß gegen das Gemeinrecht ging mit der Delegation der herrschaftlichen Rechte an Private und den Aufbau einer Form der Souveränität durch diese Privatmenschen einher, die einige ihrer Machtattribute von der königlichen Macht selbst herleitete.[9] Als Beispiel sei die Beziehung zwischen König (Konzessionsgeber) und Gesellschaft (Konzessionär) genannt, die Aspekte der feudalen Beziehung zwischen Vasall und Lehnsherr aufwies.

Die Attribution von Vorrechten und von beinahe königlichen Rechten an einfache Handelsgesellschaften und ihre souveränen Privilegien waren Teil einer Tradition, die aus dem Mittelalter stammte. Bekanntlich hatten vom Mittelalter bis in die Renaissance immer mehr Herren die hohe und niedrige Gerichtsbarkeit inne. Unzählige konnten Truppen und Steuern erheben und auf eigene Rechnung Krieg führen.

---

[9] Siehe Emilien Petit, *Droit public ou gouvernement des colonies françaises d'après les lois faites pour ces pays.* Paris, Librairie Paul Geuthner 1771.

Die soziale und politische Ordnung, die aus mächtigen geschlossenen Zünften, religiösen Orden und einflussreichen Kriegsherren bestand, gründete sich auf der Existenz von differentiellen Rechten, Privilegien und Monopolen, sei es im Handel, bei Ehrungen oder bei Titeln. In der gesamten Kolonialzeit bestand eine ursächliche Verbindung zwischen diesen Arrangements und der Machtkultur, die in den eroberten Gebieten entstand.

Zweitens wies der koloniale Modus, das Verhalten der Menschen zu kontrollieren und mit staatlichen Mitteln Nutzen aus einem gegebenen Rahmen zu ziehen, ursprünglich Merkmale eines *Regimes von Gunstbeweisen und Immunitäten* auf. Das Ancien Régime hatte die konzessionierten Gesellschaften nicht nur zu privilegierten Werkzeugen der Kolonisierung gemacht. Es hatte sie zusätzlich mit exorbitanten Vollmachten ausgestattet, die zu dieser Zeit Gunst genannt wurden. Gunstbeweise bestanden vor allem im Recht, bestimmte Steuern einzuführen und zu erheben, Renten zu beziehen, Geld zu prägen, auf eigene Kosten Truppen zur Verteidigung ihrer Agenten oder für die Eroberung zu bewaffnen und zu unterhalten, Krieg zu führen oder Frieden zu schließen, Verträge abzuschließen sowie Titel und Ehrungen zu verleihen.[10]

Zu diesen Gunstbeweisen fügte sich eine Reihe von Privilegien. Die Waren, die die Gesellschaft transportierte, konnten etwa von gewissen Zöllen oder Verkehrssteuern ausgenommen werden. Die Gesellschaften verfügten über die alleinige Vollmacht, Kolonisten in das Territorium zu bringen. Manchmal besaßen sie überhaupt alle Besitzrechte am Boden, über den sie verfügen konnten; sie allein konnten völlig uneingeschränkt oder zu einem gewissen Grad gegen Gebühren und Tribute Land verkaufen oder abtreten. Schließlich besaßen sie das Privileg des alleinigen Handels zwischen Frankreich und dem Territorium der Gesellschaft.[11]

Auf Basis dieses Modus der Machtausübung existierte also eine Reihe von Freibriefen und Vorrechten, die an den Rändern des Gemeinrechts an Einzelpersonen verliehen wurden. Im Unterschied zur Apanage, die einen Anteil am Kronbesitz darstellte, der den Nachgeborenen als Kompensation für ihren Ausschluss von der Tronfolge gewährt

---

10 Louis Cordier, *Les compagnies à charte et la politique coloniale sous le minstère de Colbert.* Genf, Slatkine-Megariotis Reprints 1976, 72–76.

11 Joseph Chailley-Bert, *Les compagnies de colonisation sous l'Ancien Régime.* New York, Burt Franklin 1898.

wurde, bestand die Besonderheit des Privilegs im Ancien Régime und auch später darin, dass es eine Vergünstigung war, die man immer zum Nachteil anderer genoss. Die Gunstbeweise waren Begünstigungen, die aus großmütigen Entscheidungen des Königs resultierten. Sie konnten in Profit umgewandelt werden. Sie dienten auch dazu, Macht anzuhäufen. So waren etwa Gesetze und Vorschriften den Bedürfnissen der Kolonialherren angepasst. Die Gesetze konnten entweder über den Umweg von Beschlüssen oder kraft Sonderbestimmungen der Kolonialbehörden modifiziert werden, denen der König das Recht verliehen hatte, Gesetze zu erlassen. Die Rechtsprechung konnte summarisch und im Schnellverfahren erfolgen. Sie durfte nicht kostspielig sein. Vorkaufsrecht, Schutz der Privilegien der Gesellschaft, Beschlagnahmungen und Konfiskationen von außerhalb ihres Privilegs verkauften und transportierten Waren zu ihren Gunsten, Rückgriff auf Waffengewalt: all das war gängige Praxis.

Später wurden die Machtbefugnisse, deren Ausübung die Einwohner in ihrer Ehre, ihrem Leben, ihrer Arbeit und ihrem Eigentum betraf, in die Hände von Bürokraten gelegt. Fast überall außerhalb der drei Kolonien Martinique, Réunion und Guadalupe wurden die Grundrechte (politische Rechte, Repräsentation, Zivilstatus, Eigentum, Verträge und Pflichten) der Willkür des Dekrets unterworfen. Religionsausübung, Presse, Kreditinstitutionen, Verwaltungsbefugnisse, öffentliche Aufträge, Polizei und Bestrafungen waren rechtlich von der Entscheidung der Regierung des Mutterlandes abhängig, das heißt vom wechselhaften Willen eines Ministers oder Staatssekretärs, eines Bürochefs oder eines als Gunstbeweis ernannten Agenten.[12] Das Ideal von Freiheit und Autonomie wurde durch die Straffreiheit, derer sich diese Prokonsuln erfreuten, und die Allmacht der Agenten der Macht vereitelt.

Das dritte Merkmal des kolonialen Modus der Machtausübung war das Fehlen einer Unterscheidung zwischen den drei folgenden Aufgaben: regieren, befehligen und zivilisieren. Im subsaharischen Afrika

12 Die Vertretung der Kolonien im Parlament wurde rechtlich und faktisch in der Revolution anerkannt. Sie wurde jedoch im Jahr 1800 abgeschafft. Nachdem die Monarchie der Restauration und die Julimonarchie sie verweigert hatten, wurde sie in der Verfassung von 1848 erneut gewährt und per Dekret vom 2. Februar 1852 wiederum abgeschafft, und schließlich durch die republikanische Verfassung von 1875 besiegelt. Zu dieser Frage und zum Vorhergehenden, vgl. Léon Deschamps, *Histoire de la question coloniale en France*. Paris, Librairie Plon 1891.

reagierte die Kolonialmacht auf ihre Art auf das Problem der Befehlsgewalt und der Vermehrung von Gütern und Dingen. Hier vermischte die Form der Souveränität, die sowohl auf Menschen, Dinge und die öffentliche Sphäre im eigentlichen Sinne Anwendung fand, ständig mit moralischen, ökonomischen und politischen Imperativen. Bekanntlich verfolgte die koloniale Willkür theoretisch die Absicht, die Politik vom Sozialen und von der Moral zu trennen und die drei Register dabei trotzdem mit den Imperativen von Produktion und Rendite zu verbinden. Die Tatsache, dass sie in die Produktionsstrukturen eingebunden werden mussten, wurde damit gerechtfertigt, die Lebensbedingungen der Kolonisierten zu verbessern und ihnen Material und Handelsgüter oder andere Waren zur Verfügung zu stellen. Lange Zeit waren die privilegierten Mittel dieser Integration nicht der freie Vertrag sondern Zwang, Gewalt und Korruption.

Unterschiedliche gesellschaftspolitische Ansätze, mit denen aufeinanderfolgende Verwaltungen experimentierten, waren zudem stark von normativen und disziplinären Anliegen bestimmt. Denn sie suchten die moralische Haltung des Kolonisierten zu ändern. Der zeitgenössische Sprachgebrauch drückte das mit den scheinbar verschiedenen, in Wirklichkeit aber austauschbaren Begriffen *Zähmung* oder *Abrichtung* aus. Um die beiden Aufgaben (Kontrolle der Indigenen einerseits, aber auch ihre – potentiell disruptive – Einschreibung in die Marktordnung) gemeinsam zu bewältigen, setzte die Befehlsgewalt weitreichende Überwachungsdispositive und ein beeindruckendes Arsenal an Strafen und Bußgeldern ein, die einer Vielzahl an Übertretungen entsprachen. So sind die vorschriftsmäßigen Verfügungen bezüglich Fronarbeit, Zwangskulturen, Bildung, der Frau, der Familie, der Ehe und der Sexualität, die Gesetze über Landstreicherei, Hygiene und Prophylaxe, also die Gefängnispolitik zu verstehen.[13] Innerhalb dieser Unterwerfungsformel hatte der Kolonisierte gegenüber dem Staat keine Rechte. Mit der Machtstruktur verband ihn das Verhältnis eines Dieners zu seinem Herrn, wobei das Arsenal des Paternalismus sich gerne auch unter der ideologi-

---

[13] Vgl. die Studien von Jane Guyer, *Family and Farm in Southern Cameroon*. African Research Studies 15. Boston, African Studies Center 1984, 33–59; Allan Isaacman, Richard Roberts (Hg.), *Cotton, Colonialism and Social History in Sub-Saharan Africa*. London, James Currey 1995, 147–179 sowie 200–267; Megan Vaughan, *Curing Their Ills. Colonial Power and African Illness*. Stanford, Stanford University Press 1991.

schen Maske der Wohltätigkeit und dem Deckmantel des Humanismus äußerte.

Die Gesellschaftspolitik der postkolonialen afrikanischen Regime wurde außerdem auf Basis einer Vorstellung vom Staat konzipiert, die ihn als Organisator des allgemeinen Glücks betrachtete. Als solcher gewährte er sich die Möglichkeit, unbegrenzten Einfluss auf jeden Einzelnen zu nehmen. Doch in der Praxis, ob in der Kolonialzeit oder nach der Kolonisierung, ging der enorme Raum, den der Staat einnahm, nie völlig zu Lasten der Gesellschaft. Weder die koloniale Befehlsgewalt noch der postkoloniale Staat konnten die vollständige Auflösung, noch weniger das Verschwinden aller Körper und aller lateralen Legitimationen bewirken, die die Menschen auf lokaler Ebene verbanden. Um ihre Interaktionen zu erleichtern und die Sicherheit ihres Eigentums zu gewährleisten, fielen die gesellschaftlichen Akteure nämlich weiterhin auf diese lateralen Legitimationen und Institutionen zurück, die sie unaufhörlich neu erfanden und damit mit neuen Bedeutungen und Funktionen versahen.[14]

Im Gegensatz zu bestimmten westlichen Erfahrungen beruhte die Ausweitung der Macht sowohl des Staates als auch des Marktes nicht automatisch auf einem Bruch mit alten sozialen Bindungen. In einigen Fällen verlief die staatliche Herrschaft – oder die Verstaatlichung der Gesellschaft – über den Umweg alter Hierarchien und alter Patronagenetze. Zwei Folgen dieses Prozesses verdienen es, genannt zu werden. Einerseits ebnete er mehr als in anderen Weltregionen einer beispiellosen Privatisierung der öffentlichen Rechte den Weg. Andererseits erlaubte er nicht nur einen Grad der *Sozialisierung der Staatsmacht*, der in Analysen im Allgemeinen nicht wirklich erfasst wird,[15] sondern auch die Sozialisierung der Willkür, die daraus folgte – beide Bewegungen (Privatisierung der öffentlichen Rechte und Sozialisierung der staatlichen Willkür) wurden dadurch zum Kitt postkolonialer afrikanischer Autoritarismen.

Andererseits bedeutete das Regieren einer Kolonie während des gesamten 19. und der ersten Hälfte des 20. Jahrhunderts zunächst, die Befehlsgewalt über den Indigenen auszuüben. Die »Zivilisation«

---

[14] Sara Berry, »Social Institutions and Access to Resources in African Agriculture«, *Africa* 59.1 (1989), 41–55.

[15] Etwa im Fall von Bertrand Badie, *L'État importé*. Paris, Fayard 1993. Eine Richtigstellung findet sich bei Jean-François Bayart, »L'historicité de l'État importé«, *Cahiers du CERI*, Paris 1996.

erschien vor allem in ihrer brutalen Form, in ihrem Kriegsapparat, über den Akt der Eroberung selbst, also als Recht zu töten und Zwang auszuüben. Befehlsgewalt auszuüben bedeutet demnach, die Menschen in den Zwang zu versetzen, Pflichten zu erfüllen. Es heißt auch, ganz wie in der Armee, über Anordnungen, Befehle und Aufforderungen vorzugehen. Die Befehlsgewalt selbst ist gleichzeitig ein Ton, eine Ausstattung und eine Haltung. Die Macht wird auf das Recht zu befehligen zurückgeführt, das heißt zu fordern, zu zwingen, zu verbieten, zu verpflichten, zu autorisieren, zu unterwerfen, zu bestrafen, zu belohnen, Gehorsam zu erhalten, kurz, Vorschriften zu machen und zu regieren. Das Merkmal der kolonialen Souveränität ist also, Befehle zu verwalten und sie durchführen zu lassen. Die vierte Eigenschaft dieser Art von Souveränität ist ihre Zirkularität. Die Institutionen, mit denen sie sich ausstattet, die Verfahren, die sie erfindet, die Techniken, die sie anwendet und das Wissen, auf dem sie beruht, werden nicht aufgeboten, um irgendein Allgemeinwohl zu erreichen. Ihr erster Zweck ist die absolute Unterwerfung. Das Ziel, das sich diese Art von Souveränität setzt, ist der Gehorsam der Menschen. In diesem Sinne und jenseits aller ideologischen Rechtfertigungen ist die koloniale Souveränität zirkulär.

Doch worauf bezieht sich genau diese Form der Regierung? Wer wird einer derartigen Rationalität unterworfen, und welchen Gang der menschlichen Dinge soll sie regeln? Sie bezieht sich wohlgemerkt auf ein Territorium, das die Kolonie konstituiert. Das koloniale Territorium besitzt eine Ausdehnung, eine Konfiguration, Grenzen. Es hat eine bestimmte geologische Beschaffenheit und ein bestimmtes Klima. Es besitzt Ressourcen. Es hat seine Böden, seine Mineralien, seine Tier- und Pflanzenarten, seine freien Ländereien. Kurz, es hat bestimmte Eigenschaften. Doch es gibt vor allem die Menschen, die dort leben, ihren Charakter und ihre Bräuche (Ehen, Erbfolge, Eigentum, Formen der Entfremdung der produktiven Arbeit, ...), ihre Art des Tuns und des Denkens, ihre Gewohnheiten, die Ereignisse, deren Erfahrung sie machen. Dieser Komplex von Personen wurde die Indigenen genannt. Sie bildeten so etwas wie das Rohmaterial der Regierung. Sie mussten mit Unterwerfungsbeziehungen eingefasst werden, die zunächst »Rassenpolitik« und später »Indigenenpolitik« genannt wurden.[16] Die »Indi-

---

16 Hierzu etwa »La politique indigène du gouverneur général Ponty en Afrique-Occidentale française«, *Revue du Monde musulman* 31 (1915). Oder auch Pierre

genenpolitik« lehrte den Umgang mit diesem Rohmaterial; wie es zu vermehren ist; welche Gesetze ihm aufzuerlegen sind; welche Bußen, Strafen und Maßregelungen ihm aufzubürden sind; zu welchen Frondiensten und Leistungen es zu zwingen ist; welche Genüsse ihm zu verbieten sind; wie aus seiner Arbeit der größtmögliche Gewinn zu ziehen ist und unter welchen Bedingungen man für seinen Lebensunterhalt sorgen muss.[17]

Diese Unterwerfungsbeziehungen beruhten auf einer Vorstellung vom Indigenen und einer Reihe von Glaubenssätzen bezüglich seiner Identität.[18] Aus der Perspektive dieser Vorstellung war der Indigene ein schlichtes Gemüt, wenig ehrgeizig, er lebte gerne einfach vor sich hin. Man ging davon aus, dass die außerordentliche Schlichtheit seiner Existenz zunächst durch seine Art zu sprechen bestätigt würde: »Keine Konstruktion komplexer Sätze; Verben ohne Zeiten, Modi, Personen; Nomen und Adjektive ohne Geschlecht oder Zahl; gerade das Nötigste, um sich auszudrücken; Infinitive, Substantive, Adverbien, Adjektive, die in einfachen direkten Sätzen aneinandergereiht werden.«[19]

Meunier, *Organisation et fonctionnement de la justice indigène en Afrique Occidentale française.* Paris 1914; Arthur Girault, *Principes de colonisation et de législation.* Paris 1922. Ein Überblick findet sich bei Raymond Leslie Buell, *The Native Problem in Africa.* 2 Bände, New York, Macmillan 1928.

[17] Bei Timothy Mitchell, *Colonizing Egypt.* Cambridge, Cambridge University Press 1988; Crawford Young, *The African Colonial State in Comparative Perspective.* New Haven, Yale University Press1997; Bruce Berman, John Lonsdale, *Unhappy Valley. Conflict in Kenya and Africa.* London, James Currey 1992, finden sich weitere Angaben zum kolonialen Regierungsmodus. Das heißt nicht, dass das koloniale Projekt immer so umgesetzt wurde oder die erwarteten Resultate erzielte. Was uns hier interessiert, ist die Epistemologie der Macht selbst, ihr Grundprinzip, die Kategorien, auf denen sie beruht.

[18] Im eigentlichen Sinne handelt es sich nicht um ein Wissen, sondern um verwandte Bilder und Repräsentationen und ein Gewebe von Vorurteilen. In diesem Sinne war die Befehlsgewalt als Modus der Machtausübung auch ein Ensemble von Wahrnehmungen, eine Art, das kolonisierte Subjekt zu imaginieren und diese Imagination mit einer Realität auszustatten, die dadurch objektiv wurde, nicht nur, weil eine derartige Realität, wie man sie beschrieb, wirklich existiert hätte, sondern weil man ausgehend von und in Funktion dessen handelte, was man für real hielt. Und im Handeln erzeugte man schließlich eine Materialität.

[19] Edmond Ferry, *La France en Afrique.* Paris, Librairie Armand Colin 1905, 227. Die folgenden Feststellungen sind zum größten Teil diesem Werk entnommen.

Er liebte die Gegend, in der er geboren war; er zog leicht anderswohin, kehrte jedoch immer zu den Seinen zurück. Er arbeitete ohne Hast, ihm fehlte jegliche Voraussicht, er verbrauchte ohne Zurückhaltung, was ihm der Boden gab, dachte jedoch nicht daran, den geringsten Vorrat für schlechte Jahre anzulegen. Der Indigene war auch an seiner Überschwänglichkeit, seiner fröhlichen Lebhaftigkeit, seiner Schnelligkeit in der Bewegung, seinem Geist von unersättlichem Stolz, voller Intrigen und Verstellung zu erkennen. Sein Temperament war von einer natürlichen Trägheit gekennzeichnet. Da er nicht schreiben konnte, machte er keine Aufzeichnungen. So wusste er zum Beispiel sein Alter nur sehr annähernd und erinnerte sich kaum an die größten Ereignisse, die ihn persönlich und brutal betroffen hatten (Naturkatastrophen, Invasionen, Hungersnöte ...). Er war ein großes Kind, das aufgrund eines langandauernden Atavismus nicht selbständig denken und zwischen Laster und Tugend unterscheiden konnte.

Darin unterlag er nicht den Regeln der Menschlichkeit. Seine Gesten und Haltungen waren von keinem weltlichen Protokoll geregelt. Im Grunde stellte er keineswegs den Typus des glücklichen Menschen dar, den man sich vorgestellt hatte; sein Naturzustand war von jahrhundertelanger Barbarei, gnadenlosen Kriegen und Sklaverei deformiert. Sich selbst überlassen, war er schutzlos äußeren Mächten, Krankheiten und wilden Tieren ausgesetzt. Die scheinbare Ruhe seines Lebens folgte angeblich aus seiner Trägheit und Faulheit und vor allem aus seiner Sorglosigkeit, aufgrund derer er die Gegenwart auskostete, ohne sich um den Morgen zu sorgen. Er konnte seine schweren animalischen Instinkte nicht beherrschen. Er fand Gefallen daran, den Schwachen zu zerschmettern, an Zerstörung ohne Ziel oder Vernunft. Bereitwillig verfiel er in die brutalsten Exzesse des tierischen Lebens, er konnte Gewalt nicht widerstehen und aus sich heraus den langen und schwierigen Aufstieg zum Guten und Schönen nicht bewältigen.[20] Soweit die »Ethnologie«.

Die Gesamtschau der oben genannten Argumente enthüllt zwei Dinge, die in Bezug auf die Wirkung dieser Vorstellungen darauf, wie

---

[20] Diese »Ethnologien« des Indigenen zeigt sich in zahlreichen Werken dieser Epoche. Siehe etwa Abel Hovelacque, *Les nègres de l'Afrique sus-équatoriale* (1889); Maurice Delafosse, *Haut-Sénégal-Niger* (1912); Louis Tauxier, *Le noir du Yatenga* (1917); Lucien Marc, *Le pays Mossi* (1909); Louis Faidherbe, *Le Sénégal* (1889); Gabriel Angoulvant, *La pacification de la Côte d'Ivoire* (1916).

Indigene verwaltet wurden, entscheidend sind: auf das, was man die »Kunst des Kolonisierens« nannte.[21] Auf theoretischer Ebene zeigen diese Argumente, dass das koloniale Unternehmen zunächst die Durchsetzung eines Rechts über Menschen und Dinge war (das nicht verhandelt, sondern sich angemaßt wird). In der Eroberungsphase geht es nicht nur um das Recht, ein Ziel anzustreben: mit den Worten von Sarraut[22] die Entnahme von benötigten Rohmaterialien und umgekehrt die zwangsweise Einfuhr von Fertigwaren. Es geht vor allem um das Recht »alle notwendigen Mittel anzuwenden, um sein Ziel zu erreichen«[23]. So bestünde die Nutzbarmachung im Ernteverfahren zum Beispiel darin, »sich der frei verfügbaren Waren oder Produkte ganz einfach zu bemächtigen«, ohne dabei »zu zerstören, was sie trägt«[24], um schneller an sie heranzukommen. In diesem Sinne nähert sich diese Form von Souveränität an den Naturzustand an. Sie kann alles besitzen, sich seiner bedienen und genießen, was ihr gefällt, weil sie allein beurteilen kann, was gut und wirklich nützlich ist, und weil nichts, was sie dem Indigenen antut, Unrecht ist. In diesem Sinne kann man sagen, dass sie bestrebt ist, ein absolutes *dominium* über den Indigenen auszuüben.

Doch – und darin liegt eines ihrer Paradoxa – versteht sich diese Form der Souveränität aus Besitzgier, Unrecht und Grausamkeit auch selbst als von einer »Bürde« belastet, die jedoch kein Vertrag ist. Theoretisch geht der koloniale Machthaber mit dem Objekt der Befehlsgewalt kein Bündnis ein. Es gibt im Prinzip kein gegenseitiges Bedürfnis der Parteien aneinander. Es gibt auch keine Hoffnung auf einen gegenseitigen Nutzen. Im Gegenteil, die koloniale Souveränität definiert sich über die Versicherung ihrer Allmacht. Ihr Recht zu regieren und zu befehligen darf in keinem Fall auf Widerstand von Seiten der Indigenen stoßen. Diese Regierungsform beruht nicht auf der Vorstellung eines

---

21 Siehe Jules Duval, *Les colonies et la politique coloniale de la France*. Paris, Arthus Bertrand 1864, 445–477.

22 Albert Sarraut, *La mise en valeur des colonies françaises*. Paris, Payot et Cie 1923, 84 f.

23 Thomas Hobbes, *Grundzüge der Philosophie zweiter und dritter Teil: Lehre vom Menschen und vom Bürger*. Leipzig, Felix Meiner 1918.

24 Um eine solche »Abschöpfungspolitik« zu charakterisierten, greift Sarraut auf ein Bild zurück: »Man fällt den Baum, um an die Früchte zu kommen und pflanzt keinen neuen.« »Man stellt nicht wieder her, was man entnommen hat,« fügt er hinzu. Vgl. Albert Sarraut, *La mise en valeur des colonies françaises,* 85.

Vertrags, da Verträge in Hobbes' Konzept »nur aus Handlungen entstehen, in die man durch Beratung eintreten kann«. Sie nimmt es mit ihren Rechten nicht so genau. Im Gegenteil, sie entzieht ihrem Objekt die Zuständigkeit und beraubt es dessen, was in der Vergangenheit ihm gehörte.

Der koloniale Machthaber präsentiert sich jedoch auch als freiwillige Zuwendung, die das Leid seines Objektes lindern und es aus seinem Zustand der Erniedrigung befreien soll, indem er es in den Rang eines menschlichen Wesens erhebt. Albert Sarraut nannte das »das Recht des Stärkeren, dem Schwächeren zu helfen«. Die koloniale Eroberung, führte er aus, »ist kein Recht, sondern die Tat eines Stärkeren; das wahre Recht des Stärkeren ist das großzügige Recht, das er sich zuspricht, dem Schwächeren zu helfen, ihn zu fördern und zu beschützen, sein Führer und sein Lehrmeister zu sein.«[25] Die Erhebung des Indigenen bis zu einem Punkt, an dem er die Wiedererlangung seiner Rechte ins Auge fassen kann, vollzieht sich über seine moralische Bildung. Diese wirkt hauptsächlich über das Mittel der Güte und zielt auf Arbeit ab.[26] Güte dient dazu, den Befehl zu mildern. Arbeit wiederum dient dazu, Güter zu schaffen, Werte und Wohlstand zu erzeugen und Mangel und Armut zu besiegen. Sie soll zudem die Bedürfnisbefriedigung sichern und die Annehmlichkeiten mehren.

Der Staat, der sich aus dieser Art von Souveränität ergibt, definiert sich als schützender Staat. Der Indigene ist sein Schutzbefohlener. Die Macht dieses Staats liegt ebenso in dem Gefühl, das aus dem Recht entsteht, den Schwachen zu beschützen, wie aus dem wohlverstandenen Streben nach Profit für das Mutterland. Seine Macht ist eine Macht des Guten und der Güte. Es handelt sich auch um einen familiären Staat. Insofern »bindet ein familiäres und kindliches Band die Kolonien an das mütterliche Vaterland.«[27] Der schützende Staat kann jedoch nicht das Entsagen der familiären Bevormundung fördern, die er über seine »Schutzbefohlenen«, die Indigenen, ausübt. Ebenso verhält es sich mit seiner Souveränität, das heißt seiner moralischen Überlegenheit, dieser

---

[25] Albert Sarraut, *La mise en valeur des colonies françaises,* 113.

[26] »Der Schwarze versteht den Nutzen der Arbeit noch nicht ... Ihn die Arbeit zu lehren, ihn die Arbeit lieben zu machen, ihm den materiellen Vorteil zu zeigen, den er daraus ziehen kann, heißt, seinen moralischen Fortschritt vorzubereiten und ihn auf der Leiter der Menschlichkeit eine Stufe zu erheben,« in Edmond Ferry, 242.

[27] Albert Sarraut, *op. cit.*

Macht des Guten, die er ihm als freiwillige Zuwendung bringt. Der Indigene, der fügsam mit der familiären Bevormundung verbunden ist, kann seinerseits seine völlige Befreiung nur auf eigenes Risiko und auf eigene Gefahr ins Auge fassen. Denn ein Indigener (oder Schutzbefohlener) kann kein Rechtssubjekt sein. Ihm wurde autoritär eine Art von Minderjährigkeit ohne absehbares Ende zugeordnet, und in dieser Rolle kann er kein Subjekt der Politik, kein Bürger sein.[28] Da das Konzept des Bürgers die Nationalität einschließt, steht der Kolonisierte vom Wahlrecht ausgeschlossen nicht nur am Rand der Nation. Er ist tatsächlich ein Fremder im eigenen Haus. Die Idee der politischen oder zivilen Gleichheit, das heißt der qualitativen Gleichwertigkeit zwischen allen Einwohnern der Kolonie, konstituiert hier also nicht die gesellschaftlichen Beziehungen. Die Figur von Gehorsam und Beherrschung in der Kolonie beruht auf der Affirmation, die da lautet, dass der Staat gegenüber dem Kolonisierten keinerlei gesellschaftliche Schuld hat, und dass dieser dem Staat gegenüber keine Forderungen hat als jene, die der Staat ihm in seiner Güte aufzuerlegen gewährt, wobei er sich das Recht vorbehält, sie ihm jederzeit zu entziehen.

UNTERWERFUNG UND FORMEN IHRER VALIDIERUNG

Ganz wie in den kolonialen Regimes waren Respekt von Rechtssubjekten und Freiheit der Eigeninitiative nicht gerade typische Eigenschaften der afrikanischen Regime, deren Krise und Verwesung sich vor unseren Augen hinziehen. Müssen wir daran erinnern, dass das Rechtsmodell der Souveränität es kaum erlaubt, Unterwerfungsverhältnisse zu beschreiben, wie sie noch vor relativ kurzer Zeit in diesen Staaten funktionierten? Um zu verstehen, wie es zu diesen Verhältnisse kam, müssen die in der traditionellen Politikwissenschaft beliebten Schlagworte (schwacher, starker, patrimonialer Staat ...) überwunden werden; es muss reflektiert werden, wie der Staat bemüht war, seinen Wert zu steigern und Güter zu verwalten, ob in Kontexten des Mangels oder des Überflusses. Von äußeren Moden beeinflusst, versuchen viele oberflächliche Beobachter, diese Unterwerfungsbeziehungen und ihre Überwin-

[28] Pierre Lampué, Louis Rolland, *Précis de législation coloniale*. Paris, Dalloz 1940.

dung unter unkritischer Anwendung von Konzepten wie der Beziehung zwischen Staat und »Zivilgesellschaft«[29] oder auch des »Übergangs zur Demokratie« zu fassen und zu beschreiben. Betrachten wir das erste Konzept genauer. Des zweiten werden wir uns im folgenden Kapitel annehmen.

In der eigenen Geschichte des Okzidents deckt die Vorstellung der Zivilgesellschaft unterschiedliche Bedeutungen ab. Diese variierten im Übrigen zu verschiedenen Zeiten.[30] Ohne hier eine Archäologie zu präsentieren, reicht es für den Augenblick aus festzustellen, dass die Idee der Zivilgesellschaft untrennbar mit der – uralten – Reflexion über den Unterschied zwischen öffentlicher und privater Grundherrschaft, den »Angelegenheiten von Privatpersonen« und »öffentlichen Angelegenheiten« zusammenhängt. Man erinnert sich, dass bis ins 18. Jahrhundert das allgemeine Bild, das man sich von der Gesellschaft machte, untrennbar mit der Vorstellung verbunden war, die man sich von den Konflikten machte, die unterschiedliche Menschenklassen voneinander trennen.

Diese Konflikte knüpfen sich nicht nur an Probleme wie Eigentum (wem gebührt das Recht, etwas exklusiv und vollständig zu benutzen, zu genießen und darüber zu verfügen?), Erbfolge (wem soll das von einem Verstorbenen hinterlassene Erbe übertragen werden?), Verträge (unter welchen Bedingungen sind die Konventionen gültig, durch die eine oder mehrere Personen sich gegenüber einem oder mehreren anderen verpflichten, etwas zu tun?) oder bürgerlicher Stand. Sie berühren auch unterschiedliche Formen von Unterwerfungs- und Gewaltbeziehungen und die Privilegien, die aus einzelnen Aneignungen bezogen wurden (die zu dieser Zeit als feudale Rechte bezeichnet wurden). Die zentrale Frage lautete also, mit welchen Mitteln diese Interessenkonflikte beherrscht und geschlichtet werden können. Um sie zu lösen, wurden Theorien des Zivilrechts entwickelt. Ursprünglich waren ihr Haupt-

---

[29] Vgl. den Großteil der Studien in der Sammlung von John Harbeson, Donald Rothchild, Naomi Chazan (Hg.), *Civil Society in Africa*. Boulder, Lynne Rienner 1994.

[30] Ein Überblick findet sich bei Jean-Pierre Duprat, »État et société civile de Hobbes à Hegel«, *Cahiers Wilfredo Pareto* 20–21 (1982), 3224–48. Siehe auch die Synthese von Charles Taylor, »Modes of Civil Society«, *Public Culture* 3.1 (1990), 99–118; sowie die Bücher von John Keane (Hg.), *Civil Society and the State. New European Perspectives*. London, Verso 1988, 35–100, und Andrew Arato, Jean Cohen, *Civil Society*. Cambridge, MIT Press 1993.

gegenstand Gewalttaten, Verbrechen oder Morde. Doch ziemlich rasch umfassten sie auch andere Bereiche. Man kann also sagen, dass der Ursprung der Idee der Zivilgesellschaft in der Gewalt oder zumindest der Notwendigkeit liegt, so damit umzugehen, dass Situationen vermieden werden, in denen jeder sich dazu aufwirft, Krieg zu führen, Steuern zu erheben, sich die öffentliche Gewalt anzueignen und eine Herrschaft auszuüben, die ausschließlich auf dem Gesetz der Willkür beruht.

Die Vorstellung, der zufolge die »Angelegenheiten von Privatpersonen« von den Angelegenheiten der kirchlichen Macht zu trennen sind; oder auch, dass die Angelegenheiten der kirchlichen Macht nicht mit den Angelegenheiten der säkularen Macht identisch sind: All das führte zur Verabschiedung von Gesetzen, deren Ziel einerseits darin bestand, die Macht von Bräuchen, Traditionen und Autoritäten zu vernichten, die als ungerecht und tyrannisch wahrgenommen wurden, und andererseits die Ausformung der persönlichen Freiheit zu garantieren, indem sie von der öffentlichen Souveränität unterschieden wurde. In diesem Kontext nahm erst die Vorstellung der *civilitas* Gestalt an. Sie stand im Gegensatz zur Barbarei und indirekt zur Tyrannei. In diesem Sinne kann man behaupten, dass die Vorstellung der Zivilgesellschaft aus der Debatte über die Beziehung von Recht und Gewalt entstand, das heißt daraus, wie langsam die juristische Sphäre abgesteckt wurde, indem man ihre Eigenständigkeit, ihren eigenen Wert und ihre Autonomie gegenüber dem staatlichen Absolutismus stärkte.

Nicht alle diese Entwicklungen können allerdings allein auf die Philosophie der Aufklärung und darauf zurückgeführt werden, wie sie höchst praktische Fragen wie Verfassung, Freiheit, unveräußerliche und unantastbare Rechte, den Gesellschaftsvertrag und den Schutz von Eigentum konzipierte. Das Erbe des Mittelalters ist nicht zu leugnen. Denn für viele mittelalterliche Denker verfügte die Gesellschaft in sich über ein Prinzip des Widerstands gegen die überwältigende Gewalt der politischen Macht. Die politische Macht selbst war nur eine Macht unter mehreren. Die lateinische Christenheit nahm diese Idee der Differenzierung auf und verfeinerte sie, wobei die Kirche sich als »unabhängige Gesellschaft« setzte. Das augustinische Prinzip der Existenz zweier Städte (irdische Stadt und Königreich) ebnete der Möglichkeit den Weg, die Beschränkung der politischen Macht zu konzeptualisieren, wenn nötig, indem diese Beschränkung in einen theologischen Sockel eingeschrieben wurde. Bei alledem muss das spezifische Gewicht mancher mittelalterlicher Einrichtungen mitgedacht werden, etwa die feudalen Autoritätsbeziehungen. Sie sahen für die Vasallen eine Reihe von Rechten und Pflichten vor. Diese Rechte funktionierten wie Eigentum. Im Schatten der Leibeigenschaft bildete sich so eine ganze Tradition von subjektiven Rechten. Andere sichtbare Strukturen (der Fall der relativ unabhängigen und selbstregierten Städte) kamen hinzu und konsolidierten diese Vorstellungswelt und unterstützten ihre Verfestigung und spätere Formulierung in einem theoretischen und juristischen Korpus.[31]

Die Kritik an Staat, Recht und Gesellschaft, die im Lauf des 18. Jahrhunderts systematisiert wurde, verlief parallel zu einer weitergehenden Kritik an Sitten und Lastern. Doch diese Diskurse über Tugend, Leidenschaften und Interessen gingen dem Jahrhundert der Aufklärung im eigentlichen Sinne voraus.[32] Nach Norbert Elias ist die Höflichkeit untrennbar mit der höfischen Gesellschaft und den Veränderungen im absolutistischen europäischen Staat verbunden. Die höfische Gesellschaft war unter anderem durch die Vermischung zwischen öffentlichem und privatem Leben geprägt, durch die Sphäre von Intimität und Geheimnis und die Distanz, die zwischen dem König und seinem Adel, den Herren und ihren Dienern ständig aufrechterhalten werden musste. Mehr als reale Attribute und Vorteile bestimmte die Repräsentation, die man projizieren konnte, zu einem großen Teil die Vorstellung, die andere Mitglieder der höfischen Gesellschaft sich von Macht und Einfluss jedes Einzelnen ebenso wie von seinem Rang machten. Wegen des zwanghaften Charakters der öffentlichen Förmlichkeiten und der Bedeutung von Etikette und Zeremonien in der Zuweisung von Rang und Hierarchien bildete die Konkurrenz um die Zeichen von Prestige einen der zentralen Einsätze der Konkurrenz zwischen den Höflingen.

---

[31] Zu diesen Aspekten finden sich nützliche Hinweise bei Jean Baechler, John Hall, Michael Mann (Hg.), *Europe and the Rise of Capitalism.* London, Basil Blackwell 1988. Vgl. auch Adam Ferguson, *An Essay on the History of Civil Society.* Hg. von Duncan Forbes. Edinburgh, Edinburgh University Press 1966, 125–141 und 235–252.

[32] Siehe hierzu die Studien von John G. A. Pocock, *Virtue, Commerce, and History.* Cambridge, Cambridge University Press 1991; Albert O. Hirschman, *The Passions and the Interests. Political Arguments for Capitalism Before Its Triumph.* Princeton, Princeton University Press 1977; und Marvin B. Becker, *Civility and Society in Western Europe, 1300–1600.* Bloomington, Indiana University Press 1988.

Die Gesamtheit dieser Dispositive führte zur Umformung der Affektivität, da der Respekt der Disziplin, das Misstrauen gegenüber Gefühlen, die Beherrschung spontaner Impulse und unmittelbarer Bewegungen die wesentlichen Regeln der Höflichkeit darstellten.[33]

Später setzten sich diese Vorstellungen von Verfeinerung, Geselligkeit, Höflichkeit und Urbanität dank der Konkurrenz durch, die die bürgerlichen Eliten veranlasste, die Seinsweisen des höfischen Adels zu imitieren, und zirkulierten im ganzen Gesellschaftskörper. Um ihre Umgangsformen erneut mit einem Distinktionswert aufzuladen beziehungsweise den symbolischen Nutzen, der daraus hervorging, zu seinem alleinigen Vorteil zu sichern, steigerte der Adel die Ansprüche an die Höflichkeit, vervielfältigte die Verbote, erhöhte die Schwelle der Missbilligung und dramatisierte damit die Konkurrenz um die Aneignung der Distinktionsmerkmale. In der Folge sind Transformation der Umgangsformen, Respektierung einengender Konventionen, Verhaltenskontrolle, kurz die Förderung weniger brutaler Beziehungen zwischen den Menschen untrennbar mit der Vorstellung von einer Zivilgesellschaft verbunden. Diese verweist andererseits auf die Vorstellung von einer befriedeten und zivilisierten Gesellschaft, in der Affekte und Leidenschaften kontrolliert werden und Selbstbeschränkung und Austausch von Höflichkeiten allmählich körperliche Gewalt und Urzustand ersetzen. Seitdem sind das Dispositiv der Herrschaft und die Modalitäten der Unterdrückung nicht mehr gezwungen, das Antlitz der gewöhnlichen und lapidaren Gewalt anzunehmen, die etwa das koloniale Regime kennzeichnet.

Aus all dem folgt, dass das Konzept der Zivilgesellschaft im Okzident selbst auf bestimmte Formen der Konstruktion, Legitimation und Bewältigung von Meinungsverschiedenheiten im öffentlichen Feld verweist. Doch eine Zivilgesellschaft ist außerhalb der Existenz von autonomen Institutionen und Orten undenkbar, von gesellschaftlichen Koalitionen, die, wenn nötig, die Vermittlerrolle zwischen Staat und Gesellschaft spielen können. Historisch stellte die Zivilgesellschaft eine Reaktion auf das allgemeine Legitimitätsproblem einer Herrschaft dar, die ansonsten als willkürlich wahrgenommen wurde, also keine äußere

---

[33] Vgl. Norbert Elias, *Die höfische Gesellschaft*. Frankfurt/Main, Suhrkamp (= stw 423) 2007, 68–119. Zum Weiteren, siehe ders., *Über den Prozess der Zivilisation*. Frankfurt/Main, Suhrkamp (= stw 158) 1976, 229–333.

Rechtfertigung besaß und sich jeder normativen Akzeptanz durch die Beherrschten entzog.[34]

Doch weil die Herrschaft (Konzentration von Gewalt, Ausübung von Zwang, Eintreiben von Nahrungsmitteln und Lebensgrundlagen, Zuweisung von Nutzungsrechten, Entscheidung über Streitfälle, Abrichtung der Bevölkerung), an die wir hier denken, unter anderem eine besondere Form der institutionellen Anordnung, den Staat darstellt, folgt daraus, dass seine Legitimierung, das heißt seine normative Akzeptanz durch die Beherrschten, im Detail das Problem aufwirft, wie der Macht des Staates Grenzen zu setzen sind. Daher gibt es keine Zivilgesellschaft ohne ein Bündel von Orten und Räumen, an denen sich in der Öffentlichkeit Vorstellungen von Autonomie, Repräsentation und Pluralismus konsolidieren und juristische Subjekte bilden, die Rechte genießen und fähig sind, sich sowohl von staatlicher Willkür als auch von der Willkür der Primärgruppe (Abstammung, Stamm, ...) zu emanzipieren.

Wie sie im Westen problematisiert wurde, ist die Zivilgesellschaft also nicht mit der einfachen Existenz von autonomen Vereinigungen zu verwechseln, die sich außerhalb der staatlichen Vormundschaft entwickeln, noch mit der Gesellschaft als solcher (ein Fehler, den viele oberflächliche Beobachter in Afrika begehen). Denn es genügt nicht, dass Vereinigungen entstehen, um automatisch auf die Existenz einer Zivilgesellschaft zu schließen.[35] Die Autonomie, um die es hier geht, bedeutet nicht nur, dass sich außerhalb oder jenseits des Staates ein getrennter Bereich bildet.[36] Sie besteht vor allem darin, wie die Produktion und Distribution von Macht sich über vielfältige unabhängige Quellen vollzieht, sowie in der Fähigkeit dieser Quellen, völlig autonom im öffentli-

---

[34] Siehe J. Leca, »La visite à la vieille dame«, doc.pol., runder Tisch, Aix-en-Provence, Oktober 1989, 4.

[35] Diese Verwechslung bleibt im Allgemeinen in den Schriften von Forschern über Ost- und Zentraleuropa und ihren afrikanistischen Epigonen bestehen. Hierzu etwa Janina Frentzel-Zagorska, »Civil Society in Poland and Hungary«, *Soviet Studies,* 42.4 (1990), 759–777; Elemér Hankiss, »The "Second Society"«, »Is There an Alternative Model Emerging in Contemporary Hungary?«, *Social Research,* 55.1–2 (1988); Chris Hann, »Second Economy and Civil Society«, *Journal of Communist Studies* 6.2 (1990), 21–44.

[36] Dieser Irrtum findet sich etwa in der Notiz von Michael Bratton, »Beyond the State: Civil Society and Associational Life in Africa«, *World Politics* 41 (1989), oder auch in den Studien in Donald Rothchild, Naomi Chazan (Hg.), *The Precarious Balance. State and Society in Africa.* Boulder, Westview Press 1988.

chen Feld eine Vorstellung von einem allgemeinen Interesse zu formulieren.[37] Der Prozess, über den definiert wird, was als »gemeinsames« oder »allgemeines Interesse« anerkannt wird, impliziert die Existenz einer Öffentlichkeit, die nicht einfach mit dem offiziellen Feld gleichzusetzen ist.

Das Konzept der Zivilgesellschaft verweist darüber hinaus auf eine Theorie der gesellschaftlichen Stratifizierung und auf Verfahren, durch die für sie ein Minimum an Akzeptanz geschaffen werden kann.[38] Nicht, dass Exklusion das Hauptfundament der Legitimität der Macht wäre. Wie J. Leca erklärt, ist der kritische Punkt die – immer ungelöste – Spannung zwischen der Realität der Ungleichheit einerseits und andererseits der Tatsache, dass die Macht, um legitim zu sein, auf Inklusion und einer – wenn auch nur formalen – Gleichheit zwischen den Bürgern beruhen muss. Dieses Konzept ist also nicht sinnvoll auf postkoloniale afrikanische Konstellationen anzuwenden, ohne die Gesamtheit der Konnotationen ernst zu nehmen, die es nahelegt: die autochthonen Kategorien, die dazu dienen, die Beziehung zwischen Konflikt und Gewalt politisch zu denken, das privilegierte Vokabular, in dem sich die politische Vorstellung und ihre institutionellen Übersetzungen zum Ausdruck bringen, die Ethnologie, die Fragen der Repräsentation und der ungleichen Zuweisung von Gütern unterliegt, die Verhandlung von Heterogenität, die Verfeinerung der Leidenschaften.

GEWALT, ZUWENDUNGEN UND TRANSFERLEISTUNGEN

Nun müssen wir eine zweite Argumentationskette entkräften, die angeblich den Auflösungsprozess der postkolonialen afrikanischen Staaten erklärt. Denn eine weit verbreitete Vorstellung lautet, dass die staat-

---

37 Über die unterschiedlichen Bedeutungen des Konzepts »öffentlich« in der europäischen Geschichte, siehe Jürgen Habermas, *Strukturwandel der Öffentlichkeit.* Frankfurt/Main, Suhrkamp (= stw 891) 1990. Eine rezente Kritik an seinen Ansichten findet sich bei Craig Calhoun (Hg.), *Habermas and the Public Sphere.* Cambridge, MIT Press 1993.

38 Vgl. Jean L. Cohen, *Class and Civil Society. The Limits of Marxian Critical Theory.* Amherst, University of Massachusetts Press 1982.

liche Struktur im subsaharischen Afrika Gesellschaften, die ihm nicht nur äußerlich waren, sondern auch feindlich gegenüberstanden, gewaltsam aufgezwungen wurde.[39] Sicher machten viele Gemeinschaften mit stark zersplitterten Machtstrukturen ihre ersten Erfahrungen mit dem Staat zunächst im kolonialen Kontext. Doch auch ohne einzubeziehen, dass es auch vor der europäischen Eroberung in manchen Teilen des Kontinents Staatstraditionen gab, muss unterstrichen werden, dass nicht nur die staatlichen Methoden, sondern auch die skizzierte koloniale Rationalität bald zum Gegenstand einer Wiederaneignung durch die Afrikaner wurde.[40] Diese Wiederaneignung war nicht nur institutionell. Sie fand auch im materiellen und imaginären Feld statt.

De facto hatte sich unter der Kolonialherrschaft ebenso wie darüber hinaus allmählich eine im eigentlichen Sinne autochthone Interessenkonstellation ausgebildet. Sie spielte in der Transformation von überlieferten Machtsystemen und in der Neukonfiguration von auch ökonomischen Allianzen zwischen Eingeborenen und Kolonialherren eine herausragende Rolle. Besonders nach dem zweiten Weltkrieg führten diese Transformationen zumindest in manchen Kolonien zur Gründung einer relativ großen Zahl von Kleinunternehmen durch Afrikaner. Die meisten dieser Unternehmen spezialisierten sich auf Handel oder Transport.[41] Indem sie sich die Bestrebungen ausländischer Firmen zunutze machten, den indigenen Markt zu kontrollieren, gelang es vielen afrikanischen Händlern, dass ihnen die Verteilung von zahlreichen Produkten anvertraut wurde, sodass sie zu Mittelsmännern zwischen kolonialen Unternehmen und lokalen Konsumenten wurden.[42]

Parallel dazu vollzogen sich bedeutende Umstrukturierungen im Bereich der gewinnorientierten Landwirtschaft (Kakao, Kaffee, Baum-

---

39 Vgl. Goran Hyden, *No Shortcuts to Progress: African Development Management in Perspective.* Berkeley: University of California Press 1983, oder auch Robert H. Jackson, Carl G. Rosberg, »Why Africa's Weak States Persist: The Empirical and the Juridical in Statehood«, *World Politics* 35.1 (1982), 1–24.

40 Diesen Prozess zeigt Jean-François Bayart, *L'État en Afrique. La politique du ventre.* Paris, Fayard 1989 sehr gut. Siehe auch »States and Social Processes in Africa: A Historiographical Survey«, *African Studies Review* 24.2–3 (1981).

41 Vgl. hierzu etwa Jean Louis Dongmo, *Le dynamisme bamiléké.* Yaoundé, CEPER 1981.

42 Siehe die Kommentare von Gavin Kitching, *Class and Economic Change in Kenya. The Making of an African Petite-Bourgeoisie.* New Haven, Yale University Press 1980, 159–199.

wolle, Erdnüsse, ...). In ländlichen Regionen entstand eine relativ wohlhabende Plantagenbesitzerschicht. Ihre Rolle – ob als soziale Basis, Unterstützung oder Opposition – war entscheidend für die Entstehung des antikolonialen Ressentiments und die Formen der späteren nationalen Bewegungen.[43] Manchmal in Konkurrenz zu *Évolués* und Elementen, die aus der kolonialen Bürokratie hervorgegangen waren, oder auch zu religiösen Bruderschaften, manchmal in symbiotischer Beziehung zu ihnen, beeinflussten diese Interessenkonstellationen die Ausformung der unabhängigen Staaten stark. Besonders galt das von dem Augenblick an, als diese Staaten versuchten, institutionelle Mechanismen einzuführen, die es ihnen erlauben sollten, sich in den Dorfgemeinden zu verankern (Gründung von Basisorganisationen der Einheitsparteien, von Kooperativen, sogenannten Entwicklungs- und Vermarktungsgesellschaften für die Plantagenwirtschaft oder unterschiedlichen Formen der territorialen Vernetzung).[44] Über diesen Umweg verlief die Kooptierung der alten Eliten oder auch die Einführung von neuen Vermittlungen zwischen Staat, Gesellschaft und Markt. Ebenfalls über diesen Umweg wurden Unterwerfungsbeziehungen initiiert oder konsolidiert, die, selbst wenn ihre zur Schau gestellte Intention darin bestand, sie zu überwinden, stark dazu beitrugen, die des kolonialen Staats zu perpetuieren.[45]

Es zeigt sich also, dass die staatlichen Einheiten in Afrika in ihrer aktuellen Ausführung – und in voller Teilnahme an einem Universalen des Politischen – auf höchst autochthonen sozialen Grundlagen aufbauen. Diese sozialen Grundlagen variierten natürlich von Land zu Land, von einer Region des Kontinents zur anderen, und manchmal auch innerhalb ein- und desselben Landes.[46] Indessen kann sich eine konsequente Interpretation dieser lokalen Verankerung kaum die Verbindungen ersparen, die diese Apparate (und die politischen Kräfte, die

---

[43] Vgl. die von Richard A. Joseph in *Le mouvement nationaliste au Cameroun. Les origines sociales de l'UPC*. Paris, Karthala 1986 genannten Beispiele.

[44] Siehe hierzu den von Catherine Boone untersuchten Fall, »State Building in the African Countryside: Structure and Politics at the Grassroots«, *The Journal of Development Studies* 34.4 (1998), 1–31.

[45] Zu einigen Aspekten dieser Debatte, siehe Peter Geschiere, *Village Communities and the State. Changing Relations among the Maka of Southeastern Cameroon since the Colonial Conquest*. London, Kegan Paul International 1982.

[46] Vgl. etwa die Studie von Jean-François Bayart, *L'État au Cameroun*. Paris, Presses de la Fondation nationale des sciences politiques 1977.

sie kontrollierten) gleichzeitig zum internationalen System unterhielten. In gewissen Fällen wurden diese internationalen Verbindungen und die lokalen Formen der gesellschaftlichen Regulierung dank der Ausbeutung einer begehrten mineralischen Ressource möglich (im Fall der Diamanten in Sierra Leone, des Urans im Niger, des Kupfers in Sambia). In anderen bildete die Plantagenwirtschaft die materielle Basis der öffentlichen Macht. Das war nicht nur in den Regionen der Fall, in denen ein einzelnes Produkt (im Fall der Erdnüsse im Senegal oder der Baumwolle im Tschad) seine »Diktatur« über alle sozialen und wirtschaftlichen Transaktionen ausübte[47], sondern auch dort, wo eine Kombination aus Landwirtschaft, exportorientierter Agroindustrie und einer Palette kleiner Industrieeinheiten zu einer beginnenden Diversifizierung geführt hatte (im Fall der Elfenbeinküste, Kenias, Simbabwes und zu einem geringeren Ausmaß in Kamerun).

In anderen Fällen diente die intensive Ausbeutung einer seltenen Ressource – zumindest in bestimmten Perioden – als Zugpferd für die Verstärkung von Ungleichheiten, die Ausdehnung der Staatsmacht und ihre Valorisierung und die Verteilung von Gütern. In den 1970er Jahren spielte das Erdöl in Nigeria diese Rolle.[48] Manche andere Staaten kombinierten die Ausbeutung von landwirtschaftlichen Ressourcen (Tropenholz, Kakao, Kaffee, Palmöl, Bananen, Tabak, Tee) und von Bodenschätzen (Eisen, Kupfer, Mangan, Kobalt, Erdöl, ...), um mehr oder weniger gangbare Ungleichheits- und Herrschaftssysteme zu errichten (Kamerun, Gabun, Elfenbeinkünste, Simbabwe), oder auch, um lange Kriege zu finanzieren, wobei die Kriegführung (*war-making*) selbst zur Triebfeder der Staatenbildung (*state formation*) oder (im Fall von Angola) seiner Zerstörung wurde.

Ob sie nun von einer Haupressource oder von mehreren profitierten; ob sie von ihren Bauern finanziert wurden, ob ihnen »geholfen« wurde oder sie sich verschuldet haben, die Modalitäten der afrikanischen Integration in den Welthandel beeinflussten die Ausformung der postkolonialen Staaten und die Form der Eingliederung ihrer Machteli-

---

47 Jean Copans, *Les marabouts de l'arachide*. Paris, L'Harmattan 1989; Donal Cruise O'Brien, *Saints and Politicians. Essays in the Organisation of a Senegalese Peasant Society*. Oxford, Clarendon Press 1975; Momar-Coumba Diop (Hg.), *Sénégal: trajectoires d'un État*. Dakar, CODESRIA 1992.

48 Richard A. Joseph, *Democracy and Prebendal Politics in Nigeria. The Rise and Fall of the Second Republic*. Cambridge, Cambridge University Press 1989.

ten in internationale Netzwerke stark. Denn die Einnahmen aus diesen Transaktionen trugen dazu bei, 1) die lokalen Ungleichheits- und Herrschaftssysteme zu strukturieren; 2) den Aufbau von Koalitionen zu erleichtern oder Fraktionskämpfe zu vergiften; 3) die Arten von äußerer Hilfe zu bestimmen, von denen diese Eliten profitieren konnten.

Die lokalen Ausbeutungsformen der Arbeitskraft (Steuersysteme, Höhe der Abschöpfungen ...), kurz, die Strukturierung der Beziehungen zwischen Staat, Markt und Gesellschaft hingen ebenso von den Modalitäten dieser Einfügung in den globalen Warenverkehr ab. Wie früher im präkolonialen Fernhandel wurden insbesondere dank der Einnahmen aus diesen Kontakten Unterwerfungsbeziehungen finanziert, Mangel abgewendet, Wertschöpfung generiert, Güter konsumiert und letztlich ein Prozess der »Indigenisierung« des Staates vollzogen. Die Einbeziehung dieser materiellen Faktoren ist notwendig, wenn die heute sichtbaren Kontraste in den Prozessen der Ohnmacht der öffentlichen Macht in Afrika nicht nur auf der internen Ebene verständlich, sondern auch Gegenstand aussagekräftiger Vergleiche werden sollen.

Doch obwohl die Entwicklungsverläufe der »Indigenisierung« des Staates von einem Staat zum anderen unterschiedlich sind, hat sich die Verfestigung des Staates selbst und der Vorstellungen, die ihn tragen, überall auf eine autoritäre Weise vollzogen, die dem Einzelnen jegliche Eigenschaft als Rechtssubjekt verweigert. Das bedeutet weder, dass die staatliche Übermacht total und schrankenlos gewesen wäre, noch, dass die Inhaber der Macht über völlige Autonomie verfügt und sich nicht unter Druck befunden hätten. Wie in den kolonialen und später kommunistischen Regimen, denen sie bestimmte Prädikate entlehnt hatten, gab es formelle und informelle Kanäle, über die die Zirkulation der Eliten sich vollzog. Es gab auch Orte, an denen unterschiedliche lokale, ethnische, regionale Interessen verhandelt, Konflikte geschlichtet und eine gewisse soziale Kontrolle sichergestellt wurden.[49]

In allen diesen Ländern begründete die Einsetzung der souveränen Autorität jedoch nie einen echten Vertrag, da er im strengen Sinne keinerlei gesetzlich kodifizierte gegenseitige Verpflichtung zwischen Staat

---

[49] Zu den kommunistischen Regimen siehe die Untersuchung von Gregory Gleason, »Fealty and Loyalty: Informal Authority Structures in Soviet Asia«, *Soviet Studies* 43.4 (1991), 613–628. Siehe auch Micheal Urban, »Centralisation and Elite Circulation in a Soviet Republic«, *British Journal of Political Science* 19.1 (1989).

und Inhabern der Macht einerseits und andererseits der Gesellschaft und den Einzelnen implizierte. Sicherlich muss vermieden werden, alles über Nötigung zu erklären. Ebenso muss eine übermäßige Vereinfachung der divergenten Formen von staatlicher Kontrolle und Marktdurchdringung in unterschiedlichen Regionen im subsaharischen Afrika seit 1960 vermieden werden. Überdies war in manchen Fällen ein Anfang eines Übergangs von direktem Zwang zu stärker verinnerlichten Formen der Kontrolle zu beobachten.

Die allgemeine Praxis der Macht hat sich allerdings weltweit in der Kontinuität der kolonialen politischen Kultur und der Verlängerung der despotischsten Aspekte der überlieferten Bräuche situiert, die wiederum zu diesem Zweck neu erfunden wurden.[50] Das ist einer der Gründe, warum der postkoloniale Machthaber der öffentlichen Deliberation feindlich gesonnen war und sich seine Urteils- und Handlungskriterien wenig um die Unterscheidung zwischen gerechtfertigt und willkürlich scherten. Denn seine normative Quelle lag nur in ihm selbst, der Machthaber nahm für sich das Recht »zu befehlen« in Anspruch. Ein derartiges »Befehlsrecht« war natürlich darum bemüht, sich aus unterschiedlichen Quellen zu rechtfertigen, wobei gleichzeitig überlieferte und importierte Vorstellungen benutzt wurden.[51] Doch er war nur selten die Gegenpartei einer Schutzpflicht – die verfassungsmäßig anerkannt und als solche verteidigt worden wäre – sei es in Bezug auf Einzelpersonen, ihr Eigentum, ihre privaten Rechte oder ihre physische und körperliche Unversehrtheit.

Wo materielle Anreize nicht ausreichten, bedingungslose Unterwerfung, »spontanen« Gehorsam oder »Dankbarkeitsbezeugungen« der Unterworfenen zu erzielen, griff man massiv auf öffentlichen Zwang zurück.[52] Unabhängig vom Ausmaß der Übergriffe des Machthabers

---

[50] Vgl. die Beispiele bei Didier Bigo, *Pouvoir et obéissance en Centrafrique.* Paris, Karthala 1989; Comi Toulabor, *Le Togo sous Eyadéma.* Paris, Karthala 1986; und Thomas M. Callaghy, »Culture and Politics in Zaire«, doc.pol., Oktober 1986.

[51] Zu diesem Aspekt, siehe Michael G. Schatzberg, »Power, Language and Legitimacy in Africa«, Vortrag bei der Konferenz zu »Identity, Rationality, and the Postcolonial Subject: African Perspectives on Contemporary Social Theory«, Columbia University, New York, 28. Februar 1991.

[52] Vgl. Thomas M. Callaghy, »Police in Early Modern States: The Uses of Coercion in Zaire in Comparative Perspective«, Vortrag beim American Political Science Association Meeting, Denver, Colorado, 1982.

konnte nichts die Unterworfenen von der Pflicht zur Unterwerfung entbinden, selbst Wahlen nicht.[53] So war beinahe überall die Unterscheidung zwischen den Aufgaben der Führung der eigentlichen öffentlichen Angelegenheiten (Regierung) und der institutionelle und ungezügelte Einsatz von Gewalt und Nötigung praktisch nicht existent.[54] Organe der Entfaltung der Gewalt und Strafmittel wurden systematisch in Anspruch genommen, sei es, um Dissidenz zu unterdrücken, Revolten zu zerschlagen, Widerspruch zu ersticken oder schlicht die Macht zu ergreifen.[55]

Die Konsequenzen solcher Routinen lasten schwer auf den Formen, die in diesen unterschiedlichen Ländern die laufenden Versuche annehmen, einen Ausweg aus dem Autoritarismus zu finden, wobei ein solcher Ausweg keineswegs einen automatischen Übergang zur Demokratie bedeutet, sondern im Gegenteil in verschiedenen Formen von Chaos oder versteckter Anarchie münden kann. Die so im Laufe der Kolonialzeit und der Unabhängigkeit konsolidierte autoritäre Vorstellungswelt ist auch eine schwere Belastung dafür, wie gesellschaftliche Bewegungen entstehen, für den Rahmen, in dem sie sich entfalten, ihre bevorzugten Mobilisierungsformen, ihre Chancen, sich durchzusetzen, und die Möglichkeiten ihres Scheiterns. Um das Gewicht dieser Vorstellungswelt richtig einzuschätzen, reicht es nicht aus, sich auf die Legenden von *personal rule*, *big man* oder patrimonialer Macht zu berufen, wie das gewöhnlich geschieht. Es gilt die Verbindungen zu untersuchen, die der postkoloniale Machthaber zwischen der Produktion von Gewalt und Unterhaltszuweisung und Zuwendungen geknüpft hat. Denn wenn vom wirtschaftlichen Standpunkt aus Verwaltung von Gewalt und Ausübung von Macht im Rohzustand nur selten einer effizienten Organisationen der Produktion von Wohlstand gedient haben, ist einigen postkolonialen Ungleichheits- und Herrschaftssystemen bis in die späten 1970er Jahre eine gewisse Effizienz in der Zuweisung von Gütern und Dividenden nicht abzusprechen.

---

53 Siehe wiederum Thomas M. Callaghy, »State-Subject Communication in Zaire«, *The Journal of Modern African Studies* 18.3 (1981), 469–492.

54 Michael G. Schatzberg, *The Dialectics of Oppression in Zaire.* Bloomington, Indiana University Press 1988, 30–70. Siehe auch die Sondernummer »Violence et pouvoir« der Zeitschrift *Politique africaine* 42 (1991).

55 Pat McGowan, Thomas H. Johnson, »African Military Coups d'État and Under-Development: A Quantitative Historical Analysis«, *Journal of Modern African Studies* 22.4 (1984), 633–666.

Um diese Zuweisungen zu sichern, hatte man, wie in einigen arabischen Ländern, versucht, gesellschaftliche Institutionen zu verändern; daher die »Militarisierung« von Gewerkschaften, die Eingliederung von Kirchen und Bruderschaften, die Kooptierung von Vereinen unterschiedlicher Ausrichtung, die Kolonisierung von Stammesfürsten und anderen sogenannten traditionellen Institutionen.[56] Der Staat konnte zudem ethnische und regionale Spannungen kontrollieren, indem er auf die Beschaffung von Arbeitsplätzen in öffentlichen Funktionen oder auf die Ökonomie der Verschuldung zurückgriff oder auch direkt in das Produktionssystem intervenierte.

Entscheidungen in der Produktion selbst, Investitionen, Zuweisung von Landrechten und Bankkrediten, administrative Zuerkennung von Märkten und öffentlichen Aufträgen, Reglementierung des Import-Export-Handels, Konsum der öffentlichen Hand, Verwaltung der Preise und Subventionsregimes, Zuerkennung von Lizenzen und anderen Befugnissen, Kontrolle des Wechselgeschäfts, der Zoll- und Steuerverfahren, Verwaltung des Austausches zwischen Stadt und Land und zwischen Industrie und Landwirtschaft, kurz, die finanziellen Regulierungssysteme und die Definition der Wirtschaftspolitik selbst folgten nicht notwendigerweise (oder zumindest nicht ausschließlich) den Imperativen der Wettbewerbsfähigkeit oder einem effizienten Gewinninteresse.

Ohne zu behaupten, diese Aspekte seien in den Berechnungen der afrikanischen Entscheidungsträger systematisch ausgeblendet gewesen, muss präzisiert werden, dass zusätzlich dazu, einer substantiellen Zahl von Einzelnen unterschiedliche Arten von Gütern zu garantieren, die zu ihrer Erhaltung absolut notwendig waren (Deckung der Grundbedürfnisse), die direkte Übernahme von Produktionsaktivitäten durch den Staat auch auf eine politische Rentabilität abzielte, insofern, als sie dazu bestimmt war, direkten Einfluss auf die Kreisläufe der regionalen Umverteilung (Zuweisung von Betriebsmitteln und Infrastruktur, Schaffung von Einkünften, Errichtung von Schulen), die Ausbildung der Arbeitskräfte, die Bildung von Klientelsystemen und die Konsolidierung von Patronagenetzwerken zu gewinnen. Diese beiden Imperative (Bereitstellung der unentbehrlichen Versorgung für die Subsistenz und politi-

---

[56] Zur arabischen Welt, vgl. Ghassan Salamé, »Sur la causalité d'un manque: pourquoi le monde arabe n'est-il donc pas démocratique?«, *Revue française de science politique* 41.3 (1991).

sche Rentabilität) erklären teilweise die Proliferation von öffentlichen und halböffentlichen Stellen, die Rekrutierungspolitik, die Politik der Zuteilung von Vergünstigungen, Gehältern und Prämien.[57]

Alle diese politisch-ökonomischen Dispositive ermöglichten gemeinsam auch die Unterhaltung eines komplexen Systems von Einnahmentransfers aus formellen und offiziellen Kreisläufen in Parallelkreisläufe, von urbanen in ländliche Haushalte, von den Reicheren zu den Ärmeren.[58] Diese Einnahmentransfers (familiäre Hilfe, soziale Leistungen und unterschiedliche Zuwendungen wie Begräbniskosten, Schulgelder, Gesundheitskosten, Teilnahme an sogenannten traditionellen Zeremonien, unterschiedliche Formen von Beitragszahlungen, Kauf von Titeln und Medaillen, ...) wurden in sich durch eine soziale Ethik verstärkt, die, während sie dem Individualismus breiten Raum gewährt, der Umverteilung eine zentrale Funktion zuweist und den Besitzern von Vermögen je nach angestrebtem Status Aufgaben und Pflichten auferlegt, selbst wenn die so entstandenen Kosten ihr reales Einkommen bei Weitem übersteigen.[59] Noch entscheidender hingen die Modalitäten der Funktion dieser politisch-ökonomischen Dispositive von den Konturen ab, die sowohl die soziale Schichtung als auch die internen Machtbeziehungen zwischen Gruppen und Ethnien ausbildeten. Mit einem Wort, indem sich der Staat ganz oder teilweise an die Stelle des Marktes setzte, wurde er zu einer außergewöhnlichen Maschine zur Erzeugung und Regulierung von Ungleichheit.

Der postkoloniale Machthaber war also selbst eine Herrschaftsformel, die, während sie sich der universellen Technologien bediente (eines Staates und seiner Apparate), eine eigene innere Kohärenz und Rationalität besaß, sowohl vom politischen, vom wirtschaftlichen als auch vom imaginären Standpunkt aus.[60] Daher muss sie in Bezug auf diese eigene

---

[57] Bernard Contamin, Yves-A. Fauré, *La bataille des entreprises publiques en Côte d'Ivoire. L'histoire d'un ajustement interne.* Paris, Karthala 1990, 179–239.

[58] Als Illustration vgl. Margo Russel, »Beyond Remittances: The Redistribution of Cash in Swazi Society«, *Journal of Modern African Studies* 22.4 (1984), 595–615.

[59] Siehe François R. Mahieu, »Principes économiques et société africaine«, *Revue Tiers Monde* 30.120 (1989); und Jane Guyer (Hg.), *Money Matters. Instability, Values and Social Payments in the Modern History of West African Communities.* Portsmouth, Heinemann 1993.

[60] Vgl. Nim Caswell, »Autopsie de l'ONCAD: la politique arachidière au Sénégal, 1966–1980«, *Politique africaine* 14 (1984), 39–73.

Rationalität bewertet werden, nicht ausgehend von einem idealen und normativen weberianischen Modell, das nirgendwo auf der Welt existiert. Nun ist es unmöglich, ihre eigene wirtschaftliche und politische (In-)Kohärenz oder die Implosionstendenzen zu zeigen, wenn man sich auf eine Analyse beschränkt, die ausschließlich in den Begriffen einer monetären Orthodoxie operiert. Es ist notwendig, ihr Versagen innerhalb dieses Triptychons aus Gewalt, Zuwendungen und Transferleistungen zu untersuchen. Dieses Triptychon bildete die Grundlage der postkolonialen afrikanischen Autoritarismen. Wir haben uns über die Gewalt ausführlich verbreitet. Kommen wir nun kurz zu den beiden anderen Dimensionen dieses Triptychons.

Da war zunächst eine Zuwendung rein staatlichen Typs. Sie wurde in zwei Formen angeordnet. Zuerst als Gehalt. Es ist wichtig, dabei einen Moment innezuhalten, um die Beziehungen zwischen Gehalt und Ausformung des beherrschten Subjekts explizit zu machen.[61] Theoretisch ist ein Gehalt ein Entgelt, das man für geleistete Arbeit, einen Dienst oder eine Leistung erhält. Unter »Arbeit« muss einerseits die Zeit und andererseits die Mühe verstanden werden, die für die Produktion von etwas »Nützlichem« aufgewendet werden. Die Arbeit selbst und das resultierende Produkt können auch als »Ware« verstanden werden, die man mit Gewinn an einen Käufer veräußert. Im Lauf der autoritären Periode gab es keine automatische Beziehung zwischen Arbeit (ihrer Menge und ihrem Wert) und Gehalt oder zwischen dem Gehalt, das man verdiente, dem Nutzen, den man erzeugte, und dem allgemeinen Wohlstand, der daraus entstand.

Einerseits konnte man sich bereichern, ohne zu Ermüdung und Hunger genötigt zu sein (was wir mit Mühe bezeichnet haben). Andererseits konnte man seine Zeit der Produktion von vollkommen unnützen oder jedenfalls in keiner Weise zur Bildung von allgemeinem Wohlstand betragenden Dingen widmen. In dieser Hinsicht hatte das Gehalt nicht zunächst die Funktion, eine Produktion zu entlohnen. Es war vor allem eine rein askriptive Zuwendung.[62] Da der Genuss eines Gehalts fast immer nicht nur die Angelegenheit des einzelnen Individuums war,

---

[61] Die folgenden Ausführungen stammen aus einer Studie von Achille Mbembe, Janet Roitman, »Figures of the Subject in Times of Crisis«, *Public Culture* 5.2 (1995). Hier paraphrasieren wir gelegentlich.

[62] Diese Bemerkungen beziehen sich hauptsächlich auf bürokratische Arbeit. Ansonsten vgl. zum Beispiel die Studien im Sammelband von Michel Agier, Jean

das es verdiente, bildete das Gehalt als Institution ein wesentliches Rädchen in der Dynamik der Beziehungen zwischen Staat und Gesellschaft. Es diente dem Staat als Ressource, um Gehorsam und Dankbarkeit zu kaufen und die Bevölkerung an disziplinäre Dispositive zu koppeln.

Mit anderen Worten, das Gehalt legitimierte nicht nur die Unterwerfung, sondern auch die Erzeugung eines politischen Austauschs, der nicht auf dem Prinzip von politischer Gleichheit und ebensolcher Repräsentation beruhte, sondern auf der Existenz von Schuldforderungen, aufgrund derer der Staat gesellschaftliche Schulden erzeugte, wobei sich die Konstruktion der Unterwerfungsbeziehung im distributiven Bereich und nicht in dem der Gleichwertigkeit zwischen mit eigenen natürlichen und zivilen Rechten ausgestatteten Menschen vollzog, die damit Einfluss auf politische Entscheidungen nehmen konnten. Durch die Transformation des Gehalts in eine Schuld gewährte der Staat all jenen Unterhalt, die er sich verpflichtet hatte. Daher hatte er nur Angestellte, die gleichzeitig auch abhängig waren. Der Unterhalt, den dieser Angestellte erhielt, beruhte nicht auf einer Umwandlung von Energie in Wohlstand. Er bezeichnete eine bestimmte Figur von Gehorsam und Herrschaft. Deshalb wurden übrigens auch in manchen öffentlichen Reden diese Ansprüche, wenn nicht mit Gunstbeweisen, so zumindest mit Privilegien verglichen.

Andere Formen der staatlichen Zuwendung hatten sich im Kielwasser einer Form der Regulierung der politischen Ordnung entwickelt, die zu einem großen Teil auf der privaten Aneignung von öffentlichen Ressourcen zur Erzeugung von Treuepflichten beruhte.[63] Zwei Bedin-

---

Copans und Alain Morice (Hg.), *Classes ouvrières d'Afrique noire.* Paris, Karthala 1987, 45–76 sowie 141–181 und 215–245.

[63] Dies bezeichneten einige Autoren als klientelistischen und patrimonialen Umverteilungsmodus. Siehe insbesondere Jean-François Médard, »The Underdeveloped State in Tropical Africa: Political Clientelism or Neo-Patrimonialism?«, in Christopher Clapham (Hg.), *Private Patronage and Public Power. Political Clientelism in the Modern State.* London, Frances Pinter 1983. Nicht weit davon entfernt, siehe Richard. A. Joseph, *Democracy and Prebendal Politics in Nigeria.* Cambridge, Cambridge University Press 1989. Ein anderer theoretischer Zugang zu diesen Phänomenen findet sich bei Jean-François Bayart, *L'État en Afrique. La politique du ventre.* Paris, Fayard 1989. Einige Beispiele für die Praktiken, auf die sich diese Theorien beziehen, siehe Bernard Contamin, Yves-A. Fauré, *La bataille des entreprises publiques en Côte d'Ivoire. L'histoire d'un ajustement interne.* Paris, Karthala 1990, 219–230.

gungen hatten die Verfestigung einer solchen politischen Ordnung und der Realisierbarkeit ihres Funktionierens begünstigt: einerseits eine Ökonomie des Raubes, die auf den folgenden drei Elementen beruhte: Verschuldung, Aufwendungen und Defizit. Andererseits erlaubte ein allgemeines Regime von Privilegien und Straffreiheit ihre Reproduktion in relativ großem Maßstab. Aneignung öffentlicher Ressourcen und Privatisierung des Staates nahmen unterschiedliche Formen an. Es gab zunächst Vergünstigungen und ungerechtfertigte Begünstigungen, die sich die Inhaber von Autoritätspositionen selbst gewährten und deren kumulierter Wert manchmal bei weitem das Gehalt selbst überstieg: Unterkunft, Mobiliar, Wasser, Strom, Autos, Bedienstete, Empfangs- und Repräsentationskosten, Prämien, Reservefonds.

Hinzu kam das gesamte System des parallelen Abkassierens (Veruntreuung): doppelte Mietzahlungen, fiktive Verwaltungskosten, geheime Kommissionen, Schmiergelder und überhöhte Abrechnungen bei der Buchung öffentlicher Geschäfte, der Zuweisung von Besitztiteln oder Bankkrediten oder auch im Rahmen von Zoll- und Steuerverfahren. Schließlich war da das parallele Anzapfen von staatlichen Finanzströmen. Bis in die subalternen Ränge konnten öffentliche Dienstleistungen verschachert werden. Das war beim Anbringen von offiziellen Stempeln auf Dokumenten und Visa und bei ihrer Ausstellung und auch bei Verkehrskontrollen oder bei der Vergabe von Lizenzen und anderen Genehmigungen der Fall.[64]

Dank dieser Zuteilungsformen wurde Wirtschaftliches in Soziales und Politisches umgewandelt. Über ihre Vermittlung machte sich eine große Anzahl von Menschen ein Bild vom »guten Leben« (*good life*), schaffte es, den materiellen Mangel zu überwinden oder überwand schlicht die von Unsicherheit, Armut und Mangel verursachte Angst. Noch entscheidender war, dass sich dank dieser Zuteilungsformen der dreifache Prozess der Verstaatlichung der Gesellschaft, der Sozialisierung der staatlichen Macht und der Privatisierung der öffentlichen Vorrechte vollzog: Diese drei Momente bildeten, wie wir bereits angedeutet haben, den Kitt der postkolonialen afrikanischen Autoritarismen. Doch um zu verstehen, wie die Sozialisierung der Willkür vor sich ging, die

---

64 Vgl. Alain Morice, »Guinée 1985. État, corruption et trafics«, *Les Temps modernes* 487 (1987), 108–136, oder auch Roger Tangri, »Servir ou se servir? À propos du Sierra Leone«, *Politique africaine* 6 (1982), 5–18.

diesen drei Momenten inhärent ist, müssen wir nun die eigentliche Logik der Transferleistungen untersuchen.

Das geläufigste Verfahren bei Transferleistungen war die kommunitäre soziale Bindung.[65] Unter kommunitärer sozialer Bindung versteht man ein komplexes System von Gegenseitigkeit und Verpflichtungen zwischen Mitgliedern einer realen oder imaginären Gemeinschaft. Diese Gegenseitigkeiten und Verpflichtungen schufen zum Beispiel innerhalb eines riesigen Feldes von geregelten Interaktionen Beziehungen zwischen Handwerker und Lehrling, Eltern und Kind, Mann, Frau und Geliebter, Jugendlichen und Alten, jüngerem und älterem Bruder, Neffen und Onkel, Nichte und Tante, Kreditgeber und Schenkendem, Schützling und Patron, ausländischem Arbeitnehmer und Gastland, oder auch den Mitgliedern einer Kirche oder Bruderschaft.[66] Diese Interaktionen mit vielfältigen Verästelungen berührten auch so unterschiedliche Felder wie gegenseitige Transfers von Zeit und Gütern, Arbeitskraft und Einkünften. In diesem Kontext wurde ein bedeutender Anteil der Einkünfte zum Beispiel von der Stadt auf das Land verschoben, im Rahmen von Besuchen, als Unterstützung von Eltern, als Hilfeleistung, als Beitrag zu Leichenbegängnissen von nahen Verwandten oder Arbeitskollegen (Begräbnis, Fest des siebten Tages, Ende der Trauerzeit) oder auch als regelmäßiger Beitrag zu Versicherungen von in der Heimat Zurückgebliebenen, zu Vereinen im Kontext der beruflichen Nachbarschaft oder zur Leibrente. Die provisorische oder langfristige Aufnahme von Verwandten

---

[65] Vgl. die Synthese von François-R. Mahieu, *Les fondements de la crise économique en Afrique. Entre la pression communautaire et le marché international.* Paris, L'Harmattan 1990, 31–92. Siehe auch Jack Glazier, *Land and the Uses of Tradition Among the Mbeere of Kenya.* New York, University Press of America 1985; Sara Berry, *No Condition is Permanent. The Social Dynamics of Agrarian Change in Sub-Saharan Africa.* Madison, University of Wisconsin Press 1993; Jane Guyer, »Household and Community in African Studies«, *African Studies Review* 24.2–3 (1981), 87–137. Siehe passim Jean-Philippe Platteau, »Mutual Insurance as an Elusive Concept in Traditional Rural Communities«, *The Journal of Development Studies* 33.6 (1997), 764–796.

[66] Zu diesem letzten Punkt vgl. die Analyse von Jean-Marc Gastellu, *Riches paysans de Côte d'Ivoire.* Paris, L'Harmattan 1989, 121–137. Weiters vgl. ethnologische Verwandtschaftsstudien: Marc Abélès et al., *Âge, pouvoir et société en Afrique noire.* Paris, Karthala 1985; Fabrizio Sabelli, *Le pouvoir des lignages en Afrique.* Paris, L'Harmattan 1986; Claudine Vidal, *Sociologie des passions.* Paris, Karthala 1991, 87–98 und 161–178.

oder Nahestehenden, die nicht direkt Teil des Haushaltes waren, implizierte nicht nur Unterkunft und Nahrung, sondern konnte sich auch auf Geldleistungen oder die Übernahme der Schulgelder der Jüngsten erstrecken.

Diese Interaktionen und die entsprechenden Abgaben funktionierten nach Art einer Sozialsteuer oder vielmehr einer vielgestaltigen *sozialen Schuld,* die kein Ende nahm und die man der Gemeinschaft schuldete. Die Philosophie, die diese Sozialsteuer untermauerte, ging vom Prinzip aus, dass jedes Individuum der Schuldner eines kollektiven Erbes ist, das nicht nur finanziell ist, sondern Wissen, Techniken, kurz die materielle und identitäre Infrastruktur umfasst, ohne die das Individuum, ganz sich selbst überlassen, nichts unternehmen kann. Vom Beitrag jedes Einzelnen zu diesem Erbe hing die moralische Sicherheit der gesamten Gesellschaft, ihre gemeinsame Kraft ab, dachte man zumindest.[67] Die soziale Schuld war sozusagen die Vorbedingung der individuellen Existenz. Sie bezog sich auf jeden Einzelnen, je nachdem, was das Schicksal ihm zugedacht hatte. Sie nicht zu begleichen, lief auf einen Bruch der Gemeinschaft und eine Gefährdung ihrer Entfaltungsmöglichkeiten hinaus. Gleichzeitig riskierte jeder, der versuchte, sich ihr ohne offensichtlichen Grund zu entziehen, den sozialen Tod. Das war zum Beispiel eine der Bedeutungen der Kämpfe mittels Zauberei.

Doch diese Steuer oder Schuld zu begleichen, bedeutete gleichzeitig, andere zu verschulden, ihnen gegenüber Forderungen geltend zu machen: »[...] Erkenntlichkeitsbezeugungen des Kindes, das man in seiner Schulbildung unterstützt hat, und das, sobald es Erfolg hat, dazu verpflichtet ist, seinen Eltern, seinen jüngeren Brüdern, den Ältesten der erweiterten Familie und, besonders wenn er eine gute Stelle bekommen hat, seiner gesamten Herkunftsgemeinschaft (seiner Verwandtschaft, seinem Dorf) zu helfen; eine Intervention zu Gunsten eines Sohnes, wenn man dem Vater etwas schuldig ist; die Unterbringung eines jungen Dorfbewohners, der in der Stadt Arbeit sucht; Beiträge zur Finanzierung eines Modernisierungsprojekts im Dorf; ostentative Geschenke bei dort stattfindenden Leichenbegängnissen, um seinen Erfolg zu zeigen, die

---

67 In diesem Sinne ist Sara Berry, *Fathers Work for Their Sons: Accumulation, Mobility and Class Formation in an Extended Yoruba Community*. Berkeley, University of California Press 1985 zu interpretieren.

Familie des Verstorbenen zu ehren, den Vorfahren zu danken, zu denen dieser sich gesellen wird ...«[68]

Es muss betont werden, dass diese Interaktionen nicht konfliktfrei vonstatten gingen. Sie standen ebenso im Kontext eines Bildes von Erfolg und sozialem Prestige wie einer Vorstellung von Verantwortung zwischen Lebensaltern, Geschlechtern und Generationen. Sie beschränken sich nicht auf den Bereich des Haushalts oder der verwandtschaftlichen Beziehung. Sie erstreckten sich in unterschiedlichen Formen auch auf die Arbeitswelt, die Kirche oder die religiöse Bruderschaft. Sie hatten dadurch Anteil an der Ausbildung des öffentlichen ebenso wie des privaten Raums. Es handelt sich daher um ein echtes Regime der sozialen Mittäterschaft, dessen Funktionieren die Ausübung einer Herrschaft im eigentlichen Sinne erlaubte, da sie einerseits auf höchst personalisierten Beziehungen und andererseits auf der Macht beruhte, zu verteilen und zu beschützen. Dieses System wurde nicht von Gesetzestexten gestützt. Es beruhte auf einer Vielzahl von Arrangements und überlieferten Regeln, kurz auf einem Komplex von verinnerlichten Normen, die letzten Endes die Modalitäten von legitimer Unterwerfung und sozialer Kontrolle definierten, sei es im Rahmen von klientelistischen oder verwandtschaftlichen Beziehungen oder auch von größeren Allianzsystemen.

So war die Reproduktion jedes Einzelnen gesichert. Wichtiger noch, so hatte sich ein allgemeines – wenn auch informelles und ungeschriebenes – Recht auf Schutz, Sicherheit und Hilfe ausgebildet. Jedes Mitglied der Gemeinschaft hatte Anrecht darauf und konnte davon profitieren, unter der Bedingung, dass es sich den geltenden Normen unterwarf. Das Recht auf Hilfe bei Unfällen, plötzlichen Todesfällen, Krankheit oder anderen Widrigkeiten äußerte sich in der Hilfe, die jene, die auf der sozialen Rangleiter besser gestellt waren, allen anderen schuldeten. Diese Hilfe entsprach den Erfordernissen der Zufälle des Lebens und der Verfügbarkeit von Zeit, Geld und anderen nicht-monetären Gütern.

Dennoch muss angemerkt werden, dass das Triptychon von Gewalt, Zuwendungen und Transferleistungen je nach Land, Produkti-

---

68 Alain Marie, »“Y a pas l’argent“: L’endetté insolvable et le créancier floué, deux figures complémentaires de la pauvreté abidjanaise«, *Revue Tiers Monde* 36.142 (1995), 305 f.

onsstrukturen und lokalen und internationalen Konjunkturen unterschiedliche Formen annahm.[69] In bestimmten Kontexten hatte es eine Stabilisierung der Institutionen, die Gewährleistung einer gewissen Legitimität der bestehenden Regime und die Verringerung des Implosionsrisikos ermöglicht.[70] Das bedeutet keineswegs, dass Konflikte um die Verteilung der Einkünfte aus den Exportsteuern ausgeblieben wären. Ganz im Gegenteil, sie flackerten immer wieder auf, besonders in Zeiten, wenn die Verfügbarkeit von Finanzmitteln nach der Zunahme von Einnahmen aus dem Export oder durch einen Überfluss an Außenkrediten beträchtlich wurde. Doch in diesen Fällen verfügten die Inhaber der Macht über ausreichende Ressourcen, um sie abzufedern, und dadurch wurde die Notwendigkeit eines systematischen Rückgriffs auf lapidare und überproportionale Gewalt überflüssig.

Die so erreichte Stabilität, die dann scheinbar über den Umweg von Institutionen zur Eingliederung und Militarisierung der Gesellschaft (Einheitspartei, Einheitsgewerkschaften, Jugend- und Frauenvereinigungen der Partei, Jubelbrigaden für die Inszenierung des Personenkults ...), war dennoch illusorisch, oder zumindest teuer erkauft, da in wirtschaftlicher Hinsicht nur die Weltmärkte mucken mussten, um eine staatliche Budgetkrise auszulösen und das Regime außerstande zu setzen, seine Zuwendungen zu vervielfältigen. Das geschah in der Elfenbeinküste und in geringerem Ausmaß in Kamerun und Kenia. Tatsächlich hatten im Laufe der 1970er Jahre die machthabenden Regime in diesen Ländern dank diverser Leibrenten ihre Unterstützungsbasis besonders in der »Mittelschicht« erfolgreich ausgebaut.[71]

Anfang der 1980er Jahre beschleunigte sich mit Unterstützung der wirtschaftlichen Kontraktion das Versiegen von Einkommensquellen

---

[69] Robert Bates, *Markets and States in Tropical Africa: The Political Basis of Agricultural Policies*. Berkeley, University of California Press 1981.

[70] Als Beispiel siehe James R. Pletcher, »The Political Uses of Agricultural Markets in Zambia«, *Journal of Modern African Studies* 24.4 (1986), 603–618, oder auch Nim Caswell, »Autopsie de l'ONCAD. La politique arachidière au Sénégal, 1966–1980«, *Politique africaine* 14 (1984).

[71] Daten zu diesen Entwicklungen finden sich in Yves-A. Fauré, Jean-François Médard (Hg.), *État et bourgeoisie en Côte d'Ivoire*. Paris, Karthala 1982; und Peter Geschiere, Piet Konings (Hg.), *Proceedings of the Conference on the Political Economy of Cameroon: Historical Perspectives*. Leiden, Afrika Studie Centrum 1989.

und Lebensgrundlagen gleichzeitig mit der verstärkten Erosion der externen Finanzreserven. Damals wurden wir Zeugen einer progressiven Abkoppelung eines Teils der Schichten, die von den vorhergehenden Arrangements profitiert hatten und erfolgreich private Vermögen aufgebaut oder kleines oder mittleres Eigentum erworben hatten (hohe Beamte, hohe militärische Ränge, Geschäftsleute, Lehrer, Journalisten, Anwälte, ...). Heute ist ein Teil von ihnen in der Dissidenz aktiv. Die Interessenaufteilung auf die Fraktionen an der Macht verhinderte mangels echtem Wechsel, dass auf diese Blockierungen kreative Antworten gefunden werden konnten, und diese Regime stecken heute in schweren Krisen, die nicht nur die staatlichen Institutionen als solche betreffen, sondern auf lange Sicht nur gewaltsam überwunden werden können.

In anderen Kontexten hatte die Umverteilung eine frivole und schmarotzerische Wendung genommen, deren Hauptergebnisse die Zerrüttung der öffentlichen Finanzen, eine rasante Abwertung der Währung, beispiellose Preisschwankungen, die Spaltung von Institutionen und der Niedergang der öffentlichen Macht waren. An der Spitze des Staates in Zaire, in Somalia und Sierra Leone oder Liberia zum Beispiel hatte die Zuteilung von Gütern und Unterhaltszahlungen die Form einer – praktisch unkontrollierten – Ausweitung der Kette von Privilegien, materiellen Vorteilen und Begünstigungen angenommen, die sich die Clique an der Macht gewährte. Auf kultureller Ebene hatte sich eine völlige Vermischung zwischen lebenswichtigen Werten, Annehmlichkeiten und Fantasie eingebürgert. Innerhalb der regierenden Klassen war die Demarkationslinie zwischen Luxus und Laune verschwunden. Schmuggel und Finanzspekulation garantierten in vielen Fällen enorme Gewinne.[72] Fast in allen mittleren Verwaltungsgraden entnahmen die Bürokraten enorme Summen aus den offiziellen Finanzflüssen und verschärften dadurch budgetäre Zerrüttung und Budgetprobleme. An der Basis hatte schließlich eine noch nie dagewesene Vermarktung öffentlicher Dienste (Ausstellen von Dokumenten, Stempel, Unterschriften, Genehmigungen, Zertifikate, Lizenzen) die Regierung dem Prinzip der Käuflichkeit untergeordnet.[73]

---

72 Janet MacGaffey, *Entrepreneurs and Parasites. The Struggle for Indigenous Capitalism in Zaïre.* Cambridge, Cambridge University Press 1988.

73 Catharine Newbury, »Dead and Buried, or Just Underground? The Privatization of the State in Zaïre«, *Canadian Journal of African Studies* 18.1 (1984).

Darüber hinaus waren seit Beginn der 1970er Jahre die meisten dieser Länder in eine Phase eingetreten, in der vom rechtlich-fiskalen Standpunkt aus ein Großteil des nationalen Wohlstands Teil des »Enteignungsrechts« eines Tyrannen wurde, der sich in Bezug auf die nationalen Finanzmittel wie ein Söldner verhielt. Unentwirrbare Netze aus Zinsen und Gewinnen waren zwischen Kaufleuten, Händlern, Wucherern und einheimischen Zulieferern, die im Schmuggel und in Spekulationsgeschäften engagiert waren, und Inhabern der administrativen und politischen Macht und internationalen Höflingen geknüpft worden, wenn sich diese Funktionen nicht miteinander vermischten. Parallel dazu hatten die mit der Verwaltung der Gewalt betrauten Institutionen (Polizei, Armee, Präsidentengarden, private Milizen, ...) immer mehr Autonomie gewonnen, wenn sich die Gräben zwischen der übergeordneten Hierarchie und der Soldateska nicht vertieft hatten.

Diese innere Abkapselung der bewaffneten Streitkräfte und die folgende Zersplitterung der Gewaltmittel begünstigte unter subalternen Soldaten und paramilitärischen Truppen die Entstehung von Überlebensstrategien, die häufig para-kriminelle Methoden übernahmen: Schutzgelderpressung, Morde, gewaltsames Konfiszieren von Eigentum und oft Massaker im engeren Sinne.[74] Dieses Abdriften hatte auch die Modalitäten der Intervention von staatlichen Akteuren und ihren Höflingen in Maßnahmen zur Bereicherung beeinflusst, ob im formellen Sektor, im Bergbau oder in der Schattenwirtschaft. Wenn sie sich nicht in blutigen Bürgerkriegen zerfleischt haben, finden sich diese Länder heute in einer Situation wieder, in der der Rückgriff auf brutale Gewalt sowohl in Transaktionen zwischen den Überresten des Staates und Einzelpersonen als auch in normalen sozialen Beziehungen zur Regel geworden ist.[75]

Wo der Krieg bisher vermieden werden konnte, herrscht Chaos, wobei die Implosion in Form einer verallgemeinerten gesellschaftlichen Kriminalität auftritt. Diese Kriminalität speist sich aus einer Razzia-

---

[74] Hierzu »Les massacres de Katekelayi et de Luamuela«, *Politique africaine* 6 (1982), 72–106.

[75] Vgl. Peter Geschiere mit Cyprian Fisiy, »Domesticating Personal Violence: Witchcraft, Courts and Confession in Cameroon«, *Africa* 64.203 (1994), 323–341; Filip De Boeck, »Beyond the Grave: History, Memory and Death in Postcolonial Congo/Zaïre«, in Richard Werbner (Hg.), *Memory and the Postcolony. African Anthropology and the Critique of Power*. New York, Zed Books 1998, 21–57.

und Beutekultur. Für benachteiligte Bevölkerungsgruppen reduziert sich der Genuss von »ökonomischen Rechten« nunmehr auf den Zugang zu lebenswichtigen Nahrungsmitteln. Die fortschreitende Erosion der Lebensbedingungen verbindet sich nunmehr mit Krieg, Krankheit und Epidemien.[76] Die Folge dieser Kombination sind eine Verschärfung von zivilen Konflikten, der immer häufigere Rückgriff auf Mobilisierungsformen, die sich auf die ethnische Gruppe, die Region oder die Religion berufen, die schwindelerregende Zunahme von Gelegenheiten, gewaltsam zu Tode zu kommen.[77]

All das ereignet sich unter anderem über den Umweg öffentlicher Unruhen und Aufruhre. Zudem nimmt der Protest des Volkes immer mehr die Form von kurzlebigen städtischen Tumulten an. Von Zeit zu Zeit brechen Meutereien aus. Bewaffnete Soldaten besetzen neuralgische Punkte der Hauptstadt und fordern die Auszahlung ihrer rückständigen Löhne. Wenn möglich bemächtigen sie sich der Staatskasse und verschleudern sie, bevor sie Geschäfte plündern, verwüsten und ausrauben und Häuser, Autos und anderen Besitz anzünden. Manchmal schließen sich ihnen Banden von Plünderern und jungen Müßiggängern an.

Wichtiger noch ist, dass die wirtschaftliche Aktivität immer mehr der Kriegführung ähnelt. Straßensperren, Beschlagnahme von Ladungen, Eskortieren von Konvois und Vermietung von Sicherheitsdiensten zeigen, dass die Grenzen zwischen Produktion, Erpressung und Raub sich verwischt haben. Es ist nicht mehr klar, was wem gehört, noch, wer worauf Anrecht hat, und noch weniger, wer auf welcher Basis ausgeschlossen werden muss. Institutionelle Gewalt und die Logik von Aufruhr und Plünderung führen unmittelbar zur Verhinderung jeder effektiven Konsolidierung der sogenannten Zivilgesellschaft, indem sie den Staat in der Machtlosigkeit blockieren.

Dagegen ist es in Konfigurationen, in denen die räuberische Raserei, die für die erste Phase der Kolonisierung typisch ist, mehr oder weniger in Schach gehalten worden ist, eben diese Elastizität in der

---

76 Zu den Auswirkungen dieser Unbilden in der Bildung neuer Vorstellungswelten vgl. die Studie von Christian Bawa Yamba, »Cosmologies in Turmoil: Witch-finding and AIDS in Chiawa, Zambia«, *Africa* 67.2 (1997), 200–223.

77 Vgl. Jan-Lodewijk Grootaerts (Hg.), »Mort et maladie au *Zaïre*«, *Cahiers africains* 31–32 (1998). Oder auch die Sondernummer der *Cahiers d'études africaines* 38.150–152 (1998), die sich dem Thema »Disziplinen und Spaltungen. Formen der Gewalt« widmet.

Umverteilung von Gütern, die einen Teil der Legitimität der postkolonialen Regierungsmethoden begründete und die ungleichen und von Zwang geprägten Beziehungen moralisch tolerierbar machte. Das bedeutet nicht, dass Ungleichheit und Missbrauch passiv akzeptiert worden wären, oder dass angesichts der staatlichen Willkür das einzig mögliche Verhalten die Resignation gewesen wäre.[78] Angesichts der Formen, die Wirtschaftsbeziehungen und Zirkulation von Lebensgrundlagen annahmen, angesichts auch der Art, wie sich die Wirtschaftsbeziehungen mit dem System der sozialen Schichten verbanden, nahmen die politischen Kämpfe höchst originelle Konfigurationen an (Flucht, Eskapismus, Verschleierung, Ausweichen, Spott, vielgestaltige Praktiken von Widerspenstigkeit und Ungehorsam) und drückten sich in dynamischen Metaphern aus (Verwandtschaftslinie, Genealogie, Erinnerung und Vergessen, Zauberei, Heilung, Dissidenz aus religiöser Eingebung ...). Es wäre falsch, diese sozialen Bewegungen mit anderen Kampfformen zu verwechseln, die für Situationen typisch sind, in denen die Marktlogik die sozialen Beziehungen wesentlich geprägt hat.[79] Wie auch immer, man kann feststellen, dass in den Ländern Afrikas, die bis vor Kurzem den Ruf der »stabilsten« und »erfolgreichsten« Länder genossen haben (Kamerun, Elfenbeinküste, Kenia, Gabun, Simbabwe), eine Art »Kompromiss« das relative Wohlergehen der Mittelschicht und der Verwaltungseliten garantierte und es erlaubte, die Lebensfähigkeit des postkolonialen Staates zu sichern und ihn mit authentisch indigenen Wurzeln auszustatten.

Dank dieses Kompromisses waren bedeutende Entnahmen aus landwirtschaftlichen Überschüssen und Gewinnen aus Erdöl und Bergbau möglich. In Kombination mit der Ausübung von Zwang und einem manchmal lapidaren Einsatz von Gewalt erlaubten es diese Entnahmen, Loyalität zu erkaufen und Treuepflichten zu insgesamt hohen wirtschaftlichen Kosten an sich zu reißen. Der fließende Übergang zwischen der eigentlichen Sphäre von Wirtschaft und Handel und der Sphäre von Politik und Verwaltung, die mangelnde Unterscheidung zwischen öffent-

---

[78] Hierzu siehe den Sammelband von Jean-François Bayart, Achille Mbembe, Comi Toulabor (Hg.), *Le politique par le bas en Afrique noire*. Paris, Karthala 1992.

[79] Vgl. zu diesem Thema die Bemerkungen von Dominique Desjeux, *Stratégies paysannes en Afrique noire. Essai sur la gestion de l'incertitude*. Paris, L'Harmattan 1987.

lichem Vermögen und privatem Eigentum, die Osmose zwischen privaten wirtschaftlichen Akteuren (Einheimische und Ausländer) und lokalen Inhabern von Macht- und Autoritätspositionen machten die Verallgemeinerung einer Zuteilungsökonomie möglich, deren Nutznießer nicht nur Autochthone waren.

Tatsächlich bildeten Steuerbefreiungen, Anziehen von bedeutenden Investitionen, extensive Nutzung von Kontoüberziehungen, staatliche Bürgschaften für Auslandsanleihen, Schuldenlöschung, bevorzugter Zugang zu staatlichen Märkten, Schmuggel von Elfenbein, Edelsteinen und Giftmüll ebenfalls eine Quelle von Gewinnen für Höflinge und ausländische Händler, die in mehrfacher Hinsicht in den Genuss verschiedener Einkünfte kamen. Ganz allgemein kümmerte sich eine solche politische Ökonomie wenig um die Imperative der Produktivität. Im Inneren führte sie nicht nur zu einer beschleunigten Klientelisierung der Eliten und Verbände, in der Bürger und Angestellte ineinander übergingen. Daraus folgte auch, dass weder die Ausschöpfung der lokalen Arbeitskraft noch die Intensität des Zwangs ausreichten, um die Produktivität der Ökonomien und ihre Wettbewerbsfähigkeit auf den Weltmärkten entscheidend zu steigern.

VERWESUNG

Die neuen Gegebenheiten in der internationalen Konkurrenz (Auslagerung, Suche nach Vorteilen aufgrund geringer Arbeitskosten, Aufschwung der Industrien in Freihandelszonen, Globalisierungsstrategien der Unternehmen, Globalisierung der Märkte, Volatilität der Kapitalflüsse) und die Deregulierung des Austauschs, die sich seit den 1980er Jahren vollzogen haben, zwangen also die Ökonomien, sich innerhalb des globalen Raums neu zu positionieren.[80] In Anbetracht ihrer Merkmale, der Formen ihrer Integration mit der Außenwelt und der spezifischen Interventionsformen ausländischer Unternehmen und des lokalen

---

[80] Zu diesen Entwicklungen, siehe Paul Hirst, Jonathan Zeitlin, »Flexible Specialization versus Post-Fordism: Theory, Evidence and Policy Implications«, *Economy and Society* 20.1 (1991), 1–56, oder auch Geoffrey R. D. Underhill, »Markets Beyond Politics? The State and the Internationalization of Financial Markets«, *European Journal of Political Research* 19 (1991), 197–225.

Kapitals war es ausgeschlossen, dass diese Neupositionierung sich nach denselben Modalitäten vollziehen würde wie jene, die einige Länder Südostasiens verfolgt haben, etwa durch Umstrukturierung und Umstellung der Industrie zum Hochtechnologiesektor, Diversifizierung der Dienstleistungen, zunehmende Beherrschung neuer Kompetenzen, Eroberung neuer Märkte, Anzapfen neuer Finanzflüsse und Internationalisierung der Produktion.[81]

In den brauchbaren Ländern Afrikas erlaubten es die allgemeine Konfiguration des Marktes, die industrielle Basis, die Struktur der Beziehungen zwischen Bürokratie und lokaler Geschäftswelt sowie das Wesen ihrer jeweiligen Allianzen mit multinationalen Firmen nicht, an neue Technologien und neue Verteilungsnetze zu kommen, noch sich ein nennenswertes verarbeitendes Know-How anzueignen oder eine unternehmerische Dynamik zu wecken, die diesen Regionen dabei geholfen hätten, kreativ auf die Zwänge der globalen Wirtschaft zu reagieren, wie das anderswo gelang.[82] Im Hinblick auf die Länder der Triade (Nordamerika, Westeuropa, Asien/Pazifik) in einer Randzone gelegen, noch mehr jedoch, weil die lokalen Anreizstrukturen wenig leistungsfähig waren und es kaum möglich war, dort die produktiven Anknüpfungspunkte zu finden, die das internationale Kapital suchte, konnten diese Ökonomien auch keine Vorteile aus der Auslagerung ziehen, um entweder für angepasste Industrien Absatzmärkte zu bieten oder Investitionen zu ermöglichen, die sich auf für den Export bestimmte Hochtechnologieprodukte richteten, oder auch sich auf internationale Finanzaktivitäten zu spezialisieren.

Daher konnten sie sich nicht aktiv und gewinnbringend in die neue internationale Arbeitsteilung einbringen. Es ist verständlich, dass unter diesen Bedingungen die neue Welle der Internationalisierung des Kapitals im Begriff ist, sie zu ignorieren, und das umso mehr, als das Ende des Kalten Krieges, die Öffnung der Märkte im Osten und in der ehemaligen Sowjetunion und das Andauern von Tyrannei und Unordnung in Afrika die Abwertung des Kontinents sowohl auf wirtschaftlicher als

---

81 Vgl. Alice Amsden, »Third World Industrialization: "Global Fordism" or a New Model?«, *New Left Review* 182 (1990), 5–31.

82 Siehe zum Beispiel Chalmers Johnson, »Political Institutions and Economic Performances: The Government-Business Relationship in Japan, South Korea and Taiwan«, in Frederick Deyo, *The Political Economy of the New Asian Industrialism*. Ithaca, Cornell University Press 1987.

auch auf symbolischer Ebene verschärft. Zu dieser Unfähigkeit, die internationalen Gegebenheiten zu seinem Vorteil zu nutzen, kommt noch die außerordentliche Einschränkung, die im globalen Maßstab die Verdichtung der Zeit der Finanzwelt und ihre Reduktion auf eine reine Computerzeit darstellt. Dieser Wandel steht auch mit der Entwicklung neuer Kommunikations- und Zahlungstechnologien in Verbindung. Die Diskrepanz zwischen der Computerzeit der Finanztransaktionen im globalen Maßstab und der historischen Zeit der realen wirtschaftlichen Anpassungen hat sich stetig verstärkt. Der Vorrang für spekulative Aktivitäten (eines der Merkmale der Globalisierung) gereichte zum Nachteil der produktiven Aktivitäten, wobei die strukturelle Trägheit der afrikanischen Ökonomien half. Eine der Druckwellen dieses Abstands zwischen mehreren Maßstäben von Zeit und Produktion ließ ganze Teile der afrikanischen Ökonomien in die Schattenwirtschaft kippen.

Zu allen diesen Faktoren kommen noch die Einschränkungen durch die Implementierung von strukturellen Anpassungsplänen im eigentlichen Sinne. Sie gehören mehreren Ordnungen an. Betrachten wir zunächst die wirtschaftlichen Folgen im engeren Sinne. Sicherlich muss man auf dieser Ebene die Vielfalt der Fälle berücksichtigen. Sicherlich muss auch die differenzierte Anwendung dieser Programme je nach Land in Betracht gezogen werden, die Diskontinuitäten (*stop and go processes*) in ihrer Umsetzung, die Art, wie die von den internationalen Kreditgebern empfohlenen Maßnahmen von den lokalen Bürokratien, den Produktionsstrukturen der Länder, die sie umsetzten, den Koalitionen, die sie unterstützten oder sich ihnen widersetzten, abgelenkt, umorganisiert oder vom Weg abgebracht wurden.[83] Nichtsdestotrotz sind ihre Ergebnisse von einem strikt wirtschaftlichen Standpunkt aus unabhängig von den Variationen alles andere als überzeugend. Auch in Kontexten, in denen diese Pläne mehr oder weniger intensiv und konsequent umgesetzt wurden, hat sich die Zunahme von Exporten manchmal als zu gering erwiesen, um die Schulden begleichen zu können, und das trotz umfangreicher Abwertungen.[84]

---

[83] Zu einigen dieser Fragen verweise ich auf John W. Thomas, Merilee S. Grindle, »After the Decision: Implementing Policy Reforms in Developing Countries«, *World Development* 18.8 (1990), 1163–1181; und Joan Nelson (Hg.), *Economic Crisis and Policy Choice: The Politics of Adjustment in the Third World*. Princeton, Princeton University Press 1990.

[84] Vgl. den Fall Ghanas in der Studie von Donald Rothchild (Hg.), *Ghana: The*

Insgesamt führte die Aufhebung der Preisbindung nicht zu den angestrebten Wiederbelebungseffekten. Die Verringerung der Defizite hatte häufig den Preis eines Nettoverlusts bei öffentlichen Investitionen und in manchen Fällen gewöhnlichen Betriebskosten. Oft blieb die Belastung der inneren Verschuldung bestehen, während durch den Rückgang der Staatsausgaben für Gehälter und steigende Preise der Druck auf Konsumausgaben und private Investitionen stieg. In den meisten afrikanischen Ländern, die diesen Programmen unterworfen wurden, stürzte das Bruttoinlandsprodukt ab. Und obwohl der Druck sich erhöht hat, verschärfte sich die Budgetkrise, während das Niveau der Nettokapitaltransfers ins Ausland für den Schuldendienst (und verschiedene Fluchtbewegungen) konstant blieb oder im schlimmsten Fall stieg. Das Kippen ganzer Teile der Wirtschaft in Parallelkreisläufe vollzog sich in einem ungeahnten Rhythmus, der Anteil der Schattenwirtschaft an Transaktionen und Arrangements (einschließlich mancher Privatisierungsaktionen) verästelte sich bis in internationale Geschäftsbeziehungen.

Die sozialen und politischen Folgen wiegen noch schwerer. Wir haben gesehen, wie vom Blickwinkel des postkolonialen afrikanischen Staates das, was die Staatsbürgerschaft ersetzte, keine politischen Rechte in engeren Sinne übertrug, weder ein Recht auf individuelle Repräsentation, noch soziale Rechte oder ein Recht auf Arbeit. Zwischen Staat und Individuum schoben sich Familie, Abstammung, Verwandtschaft, sogar die religiöse Bruderschaft. Fand sich der Einzelne damit ohne jedes Eigentum, jeder Ressource beraubt und im Überleben selbst bedroht? Es fiel nicht dem Staat zu, seinen elementaren Schutz zu gewährleisten. Seine Verwandtschaft kümmerte sich darum. Wenn er in Vergessenheit geriet, herumirrte und im Elend versank? Er hatte keinerlei Rechtsanspruch gegenüber dem Staat, mit dem er besonders auf diesem Gebiet keinerlei direkte Beziehung unterhielt.

Wir haben auch gesehen, wie die private Aneignung öffentlicher Ressourcen manchmal den Anschein eines integrierenden Mechanismus hatte, wobei die beanspruchten Nutzwerte kaum je zum Vorteil eines einzigen Individuums konsumiert wurden, selbst wenn sie ansonsten nur im Rahmen von Gefolgschaftsbeziehungen spontan umverteilt wurden. Wir haben schließlich gesehen, wie postkoloniale afrikanische Regime

---

Political Economy of Recovery. Boulder, Lynne Rienner Publications 1991.

versucht haben, durch den Mechanismus des Gehalts den Großteil der urbanen Bevölkerung in Disziplinierungsdispositive einzubinden, wobei diese aus der Nähe betrachtet als großzügige Gaben fungierten, die zum Zweck der Institutionalisierung einer Herrschaftsform verliehen wurden, die ihren eigenen Gesetzmäßigkeiten unterlag.

Alle diese Dispositive erleben heute zwei unterschiedlichen Erschütterungen: einerseits die Zwänge, die Finanzierung und Struktur des Außenhandels auf die afrikanischen Ökonomien ausüben, andererseits den Horizont, der sich durch einen dreifachen Prozess geöffnet hat, den folgende Entwicklungen veranschaulichen: das Auftauchen von unerhörten politischen Mobilisierungsformen, die nicht mit einem Übergang zur Demokratie zu verwechseln sind; das Ausmelken und die folgende Zersetzung des Staates in einem Kontext des Wiedererstehens der Ökonomie des Raubs, die Afrika im 19. Jahrhundert gekennzeichnet hatte; und die scheinbare Verallgemeinerung von Krieg und Waffengewalt als bevorzugte Modalitäten der Konfliktlösung. Weil sie ineinander verschachtelt sind, neigen diese Erschütterungen dazu, die Risse innerhalb der afrikanischen Gesellschaften zu erweitern, ähnlich wie früher der Klassenkonflikt in den westlichen Gesellschaften.

Doch so erhellend der Vergleich ist, so bleibt der Unterschied zur westlichen Erfahrung enorm. Heute weiß man, dass im Okzident der Konflikt um Arbeit, Produktion und Aneignung des Profits nicht nur ein wirtschaftlicher Konflikt war. Er bezog sich auch auf eine Repräsentation der Welt, der Gesellschaft und der politischen Souveränität. Sein Schlüssel war die Entwicklung einer gewaltigen kulturellen Neuordnung, deren Einsatz der Übergang zu einer Marktgesellschaft war. Dieser Übergang konnte dank dreier Faktoren sichergestellt werden: Erstens ebnete der Konflikt um Arbeit, Produktion und Aneignung des Gewinns den Weg zur Institutionalisierung gesellschaftlicher Brüche und damit zur legitimen Möglichkeit, sie in der politischen und ideologischen Debatte zu thematisieren. Zweitens bildete dieser Konflikt einen mächtigen Vektor für die Sozialisierung und Integration der Massen. Schließlich trug er, soweit es der kapitalistische Wachstumsmodus erlaubte, zur keynesianischen Regulierung der Wirtschaft bei, indem er eine Verteilung der Profite durchsetzte, die den Massenkonsum und die Etablierung einer Staatsform des Kompromisses förderte: den Wohlfahrtsstaat.

Solche Transformationen waren nur möglich, weil trotz der Gewalt der Arbeitskämpfe – die selbst wiederum integrierend und identitätsbildend wirkten – Arbeitnehmer und Arbeitgeber sozusagen eine *gemeinsame materielle Vorstellungswelt* teilten, wobei die Produktion selbst von beiden Seiten als gesellschaftliches Gut wahrgenommen wurde. Dank der Mechanismen, die Antagonismen auf Basis einer Interessenvertretung institutionalisierten, dank des vollen Genusses des Wahlrechts und nach einer Abwertung von Gewalt als einziger Lösung für soziale Probleme, wurden die Konflikte im Herzen der Gesellschaft befriedet. So wurden Revolutionen im Namen der Armut vermieden.[85] Die afrikanische Situation dagegen nimmt einen anderen Weg. Auch wenn sie nicht der einzige Grund ist, hat die Deregulierungspolitik der 1980er Jahre zu einer Verschärfung der Massenarmut geführt. Der neoliberale Ausweg aus der Krise hat es – zumindest bisher – nicht erlaubt, wieder an ein Wachstum anzuknüpfen.[86] Die Vertiefung der Armut steht im Zusammenhang mit mehreren Faktoren; einer der wichtigsten ist die Prekarität des Beschäftigungsstatus.[87] Tatsächlich hat sich der Arbeitsmarkt im Lauf der letzten fünfzehn Jahre überall in Afrika stark ausdifferenziert.

Selbstverständlich ist die regelmäßige, bezahlte und geschützte Arbeit keineswegs ganz verschwunden. Doch der Anteil der Menschen, die sie ausüben, ist ständig kleiner geworden, so dass man mit gutem Grund die Hypothese einer – laufenden – Ent-Lohnung der afrikanischen Arbeitskräfte skizzieren kann. Irreguläre Arbeitsverhältnisse werden zunehmend zur Regel. Für weite Teile der Bevölkerung wurde die

---

[85] Vgl. unter anderem die Arbeiten von Jacques Donzelot, *L'invention du social.* Paris, Fayard 1984; Albert O. Hirschman, *Deux siècles de rhétorique réactionnaire.* Paris, Fayard 1991; Pierre Rosanvallon, *Le sacre du citoyen.* Paris, Gallimard 1994.

[86] Zu diesen Aspekten siehe etwa Ravi Kanbur, *La pauvreté et les dimensions sociales de l'ajustement structurel en Côte d'Ivoire.* Working Paper Nr. 2, Washington D. C., World Bank 1990; Sarah G. Lynch, *Income Distribution, Poverty, and Consumer Preferences in Cameroon.* Cornell, Cornell Food and Nutrition Policy Program, Working Paper 16, 1991; E. Oti Boateng et al., *A Poverty Profile for Ghana, 1987–88. Social Dimensions of Adjustment in Sub-Saharan Africa.* Working Paper Nr. 5, Washington D. C., World Bank 1990.

[87] Vgl. die Studie von Jean-Pierre Lachaud (Hg.), *Pauvreté et marché du travail urbain en Afrique subsaharienne: analyse comparative.* Genf, Institut international d'études sociales 1994.

monatliche Entlohnung mit gelegentlichen Zahlungen ersetzt. Offizielle und versteckte Arbeitslosigkeit, langfristiger – und damit nicht konjunkturbedingter – Ausschluss vom Arbeitsmarkt betreffen einen wachsenden Anteil der Haushalte.

Eine multidimensionale Prekarität hat sich entwickelt: »[...] erzwungene Untätigkeit, brutale Deklassierung von entlassenen Arbeitern, zu Rabattpreisen als befristete Vertragsarbeiter wieder eingestellte Arbeiter oder arbeitslose Akademiker, eine immer heftiger werdende Konkurrenz auf einem informellen Arbeitsmarkt, der mit tausenden Kleinstunternehmern gesättigt ist, die unter ebenso Mittellosen und oft schlecht Zahlenden um Kunden werben, Irrfahrten der prekären und befristeten Arbeit, vorzeitiges Ausscheiden aus dem Schulsystem, täglicher Kampf, um von der Hand in den Mund das Geld zum Überleben, für die Miete, für Medikamente, für das Schulgeld zu verdienen, die Instrumentalisierung und Verhärtung von sozialen Beziehungen unter dem Einfluss des Mangels ...«[88]

Die Gleichgültigkeit der internationalen Entscheidungsträger gegenüber der afrikanischen Stagnation führt also dazu, dass die neoliberale Deregulierungspolitik rundherum dabei ist, die Methoden zu untergraben, dank derer postkoloniale Machthaber zumindest in einigen Ländern mit den autochthonen Zwangssystemen mehr oder weniger dynamische Kompromisse schließen und die Unterwerfungsbeziehungen finanzieren konnten. Wenn wir dazu die langfristigen Bewegungen nehmen, die im Untergrund auf die afrikanischen Gesellschaften einwirken (aktuelle demographische Veränderungen in den ländlichen Regionen und verstärkte Migration, Umweltschäden und Krise der Plantagen, Entropie der lokalen Produktionsregime und Neudefinition der dörflichen Macht, Entwicklung von urbaner Gewalt mit einer Kultur von Aufständen und Schutzgelderpressung, Akzentuierung von Bodenknappheit und intensiver Run auf Land in manchen Regionen des Kontinents, Verknappung von Arbeit im sogenannten modernen Sektor, Verarmung der werktätigen Schichten und Kippen von ganzen Teilen der Gesellschaft in die Schattenwirtschaft, neue Formen der Zwangsausbeutung der Arbeitskraft, Entstehung von Flüchtlingsbewegungen und Verwendung von Kriegsgefangenen als Söldner, wachsende Kriminalisierung der regierenden Klassen und Militarisierung des Handels), wird

[88] Alain Marie, »Y a pas l'argent ...«, *op. cit.*, 304 f.

man sich bewusst, dass diese Politik die postkoloniale Befehlsgewalt direkt auf den beiden Ebenen trifft, auf denen sie bisher beruht hat: ihre materielle und soziale Basis und die Vorstellungswelt, die sie trägt; und die Art, wie sie sich legitimieren ließ.[89]

Tatsächlich führte die brutale Deflation des öffentlichen und halböffentlichen Sektors zur Auflösung vieler staatlicher Unternehmen. Gemeinsam mit erheblichem Personalabbau, substantiellen Gehaltseinschnitten oder schlichtweg massiven Entlassungen trugen die Privatisierung öffentlicher Unternehmen und das Abspecken öffentlicher Funktionen zur Blockierung des Systems von innergemeinschaftlichen Transfers bei und belebte damit nebenbei die Konflikte um die Verteilung der Reichtümer wieder und stellte die Moral des Systems von Ungleichheit und Beherrschung in Frage, das nach der Unabhängigkeit geschaffen worden war, wie ein Anstieg der Zaubereiverdächtigungen, die ständig wachsende Wirkung der religiösen Diskurse der Pfingstbewegung, das Aufleben des militanten Islam im Umkreis des Sahel und des Indischen Ozeans, die Vermehrung therapeutischer Angebote und Heilverfahren, die Entstehung neuer Sprachen des Widerspruchs und das Erstarken von ländlicher Wegelagerei und urbaner Kriminalität beweisen.[90]

Parallel dazu wirkten sich der Zusammenbruch der Exporteinnahmen und die Umstrukturierung der Behörden zur Vermarktung von Exportprodukten auf Plantagenbesitzer, Industrielle und Bankiers aus und blockierten nebenbei jegliche Aktivität auf den öffentlichen Märkten und spielten indirekt Maquis und Parallelwirtschaft in die Hände.[91]

---

89 Zu den langfristigen Bewegungen siehe etwa Catherine Faussey-Domalain, Patrice Vimard, »Agriculture de rente et démographie dans le Sud-Est ivoirien. Une économie villageoise assisté en milieu forestier péri-urbain«, *Revue Tiers Monde* 32.125 (1991), 92–114; die Studien der Sondernummer »État et sociétés nomades«, *Politique africaine* 34 (1989); Stephen Reyna (Hg.), *Land and Society in Contemporary Africa*. Hannover, University Press of New England 1988; Aristide Zolberg et al., »International Factors in the Formation of Refugee Movements«, *International Migration Review* 20.1 (1986), 151–169; Marie France Jarret, François-Régis Mahieu, »Ajustement structurel, croissance et répartition: l'exemple de la Côte d'Ivoire«, *Revue Tiers Monde* 32.125 (1991), 39–62.

90 Zu einigen dieser Geschehnisse siehe Peter Geschiere, *Sorcellerie et politique en Afrique*. Paris, Karthala 1995.

91 Siehe die beiden Untersuchungen von Laurens van der Laan, Wim van Haaren, »African Marketing Boards Under Structural Adjustment: The Experience of Sub-Saharan Africa during the 1980's«, Leiden, Africa Studie Centrum, Working Paper

Sie betrafen also einen Eckpfeiler der Herrschaftsmodelle, da das Regime von Unterhalt und Freigebigkeit korrumpiert wurde, auf dem ihre Legitimität teilweise beruhte, und in den meisten Fällen nicht länger über seine Reproduktionsmittel verfügt. Doch im Gegensatz zu den Erwartungen der internationalen Gläubiger droht das Versiegen der Unterhaltszahlungen angesichts der Offensiven der strukturellen Anpassung nicht nur zu einem langfristigen Absterben des Staates, sondern auch zu einer außerordentlichen Fragmentierung des Marktes zu führen, wobei beide Entwicklungen über Gebühr eine unkontrollierte Entfesselung der Gewalt begünstigen. Daher sind die strukturellen Anpassungsprogramme nicht vom Standpunkt ihrer Fähigkeit von Interesse, den erneuten Anschluss von Afrika an den Weltmarkt herbeizuführen, sondern vom Standpunkt der perversen Folgen, die sie erzeugen, und der Art, wie diese perversen Folgewirkungen den oben erwähnten postkolonialen Kompromiss erodieren, wie sie die traditionellen Werkzeuge der staatlichen Macht beschneiden und eine tiefgehende Veränderung von gesellschaftlichen Strukturen und kulturellen Haltungen nach sich ziehen.

Im ausgehenden 20. Jahrhundert ist Afrika unter anderem mit zwei Optionen konfrontiert. Die erste besteht darin, sich in das neue Jahrhundert zu werfen und siegreich die Herausforderung der Produktivität anzunehmen, das heißt die Bedingungen seiner Beziehungen zum Außenmarkt zu seinem Vorteil zu kehren.[92] Die zweite ist eine »Rückkehr« in das 19. Jahrhundert. Der Konflikt mit dem Weltmarkt wird nicht zum Vorteil des Kontinents gelöst werden, wenn er weiterhin im Rahmen von strukturellen Anpassungsprogrammen verhandelt wird. Im Wesentlichen geben diese Programme nur eine Rückkehr in die 1960er Jahre vor, als die Struktur der afrikanischen Ökonomien sie vor allem zu Nettoexporteuren von tropischen Rohstoffen machte.

Doch mit oder ohne internationale Gläubiger muss Afrika sich der Herausforderung der Wettbewerbsfähigkeit seiner Ökonomien auf globaler Ebene stellen. Diese Herausforderung kann allerdings in der aktu-

---

Nr. 13, 1990; und Philippe Hugon, »L'impact des politiques d'ajustement structurels sur les circuits financiers informels africains«, *Revue Tiers Monde* 31.122 (1990), 325–349.

92 Zur Komplexität eines derartigen Sprungs, siehe die Studie über das Experiment von Alice Amsden, *Asia's Next Giant: South Korea and Late Industrialization.* New York, Oxford University Press 1989.

ellen Konfiguration der Weltwirtschaft nicht ohne eine Steigerung der Produktivitätsregimes erfolgreich angenommen werden, das heißt letzten Endes nicht ohne den Einsatz von intensiven Methoden zur Schaffung von Ungleichheit und zur Organisation von sozialem Ausschluss. Doch im Lauf der Kolonialzeit wurde deutlich, dass die Beziehungen zwischen Gewalt, Produktion von Ungleichheit und Akkumulation außerordentlich komplex sind. Und zwischen diesen drei Variablen besteht nicht unbedingt eine kausale Verbindung. Der Übergang zur Demokratie seinerseits wird davon abhängen, wie (und zugunsten welcher gesellschaftlichen Kräfte) historisch die Debatte über die Legitimität von sozialer Exklusion entschieden wird; und im Fall des Falles über die Form seiner Legitimierung und institutionellen Kodifizierung. Die Komplexität eines solchen Unternehmens ist besonders in den Kontexten zu ermessen, in denen Umverteilung lange die soziale und politische Vermittlung schlechthin darstellte; und in denen Mangel und Hunger mehr denn je und in einem viel größeren Maßstab als in der Vergangenheit die sozialen Auseinandersetzungen wiederbeleben.

2
Indirekte private Regierung

Doch wie können die verschiedenen im vorangehenden Kapitel angerissenen Fragen in Angriff genommen werden, ohne die drei historischen Hauptereignisse ins Zentrum der Analyse zu stellen: einerseits den Ausschluss Afrikas aus den regulären Weltmärkten; andererseits die besonderen Formen seiner Integration in die Kreisläufe der internationalen Parallelwirtschaft; und schließlich die Zersplitterung der öffentlichen Macht, die diese beiden Prozesse begleitet? Denn über diese scheinbar nie dagewesenen Formen der Eingliederung in die internationalen Systeme und die daraus folgenden Modi der wirtschaftlichen Ausbeutung nehmen fast überall auf dem Kontinent ebenso nie dagewesene Herrschaftsformen konkrete Gestalt an.

Ihre endgültige Gestalt wird aus den Antworten resultieren, die die siegreichen Akteure der aktuellen Kämpfe auf die folgenden zentralen Fragen geben: Wer ist wer? Wer muss beschützt werden, von wem, wovor, vor wem und um welchen Preis? Wer ist wem gleichgestellt? Worauf habe ich allein aufgrund meiner Zugehörigkeit zu einer ethnischen Gruppe, einer Region, einer Religion oder einer Bruderschaft Anrecht? Wer kann die Macht übernehmen und ein Land regieren, unter welchen Umständen, wie, wie lange und unter welchen Bedingungen? Wer hat Anrecht auf das Produkt von wessen Arbeit und gegen welche Entschädigung? Wann kann man aufhören, sich der Autorität zu beugen, ohne bestraft zu werden? Wer muss wen bestrafen und aus welchen Gründen? Wer muss Steuern zahlen, und wozu dienen sie? Wer kann in wessen Namen Schulden machen, wofür sollen sie ausgegeben werden, und wer muss sie zurückzahlen? Wem gehört der Wohlstand eines Landes?

Diese Fragen betreffen alle eben die Säulen, die Voraussetzungen einer gesellschaftlichen Ordnung. Die seit Anfang der 1980er Jahre umgesetzte Wirtschaftspolitik, die Kriegführung, Wahlen oder allgemeiner Vorgänge, die überstürzt als »Übergänge zur Demokratie« bezeichnet werden, sind Versuche, eine Antwort auf diese fundamentalen Fragen zu finden.[1] Die politische Liberalisierung – die im übrigen mit dem Andauern des Autoritarismus und dem Niedergang des Staates einhergehen kann – ist jedoch nur ein Aspekt der aktuellen Veränderungen, und möglicherweise nicht der entscheidende. Denn die Herrschaftsmethoden, auf die wir verweisen, und die neuen Verfahren zur Schaffung von Privateigentum sind noch im Entstehen, sie haben ihre Vorgänger noch nicht flächendeckend ersetzt. Manchmal beziehen sie aus ihnen ihre Inspiration, tragen ihre Spuren oder funktionieren unter ihrer Maske.

Aus dem obigen Befund ergibt sich eine weitere zentrale Idee: die Fähigkeit der afrikanischen Gesellschaften, sich selbst zu regieren, das heißt ein kreatives Gleichgewicht zwischen dem Einsatz von Gewalt und der Errichtung eines Regimes des Privateigentums herzustellen, spielt sich im freien Raum zwischen diesen beiden Prozessen ab, der – realen – Gefahr einer inneren Auflösung durch den kumulierten Effekt dessen, was man *globalen Zwang* (insbesondere Schulden und an ihre Rückzahlung geknüpften Bedingungen) und inneren Druck (namentlich noch nicht kodifizierte Kämpfe um die Beziehung zwischen Identität, Ungleichheit und den Zugang zu knappen Ressourcen) nennen könnte, sowie die Risiken eines verallgemeinerten Kontrollverlusts der öffentlichen ebenso wie der privaten Gewalt. Diese unkontrollierte Gewalt wird durch den doppelten Effekt der Verschärfung von Ungleichheit und Korruption in Gang gesetzt, sowie durch das Andauern einer fundamentalen Uneinigkeit darüber, wie die aktuellen Kämpfe zu führen sind (wer wen mit welchen Mitteln beherrschen wird). Das Ergebnis dieser tiefgreifenden Bewegungen wird vielleicht die definitive Kapitulation des Staates in Afrika sein, wie wir ihn bisher kennen. Sie könnten jedoch ebenso gut zu einer Vertiefung seiner Indigenität führen oder ihn auf radikalere Weise hier und da durch Dispositive ersetzen, die zwar die Bezeichnung beibehalten, deren intrinsische Qualität und Operationsmodi aber nichts mit jenen des traditionellen Staates gemein haben.

---

[1] Die Literatur über die »Übergänge« zur Demokratie ist im Überfluss vorhanden, wenn auch nicht immer überzeugend. Siehe hierzu die Zusammenfassung von Mamadou Diouf, »Libéralisations politiques ou transitions démocratiques: perspectives africaines«, Vortrag anlässlich der 8. Generalversammlung der CODESRIA, Dakar, 26. Juni bis 2. Juli 1995. Oder auch Celestin Monga, *Anthropology of Anger. Civil Society and Democracy in Africa*. Boulder, Lynne Rienner 1996, Kapitel 1.

Da die Asymmetrie der Wirtschaftsleistung der afrikanischen Länder zunehmend strukturell wird, betrifft im Übrigen der Ausschluss des Kontinents aus den regulären Weltmärkten weder alle Länder noch dieselben Regionen oder Produkte und Güter mit gleicher Intensität. Je nachdem, ob diese Länder ernsthafte Anpassungsprogramme umgesetzt haben oder nicht, lastet der äußere Zwang mehr oder weniger schwer auf ihren Ökonomien; oder zumindest hat er nicht überall dieselben Folgen. Jedenfalls spricht nichts für die Aussage, der Ausschluss selbst sei irreversibel. Auf anderer Ebene wurde die Eingliederung in die Kreisläufe der internationalen Parallelwirtschaft nicht durch die Bemühungen um die Liberalisierung der Importverfahren aufgehalten. Es ist unklar, ob bei den in diese Entwicklungen involvierten Akteuren allein der Gedanke der Steuervermeidung ausreicht, um ein Phänomen zu erklären, das nicht nur diesen Kontinent betrifft. Diese Bewegung gilt in mehr oder weniger ähnlichen Formen auch für andere Weltregionen (Südamerika, das Territorium der ehemaligen Sowjetunion, auch mehrere Regionen Asiens), wo sie dazu beiträgt, die Modalitäten der Schaffung und der Verteilung von Einkommen, die Formen der Geselligkeit, die Strukturen von Repräsentation und Mediation von wirtschaftlichen und politischen Interessen, die Bedingungen der Aneignung von notwendigen Ressourcen für die Reproduktion der herrschenden Gesellschaftsverhältnisse (im Fall von Steuern und anderen Gebühren), Fragen bezüglich der Bürgerschaft, sogar das Wesen des Staates selbst zu verändern.[2]

In Afrika sind jedoch die aktuellen und vorhersehbaren Konsequenzen dieser Ereignisse von anderer Größenordnung und besitzen eine sehr spezielle Intensität. Da der Kalte Krieg die weltweiten Machtverhältnisse nicht länger strukturiert und Afrika auf internationaler Ebene deklassiert ist, erreicht diese Bewegung zu einem Zeitpunkt eine neue Dimension, zu dem der Kontinent gerade eine richtiggehende

---

2 Vgl. unter anderem die Untersuchungen von Germàn Fonseca, »Économie de la drogue: taille, caractéristiques et impact économique«; Blandine Destremau, »Les enjeux du qat au Yémen«; Alain Labrousse, »La culture du pavot dans le district de Dir (Pakistan). Économie paysanne, productions illicites et alternatives de développement dans le contexte d'un conflit régional«; alle in *Revue Tiers Monde* 33.131 (1992).

Rückwärtsentwicklung vollzieht – eine Rückwärtsentwicklung, der der überstrapazierte Begriff der Krise leider nicht gerecht wird. Diese Rückwärtsentwicklung vollzieht sich in großem Maßstab, ähnlich dem, der ähnliche Prozesse in der Mitte des 19. Jahrhunderts prägte, als der Sklavenhandel in eine sozusagen legitime Wirtschaft überging – Prozesse, die in Eroberung und kolonialer Besatzung mündeten.[3]

Sicherlich muss der differenzierte Einfluss dieser Prozesse je nach Region und lokalen Zeitrhythmen (Küste, Hinterland, Drittländer, Gesellschaften mit oder ohne Staatsformation) berücksichtigt werden.[4] Im Wesentlichen jedoch führte die strukturelle Anpassung, die der Übergang von der Sklavenwirtschaft (Verkauf von Sklaven und Elfenbein) zum Handel mit Exportprodukten (Erdnüsse, Palmöl, Gummi ...) bedeutete, zu einer grundlegenden Änderung der materiellen Basis der Staaten. Auch die Art, wie diese Staaten Wertsteigerung betrieben, Güter vermehrten und das Produkt der Arbeit verteilten, veränderte sich.[5] Zudem waren territoriale Ausdehnung, Kontraktion und Rückzug immer ein konstitutiver Aspekt der Dynamiken der Staatenbildung in Afrika.[6] Seit dem 17. Jahrhundert zog diese Bewegung bereits mehrere Staatswesen rund um den Atlantik und sogar weiter entfernt im Hinter-

---

3 Zu dieser Epoche und für eine politische Interpretation dieser Prozesse, siehe die Zusammenfassung von John Lonsdale, »The European Scramble and Conquest in African History«, in *The Cambridge History of Africa,* Bd. 6. Cambridge, Cambridge University Press 1985, 680–766; B. Olatuniji Oloruntimehin, »The Impact of the Abolition Movement on the Social and Political Development of West Africa in the Nineteenth and Twentieth Centuries«, *Ibadan* 7.1 (1972), 33–58. Eine Einschätzung der wirtschaftlichen Auswirkungen dieser Zäsur findet sich unter anderen bei Anthony G. Hopkins, *An Economic History of West Africa.* London, Longman 1973; Robin Law (Hg.), *From Slave Trade to »Legitimate« Commerce. The Commercial Transition in Nineteenth-Century West Africa.* Cambridge, Cambridge University Press 1995.

4 Siehe hierzu Frederick Cooper, »Africa and the World Economy«, *African Studies Review* 29.2–3 (1981).

5 Siehe zu diesem Thema den Beitrag von Patrick Manning, »Slaves, Palm Oil, and Political Power on the West African Coast«, *African Historical Studies* 2 (1969), 279–288. Zu den von diesen Anpassungen ausgehenden Konflikten, siehe Robin Law, »The Politics of Commercial Transition: Factional Conflict in Dahomey in the Context of the Ending of the Atlantic Slave Trade«, *Journal of African History* 38.2 (1997), 213–234.

6 Vgl. John Lonsdale, »States and Social Processes in Africa«, *African Studies Review* 29.2–3 (1981).

land in Mitleidenschaft. Eine Tradition von Raubstaaten, die von Razzien, Menschenraub und dem Verkauf von Gefangenen lebten, hatte sich intensiviert. Vor dem Hintergrund der territorialen Zersplitterung und strukturellen Stagnation waren von jeder zivilen Verantwortung entbundene Sklavenhändler-Militärregime entstanden und hatten sich mit Mitteln ausgestattet, die zwar nicht unbedingt ausreichten, um Territorien zu erobern und ihre Souveränität auszudehnen, aber genügten, um sich Ressourcen in Form von Menschen und Waren anzueignen.[7]

Andere wiederum, die den genannten an Brutalität in nichts nachstanden, wandten gegenüber ihren Gefangenen eine Politik der Assimilation an. Anstatt sie als menschliche Ware zu behandeln, zwangen sie sie zu Leistungen in Naturalien oder Arbeitsleistungen, oder erlegten den besiegten Völkern schwere Restitutionszahlungen und unzählige Abgaben auf.[8] Besonders an der Sklavenküste (Allada und Whydah) hatte unendliches Chaos zum stetigen Niedergang und schließlich zur Auflösung der königlichen Autorität geführt. Lokale Chefs nutzten dies, um ihre Unabhängigkeit zu festigen. Doch die Rivalitäten innerhalb der Elite flackerten auf und diese Staatsformationen schlitterten in Bürgerkriege, die schließlich die letzten Reste der politischen Ordnung vernichteten.[9]

Parallel zu diesen Dislokationsprozessen gab es Bewegungen zur Wiederherstellung und erneuten Legitimierung der Autorität. Anfang des 18. Jahrhunderts etwa eroberte Dahomey seine von inneren Zwisten zerrütteten Nachbarn. Doch während der Krieg dazu dienen konnte, Territorien zu erobern und zu besetzen, die bisher nur in periodischen Überfällen unterworfen worden waren, löste der Einsatz von Gewalt allein nicht unbedingt das Problem der Stabilisierung der politischen

---

7 Nützliche Hinweise zur Organisation und Funktionsweise dieser Systeme und des politischen Wettbewerbs finden sich bei Claude Meillassoux, *Anthropologie de l'esclavage. Le ventre de fer et d'argent.* Paris, Presses universitaires de France 1986, 143–235.

8 Siehe die Beispiele bei Emmanuel Terray, *Une histoire du royaume abron du Gyaman.* Paris, Karthala 1995, 189 f.

9 Siehe außerdem die Beiträge von Samuel Johnson, *The History of the Yorubas from the Earliest Times to the Beginning of the British Protectorate.* London 1921, 206–273; Stephen A. Akintoye, *Revolution and Power Politics in Politics in Yorubaland, 1840–1893. Ibadan Expansion and the Rise of Ekiti-parapo.* New York, Humanities Press 1971.

Ordnung und Regierung. Nachdem Tegbesu etwa nach dem Tod von Agaja und brutalen Nachfolgekämpfen und der Infragestellung der Monarchie durch die Priesterschaft die Macht ergriffen hatte, versuchte er in den 1740er Jahren, die Eliten mittels einer Politik von Terror, Säuberungen und Kompromiss wieder zu vereinen.

Die Kombination dieser drei Herrschaftsinstrumente erlaubte es ihm einerseits, seine unbeugsamsten Feinde physisch zu eliminieren, und andererseits auf lokaler Ebene in Fraktionskämpfe einzugreifen und diejenigen zu unterstützen, die seine Autorität akzeptierten. Gleichzeitig überhäufte er lokale Chefs und einflussreiche Familien mit Gaben und Großzügigkeit. Denn durch die kluge Manipulation von dynastischen Netzwerken und Verwandtschaftsbeziehungen, durch die Formalisierung und spektakuläre Inszenierung eines Königskults (Menschenopfer) und eine Neudefinition der Attribute des Königtums unter der Maske der Kontinuität (Neuverteilung von Wohlstand und Nutzungsrechten, Erneuerung der Rechtsordnung) war er bemüht, die Macht neu zu legitimieren. Dieser Versuch zielte darauf ab, rohe Gewalt in Autorität zu verwandeln.[10]

In den muslimisch beeinflussten Regionen im Inneren vollzogen sich mehr oder weniger ähnliche Transformationen. Vor der zweiten Hälfte des 19. Jahrhunderts hatten die Imperien am Rand der Wüste im Süden und Osten des Tschadbeckens Überfalls- und Beutezonen errichtet. Beute- und Versklavungskriege ermöglichten nicht nur den Aufbau von Militärapparaten und die Verwaltung von Ressourcen und Populationen im Rahmen einer Leistungswirtschaft. Während sich diese beiden Gewaltformen einerseits in Zerstörung, Plünderung und Wegelagerei äußerten, begünstigten sie in einigen Fällen dennoch die Entstehung von

---

[10] Zur politischen Geschichte des alten Dahomey, vgl. Isaac A. Akinjogbin, *Dahomey and Its Neighbours, 1708–1818*. Cambridge, Cambridge University Press 1967. Zum Thema der Formalisierung des Königskults über die Praxis der Menschenopfer, siehe Robin Law, »Human Sacrifice in Pre-Colonial West Africa«, *African Affairs* 94.334 (1985), 53–87. Zu Neuverteilung von Gütern und Nutzungsrechten finden sich nützliche Hinweise bei Catherine Coquery-Vidrovitch, »La fête des coutumes au Dahomey«, *Annales* 19 (1964), 696–716; Karl Polanyi, *Dahomey and the Slave Trade*. Seattle, University of Washington Press 1966; sowie Robin Law, »Ideologies of Royal Power: The Dissolution and Reconstruction of Political Authority on the "Slave Coast", 1680–1750«, *Africa 57.3 (1987), 321–344.*

Zentralgewalten. In jedem Fall waren sie der Ursprung von sehr spezifischen politischen Organisationsmodi und Formen der sozialen und symbolischen Erneuerung.

Das betraf insbesondere die Beziehungen zwischen Souveränität, Territorialität und Bürgerschaft. Im Gegensatz zu überstürzten und oberflächlichen Behauptungen war in diesen Regionen die Vorstellung durchaus nicht unbekannt, dass sich politische Macht und Souveränität über die Vermittlung des Bodens entfalten.[11] Territorium war trotzdem weder die ausschließliche Stütze der politischen Gemeinschaft noch das einzige Merkmal der Souveränität oder die einzige Grundlage von zivilem Gehorsam. Die Repräsentationen und Nutzungen des Raums waren vielfältig, insbesondere wenn die Interessen mit der Definition von Zugehörigkeits- und Ausschlussprinzipien zusammenfielen.[12]

In einem Kontext, in dem Beutezüge und Versklavung üblich waren, konnte die Konstituierung von politischen Räumen und Souveränitätsbereichen über den Umweg erfolgen, Unterworfenen, deren Leben man beispielsweise schonte, Tribute aufzuerlegen. Staatsbürgerschaft konnte als Schutz gegen das Risiko von Versklavung und Verkauf definiert werden. Verwandtschaftsbeziehungen als solche konnten zum Beispiel mit anderen Formen der Beziehung (Hörige, Sklaven, Klienten, Bürgschaftspfande) ersetzt oder ergänzt werden, die andere Modalitäten der legitimen Ausbeutung ermöglichten.

Eine Vermischung von politischen, kulturellen und religiösen Identitäten in einem nie dagewesenen Ausmaß war im Gange. Der Baghirmi zum Beispiel übernahm sein Modell für die militärische und familiäre

---

[11] Zum Problem der Grenzen in dieser Epoche gibt es bisher noch keinen überzeugenden historischen Überblick. Siehe dennoch Igor Kopytoff (Hg.), *The African Frontier: The Reproduction of Traditional African Societies*. Bloomington, Indiana University Press 1987. Siehe zum Vergleich auch Jeremy Adelman, Stephen Aron, »From Borderlands to Borders: Empires, Nation-States, and the Peoples in Between North American History«, *The American Historical Review* 104 (1999). Ein allgemeiner Überblick findet sich bei Hendrik Spruyt, *The Sovereign State and Its Competitors*. Princeton, Princeton University Press 1995; und Friedrich Kratochwil, »Of Systems, Boundaries, and Territory: An Inquiry into the Formation of the State System«, *World Politics* 39 (1986), 27–52; C. C. Stewart, »Frontier Disputes and Problems of Legitimation: Sokoto-Macina Relations, 1817–1837«, *Journal of African History* 17.4 (1976), 495–514.

[12] Besonders deutlich wird dies in Emmanuel Terray, *Une histoire du royaume abron du Gyaman. Des origines à la conquête coloniale*. Paris, Karthala 1995.

Organisation und seine Titel von Kanem-Bornou. Elemente der islamischen Kultur (Kleidung, Weissagungssysteme ...) verbreiteten sich unter Nicht-Muslimen. Innerhalb dieser wirklich transnationalen und multikulturellen Gesellschaften verquickten sich religiöse Netzwerke mit Handelskontakten. Und fast nie bedeuteten Zwang oder Zugehörigkeit zu einem Territorium das Ende der Vielfalt von Zugehörigkeitsgefühlen und der Pluralität von Loyalitäten.

Im Laufe der zweiten Hälfte des 19. Jahrhunderts jedoch verschob sich die muslimische Grenze und riesige Regionen des nördlichen Teils von Zentralafrika gerieten zwischen die Fronten der Vorstöße vom Nil und aus dem Westen. Sklaverei als Unterwerfungsverhältnis und Modalität der Erpressung von Gütern und Werten schlechthin intensivierte sich gleichzeitig mit der Suche nach Elfenbein. Eroberungen, Migrationen und andere Bevölkerungsbewegungen auf der Flucht vor Marodeuren, Söldnern und Sklavenjägern verursachten die Transformation von traditionellen gesellschaftlichen Organisationsmodellen, politischen Aktionsregistern und Tauschformen. Das Herrschaftsmodell (teils Lehnsherr, teils Sultan), das aus diesen Turbulenzen entstand, erreichte seinen absoluten Höhepunkt mit den Khartumiten.[13]

Mit Unterstützung der *Jallaba* (wandernde Makler, deren Aktivitäten in der Region der Ankunft der Ägypter vorausgingen) militarisierten sie den Handel und spezialisierten sich in Sklavenzügen und der Gewinnung von Elfenbein. Durch militärische Macht, politische Allianzen, Eingliederung der Sklaven und kluge Verteilung von Tributen und Fernhandelsprodukten schufen sie das System der *Zariba* (Einheiten von kleinen, befestigten Handelskolonien). Sie schlossen wo nötig Bündnisse

---

13 Wie Dennis Cordell erinnert, hängt die Geschichte der Khartumiten eng mit der ägyptischen Expansion in den heutigen Sudan und den Nordosten von Zaïre zusammen. Zwischen 1821 und 1879 bemächtigten sich Muhammad Ali und seine Nachfolger quasi eines Imperiums mitten im Herzen von Afrika. Die Ägypter setzten sich in Khartum fest und schleusten mit Hilfe von Kaufleuten diverser anderer Nationalitäten in der gesamten Region ihre eigenen Agenten ein. Diese Agenten schlossen sich den wandernden Händlern an, die bereits vor Ort waren. Siehe Dennis Cordell, »The Savannah Belt of North-Central Africa«, in David Birmingham, Phyllis M. Martin (Hg.), *History of Central Africa, Volume 1*. London, Longman 1990, 64 f.

mit den Autochthonen und errichten so solide Netzwerke, die diese Territorien bis zur Mahdi-Revolte dominierten.[14]

An den Atlantikküsten ebenso wie im Inneren waren viele unabhängige politische Einheiten unter dem Gewicht äußerer Schulden und innerer Tyrannei zusammengebrochen. Im Laufe des 19. Jahrhunderts zogen diese Auflösungsprozesse bedeutende kulturelle Neukombinationen nach sich, die durch massive Konversionen zu monotheistischen Religionen,[15] heftige Zaubereikrisen,[16] das Auftauchen unzähliger Heilsbewegungen, die Transformation von Flüchtlingsgemeinden in Söldnerhorden und einige Aufstände im Namen des Islam[17] gekennzeichnet waren. Das Einbrechen der Nachfrage nach Sklaven führte nicht zum Nachlassen der Spannungen. Ganz im Gegenteil, die Völker und ethnischen Gruppen, die ihre Privilegien als Vermittler wahren und ihre Dominanz über die großen Handelszentren sichern konnten, intensivierten ihre demographische Expansion, deckten sich mit Gewehren ein und statteten sich so mit neuen Mitteln zum Erwerb von Eigentum aus.[18]

Unter der Führung der Chefs von Sklavenjägerbanden, bewaffneten Cliquen und Händlerabenteurern[19] (El-Zubeir Pascha, Rabih und

---

[14] Siehe Dennis Cordell, »The Savannah Belt ...« 30–74. Bezüglich der Entwicklungen an der Südküste des Atlantik siehe im gleichen Sammelband die Untersuchung von Joseph C. Miller, »The Paradoxes of Impoverishment in the Atlantic Zone«, in David Birmingham, Phyllis M. Martin (Hg.), *History of Central Africa, Volume 1.* London, Longman 1990.118–159.

[15] Vgl. J. F. Ade Ajayi, *Christian Missions in Nigeria, 1841–1891. The Making of a New Élite.* Evanston, Northwestern University Press 1969, 1–24; Jean & John Comaroff, *Of Revelation and Revolution. Christianity, Colonialism and Consciousness in South Africa,* Vol. 1. Chicago, University of Chicago Press 1991.

[16] A. J. H. Latham, »Witchcraft Accusations and Economic Tension in Pre-Coloonial Old Calahar«, *Journal of African History* 13.2 (1972), 249–260.

[17] Murray Last, »Reform in West Africa: The Jihad Movements of the Nineteenth Century«, in J. F. Ade Ajayi, Michael Crowder (Hg.), *History of West Africa,* Vol. 2. London, Longman 1988; Martin Klein, »Social and Economic Factors in the Muslim Revolution in Senegambia«, *Journal of African History* 13.3 (1972), 419–441.

[18] Vgl. Joseph E. Inikori, »The Import of Firearms into West Africa, 1750–1807: A Quantitative Analysis«, *Journal of African History* 18.3 (1977), 339–368; Bolanle Awe, »Militarism and Economic Development in Nineteenth Century Yoruba Country: The Ibadan Example«, *Journal of African History* 14.1 (1973), 65–77.

[19] Siehe z. B. El-Zubeir Pasha, *Black Ivory, or the Story of El-Zubeir Pasha, Slaver and Sultan, as Told by Himself, put on record by H. C. Jackson.* New York

die Sklavenjägersultans von Ubangi, dem Afro-Araber Tippu-Tip, Msiri in Katanga, Mirambo und seinem Handelsimperium im Norden von Tabora) bildeten sich räuberische Bewegungen.[20] Sie belebten den Karawanenhandel neu und verschärften durch Razzien, ein autoritäres Tributsystem, die Rekrutierung von Tausenden von Trägern und den lokalen Fortbestand der Sklaverei die Erschütterung traditioneller Strukturen, brachten die überlieferten Verfassungen in Unordnung und verursachten bedeutende Bevölkerungsverschiebungen.[21] Diese neuen Spieler (Schmuggler, Makler, Bandenchefs, das Milieu der Marabouts, verschiedene Händler) waren darum bemüht, die laufende wirtschaftliche Umstellung zu ihren Gunsten zu beeinflussen. Indem sie Krieg als Ressource nutzten, etablierten sie mehr oder weniger informelle Steuersysteme und übernahmen die Kontrolle über die großen Drehscheiben und regionalen Handelsnetze.

Ausgestattet mit quasi extraterritorialen Rechten und durch Razzien, Beutezüge und die Tributpraxis kriminalisierten sie schließlich sowohl die wirtschaftliche Tätigkeit als auch den Akt des Regierens selbst. Nach dem Aderlass der Sklaverei lebte Afrika also im internationalen Wirtschaftssystem über den Umweg einer Erpressung seiner Rohmaterialen auf. Dieses Gewalt- und Brutalitätsregime wurde gegen Ende des Jahrhunderts über die Konzessionsregimes weitergeführt.[22] Diese riesigen Unternehmen, die mit Handels- und Bergbauprivilegien und souveränen Rechten ausgestattet waren, die sie befugten, Steuern zu erheben und bewaffnete Truppen zu unterhalten, akzentuierten die räuberischen Prozesse und die Atomisierung von Abstammungslinien und Clans und institutionalisierten das Mordregime. Unter dem Schutz des

---

1970; W. K. R. Hallam, »The Itinerary of Rabih Fadl Allah, 1879–1893«, *Bulletin de l'Institut fondamental de l'Afrique noire* 30.1 (1968), 165–181; sowie Hallams Biographie von Rabih, *The Life and Times of Rabih Fadl Allah*. London 1977; R. A. Adeleye, »Rabih b. Fadlallah, 1879–93: Exploits and Impact on Political Relations in Central Sudan«, *Journal of the Historical Society of Nigeria* 2 (1970), 223–242.

[20] Siehe zum Beispiel Melvin E. Page, »The Manyema Hordes of Tippu Tipp«, *International Journal of African Historical Studies* 1 (1974), 69–84.

[21] Siehe die Untersuchung von Stephen P. Reyna, *Wars Without End. The Political Economy of a Precolonial African State*. Hanover, University Press of New England 1990.

[22] Vgl. die klassische Studie von Catherine Coquery-Vidrovitch, *Le Congo au temps des grandes compagnies concessionnaires, 1898–1930*. Paris, Mouton 1977.

bürokratischen Kolonialapparats begann der Markt, nach Gangsterart zu funktionieren.

Alle diese skizzierten Entwicklungen hatten drei entscheidende Konsequenzen. Einerseits zog das Anwachsen der Schulden, die lokale Fürsten und Handelseliten anhäuften, fast überall den Niedergang der äußeren Macht der afrikanischen Staatswesen nach sich und setzte sie der ernsten Gefahr einer inneren Zersetzung aus.[23] Andererseits begünstigte das Ausmaß von Gewalt und Raub, das die neuen Modalitäten der Eingliederung in die internationale Wirtschaft erforderten, um nicht das Niveau der Periode des Sklavenhandels zu erreichen, nicht nur die Militarisierung der Macht und des Handels und die Intensivierung der Erpressung, sondern auch eine Erschütterung des Gleichgewichts, das früher die Beziehung zwischen öffentlicher Machtbefugnis und dem Verfolgen von privaten Gewinninteressen bestimmt hatte.[24]

Der Wettlauf um Elfenbein und Kautschuk, die Ökonomie der Handelskontore und die Konzessionswirtschaft destabilisierten dieses Gleichgewicht zwischen 1850 und 1930 schließlich vollends.[25] Auch die Vorstellungen, die sich die Menschen über die Beziehung zwischen ihrer Zugehörigkeit zu einer politischen Gemeinschaft und die Wege zum Eigentum machten, die diese Zugehörigkeit eröffnete oder auch nicht, hatten sich grundlegend verändert. Religiöse und identitäre Regime, Legitimationsverfahren der Autorität, soziale und politische Konstruktion von Rechten, Aufgaben, Transfers und Pflichten, sogar die Nor-

---

23 Der Kreislauf der Verschuldung war nicht neu. Er war außerdem einer der wichtigsten Eckpfeiler des Sklavenhandels, wie die Studie von Joseph Miller, *Way of Death*. Madison, University of Wisconsin Press 1988 zeigt. Siehe auch Henry Gemery, Jan Hogendorn (Hg.), *The Uncommon Market: Essays in the Economic History of the Atlantic Slave Trade*. New York 1978, 303–330.

24 Vgl. Boubacar Barry, *La Sénégambie*. Paris, L'Harmattan 1986; Ivor Wilks, *Asante in the Nineteenth Century*. Cambridge, Cambridge University Press 1975; Robert L. Richards, »Production and Reproduction in Warrior States: Segu Bambara and Sugu Tokolor, c. 1712–1890«, *International Journal of African Historical Studies* 13 (1980), 389–419; Robin Law, »Royal Monopoly and Private Enterprise in the Atlantic Trade: The Case of Dahomey«, *Journal of African History* 18 (1977), 555–577.

25 Catherine Coquery-Vidrovitch, *Le Congo au temps des compagnies concessionnaires, 1898–1930*. Paris, Mouton 1972; Robert Harms, »The End of Red Rubber: A Reassessment«, *Journal of African History* 16 (1975), 73–88.

men, die Höflichkeit und Verträge, geschäftliche Moral und bürgerliche Tugend bestimmten: all dies wurde neu abgesteckt.[26]

Daraus ist allerdings nicht zu schließen, dass Afrika sich rückwärts entwickelt und alles, was heute geschieht, nur die Wiederholung eines Szenarios und eines historischen Moments ist, der fälschlicherweise für überwunden gehalten wurde. Während die neuen Formen, den Kontinent auszuweiden, einige ihrer Merkmale aus den Modellen der Stagnation der zweiten Hälfte des 19. Jahrhunderts beziehen, lassen sie sich aus mehreren Gründen nicht darauf reduzieren. Einerseits, und im Gegensatz zum 19. Jahrhundert, vollzieht sich der Ausstieg gerade in umgekehrter Richtung, das heißt aus der regulären und formalen internationalen Wirtschaft hin zu Netzwerken der Schattenwirtschaft, deren Reichweite nicht weniger global ist, auch wenn sie unsichtbar sind (etwa Drogen- und Waffenhandel, illegale Geldbewegungen).[27]

Dieser Ausstieg ist weder eine einfache Abkoppelung[28] noch ein eigentliches »Auseinanderdriften«, auch keine Marginalisierung im strengen Wortsinn. Er ist einer der Aspekte einer komplexeren Bewegung, die sich auf der globalen Ebene vollzieht. Er ist auch die Kehrseite einer »Weltzeit«, in der sich eine Vielzahl von Strömungen verquickt.[29] In dieser Verzahnung von Zeitlichkeiten existieren mehrere Prozesse gleichzeitig: Prozesse der Homogenisierung von Vorstellungswelten ebenso wie die Produktion von Differenz und Heterogenität.[30] Kurz, es fügen sich widersprüchliche Dynamiken ineinander, die aus Diskrepanzen, Disjunktionen und unterschiedlichen Rhythmen bestehen, die auf

---

[26] Ivor Wilks, *Asante in the Nineteenth Century*. Cambride, Cambridge University Press 1975; G. I. Jones, *The Trading States of the Oil Rivers*. London, Oxford University Press 1963; John M. Janzen, *Lemba 1650–1930: A Drum of Affliction in Africa and the New World*. New York, Garland 1982.

[27] Diese »Globalität« datiert nicht erst aus unserer Zeit. Sie hat selbst eine Geschichte. Siehe Philip D. Curtin, *Cross-Cultural Trade in World History*. Cambridge, Cambridge University Press 1984; Fernand Braudel, *Civilization and Capitalism, 15th–18th Century* (3 Bände). London, Collins 1981–1984.

[28] Daniel Bach spricht in »Europe-Afrique: des acteurs en quête de scénarios«, *Études internationales* 32.2 (1991), 336 von einer »Abkoppelung mangels Alternativen«.

[29] Vgl. die Analyse, die Arjun Appadurai vorschlägt: »Disjuncture and Difference in the Global Cultural Economy«, *Public Culture* 2.2 (1990), 1–24.

[30] Zu diesem Thema siehe Jean-François Bayart (Hg.), *La réinvention du capitalisme*. Paris, Karthala 1994, insbesondere 9–43.

einen einfachen Antagonismus zwischen inneren und äußeren Kräften zu reduzieren denkfaul wäre. Entscheidender ist, dass sich die laufenden Entwicklungen – deren zentraler Aspekt, wie wir gesehen haben, die Mobilisierung von Gewalt zur Schaffung von Eigentum ist – sich auf so originelle Art zu einem System verbinden, dass sie nicht nur zu Schulden, Vernichtung des produktiven Kapitals und Krieg führen, sondern auch in die Abtragung des Staates und in manchen Fällen sein Verkümmern und seine radikale Infragestellung als öffentliches Gut, als allgemeine Herrschaftstechnologie und als bevorzugtes Werkzeug, um die Übertragung von politischen Rechten zu sichern und die Ausübung staatsbürgerlicher Rechte zu ermöglichen.

EIGENTUMSREGIME UND SOUVERÄNITÄTSREGIME

Die Einzigartigkeit dieser Entwicklung wird deutlich, sobald man die realen, nicht die erwarteten Folgen der strukturellen Anpassungsmaßnahmen und der Dynamiken der Konditionalität betrachtet (die Bedingungen bezüglich der Wirtschaftsordnung, die internationale Finanzinstitutionen in den letzten zehn Jahren an Kreditvergaben an afrikanische Staaten geknüpft haben). Erstens wurde diesbezüglich noch nicht genügend betont, dass eines der bedeutendsten politischen Ereignisse am Ende des 20. Jahrhunderts das Zerbröckeln der Unabhängigkeit und Souveränität der afrikanischen Staaten und ihre (unbemerkte) Entmündigung durch ihre internationalen Gläubiger ist. Relativ betrachtet erinnert diese Situation an jene von Tunesien und Ägypten in den 1870er Jahren, als diese Länder sich gezwungen sahen, Konsularregime einzuführen, um ihre Schulden zu begleichen, und vor dem Hintergrund der Auflösung der politischen Autorität eines Großteils der Attribute ihrer Souveränität beraubt wurden, namentlich auf dem Gebiet der Finanzen und Steuern.

Am Ende der 1980er Jahre führten die afrikanischen Länder ein mehr oder weniger ähnliches Modell ein. Das Abnehmen ihrer äußeren Macht hat viele Staaten de facto in eine Situation gebracht, die man als fragmentierte Souveränität bezeichnen könnte.[31] Tatsächlich beschränkt

[31] Vgl. die Bemerkungen von Christopher Clapham, »Souvereignty and the Third World State«, *Political Studies* 47.3 (1999), 522–537.

sich die *Vollmachtregierung*, die dort Weltbank, Internationaler Währungsfonds und Kreditgeber (gleich ob öffentlich oder privat) ausüben, nicht mehr darauf, die Einhaltung der großen Prinzipien und des makroökonomischen Gleichgewichts durchzusetzen. In der Praxis hat sich die Vormundschaft der internationalen Gläubiger beträchtlich verstärkt und äußert sich nun in einer Reihe von direkten Eingriffen in die innere Wirtschaftsführung, sei es bezüglich Kreditüberwachung, Implementierung von Privatisierungen, Definition von Konsumbedürfnissen, Importpolitik, Kostenreduktion oder direkte Budgetkontrolle.[32]

Diese Situation – die jedoch nicht einfach mit einem neuerlichen Kolonisierungsprozess zu vergleichen ist – ist für sich nicht eigentlich afrikaspezifisch, da auch Länder in anderen Weltregionen unter diese Dampfwalze geraten sind.[33] Zwei Hauptfolgen werfen allerdings ein besonderes Schlaglicht auf den afrikanischen Fall. Einerseits führt diese Regierung über Vollmachten durch die Brutalität der Einsparungen, die sie einfordert, zur erneuten Entfaltung von Zwängen und neuen Formen der Unterwerfung, die sie den ärmsten und schutzbedürftigsten Teilen der Bevölkerung auferlegt, und lässt in derselben Dynamik Elemente nebeneinander bestehen, die ebenso dem Register der Auflagen gegenüber einem besiegten Land nach einem Krieg entstammen könnten wie einer zivilen Politik. Im Kern dieses neuen Umgangs geht die Logik der Schwächung des Staates mit der Logik der *Beschneidung der Souveränität* einher.

Um besser zu verstehen, wie die Logik der Souveränität Strategien einer weniger gewalttätigen Vermögensbildung ermöglicht hat, als sie derzeit stattfinden, ist es vielleicht nützlich, daran zu erinnern, dass im Lauf der achtziger Jahre die dominante Erklärung für die »afrikanische Krise« die Verantwortung auf den Staat und seine – so dachte man – exzessiven Abgabenforderungen an die Wirtschaft schob.[34] Die Wiederherstellung seiner Legitimität und der Weg aus der Krise hingen angeb-

---

32 Siehe Jean Coussy, »État minimum et dépolitisation sous la pression des contraintes extérieures: le cas des pays en développement«, doc. pol., Paris 1992.

33 Stephan Haggard, Robert Kaufman (Hg.), *The Politics of Adjustment: International Constraints, Distributive Conflicts and the State.* Princeton, Princeton University Press 1992.

34 Zu diesem Thema vgl. Arthur A. Goldsmith, »Africa's Overgrown State Reconsidered: Democracy and Economic Growth«, *World Politics* 51.4 (1999), 520–546.

lich von seiner Fähigkeit ab, sich dem Druck der gesellschaftlichen Forderungen zu entziehen (Organisation öffentlicher Dienste, Gesundheit, Bildung, Zuweisung von Ressourcen und Einkommen, Umverteilungen aller Art) und die Marktkräfte in einem nun freien Feld autonom arbeiten zu lassen.[35]

Das setzte die Annahme voraus, dass der Übergang zur Marktwirtschaft die Einklammerung der politischen und bürgerlichen Möglichkeiten der Einzelnen erfordert, das heißt die Suspendierung des Spiels von Rechtsansprüchen, das es Privatpersonen erlaubt, gegenüber dem Staat nicht nur Aufgaben und Pflichten zu haben, sondern auch Rechte auf ihn anzumelden – Rechte, die politisch verwertbar sind, zum Beispiel in Form von öffentlichen Diensten. Indem man verbissen alle staatlichen Interventionen in die Wirtschaft abbauen wollte (ob in Form von Kontrollen, Subventionen oder Schutzmaßnahmen), ohne den Staat allerdings effizienter zu machen und ihm positiv neue Funktionen zuweisen zu können, wurde die (bereits höchst fragile) materielle Basis untergraben, die Logik des Aufbaus von Klientelsystemen und Koalitionen gestört (ohne sie sinnvoll umzustrukturieren), seine Reproduktionsfähigkeit gemindert und seiner Verkümmerung der Weg bereitet.[36]

Zweitens hatten die Kontrollen, Subventionen und Schutzmaßnahmen, deren Abbau heute gefordert wird, nicht nur eine steuerliche und administrative Dimension. Sie hatten nicht einfach Verteilungscharakter, in manchen Fällen waren sie sogar produktiv. Sie bildeten auch die Voraussetzung für ein Ensemble von Konzeptionen von legitimem politischem Handeln, von erlaubten, weil stark regulierten Formen gesellschaftlicher Gewalt. Insgesamt ermöglichten sie einen gewissen gesellschaftlichen und politischen Zusammenhalt, kurz eine Herrschafts-

---

[35] Vgl. die Diskussion von Thomas M. Callaghy zum Thema des wünschenswerten Gleichgewichts zwischen den Logiken des Marktes und des Staates und der Notwendigkeit, die für die Konzeption und Durchführung von Wirtschaftsreformen verantwortlichen Eliten vor rein politischen Logiken zu »schützen«, in »Vision and Politics in the Transformation of the Global Political Economy: Lessons from the Second and Third Worlds«, in Robert O. Slater, Barry M. Schutz, Steven R. Dorr (Hg.), *Global Transformation and the Third World*. Boulder, Lynne Rienner 1993, 161–257.

[36] Der Vergleich mit anderen Zusammenhängen am Beispiel dessen, was in Lateinamerika vor sich ging, in Hector E. Schamis, »Distributional Coalitions and the Politics of Economic Reform in Latin America«, *World Politics* 51.2 (1999), 236–268.

ordnung, die zwar auf Zwang beruhte, aber auch auf Austausch, Transfers, Gegenseitigkeit und Pflichten.[37] Diese Regierungsform hatte in den meisten Fällen in den Ländern des »brauchbaren Afrika« ein Abgleiten in reine Willkür und rohe Gewalt verhindert.

Sie hatte letztlich auch manche dieser Regime mit einer minimalen gesellschaftlichen Basis ausgestattet. In diesem Rahmen konnten sie im Tausch gegen ein allgemeines gesellschaftliches Einkommen die Unterwerfung und den Gehorsam ihrer Untertanen einfordern. Wie bereits gezeigt, setzte der Staat Gehälter ein, um Gehorsam zu erkaufen und die Bevölkerung an disziplinäre Dispositive zu binden. In den meisten Fällen legitimierte das Gehalt die Unterwerfung. Er stellte ein wichtiges Rädchen in der Ausbildung einer Art von Staatsbürgerschaft dar, die nicht zunächst auf dem Prinzip der politischen Gleichheit und einer ebensolchen Repräsentation, sondern »auf der Existenz von Forderungen beruhte, dank derer der Staat gegenüber der Gesellschaft Schulden produzierte,« wobei sich die Konstruktion des Unterwerfungsverhältnisses in der distributiven Ordnung vollzog, nicht in der einer Gleichwertigkeit von Menschen, die mit eigenen natürlichen und zivilen Rechten ausgestattet sind. Indem er das Gehalt in eine Schuld umwandelte, gewährte der Staat denjenigen Unterhalt, die ihm verpflichtet waren. Dieser Unterhalt »bewirkte nicht, dass der Prozess der Umwandlung von Energie in Wohlstand anerkannt wurde. Er bewirkte die Ausbildung einer besonderen Form von Gehorsam und Herrschaft.«[38] Im Übrigen ähnelten diese Schuldforderungen in manchen Ländern wenn nicht Gunstbeweisen, so doch zumindest Privilegien. Man kann behaupten, dass Gehaltsempfänger, Bürger und Klient sich gegenseitig reproduzierten oder zumindest an ein- und derselben Struktur von bewussten Repräsentationen teilhatten, die eben das kennzeichnet, was anderswo als »Politik des Bauches« bezeichnet wurde.[39] Eben diese Herrschaftsmethode, also die Kontrolle über Menschen und die Zuweisung von Gütern, Profiten und Prozentsätzen, wird durch Sparpolitik, den Druck

---

[37] François-Régis Mahieu, »Principes économiques et société africaine«, *Revue Tiers Monde* 30.120 (1989), 725–753.

[38] Siehe Achille Mbembe, Janet Roitman, »Figures of the Subject in Times of Crisis«, *Public Culture* 7.2 (1995), 323–352.

[39] Jean-François Bayart, *L'État en Afrique. La politique du ventre.* Paris, Fayard 1989, oder auch Peter Geschiere, *Sorcellerie et politique en Afrique.* Paris, Karthala 1995.

des äußeren Zwangs und Krieg in Frage gestellt. Wegen der allgemeinen Insolvenz und verheerenden materiellen Lage findet man sich fast überall in einer Situation wieder, in der der Staat nun nicht fähig ist, die notwendigen Schlichtungen vorzunehmen und gesellschaftliche Kompromisse zu formulieren, die nicht nur für jeden konsequenten Übergang zur Marktwirtschaft notwendig sind, wie ihn die internationalen Finanzorgane planen, sondern auch für die Herstellung der öffentlichen Ordnung selbst.

Drittens gerieten gleichzeitig durch die Verlagerung des Ortes von politischen, gesetzlichen und technischen Entscheidungen nicht nur die Quellen der Macht in internationale Vormundschaft, da bestimmte Attribute der Souveränität ausgeschaltet wurden. Es wurden auch die Quellen von Legitimität und Einfluss verschoben und verwischt und dadurch die Kriterien der *accountability*, da diejenigen, die politische Entscheidungen durchsetzen, nicht nur in den Augen der Bevölkerung unsichtbar sind. Sie unterscheiden sich auch von jenen, die direkt dafür haften. Und diejenigen, die vor der Bevölkerung für diese Politik haften müssen, handeln stellvertretend und nicht länger auf Basis der souveränen Macht, die den Staat kennzeichnen müsste.

Finanzielle Strangulierung und Budgetkrise tragen zur Vermehrung der Konflikte um die Umverteilung von Einkommen und Schenkungen bei (Zuweisung von Bankkrediten, Gewährung von Amtsgeschäften, Zuteilung dessen, was an Privilegien, Vorteilen und Prämien übrig ist, Übergabe von Betriebsmitteln und Infrastruktur, ethno-regionale Verteilung von Import-Export-Bewilligungen, Stipendien, Kredite, Arbeitsplätze und Gefälligkeiten) und führt zu einem Aufblühen von stark widersprüchlichen Auffassungen über das Wesen der politischen Gemeinschaft oder auch der Verbindung zwischen unterschiedlichen Arten von Bürgerschaft innerhalb ein- und desselben politischen Raums (Ethnizität und Nation, Autochthone und Allochthone) sowie der Palette an Ressourcen, auf die man Eigentumsrechte anmelden kann.

Der Staat hat nicht nur einen Großteil seiner Regulierungs- und Schlichtungsfähigkeit verloren, die es ihm ermöglichte, Legitimität aufzubauen; er verfügt überdies nicht mehr über die finanziellen Mittel, die Autorität und allgemein über andere Werkzeuge, die es erlaubt hätten, die vielen Konflikte zu lösen, die heute fast überall Gewaltausbrüche nach sich ziehen, die bisher in mehr oder weniger erträglichen Grenzen gehalten werden konnten. Da er keine Rechte mehr zu vergeben oder einzulösen und auch nicht mehr viel zu verteilen hat, genießt der Staat in der Öffentlichkeit kein Ansehen mehr. Es bleibt ihm also nichts weiter als das Gewicht der Gewalt, auf die er jedoch kein Monopol mehr besitzt.

So wurde die interne Regulierung der Gewalt in einer Situation zum Hauptproblem der postkolonialen afrikanischen Gesellschaften, die von einer verheerenden materiellen Lage, Desorganisation, der Umgestaltung der Kredit- und Produktionskreisläufe und einer brutalen Schwächung der Vorstellungen von Gemeinwohl, öffentlichem Interesse, Recht und Ordnung geprägt ist. Gegen eine faule Literatur merken wir im Übrigen an, dass die Aufstockung der für den Krieg aufgewendeten Ressourcen und Arbeit, die Vermehrung gewalttätiger Abrechnungen, das vermehrte Vorkommen von Straßenraub und vielfältigen Formen der Privatisierung legaler Gewalt nicht nur Indikatoren des Chaos sind. Diese Prozesse müssen auch als laufende Bemühungen darum angesehen werden, neue Modalitäten einer legitimen Herrschaft zu etablieren und auf einer neuen Grundlage schrittweise neue Formeln der Autorität zu rekonstruieren.

Die Hegemonie der staatlichen Verwaltung wurde also durch die Auswirkungen der strukturellen Anpassungspolitik und dank der langsamen, geduldigen und beharrlichen Arbeit der afrikanischen Gesellschaften selbst gebrochen.[40] Doch weder die angekündigte Umstrukturierung des Akkumulationsregimes von Produktivkapital noch die Wiedereingliederung Afrikas in die regulären Weltmärkte fanden statt. Stattdessen dominiert etwas, das alle Kennzeichen eines Modells der wirtschaftlichen und sozialen Inkohärenz trägt. Die zwar kostspieligen Kompromisse (Regeln, Rechte, Pflichten, Gegenleistungen ...), die aber bis zum Beginn des ersten Erdölschocks einige postkoloniale Regierungsformen stabilisiert hatten, kamen ins Wanken. Die daraus folgende Unordnung und das Chaos werden durch Interaktionen zwischen sozialem Protest, den Bemühungen der lokalen Machthaber und ihrer Unterstützer in den Metropolen, ihm mit Gewalt und Beharrungsvermögen ein Ende zu setzen, und das Gewicht der Trägheit verstärkt.

---

40 Siehe Jean-François Bayart, Achille Mbembe, Comi Toulabor, *Le politique par le bas. Contribution à une problématique de la démocratie en Afrique noire*. Paris, Karthala 1992.

Doch was auf kurze Sicht scheinbar alle Merkmale einer chaotischen Entwicklung trägt, ist auf lange Sicht ein gewaltsames Wiederaufleben von Kämpfen um Ungleichheit und Kontrolle der Zwangsmittel. Übrigens beweist das die Gewalt, mit der auf allen Ebenen der Gesellschaft Loyalitäts- und Unterwerfungsverhältnisse, Austausch-, Gegenseitigkeits- und Zwangsbeziehungen, Bedingungen von Ausschluss und Inklusion, kurz, die Modalitäten der legitimen Unterwerfung neu verhandelt werden.[41] Gegen Zugänge, die alle historischen Entscheidungen bezüglich der Verwaltung in Afrika auf eine dramatische Alternative zwischen dem »Übergang« zur Demokratie, dem Übergehen zur Marktwirtschaft und dem Abstieg in die Hölle des Krieges reduzieren, betonen wir noch einmal den Anteil des Zufalls und wagen die Hypothese, dass Afrika sich gleichzeitig in verschiedene Richtungen entwickelt. Die Organisationen, die aus den laufenden Entwicklungen zu entstehen drohen, werden alles andere als das Resultat von kohärenten und wohlüberlegten Plänen sein.

VERFLECHTUNGEN

In den folgenden Zeilen müssen wir daher nicht nur den Gelegenheitsanalysen den Rücken kehren, die in der afrikanistischen Politikwissenschaft üblich sind, sondern auch jeglichem Determinismus strukturell-marxistischen Typs. Es geht darum, eine Reihe von signifikanten Verläufen zu überdenken, die aus den laufenden Entwicklungen auftauchen und sich vage am Horizont abzeichnen. Wir vertiefen diese Analyse, indem wir uns bei einigen Indizien aufhalten, die andeuten, dass eine andere Strukturierung der afrikanischen Gesellschaften und ein Kippen der politischen und materiellen Ordnung im Gange sind, die ihnen bis vor Kurzem Kohärenz und eine relative Stabilität verliehen hat. Es wird mit neuen institutionellen Arrangements experimentiert.

---

41 Siehe die Studien von Sara Berry, »Social Institutions and Access to Resources«, *Africa* 59.1 (1984), 41–55; Pauline E. Peters, »Manœuvres and Debates in the Interpretation of Land Rights in Botswana«, *Africa* 62.3 (1992), 413–434. In derselben Ausgabe befindet sich die sachdienliche Anmerkung von Parker Shipton und Mitzi Goheen, »Understanding African Land-Holding: Power, Wealth, and Meaning«, 307–325.

Nicht alle werden funktionieren, weder im Sinne einer Konsolidierung des Staats als allgemeine Herrschaftsmethode und Methode der Herstellung von Ordnung noch im Sinne der Einrichtung einer Marktwirtschaft nach im Voraus doktrinär definierten Kanons.[42]

Um die Reichweite dieser Beobachtungen würdigen zu können, müssen wir auf das Verhältnis zwischen Souveränitätsregimes und Eigentumsregimes zurückkommen und daran erinnern, dass die Hinwendung der afrikanischen Gesellschaften auf sich selbst in einem Kontext stattfindet, der durch einen fortschreitenden Abbau des Staates und, im Namen des Effizienzgewinns, eine Leugnung der Legitimität seiner Einmischung in die Wirtschaft geprägt ist. Einige der Folgen dieser beiden Prozesse wurden im ersten Teil dieser Studie bereits kurz ausgeführt. Fügen wir ihnen zwei weitere, für die Zukunft ebenso entscheidende hinzu. Erinnern wir zunächst daran, dass die Politik, die zum fortschreitenden Abbau der öffentlichen Macht geführt hat, auf der Vorstellung beruht, dass der Staat als produktive Struktur in Afrika gescheitert ist; und dass eine wirtschaftliche Organisation, die vom freien Spiel der Marktkräfte regiert wird, die effizienteste Form der bestmöglichen Zuweisung von Ressourcen darstellt. Die Übertragung dieser Vorstellung auf die Wirtschaftspolitik führte unter anderem zum Verkauf von öffentlichen Vermögenswerten, zur Freigabe von Rechtsmonopolen, zur Abgabe von kollektiven Gütern und Diensten, zur Anpassung von Zollgesetzen, zur Korrektur von Wechselkursen, kurz zu einem teilweisen oder vollständigen Transfer dessen, was als öffentliches Kapital galt, an Private.

Wenn auf rein ökonomischer Ebene zahlreiche Erfahrungen dazu einladen, die Folgen einer Veränderung im Kapitaleigentum zu minimieren und den relativ sekundären Charakter des Eigentums im Verhältnis zu anderen Kriterien zeigen (Marktstrukturen, organisatorische und strategische Unternehmensentscheidungen, Konkurrenzgrad, Verfügbarkeit von Arbeitskraft, Verhältnis zwischen Lohnkosten und Produktivität, Qualität des Humankapitals ...), so bleibt es dennoch dabei, dass

[42] Wir betrachten diese Experimente nicht als Abweichung oder Verirrung in Bezug auf eine vorgebliche Norm, die für alleingültig erklärt wird und an die sich alle Gesellschaften anpassen müssen. Diese Experimente besitzen ihre eigene Realität und Gesetzmäßigkeit. Sie gehorchen vor allem ihrer eigenen Ratio und ihren eigenen Anordnungen. Dadurch schaffen sie kreative Interaktionsformen mit ihrer Umgebung.

diese Operationen im afrikanischen Kontext die Prozesse der Zuteilung von Wohlstand (Einnahmenverteilung, Regulierung des ethno-regionalen Gleichgewichts) und die eigentlich politischen Vorstellungen von öffentlichem Gut und Gemeinwohl modifizieren.[43]

Andererseits, und mangels eigentlich wirtschaftlicher Effekte (Gewinn aus dem Austausch auf Basis eines komparativen Vorteils), haben die eben angesprochenen Politiken einem verbissenen Kampf um die Konzentration und später Privatisierung des Zwangs sowie um die Mittel, die ihn ermöglichen, den Weg geebnet. Die Intensivierung dieser Kämpfe für sich hat keinen Sinn, außer, dass die Verfügung über diese Mittel es erlaubt, in diesen anderen Kämpfen um die Aneignung von Profiten, Anteilen und anderen früher in den Händen des Staates konzentrierten Werten, die auch im Gange sind, einen Vorteil zu gewinnen.[44] Mit anderen Worten besteht in Afrika heute eine direkte Verbindung zwischen dem Primat von Handelssanktionen, dem Anstieg der Gewalt und dem Aufbau von privaten militärischen, paramilitärischen oder juristischen Organisationen.

Aus diesen beiden Beobachtungen ergeben sich mehrere Fragen. Wie funktioniert einerseits der oben erwähnte Kampf um die Konzentration der Zwangsmittel; und unter welchen Bedingungen ermöglicht er es, auf den Trümmern der alten politischen Ordnung eine wie auch immer geartete neue zu schaffen? Unter welchen anderen Bedingungen droht er, in das Scheitern des Staates als allgemeine Herrschaftstechnik zu münden, und welche anderen Dispositive und Organisationen werden diese ersetzen? Da andererseits jeder Wirtschaft immer der Einsatz von legaler oder illegaler Gewalt zugrunde liegt, unter welchen Bedingungen kann der so konzentriere Zwang in produktive Arbeit umgewandelt werden; und zu welchen anderen Bedingungen droht die so in Gang gesetzte Gewalt, weit davon entfernt, wirtschaftlich ausgerichtet zu sein, erneut zu reiner Regellosigkeit und Diebstahl zu werden?

---

[43] Siehe hierzu die Untersuchung von Béatrice Hibou (Hg.), *La privatisation des États*. Paris, Karthala 1999.

[44] François Grignon, »“Touche pas à mon Khat!“ Rivalités meru-somali autour d'un commerce en pleine expansion«, *Politique africaine* 73 (1999), 177–185. Siehe hierzu in derselben Nummer auch den Artikel von William Barnes, »Kivu: l'enlisement dans la violence«, 123–136. Siehe auch Sandrine Perrot, »Entrepreneurs de l'insécurité. La face cachée de l'armée ougandaise«, *Politique africaine* 75 (1999), 60–71.

Einige Indizien erlauben es, diese Fragen zu beantworten. Einerseits kann die Konzentration der Zwangsmittel nur schwer ausgehend von traditionellen Ressourcen hergestellt werden, also jenen, derer sich der Staat vor der aktuellen Phase bedient hat. Diese Ressourcen gibt es einfach nicht mehr oder sie stehen nicht mehr im früheren Ausmaß zur Verfügung. Im Extremfall gibt es den Staat als allgemeine Herrschaftstechnik nicht mehr.[45] Nominell bleibt eine Zentralmacht bestehen. Ihr Organigramm bleibt mehr oder weniger intakt; das Titelsystem ebenso, auch der Formalismus ihrer Rituale und Erklärungen. Das Prinzip der Ernennung bleibt in den Händen eines Autokraten. In manchen Fällen überlebt eine Vorstellung von Verwaltung, auch wenn die Institutionen und die Bürokratie, die sie verkörpern sollen, zusammengebrochen sind.

Sehr häufig gibt es keine Hierarchie oder zentralisierte, pyramidenförmige Organisation mehr. Die Befehle, die von oben ausgegeben werden, werden selten ausgeführt; oder wenn doch, dann nie ohne weitreichende Verdrehungen und Anpassungen. Die Gesprächspartner wechseln ständig, und das auf allen Ebenen. Die offiziellen Kompetenzbereiche entsprechen nicht immer den realen und wirksamen Machtbereichen, nicht selten müssen sich höhere Behörden vor Behörden einer niedrigeren Ebene verantworten. Realer Einfluss wird, sofern er überhaupt besteht, nicht kraft eines Gesetzes oder einer Vorschrift ausgeübt, sondern häufig auf Basis eines rein informellen, zufälligen und jederzeit ohne Vorwarnung widerrufbaren Arrangements.

Nach Gesetz und Vorschrift niedrigere behördliche Ebenen verfügen über weitgehendere Macht und Einfluss als höhere Ebenen. Da die meisten Transaktionen mündlich erfolgen, werden Verwaltungsakte nicht unbedingt in schriftlichen Dokumenten festgehalten. In der Praxis setzt keine Funktion mehr *a priori* eine berufliche Ausbildung voraus, selbst wenn diese Regel theoretisch in Kraft bleibt. Die Arbeit eines Beamten erfordert kaum noch, dass man sich der bekleideten Aufgabe vollständig widmet. Der Bürokrat kann seine Arbeitskraft in der Zeit, die eigentlich seiner Funktion vorbehalten ist, verkaufen oder sie zu anderen Zwecken einsetzen. Er kann im Extremfall seine Funktion verkaufen und dadurch zusätzlich zu seinem Gehalt Bezüge oder privates Einkommen lukrieren, sofern dieses noch ausbezahlt wird. Er steht

---

[45] Crawford Young, Thomas E. Turner, *The Rise and Decline of the Zairian State*. Madison, University of Wisconsin Press 1985.

daher in seinem eigenen Dienst. In manchen Fällen wird seine Arbeit nicht einmal mehr durch ein Gehalt entlohnt.

Ein formales Budget wird erstellt. Doch es wird nach rein zufälligen und informellen Kriterien geführt und abgewickelt. Tatsächlich breiten sich nicht autonome Machtzentren aus, sondern Knotenpunkte und Enklaven innerhalb dessen, was bis vor Kurzem als System diente. Diese Knotenpunkte und Enklaven verflechten sich, stehen miteinander in Konkurrenz und bilden gelegentlich Netzwerke. Sie bilden jedenfalls die Glieder einer Kette, die selbst schwach und instabil ist, in der parallele mit zentralisierten Entscheidungen koexistieren. Daher rührt die Häufigkeit von Kurzschlüssen, Änderungen und Verdrehungen von Regeln, der strukturell unvorhersehbare Charakter von Aktionen, die Amalgamierung von Konstellationen von Verknöcherung, Trägheit und plötzlichen, erratischen und beschleunigten Bewegungen.

Wenn eine derartige Situation kaum rechtfertigt, bestimmte postkoloniale afrikanische Gesellschaften als Gesellschaften ohne Staat zu bezeichnen, so bietet sie dennoch günstige Voraussetzungen für das Auftauchen von Konstellationen einer quasi-formellen Verdoppelung der Macht fast überall auf dem Kontinent (formelle und parallele Hierarchien, öffentliche und geheime Netzwerke ...). Um die Reichweite der verschiedenen Formen der Privatisierung der Souveränität zu erfassen, denken wir noch einmal daran, dass der Kampf um die Konzentration und später Privatisierung von Zwangsmitteln in einem Kontext stattfindet, der einerseits durch die globale Deregulierung der Märkte und Geldbewegungen und andererseits durch die Unfähigkeit der postkolonialen afrikanischen Staaten gekennzeichnet ist, Zahlungen abzuwickeln oder auch Steuern einzutreiben. Vermeintlich öffentliche Funktionen und Aufgaben des Souveräns werden zunehmend von privaten Betreibern zu privaten Zwecken ausgeübt. Armee und Polizei leben von der Bevölkerung. Der Angestellte eines Verwaltungsdienstes verkauft staatliche Formalakte und steckt den Ertrag ein.[46] Die Frage ist, wie ein derartiges Herrschaftsdispositiv sich institutionalisiert und schließlich an einer Regulierung teilhat, die am besten mit *indirekter privater Regierung* zu bezeichnen ist.

---

[46] Zu dieser Funktionsweise vgl. die Anmerkungen in Achille Mbembe, Janet Roitman, »Figures of the Subject in Times of Crisis«, *Public Culture* 7, 2 (1995), 323–352.

Man könnte sich hier vielleicht mit dem behelfen, was Max Weber *Überweisung* nannte, also ein Ensemble von Transaktionen, deren Ausführung ursprünglich unmittelbar dem Staat vorbehalten war, die jedoch zu einem bestimmten Zeitpunkt von Handlangern übernommen wurden und von da an die Grundlage des orientalischen Feudalsystems bildeten. Das System der Überweisung entstand nach Weber aus der Degeneration der Geldwirtschaft und der Gefahr, in eine Tauschwirtschaft zurückzufallen, mit denen sich die orientalischen politischen Regime konfrontiert sahen.[47] Weber unterscheidet mehrere Arten von Überweisung im ptolemäischen Ägypten, in Indien, China oder dem Kalifat ab dem 10. Jahrhundert.

In allen diesen Modellen kam es dazu, dass die Steuererhebung in die Hände von privaten Gewalten oder Soldaten gelegt wurde, die sich aus den eingenommenen Steuern entlohnten. Das galt sowohl für die Steuererhebung als auch für die Aushebung von Rekruten. So entstanden nach und nach eine Reihe von Institutionen, die zunächst als Vasalleninstitutionen der feudalen Epoche gegenüber der Obrigkeit ebenso wie nach unten einen bequemen Spielraum für autonome Entscheidungen hatten. Im Geiste Webers war das System der Überweisung als Regierungstechnik und als Verfahren der Eigentumsbildung kein Ausdruck einer besonders für den Orient typischen Kultur, erlaubte es doch derselbe Herrschaftstyp, Rom zu verwalten, während das Imperium sich in einen kontinentalen Staat verwandelte. Der Unterschied zwischen der Überweisung im Orient und der Überweisung im Okzident liegt darin, dass sich im Orient die Abgabenerpressung gegenüber Ausbeutungsformen unter Einsatz von Fronarbeit durchsetzte: dadurch erhöhte sich das Risiko, in eine Tauschwirtschaft zurückzufallen.

Die Abfolge von historischen Ereignissen, die sich derzeit in Afrika vollzieht, reproduziert dieses Weberianische Modell der Überweisung nicht identisch.[48] Wenn auch in mehreren Teilen des Kontinents der

---

[47] Weber verwendet dieses Konzept in der Absicht, eine Unterscheidung zwischen Okzident und Orient zu treffen und zu zeigen, dass sich im Orient keinerlei Ausbeutungsform auf Basis der Fron entwickelte, während dagegen die Abgabenerpressung dominierte. Vgl. seine *Wirtschaftsgeschichte. Abriß der universalen Sozial- und Wirtschaftsgeschichte.* Berlin, Duncker & Humblot 1991, 65–68.

[48] Eine Zusammenfassung dieser Debatten findet sich bei Béatrice Hibou, »De la privatisation des États. Une analyse de la formation continue de l'État«, in dies. (Hg.), *La privatisation des États, op. cit.* 11–67.

Rückfall in die Tauschwirtschaft und die Entmonetarisierung real sind, so ist das Hauptphänomen doch der Tausch mitten in der Geldwirtschaft, wie Beispiele der Vorfinanzierung von Staatseinnahmen (vorzeitiger Verkauf von Bergbauressourcen gegen Budgetvorschüsse) und der massiven Veräußerung von Bergbauen und Liegenschaften an zinszahlende Unternehmen oder private Betreiber zeigen. Andererseits ist der allgemeine Kontext dieser laufenden Entwicklungen ausgeprägter materieller Mangel. Dieser spiegelt zunächst die Subsistenzkrise wider, die mehrere Länder durchmachen.

Diese Subsistenzkrise schließt ebenso diverse Formen von Knappheit und Hunger wie Versorgungsschwierigkeiten ein. Natürlich variiert ihre Intensität je nach Region, und die Gegensätze zwischen Stadt und Land, Reichen, weniger Reichen und Mittellosen sind eklatant. Doch fast überall gingen die Ressourcen der Bevölkerung in genau dem Moment und manchmal dramatisch zurück, als alle möglichen Lasten schwerer wurden: Steuern und verschiedene Abgaben, Streuung und Fragmentierung von Eigentum, Verschuldung, Verpfändung, zunehmende Mietbelastung, unterschiedliche Abstiege. Diese Subsistenzkrise ist schließlich auf die Erschütterung der Bedingungen zurückzuführen, unter denen in der derzeitigen Konjunktur die sozialen Akteure den Wert und den Preis bestimmen, den sie verschiedenen Unternehmen und Gütern zumessen, oder auch auf das Untergraben der Äquivalenzen, die sie zwischen Menschen und Dingen oder sogar zwischen Leben und Tod herstellten.[49]

Ein zentraler Aspekt dieser Subsistenzkrise bezieht sich auf die Dynamik der Beziehungen zwischen sozusagen »echtem Geld« und seinem Gegenteil und der außerordentlichen Preisvolatilität. Die Geldabwertung hat fast überall einen dramatischen Preissturz bei nicht handelbaren Gütern nach sich gezogen. Das war insbesondere bei den realen Arbeitslöhnen der Fall. Die Inflation der Preise von Grundnahrungsmitteln löste eine Kettenreaktion aus. Sehr häufig wirkte sich die Verände-

---

[49] Zu einigen Aspekten dieser Transformationen und ihren Auswirkungen auf den Bereich der Vorstellungen, vgl. Umar H. Dadem Danfulami, »Exorcising Witchcraft: The Return of the Gods in New Religious Movements on the Jos Plateau and the Benue Regions of Nigeria«, *African Affairs* 98.391 (1989), 167–193; Peter Probst, »*Mchape* '95, or, the Sudden Fame of Billy Goodson Chisupe«, *Africa* 69.1 (1999), 108–137; Lynne Brydon, »"With a Little Bit of Luck...": Coping with Adjustment in Urban Ghana, 1975–90«, *Africa* 69.3 (1999), 366–385.

rung der Währungsparität nicht auf die Wettbewerbsfähigkeit der Ökonomien aus, während die Kosten für den Import notwendiger Produktionsmittel stiegen. Preisfluktuation und Teuerung waren von einer beispiellosen Geldknappheit begleitet.[50] Wie bereits angedeutet, begann in ganzen Regionen ein Prozess der Verdrängung der Geldwirtschaft, während die Fähigkeit des Staates, in Form von Steuern Bareinnahmen zu erzielen, so schwach war wie nie zuvor.

Begünstigt von bewaffneten Konflikten und einem massiven Gewaltaufgebot, die fast überall die Restauration von autoritären Regimen und die Deregulierung der Wirtschaft erzwangen, werden die Bedingungen für die Einführung von *privater Macht* zunehmend verwirklicht. In kriegerischen Kontexten drückt sich diese Entwicklung in einer massiven Bevormundung der unbewaffneten Bevölkerung aus, die nicht flüchten und sich anderswo in Sicherheit bringen konnte. Manchmal werden enorme Produktionssysteme eingeführt, die auf Zwangsarbeit und der Einhebung von informellen Abgaben basieren (Lieferung von Nahrungsmitteln, Brennholz, Träger- und andere Dienste, Gebühren ...). Vermögen entstehen dank kriegerischer Aktivitäten. Manchmal wird die Bevölkerung auch schlicht und einfach massakriert, weil sich die postkolonialen Soldaten kaum in eine Klasse von »Leibherren« zu verwandeln suchen, deren Ziel es wäre, ihr Humankapital im Rahmen der Ausbeutung ihrer Arbeitskraft zu nutzen oder es in einen Zustand der Abhängigkeit zu bringen. Unter diesen Bedingungen bezweckt der Krieg keine wirtschaftliche Ausbeutung.

Eine andere Ökonomie und andere Formen der Machtausübung tauchen in Flüchtlingslagern und an Orten der Zwangsumsiedlung auf. Die Schaffung von Einkommen verläuft dort über das Eintreiben von Abgaben, die großteils ein Recht auf individuellen Schutz abgelten. Mangels der Vergabe von Lehen an Soldaten, die zunehmend in ihrer Mehrheit Kinder sind, garantieren die »Kriegshäuptlinge« ihnen das Recht, sich Pfründe und Anteile in Naturalien anzueignen. Diese Gewähr wird über die Plünderung von Geschäften, Häusern und Planta-

---

50 Eine wirtschaftswissenschaftliche Interpretation dieser Transformationen findet sich bei Jean-Paul Azam, »Dollars for Sale: Exchange Rate Policy and Inflation in Africa«, *World Development* 27.10 (1999), 1843–1860. Siehe weiters Filip De Boeck, »Domesticating Diamonds and Dollars: Identity, Expenditure and Sharing in South Western Zaire«, in Peter Geschiere, Birgit Meyer (Hg.), *Globalization and Identity*. Oxford, Basil Blackwell 1998.

gen und die Konfiszierung des Eigentums von Kriegsopfern umgesetzt. Aufgrund ihrer episodischen und fluktuierenden Natur verhindert sie, dass die Soldaten der unbewaffneten Bevölkerung Formen der Fronarbeit auferlegen können, die aus der Leibherrschaft über sie resultieren würden. Überall wird der Krieg – aber nicht nur er – auch vom Aufstieg einer Kultur der Immunität begleitet, die erklärt, warum der Schutz privater Akteure gesichert ist, deren Verbrechen erwiesen sind. Zum Beispiel nehmen Truppen das Recht auf Plünderung und Vergewaltigung in Anspruch. Die natürlichen Ressourcen werden an den Meistbietenden verhökert. Menschen werden öffentlich und häufig mit blanker Waffe ermordet. Der Terror wird mit Absicht entfaltet. Und niemand wird für seine Verbrechen verfolgt.

Steuerbefreiungen und rechtliche Immunität werden ebenfalls jenen gewährt, die es als Inhaber von dominanten Positionen innerhalb dessen, was vom Staatsapparat noch übrig ist, verstanden haben, sie in den nationalen, regionalen, sogar internationalen Kreisläufen der Parallelwirtschaft in Positionen zu verwandeln, die der Bereicherung dienen. Das Gleiche gilt für eine gewisse Zahl von ausländischen Maklern, versteckten Netzwerken, sogenannten humanitären Organisationen, die in diesen Ländern schon seit Langem etabliert sind oder sich vor Kurzem dort angesiedelt haben. Je nach Umständen schaffen Krieg und Austerität auch die Bedingungen für eine Ausweitung der Herrschaft über den Radius der Abstammung hinaus. Sie sind auch für die Formalisierung neuer Dispositive von Knechtschaft und Abhängigkeit günstig. Die Frage lautet also nicht so sehr, ob es Indizien für ein System der Überweisung und der Verteilung von Lehen gibt, sondern unter welchen Bedingungen die privaten Gewalten, die gerade an die Macht kommen, den Zwang zum Aufbau von Vermögen nutzen, sich öffentliche obrigkeitliche Rechte und richterliche Kompetenzen aneignen und sich mit ausreichend weitgehenden Immunitäten ausstatten können, um auf lange Sicht die Verfestigung von produktiven Knechtschaftsdispositiven zu ermöglichen und damit den Ausgangspunkt für ein völlig neues Kapitalismusmodell zu schaffen.

Ohne auf diese Fragen unmittelbar antworten zu können, muss hier die Entstehung von bedeutenden offiziellen und para-offiziellen bewaffneten Apparaten in vielen Ländern der Region erwähnt werden, die sich auf die Handhabung von Zwang und privaten Sicherheitsstrukturen spezialisiert haben und damit neue Institutionen darstellen, die mit dem Einsatz von Gewalt beauftragt sind.[51] Denn diese bewaffneten Dispositive erfüllen nicht nur kriegerische Aufgaben. Sie dienen auch als bewaffneter Arm der Schaffung von Eigentum und der Wiedereinführung von autoritären Formen der Machtausübung. Um sozialen Protestbewegungen entgegenzutreten, die überall von der Forderung nach einem Mehrparteiensystem begleitet waren, ließen die meisten afrikanischen Regime die Soldateska von der Leine (Polizisten, Gendarmen, politische Polizei, Dienste der sogenannten inneren Sicherheit, und bei Bedarf die Präsidentengarde). Sie erlaubten, dass diese sich von der Bevölkerung bezahlen ließen, zunächst im Rahmen sogenannter Operationen zur Wiederherstellung der öffentlichen Ordnung und später durch alltäglichen Zwang (Straßensperren, Razzien, Zwangseintreibung von Steuern, illegale Beschlagnahmen, Schutzgelderpressung und diverse Vergünstigungen). Ihre Disziplinlosigkeit ermöglichte es, Schnittstellen zwischen der Truppe und kriminellen und betrügerischen Milieus zu schaffen. In manchen Ländern ist die Situation so weit gediehen, dass es nicht mehr übertrieben ist, von einer »Tonton-Macoutisierung« zu sprechen.[52]

Dieses Abgleiten à la »Tonton Macoute« kann unterschiedliche Formen annehmen. Um den Schraubstock zu lockern, unter dem die öffentlichen Finanzen in einigen Ländern wegen Kampagnen des zivilen und wirtschaftlichen Ungehorsams litten, wurde verstärkt auf Beschlagnahme und Konfiszierung von Eigentum zurückgegriffen. Unter dem Deckmantel des Eintreibens von Steuern wurde auch die Zerstörung oder der Weiterverkauf von Waren generelle Praxis. In manchen Fällen wurden bestimmte Produktionsstätten oder Umschlagplätze militärisch besetzt. Periodische Brände brachen auf Märkten oder in Verwaltungsgebäuden aus, um Händler, Frächter und andere soziale Gruppen zu bestrafen, die in den Protestbewegungen die aktivsten Rollen übernahmen, Spuren der Korruption und andere kompromittierende Doku-

---

51 Herbert M. Howe, »Private Security Forces and African Stability«, *Journal of Modern African Studies,* 36.2 (1998), 307–332.

52 Der Begriff »Tonton Macoute« kommt aus der Geschichte von Haiti. Ursprünglich verwies dieser kreolische Begriff auf eine grausame und beängstigende Phantasiegestalt, deren auffälligstes Merkmal war, dass sie einen Strohsack (Macoute) trug. Später bezeichnete der Begriff die bewaffneten Milizen, die sich unter dem Regime von Duvalier formierten und die unter anderem die Funktion hatten, die schmutzigen Geschäfte der regierenden Klasse zu erledigen.

mente verschwinden zu lassen, oder auch Mangel zu erzeugen, während man die Beschaffungsquellen und Grundnahrungsmittel monopolisierte.

Oft ließ man auch Geschäfte genau dann von der Truppe schließen, wenn man das »Kleingewerbe« angriff, auf das bis heute die einfachen urbanen Schichten für ihr Überleben angewiesen sind. Mehr als früher beruht daher diese Form des Zwangs auf wirtschaftlichen Interessen. Doch diese Form des Zwangs ist auch am Aufbau von neuen Modalitäten des politischen Ausschlusses beteiligt. Denn in einem Kontext, in dem die Refinanzierung des Staates nicht mehr durch Akkumulation von Zahlungsrückständen, Vorschüsse auf Bergbaueinkünfte oder die Vorfinanzierung der Ernte von Exportprodukten möglich war, vollzieht sich die Klientelisierung der Gesellschaft durch den Staat nicht mehr über Gehälter. Sie verläuft nun hauptsächlich über die Kontrolle über den Zugang zur Parallelwirtschaft. Das Ende des Gehalts als Hauptmodalität der Klientelisierung der Gesellschaft und sein Ersatz mit »Gelegenheitszahlungen« verändern die Grundlagen, auf denen Rechte, Transfers und Pflichten bisher umfunktioniert wurden, und damit die Definition der postkolonialen Staatsbürgerschaft selbst. Heute ist Bürger, wer Zugang zu den Netzwerken der Parallelwirtschaft und dem Einkommen erhält, das diese Wirtschaft ermöglicht.

Andererseits ist die alltägliche Anwendung von Zwang nun tendenziell dezentralisiert und privatisiert: daher das Entstehen von lokalen Cliquen, die Zwangsmittel anwenden, um unlautere Gewinne zu erzielen und persönliche Rechnungen zu begleichen. Es geht nicht mehr nur um die Ausbeutung bürokratischer Positionen als einträgliche Pfründe, die zusätzliche Einnahmen bringen, wobei sich der Handel mit der öffentlichen Macht in einer Wahrnehmung von Ämtern als Eigentum äußert, das gekauft und verkauft werden kann. In manchen Fällen geht die Situation so weit, dass jeder bei seinen Untergebenen und der Klientel öffentlicher Dienste Steuern eintreibt, wobei Armee, Polizei und Bürokratie nach dem Modell der Schutzgelderpressung funktionieren und die Verwalteten schröpfen. Wie Paul Veyne bezüglich des spätrömischen Reiches angemerkt hat, »wenn die Dinge an diesem Punkt angelangt sind, kann man nicht mehr von Missbrauch, von Korruption sprechen: Man muss sich eingestehen, dass man mit einer eigenständigen historischen Formation konfrontiert ist«[53], einer sehr spezifischen Methode, das Verhalten der Bevölkerung zu kontrollieren.

Wir sind also mit einem Modus der Ausübung von Gewalt und Zwang konfrontiert, der seine eigene Wirklichkeit besitzt. In Zeiten der Deregulierung entstehen und institutionalisieren sich eigene Unterwerfungsverhältnisse. Diese Beziehungen knüpfen sich über Straßenzölle, Erpressungen, Plünderungen und Abschöpfungen. Straßenzölle, Erpressungen und Abschöpfungen sind umgekehrt mit einer bestimmten Auffassung von der Befehlsgewalt und ihrer Zirkulation in der gesamten Gesellschaft verbunden.[54] Diese Art Unterwerfungsverhältnis ersetzt die Vorhergehende, die in Gütertransfers und Gegenleistungen in Form von gleichwertigen Diensten bestand. Wie bereits betont, verband sie die Menschen nicht unbedingt durch Verträge oder Pakte, sondern durch Netzwerke aus gegenseitigen Verpflichtungen, endloses Feilschen und Verhandeln, Gesten der Freigebigkeit, Hommagen und Ehrungen, die sich häufig in ostentativen Ausgaben äußerten.[55] Schutzgelderpressungen, Straßenzölle und verschiedene Aneignungsformen von Werten, die für Zeiten der Austerität typisch sind, schreiben sich dagegen in ein Klima der Gewalt ein, in dem Beute, Besitzname und Plünderung zu den Methoden schlechthin für den Erwerb und Konsum von Wohlstand werden. Die Freigebigkeit als Regierungsmethode wird also durch Schuld, Zwangsabschöpfung, verallgemeinerte Abgaben und diverse Gebühren ersetzt.

Indem sie das Band zerreißen, das auf einer relativen Gegenseitigkeit und unterschiedlichen Transfers aufgebaut hatte, versuchen die Akteure, die die Überreste der postkolonialen afrikanischen Staaten kontrollieren, diesen Staat auf eine neue Grundlage zu stellen. In den durch diese Mutation ausgelösten Kämpfen verfügen die Inhaber der

---

53 Paul Veyne, »Clientèle et corruption au service de l'État: la vénalité des offices dans le Bas-Empire romain«, *Annales. Économies, sociétés, civilisations* 36.3 (1981), 339–360.

54 Vgl. Rémy Bazenguissa, »Milices politiques et bandes armées à Brazzaville. Enquête sur la violence politique et sociale des jeunes déclassés«, *Les Études du CERI* 13 (1996).

55 Jean-Pierre Warnier, *L'esprit d'entreprise au Cameroun*. Paris, Karthala 1993; Sara Berry, *Fathers Work for Their Sons, op. cit.*, und *No Condition Is Permanent. The Social Dynamics of Agrarian Change in Sub-Saharan Africa*. Madison, University of Wisconsin Press 1993.

Zwangsmittel über einen klaren Vorteil über alle anderen. In der Praxis können sie sich die Attribute der privaten Lehensherrschaft anmaßen, da sich die öffentliche Macht des Potentaten ebenso auf Eigentum wie auf Menschen erstreckt. Die Befehlsgewalt über Menschen ist damit nicht mehr vom Zugriff auf ihr Eigentum zu trennen. Steuern wiederum transformieren sich zu einer weitreichenden Kategorie, die an keinerlei Zustimmung geknüpft und deren Einforderung an keine präzise Vorstellung von öffentlichem Nutzen oder gemeinnützigem Gewinn gebunden ist. Zudem ist die Steuererhebung kein Aspekt des Zwangsmonopols des Staates mehr, sondern vielmehr seines Untergangs und seiner Zerstreuung innerhalb der Gesellschaft. Der Unterschied zwischen Steuer und Abgabenerpressung ist verschwunden.

Schließlich haben die Privatisierung der öffentlichen Gewalt und ihre Ausübung zu Zwecken der persönlichen Bereicherung die beschleunigte Entstehung einer Schattenwirtschaft zur Folge, wobei Elemente der Polizei, der Armee, des Zolls und des Fiskus versuchen, ihren Einfluss zu sichern (Drogenhandel, Falschgeld, Waffen und Giftmüll, Zollbetrug ...). Wenn er durchgesetzt wird, kann ein solcher Einfluss die Verdrängung dieses Sektors, von ganzen Teilen der Gesellschaft beschleunigen, die aufgrund der Austeritätspolitik dank dieser Wirtschaft ihren täglichen Lebensunterhalt außerhalb jeglicher Lohnarbeit oder direkter Patronage der Mächtigen verdienen. Was also auf dem Spiel steht, ist die Möglichkeit neuer Modalitäten der Unterwerfung und Kontrolle von Menschen.

Bisher wurde jedoch der entscheidende Beitrag der internationalen Unterstützung zu diesem Prozess der Verkrustung des Autoritarismus noch nicht ausreichend betont. Der außerordentliche Einfluss von »Netzwerken« und privaten Lobbys, das Gewicht des militärischen Elements und die Perversion der bürokratischen Logik erlaubten in mehreren Ländern die Konsolidierung von Rentensituationen, an denen nicht nur einheimische Machthaber mitschneiden, sondern auch eine ganze Reihe von Maklern, Unterhändlern, Söldnern und Unternehmern, die über Verbindungen mit dem Geheimdienst-, Armee- und manchmal dem Verbrechermilieu verfügen. In den französischsprachigen Ländern verstärkte sich die Geschäftemacherei, die bereits die gaullistischen Netzwerke kennzeichnete, und intensivierte sich unter dem Deckmantel des Managements von Privatisierungen, Schulden, Spenden, Darlehen, Vorschüssen und Subventionen, der steuerlichen Absetzung und verschiedener Außenstände noch. Heute bleibt praktisch kein Sektor mehr von Korruption und Käuflichkeit verschont, nicht einmal die diplomatischen Dienste.

Mit Hilfe von Privatisierung und strukturellen Anpassungsprogrammen bildet sich eine Konzessionsökonomie aus lukrativen Monopolen, Geheimverträgen, privaten Arrangements und unrechtmäßigen Vergünstigungen im Tabak-, Transport- und Transitsektor, in der Agroindustrie, großen Anlagenbauten, in den Sektoren Erdöl, Uran, Lithium und Mangan, im Waffenhandel und in der Ausbildung und Besetzung hoher Positionen in den Armeen und Stammesmilizen und der Rekrutierung von Söldnern. Dieser Prozess ist kein Marginalisierungsprozess, wie behauptet wird,[56] sondern so vollzieht sich die Bildung von Schnittstellen und die Verflechtung von internationalen Schmugglernetzwerken, ausländischen Maklern und Unternehmern mit lokalen Unterhändlern und »Technokraten«, wodurch ganze Teile der internationalen Wirtschaftsbeziehungen Afrikas in den Untergrund kippen.

Symptomatisch ist in dieser Hinsicht etwas, das zwar einer Erschöpfung des territorialen Staatsmodells ähnelt, das jedoch durch institutionelle Ausdifferenzierung, Zentralität und Vertikalität der politischen Verhältnisse, räumliche Abgrenzung und das Monopol auf legitime Gewaltausübung und zulässige Abgabenerhebung gekennzeichnet ist.[57] Das Dogma der »Unantastbarkeit der von der Kolonisierung geerbten Grenzen« steht unter großem Druck; zwar sicherlich nicht in dem Sinn, dass wir unkontrollierbare Schübe eines separatistischen Fiebers erleben würden, das zu einem irreversiblen Zerbrechen des territorialen Rahmens der postkolonialen Staaten nach dem Modell Jugoslawiens führen würde (ausgenommen im Fall von Äthiopien), aber sehr wohl in dem Sinne, dass identitäre Spannungen, die Dynamik der Autonomie und der Differenzierung, unterschiedliche Ausprägungen von Ethnoregionalismus, der Migrationsdruck, die Inflation der Religiosität und das zunehmende Kippen der afrikanischen Gesellschaften in die

---

[56] Die Komplexität dieser Phänomene gibt Béatrice Hibou (Hg.), *La privatisation des États*. Paris, Karthala 1999 sehr gut wieder. Siehe auch die Sondernummer von *Politique africaine* 73 (1999), die sich diesem Thema widmet: »L'État en voie de privatisation«.

[57] Vgl. Max Weber, *Wirtschaft und Gesellschaft*. Tübingen, Paul Siebeck 1922; Charles Tilly, *The Formation of National States in Western Europe*. Princeton, Princeton University Press 1975.

sogenannte Parallelwirtschaft die räumliche und soziale Organisation des Kontinents, die Bevölkerungsverteilung, das reale Funktionieren der Märkte tiefgreifend verändern und dadurch die materiellen Grundlagen der Macht verschieben.[58]

In allen Ländern, die schon vor dem Eindringen der Europäer eine ausgeprägte soziopolitische Ordnung besaßen, verschärften sich die regionalen Differenzierungen: zunächst durch die Auswirkungen der Kolonialpolitik der »Erschließung« der im 19. Jahrhundert eroberten Territorien, danach durch die der unterschiedlichen Formen von politischer Kontrolle seit dem Ende der direkten Kolonialisierungen. In vielen Fällen hat sich die Diskrepanz zwischen der formellen Unveränderlichkeit der Grenzen und ihrem wirtschaftlich und kulturell veränderlichen Charakter verschärft.[59] Konfliktstrukturen haben sich beinahe überall gezeigt, wo Ethnien, die Anspruch auf das Bodenrecht erhoben, sich von einer »allogenen« Mehrheit wirtschaftlich ausgegrenzt fühlen. Die Konstruktion eines Gefühls der Zugehörigkeit und die Neuerfindung von Identitäten verlaufen zunehmend über den Umweg von Disputen über das Erbe und über die Manipulation von Autochthonieideologien und der Berufung auf die Ahnen.[60] Ganzen Zonen, ob nun von bewaffneten Banden besetzt oder nicht, fehlt jegliche zivile Autorität.

Dank dieser Dynamiken einer territorialen Flurbereinigung und räumlichen Verschiebung ist die tatsächliche Landkarte des Kontinents dabei, sich entlang regionaler und internationaler Austausch- und Schmuggelachsen umzugestalten, die zu einem großen Teil historische Routen und Orte der Expansion der Handelsdynamik im 19. Jahrhundert gleichzeitig neu zuschneiden und transzendieren.[61] So verhält es

---

[58] Vgl. Achille Mbembe, »At the Edge of the World: Boundaries, Territoriality, and Sovereignty in Africa«, *Public Culture* 12.1 (2000).

[59] Siehe hierzu die Untersuchung von Janet Roitman, »Le pouvoir n'est pas souverain. Nouvelles autorités régulatrices et transformations de l'État dans le Bassin du lac Tchad«, in Béatrice Hibou (Hg.), *La privatisation des États*. Paris, Karthala 1999, 163–196.

[60] Siehe die Sondernummer der Zeitschrift *Africa* 68.3 (1998), die von Peter Geschiere und Josef Gugler zum Thema »The Politics of Primary Patriotism« herausgegeben wurde. Zu historischen Vorläufern dieser Fragen, siehe Sara Berry, »Unsettled Accounts: Stool Debts, Chieftaincy Disputes and the Question of Asante Constitutionalism«, *Journal of African History* 39.1 (1998), 39–62.

[61] J. Richard. Gray, David Birminghan, *Pre-Colonial African Trade: Essays on Trade in Central and Eastern Africa Before 1900*. London 1970; Claude Meillas-

sich mit den Karawanenrouten im Umkreis des Sahel, den atlantischen Strecken, den Dispositiven von Elfenbein und Edelsteinen, die Senegambia mit Katanga[62] und Katanga weiter mit dem südlichen Afrika verbinden, mit dem Handel rund um das Rote Meer und den Indischen Ozean, den Tauschbeziehungen rund um das Einzugsgebiet des Nils und ganzen Zonen, in denen am Rande offizieller Strukturen unzählige Währungen koexistieren und getauscht werden, manchmal mit Ermunterung der formellen Bürokratien und zunehmend unter Kontrolle der Reste von Fiskus und Rechtssystem und vor allem der Soldateska.[63]

Ansonsten ist die soziale und wirtschaftliche Bedeutung von Grenzen im Begriff, insofern politische Bedeutung zu erhalten, als diese nicht länger nur Staaten voneinander trennen, sondern dazu tendieren, in das Innere der Staaten vorzudringen (wie in manchen Regionen des Kongo, von Angola, Uganda, dem Sudan oder den Ländern der Sahelzone). Die Autonomisierung ganzer Regionen, der Verlust geographischer Enklaven, die mehr oder weniger von ihrer Bevölkerung verlassen wurden, Lücken und Zwischenräume innerhalb ein und desselben Staates, die Bevölkerungskonzentration rund um Flussbecken oder regionale ökologische Zonen sind so eines der prägenden Merkmale von immer mehr Ländern. Ebenso verhält es sich mit der fortschreitenden Abhängigkeit von ganzen Provinzen und manchen Staaten von ihren Nachbarn. An mehreren Orten werden diese Prozesse von einem bespiellosen Wiederauftreten von traditionellen regionalen Identitäten begleitet, von einem außerordentlichen Beharren auf der Vorgeschichte von Familie und Clan und auf Geburtsorten, sowie von einer erneuerten Dynamik von ethnischen Vorstellungen.[64] In den meisten großen urbanen Zentren, die mit Landproblemen konfrontiert sind, hat sich die Unterscheidung zwi-

---

soux, *The Development of Indigenous Trade and Markets in West Africa.* London 1971; Paul Lovejoy, Stephen Baier, »The Desert-Side Economy of the Central Sudan«, *International Journal of African Historical Studies* 7.4 (1975), 551–581; A. J. H. Latham, »Currency, Credit and Capitalism on the Cross River in the Pre-Colonial Era«, *Journal of African History* 12.4 (1971), 249–260.

62 Sylvie Bredeloup, »L'aventure des diamantaires sénégalais«, *Politique africaine* 56 (1994), 77–93.

63 Zu diesen Entwicklungen siehe die Untersuchungen von Janet Roitman, »The Garrison-Entrepôt«, *Cahiers d'études africaines* 38.150 (1998), 297–329; Karine Bennafla, »Commerce transfrontalier, État et territoire en Afrique centrale«, *Politique africaine* 73 (1999), 24–49.

64 Vgl. Achille Mbembe, »At the Edge of the World ...«, *op. cit.*

schen allogener (von anderswo gekommener, migrierter) und autochthoner (im Land selbst geborener und immer am selben Ort gebliebener) Bevölkerung durchgesetzt.[65] Diese Vervielfältigung von inneren Grenzen – gleich, ob sie imaginär oder symbolisch sind oder vor allem wirtschaftliche Kämpfe oder Machtkämpfe betreffen – und die Zunahme der Bedeutung von lokalen Zugehörigkeiten, die daraus folgt, führen zu Praktiken von Exklusion, identitärem Abschluss und Verfolgung, von denen sich bereits erwiesen hat, dass sie leicht in veritable Pogrome und sogar Genozide münden können.[66]

Neben diesen Reterritorialisierungsdynamiken entwickelt sich eine spezifische Gewaltform: der Krieg. Merken wir dazu an, dass im Kontext der wirtschaftlichen Kontraktion und Depression, auf den oben verwiesen wurde, die meisten Kriege, auch wenn sie auf kurze und lange Sicht desaströse Folgen haben, nichtsdestotrotz kleine Kriege sind. Selbst wenn die Streitkräfte eines oder mehrerer Ländern in sie verwickelt sind, handelt es sich im Allgemeinen um Bandenkriege und sehr häufig um Raubzüge, in denen sich Räuber gegenüberstehen. Wie in manchen mittelalterlichen Kriegen setzen sie kleine Einheiten und relativ primitive Waffen ein. Wenn ihre Taktik auch ziemlich rudimentär ist, enden sie dennoch in Katastrophen. Der militärische Druck zielt tatsächlich manchmal auf die schlichte Zerstörung der Überlebensmöglichkeiten der Zivilbevölkerung ab (Nahrungsmittelvorräte, Vieh, landwirtschaftliche Geräte). Plünderung und Erpressung sind nicht selten. In einigen Fällen erlaubten es diese Kriege Bandenchefs, eine mehr oder weniger kontinuierliche Kontrolle über mehr oder weniger große Gebietsabschnitte auszuüben. Eine derartige Kontrolle ermöglichte ihnen den Zugriff nicht nur auf die Bevölkerung dieser Gebiete, sondern auch auf die vorhandenen Ressourcen und Güter, die dort produziert werden. Denn es genügt nicht, von einem Land zu leben, es zu erpressen oder es zu plündern.

---

[65] Vgl. einige Beispiele in Sylvy Jaglin, Alain Dubresson (Hg.), *Pouvoirs et cité d'Afrique noire*. Paris, Karthala 1993; oder auch Jean-Pierre Dozon, »L'étranger et l'allochtone en Côte d'Ivoire«, in Bernard Contamin et al. (Hg.), *Le modèle ivoirien en questions. Crises, ajustements, recompositions*. Paris, Karthala 1997.

[66] Siehe zum Beispiel den Bericht von René Lemarchand, *Burundi: Ethnocide as Discourse and Practice*. Cambridge, Cambridge University Press 1994, oder auch Francis M. Deng, *War of Visions. Conflict of Identities in the Sudan*. Washington D.C., The Brookings Institution 1995.

Zusätzlich zur finanziellen Unterstützung durch die Diaspora, zum Ausbluten der Bevölkerung, die zu Frondiensten und Zwangsarbeit bei Transporten und der Versorgung der Truppen eingeteilt wird, muss der Rückgriff auf Darlehen, der Appel an private Finanziers, die Praxis der Konzessionen (Wald, Bergbau) und die Entstehung von bestimmten Formen der Besteuerung erwähnt werden. Die Mittel, Männer auszuheben und sie vor allem auszurüsten, erhält eine Fraktion von Unternehmen, die ein Mineralvorkommen innerhalb des kontrollierten Gebietes ausbeuten. Diese Unternehmen bauen weiterhin die Ressourcen oder Bodenschätze ab, die sie dann auf dem Weltmarkt exportieren. Umgekehrt führen sie Transfers großer Summen für diejenigen durch, die diesen Gebietsabschnitt kontrollieren, entweder über Wechsel oder andere Wege (Auszahlung von Bargeld oder Zuwendungen in Naturalien zum Beispiel). Dieses Kriegssteuersystem umfasst auch verschiedene Finanztricks wie Bußgelder, Lizenzen oder Schutzgeld, die Beschlagnahme von Immobilien und die Belastung von eroberten oder besetzten Gebieten.

Es kommt auch vor, dass die Kontrolle sich nach einer gewissen Zeit fragmentiert, wenn innerhalb der Bande Unstimmigkeiten auftreten.[67] Überall, wo sie entstanden ist, führt die kriegerische Aktivität zu einer Neuordnung der Verwaltung von Land, Gütern und Bevölkerungen sowie zu einer Veränderung der Abschöpfung von Ressourcen, ihrer Verteilung oder auch des Rahmens der Urteilsfindung in Streitfragen. Wo Krieg herrscht, führt er nicht unbedingt wie in Europa zur Entwicklung eines Staatsapparats oder einer Monopolisierung des Einsatzes von Gewalt innerhalb seiner Grenzen. Unter den aktuellen Bedingungen hat die Verbindung zwischen Krieg und dem Entstehen einer unangefochtenen zentralen Macht nichts Mechanisches. Es stimmt jedoch, dass das militärische Unternehmen mit anderen Faktoren eine der Formen ist, wie auf dem Kontinent neue Herrschaftsmethoden Gestalt annehmen. In manchen Fällen setzt sich eine umgestaltete Form von Staat durch und transformiert sich bei Bedarf zur Haupttechnik dieser Herrschaft. Das ist unter vielen anderen Umständen nicht der Fall. Hier wie auf anderen Gebieten muss auch die Überlappung zwischen lokalen und internationalen Einsätzen in Betracht gezogen werden. Immer gilt, dass Kriegssituationen dazu zwingen, die Beziehungen zwischen dem Einzel-

---

67 Dazu zum Beispiel Elisabeth Dorier-Apprill, »Guerres des milices et fragmentation urbaine à Brazzaville«, *Hérodote* 86–87 (1997), 182–221.

nen und der Gemeinschaft, die Grundlagen der Ausübung von Autorität, die Beziehung zu Zeit, Raum, Profit und dem Unsichtbaren neu zu verhandeln.[68]

GEMEINWOHL UND STEUERLICHE REGULIERUNG

Die Unterscheidung zwischen Kriegszustand und Frieden wird selbst immer unklarer. Erpressung oder allgemeine Verfügungsmacht gibt es nicht nur in Kontexten, in denen der Krieg wütet. Oft besitzen sie nur eine sehr entfernte Verbindung zu im eigentlichen Sinne fiskalischen Vorgängen. Die effektive und wirtschaftlich ausgerichtete Gewalt, gleich, ob sie sich im Modus der kriegerischen Aktivität oder des Raubs vollzieht, unterhält tatsächlich ein direktes Verhältnis mit der Vorstellung von Steuern und infolgedessen dem Problem der Staatsbildung oder seiner Zerstörung.

De facto war die Steuer in der gesamten Geschichte die bestimmende wirtschaftliche Grundlage des Staates, ebenso wie das Monopol auf legitime Gewalt einer der Schlüssel zum Prozess der Staatenbildung war. Denn über die Steuer fand die Umwandlung von Macht und Willkür in Autorität, von Zwang in Austausch statt. Im Okzident zum Beispiel war die Steuer immer mehr als nur ein Preis, und sei es für öffentliche Dienste. Sicher trägt der Untertan durch die Bezahlung von Steuern als Individuum zu den Staatsausgaben bei, die auf Kosten aller getätigt werden. Sicher kann er daraus private Befriedigung beziehen. Aber es ist nie der Einzelne als solcher, der den Anteil seines Einkommens bestimmt, der dem Staat vorbehalten ist. De facto involviert der Ablauf der finanziellen und wirtschaftlichen Berechnung der Steuer immer diese zweite Macht, den Staat, und vor dem Staat die unterschiedlichen sozialen Gruppen, die kämpfen, sich widersetzen und untereinander Kompromisse schließen. Schließlich schließt der kollektive Zwang, der einer

[68] Vgl. Tim Allen, »Understanding Alice: Uganda's Holy Spirit Movement in Context«, *Africa* 61.3 (1991), 370–399. Siehe auch K. B. Wilson, »Cults of Violence and Counterviolence in Mozambique«, *Journal of Southern African Studies* 18.3 (1992), 527–582; Adam Ashforth, »Of Secrecy and Commonplace: Witchcraft and Power in Soweto«, *Social Research* 63.4 (1996), 1183–1234; Birgit Meyer, »"Delivered From the Powers of Darkness": Confessions of Satanic Riches in Christian Ghana«, *Africa* 65.2 (1995), 236–255.

Fiskalbeziehung inhärent ist, nie ganz die Möglichkeit eines Austauschverhältnisses zwischen Steuerzahlern und Staat aus. Und dieses Austauschverhältnis unterscheidet politische Demokratien von Systemen, die auf Zwang und Willkür beruhen, da im zweiten Fall das, was man als Gemeinwohl oder öffentliches Interesse bezeichnet, nie Gegenstand einer öffentlichen Diskussion zu sein hat.

Doch kommen wir auf die Dimension der Gewalt als solche zurück, um anzumerken, dass am Anfang der fiskalischen Abschöpfung immer ein Zwangsverhältnis steht. In der afrikanischen Geschichte war und bleibt der Manifestationsort dieses Gewaltverhältnisses schlechthin der Krieg. Dieses Verhältnis wurde in Form der Beute sichtbar, die die Eroberer im Augenblick des Sieges beanspruchten. Mit der Beute konnten die Soldaten besoldet und ernährt werden, wobei sich der Krieg gelegentlich in ein Bereicherungsunternehmen verwandeln konnte. In den meisten Fällen wurde die Beute jedoch trotz aller möglichen Protokolle ohne Ordnung erobert, oft in Form von Plünderungen, und hielt nur eine Zeitlang während des Überfalls oder der Razzia vor. Auf lange Sicht hing die Produktivität vom Zufall ab, da die Plünderungen das Kapital verbrauchten, ohne dass das unbedingt zur Vermehrung des Wohlstands beitrug.

Im Grunde waren diese Razzien zerstörerisch. Die betroffene Bevölkerung wurde nicht im Besitz ihres Eigentums belassen. Ihre Produkte, das, woran sie am meisten hing, waren nicht mehr vorhanden. Ihre Arbeit war vergeudet. Und dort, wo man sein Leben retten konnte blieb nur der Schrecken. Die materielle Verheerung konnte so groß sein, dass der Transfer von Reichtum, der Profit und die Aussicht auf Lösegeld durch die Plünderung oft mit der Auflösung von Handel und Kredit endeten. Andererseits schuf ein derartiges Verhältnis nur für kurze Zeit eine Verbindung, die Eroberung. Dieser konnte eine Besatzung oder die Errichtung eines tributpflichtigen Protektorats folgen oder auch nicht. Es handelte sich also um eine völlig lapidare Handlung, fast ohne Gegenüber.

Man könnte behaupten, dass sich die Frage der Steuer früher wie auch heute als politische Frage von dem Moment an stellt, in dem man sich vornimmt, die Unordnung zu beherrschen, Gesetze zu erlassen, die private Gewalt in ihre Schranken zu weisen und Ordnung herzustellen. Historisch konnte das Problem der Einschränkung der privaten Gewalt durch das Einheben eines Tributs, die Beschlagnahme von Gütern oder

Fronarbeit gelöst werden. In allen drei Fällen behielten die unterworfenen Gruppen oft die Freiheit, ihren Lebensunterhalt zu verdienen, auch wenn sie häufig gezwungen waren, ohne Gegenleistung zu arbeiten und so regelmäßig von ihrer täglichen Arbeit abgezogen wurden. Doch ein Teil ihrer Ressourcen, ihrer Zeit, ihrer Arbeit und ihrer Produkte wurde entweder in Naturalien oder später in monetärer Form ihren Herrschern zugestanden. Diese Art von Geschäft war durch ihr willkürliches Gewicht gekennzeichnet. Die politische Bedeutung der Steuer zu Beginn der Moderne wurde von dem Moment an deutlich, als man sich bemühte, diese Willkür zu einer gegenseitigen Pflicht zwischen Untertan und Souverän zu machen, wodurch ein direkter Zusammenhang zwischen der Einrichtung der Steuer und dem Prozess der politischen Befreiung der Menschen, ihrer Entwicklung zu Bürgern besteht.

Bekanntlich dauerte dieser Prozess in den Ländern des Okzidents lange. Er vollzog sich in Verbindung mit tiefgreifenden Veränderungen in den gesellschaftlichen Strukturen, im Handel, bei den Mitteln der Kriegführung und den Rechtstechnologien, den Auffassungen von Gemeinwohl und öffentlichem Interesse, den Beziehungen zwischen Staat, Gesellschaft und Markt. Betrachten wir zum Beispiel den Fall Frankreichs. Ursprünglich nannte sich die königliche Steuer »*aide*«, »*fouage*« oder »*subside*«. Erst später nahm sie die Bezeichnung »*taille*« an.[69] Die *fouage* unterschied sich von der *aide* insofern, als diese Abgabe pro Haushalt bezahlt wurde, während ein *subside* eine Unterstützung war, die man als Subvention oder als Vergütung für geleistete Dienste an eine Einzelperson oder Gruppe bezahlte. So funktionierte alles in allem der Brauch. In der Logik der Beziehungen zwischen Lehensherr und Vasallen hatte der König die Pflicht, sein Einkommen ebenso wie alle anderen Grundherren dieser Epoche aus seinen Ländereinen zu beziehen. Doch die Regeln der Feudalherrschaft sahen auch vor, dass die Monarchie im Bedarfsfall und nicht zuletzt zur Ergänzung ihres Einkommens aus Ländereien in einem von den Bräuchen festgelegten Rahmen auf zeitlich befristete Hilfe zurückgreifen konnte. Die *taille* war

[69] Wörtlich ist eine *aide* eine Hilfestellung, die man einer Person oder einer Einrichtung zukommen lässt, die sich in Not befindet. Man greift also zu ihren Gunsten ein, indem man ihre Bemühungen unterstützt. Die Natur der *aide* besteht darin, dass sie eine temporäre Unterstützung ist. Ständig erhoben wird sie zur Sondersteuer. Hilfe kann nicht abgenötigt werden. Der Empfänger ist von demjenigen, der sie gewährt, abhängig.

eine Art Sonderabgabe, die von den Grundherren im Rahmen der feudalen Institutionen erhoben wurde. Erst später mischte sich die königliche Obrigkeit ein, nachdem sie die traditionellen Obrigkeiten verdrängt, ihren Widerstand gebrochen und die eigentlich notwendige Genehmigung der Generalstände umgangen hatte. Danach war die gesamte nicht-kämpfende Bevölkerung diesem Tribut unterworfen.

Drei Ideen waren die Grundlage dieser Abgabe. Einerseits vollzog die nicht-kämpfende Bevölkerung mit der Bezahlung der *taille* eine Art Freikauf von der Konskription, die sie davon entband, direkt an den unaufhörlichen Kriegen der Zeit teilzunehmen, während sie ihr gleichzeitig den Besitz ihres übrigen Eigentums garantierte, das so vor Plünderungen geschützt war. Andererseits wurde die *taille* zumindest am Anfang nur als zeitlich befristete Sonderabgabe erhoben. Als Sonder-»Steuer« und für Kriegszeiten typische Einrichtung gab es zumindest theoretisch keinen Grund, dass sie weiterbestehen sollte, wenn ihr Anlass gegenstandslos wurde. Letztlich war sie nicht Teil der hoheitlichen Rechte. Da sie keine regelmäßige Pflicht der Untertanen gegenüber dem Souverän darstellte, konnte sie nicht ohne die Zustimmung der Steuerzahler erhoben werden.[70]

Es ist also klar, dass zu Beginn eine der Funktionen der Steuer darin bestand, Mittel für die Kriegführung zu lukrieren (Männer, Ausrüstung, Geld, Waffen). Die Steuer erfüllte insofern eine entscheidende Funktion in der Entstehung der westlichen Staaten, als ihre Einführung untrennbar mit der Schaffung und der Finanzierung eines riesigen militärischen und der Abschöpfung dienenden Apparats verbunden war. Die Schaffung eines solchen zentralisierten Apparats war Teil eines langen Prozesses, dem Übergang vom Recht auf private Kriegführung (bis zum Ende des Mittelalters von den feudalen Grundherren eingefordert und ausgeübt) zur Vorstellung eines Monopols auf das Recht auf Kriegführung, das auf den König als Souverän und Verantwortlicher für die öffentliche Ordnung übergegangen war. Insofern war die Steuer für Entstehung und Entwicklung zweier miteinander verbundener Begriffe, öffentliche Autorität und Gemeinwohl, entscheidend.

70 Zu diesen und den vorhergehenden Anmerkungen vgl. Gabriel Ardant, *Histoire de l'impôt*. Paris, Fayard 1971; Edmond Esmonin, *La taille en Normandie au temps de Colbert, 1661–1683*. Genf, Mégariotis Reprints 1978, 2–10.

Diese beiden Begriffe entwickelten und festigten sich im Gegensatz zum Gewohnheitsrecht, das auf private Gewalt zurückgriff, um sich Gerechtigkeit zu verschaffen. Und langsam drängte die Vorstellung von einer öffentlichen Autorität, die im Interesse des Gemeinwohls ausgeübt wird, das Recht auf private Gewalt in den Hintergrund.[71] Gewaltmonopol und Steuermonopol rechtfertigten und verstärkten sich damit gegenseitig.[72] Allerdings gab es niemals Steuern ohne eine gewisse Organisation des Zwangs, weder in den Ländern des Westens noch in der afrikanischen Geschichte, das heißt einer Art, »die Untertanen zu misshandeln«, sie zu verwalten, das Ausquetschen, die Ausbeutung und die Beherrschung der Menschen sicherzustellen. Den Zwang auf eine möglichst effiziente Art zu organisieren, setzte immer eine stabile Kontrolle über die Bevölkerung eines gegebenen Gebiets voraus. Eine solche Kontrolle hat nur dann Sinn, wenn sie den Zugriff auf einen Teil der Ressourcen, Güter und Dienste ermöglicht, die in diesem Territorium produziert werden.

Man ist also mit zwei widersprüchlichen Strömungen konfrontiert. Einerseits ist seit der römischen Epoche ein Prinzip allgemein anerkannt, an das Juristen bei Bedarf gerne erinnern: das Recht zu gebieten als eines der Attribute der souveränen Macht (Vorstellung der Steuerhoheit). Andererseits wird die Zustimmung zur Steuer langsam ein Prinzip des öffentlichen Rechts: Der Souverän hatte außerhalb seines Grundbesitzes kein Recht, nach Belieben Steuern zu erheben. Und um die Zustimmung der Grundherren und der Provinzstände zu erhalten, musste er sich mit einem besonderen Bedarf rechtfertigen. Auch zwischen dem freien und freiwilligen Wesen der Steuer und ihrer Dimension

---

[71] Vgl. Richard W. Kaeuper, *War, Justice and Public Order: England and France in the Later Middle Ages.* Oxford, Oxford University Press 1988, 220–226.

[72] Norbert Elias: »... die freie Verfügung über militärische Machtmittel ist [...] einer Zentralgewalt vorbehalten, welche Gestalt immer sie haben mag, und ebenso ist die Erhebung der Steuerabgaben vom Besitz oder vom Einkommen der einzelnen Menschen in den Händen einer gesellschaftlichen Zentralgewalt konzentriert. Die finanziellen Mittel, die so zur Verfügung dieser Zentralgewalt zusammenströmen, halten das Gewaltmonopol aufrecht, das Gewaltmonopol hält das Abgabenmonopol aufrecht.« in *Über den Prozess der Zivilisation, Bd. 2: Wandlungen der Gesellschaft.* Frankfurt/Main, Suhrkamp 1997, 151; siehe auch Lorenz von Stein, »On Taxation«, in Musgrave & Peacock, *Classics in the Theory of Public Finance.* New York, MacMillan 1967, 28–36.

des Zwangs besteht eine Spannung. Diese beiden Abgabentheorien rivalisieren bis zu ihrer Versöhnung im demokratischen Regime.

Diese Tradition, die sich im 19. Jahrhundert in die Kolonien verbreitet hat, ist allerdings auch diejenige, der zufolge der Staat in Gestalt des Königs Herr über Leben, Ehre und Eigentum seiner Untertanen ist. Dieser Tradition zufolge besitzen die Untertanen ihr Eigentum nur im Nießbrauch. In Wahrheit steht es durch das Recht der Souveränität im Eigentum von König und Staat. König und Staat überlassen ihnen nur den Fruchtgenuss. In manchen Fällen kann der souveräne Fürst jedoch gegen deren Willen über das Eigentum Einzelner verfügen. Daher nehmen Staat und König in der Einforderung von Steuern nur einen Teil ihres eigenen Eigentums zurück. Immer noch dieser Tradition zufolge ist die Steuer einerseits aufgrund der Notwendigkeit zu rechtfertigen, den öffentlichen Wohlstand und das Gemeinwohl zu sichern; andererseits erklärt sie sich aus der Sorge, die Untertanen im Gehorsam zu halten. In diesem Sinne stellt sie das Kennzeichen der Unterwerfung selbst dar. Dank der Steuer gerät den Untertanen ihre Lage nicht in Vergessenheit, denn, in den Worten von Richelieu, »wenn sie vom Tribut befreit wären, würden sie glauben, sie seien es auch vom Gehorsam«. Gleich einem Maultier muss man sie an ihre Last gewöhnen.[73]

Kommen wir auf den afrikanischen Fall zurück, um zu betonen, dass in den oben beschriebenen Kontexten eine neue Organisationsform der Macht, die auf der Kontrolle der vorrangigen Zwangsmittel beruht (Streitkräfte, Einschüchterungsmittel, Inhaftierung, Enteignung, Morde) im Rahmen von Territorien entsteht, die keine vollwertigen Staaten mehr sind, deren Grenzen mehr oder minder feststehen oder sich zumindest je nach militärischen Unwägbarkeiten ändern, in denen aber das Recht auf Abgaben, die Anhäufung von Vorräten, Tribute, alle möglichen Straßenzölle, Mieten, Steuern, Zehnte und willkürliche Forderungen es erlauben, Kriegerbanden, den Anschein eines zivilen Apparats und einer Zwangsstruktur zu unterhalten, während sie weiterhin Teil internationaler (formeller und informeller) Netzwerke der zwischenstaatlichen Zirkulation von Geld und Reichtum sind (Elfenbein, Dia-

[73] Zu diesen Diskussionen vgl. Richelieu, *Testament politique,* Bd. 1, 225; Bossuet, *Politique tirée de l'Écriture sainte,* VI, II, Abs. 3; Lebret, *De la souveraineté du roy,* Buch III, Kap. VII; Lacour-Gayet, *L'éducation politique de Louis XIV,* Buch II, Kap. VIII; Bodin, *De la république,* Buch I, Kap. VIII; La Mothe Le Vayer, *La politique du prince.* Paris 1655.

manten, Holz, Mineralien ...). Das ist etwa in allen Ländern der Fall, in denen der Prozess der Privatisierung der Souveränität mit Krieg verknüpft war und auf einer beispiellosen Verflechtung der Interessen von Maklern, Unternehmern, internationalen Händlern und lokalen Plutokraten beruhte.[74]

Von welchem Punkt die Untersuchung auch ausgeht, wir sind also in Afrika Zeugen des Entstehens einer neuen politischen Ökonomie und der Erfindung neuer Zwangssysteme und Ausbeutungsstrategien. Im Moment ist die Frage, ob diese Prozesse mit dem Auftauchen eines zu Geld gemachten Zwangssystems enden werden, das ausreichend kohärent ist, um eine Veränderung in der Organisation der Produktion und der Klassenstruktur der afrikanischen Gesellschaften herbeizuführen; und ob die Unterwerfung der Afrikaner, die sie voraussetzen, die Exklusion und Ungleichheit, die sie nach sich ziehen, anerkannt werden und die Gewalt, die ihre Folge ist, so weit sozialisiert werden wird, dass sie wieder zum öffentlichen Gut wird.

Man mag sich auch fragen, inwieweit die Gewalt (Plünderungen, Ausschreitungen, Erpressungen ...) und die Ungleichheit, die diesen Prozessen inhärent sind, nicht riskieren, die Vernichtung der »Umgangsformen« auszulösen, von denen man weiß, dass sie ein wesentlicher Teil jeder bürgerlichen Zugehörigkeit sind. Fiskalkrise, Hunger, Bevölkerungsbewegungen, die diese Neuzusammensetzung begleiten, lassen vermuten, dass es sich derzeit einfach um einen Kampf zwischen räuberischen Elementen handelt. Doch nichts spricht dagegen, dass aus Verbrechen langfristig Wohlstand und Demokratie entstehen können. Inzwischen bahnen sich außerhalb der staatlichen Sphäre neue Zugehörigkeitsformen und Formen der gesellschaftlichen Eingliederung an (Errichtung von »Ligen«, »Korporationen« und diversen »Koalitionen«). Es besteht daher kein Zweifel, dass die meisten der religiösen und therapeutischen Bewegungen, die sich im heutigen Afrika so rasant verbreiten, Orte der Sichtbarkeit darstellen (ohne dass sie darauf zu reduzieren wären), die zwar mehrdeutig sind, an denen jedoch neue normative Systeme, neue gemeinsame Sprachen und der Aufbau neuer Autoritäten verhandelt werden. Doch noch einmal, nichts spricht hier

---

[74] Siehe hierzu die Detailbeispiele in der Untersuchung von William Reno, *Corruption and State Politics in Sierra Leone*. Cambridge, Cambridge University Press 1995.

dafür, dass die Vervielfältigung dieser »getrennten Sphären« und ihre Affirmation im öffentlichen Raum etwas anderes spiegeln als eine heteronome und zersplitterte Auffassung von der »politischen Gemeinschaft«.

Die Grundfrage, jene nach dem Auftauchen eines Rechtssubjekts, stellt sich also weiterhin. Die Geschichte anderer Weltregionen zeigt, dass Steuern das Element waren, das außerhalb interpersoneller Loyalitäten dazu gedient hat, die Verbindung zwischen Regierten und Regierungen zu definieren. Zwar verfügte der Staat über Mittel, die Rechtssubjekte zu etwas zu »zwingen«. Doch zumindest in der Theorie konnte er nur Zwang ausüben, indem er sich selbst verpflichtete. Er hatte nur so weit das Recht auf Abschöpfung als seine Untertanen, die in Versammlungen repräsentiert waren, Einfluss auf Abgaben, die Formen ihrer Erschließung und die Ausgaben ausübten. Über diesen Prozess konnte sich der Staat als Gemeinwohl definieren und nicht mehr allein als Herrschaftsverhältnis. Über diesen Prozess verwandelte er auch sein Recht auf die Ausübung von Zwang durch Eigenverpflichtung in die Macht, Recht zu sprechen. Und schließlich sprach sich der Untertan über diesen Prozess einen Status in der politischen Ordnung zu, insofern als er, indem er die Steuern zahlte und ein Mitspracherecht hinsichtlich ihres Zwecks hatte, juristisch seine Fähigkeit objektivierte, indem er sich mit dem Staat auf ein Spiel von Anspruchsrechten einließ, der sich damit wiederum mit einem öffentlichen Ansehen ausstattete, weil er eben seine souveräne Macht unter Einhaltung des Rechts einsetzte. Genau das macht möglicherweise die Entwicklung der politischen Moderne aus.

3
Ästhetik der Vulgarität

»Afrika, die große Scheiße, in der jeder seinen Platz verweigert.
Ein Scheißhaufen, ein mieser Scheißhaufen, diese Welt!
Nichts anderes als ein einziger, großer Markt der Scheiße.«
Sony Labou Tansi,
Die tödliche Tugend des Genossen Direktor

In den folgenden Zeilen untersuchen wir, was die Banalität der Macht in der Postkolonie ausmacht. Mit Banalität der Macht sind nicht nur die Prävalenz von bürokratischen Formalitäten, die hartnäckigen impliziten oder expliziten Regeln, also die Routinen gemeint. Das Erwartete gehört zur Ordnung der Banalität, weil es sich ohne große Überraschung in alltäglichen Gesten und Tatsachen wiederholt. Unter Banalität der Macht verstehen wir ebenso das Element von Obszönität, Vulgarität und Groteske, das Michail Bachtin nur in inoffiziellen Kulturen identifizieren zu können scheint[1], das jedoch in Wirklichkeit gleichzeitig für jedes Herrschaftsregime und jede Modalität seiner Dekonstruktion oder Ratifizierung konstitutiv ist.

Das Konzept der *Postkolonie* verweist einfach auf die eigene Identität einer gegebenen historischen Entwicklung: jene der Gesellschaften, die vor Kurzem aus der Erfahrung der Kolonisierung getreten sind, wobei diese als die Gewaltbeziehung schlechthin verstanden werden muss. Doch darüber hinaus ist die Postkolonie eine chaotische Pluralität mit einer inneren Kohärenz, eigenen Zeichensystemen, eigenen Arten, Scheingefechte zu entwickeln oder Stereotype zu rekonstruieren, einer spezifischen Kunst der Maßlosigkeit, besonderen Formen, das Subjekt seiner Identitäten zu berauben.[2] Dennoch ist sie nicht nur eine Ökono-

---

1 Wir denken hier vor allem daran, wie er über die karnevalesken Spiele berichtet, über die inoffizielle Kulturen die offiziellen Werte umkehren und profanisieren. Vgl. Michail Bachtin, *Rabelais und seine Welt. Volkskultur als Gegenkultur,* hg. von Renate Lachmann. Frankfurt/Main, Suhrkamp 1987.

2 Bezüglich der Art, wie das im afrikanischen Roman beschrieben wird, siehe Sony Labou Tansi, *Verschlungenes Leben,* aus dem Französischen von Bettina Kobold. Zürich, edition 8 1981.

mie der Zeichen, in der Macht *imaginiert* wird. Sie besteht ebenso aus einer Reihe von Körpern, Institutionen und Erfassungsapparaten, durch die sie zu einem sehr spezifischen Gewaltregime wird,[3] das ebenso erschaffen kann, worüber es ausgeübt wird, wie den Raum, in dem es sich entfaltet. Deshalb stellt uns die Postkolonie auf markante Weise das Problem der Unterwerfung und ihrer Folgen, die Disziplinlosigkeit oder sozusagen die Emanzipation des Subjekts.

Im Hinblick auf derartige Entwicklungen fragen wir also, über welche Operationen die Staatsmacht (die im vorhergehenden Kapitel als Befehlsgewalt oder postkoloniale Machthaber bezeichnet wurde)

1. politisch ihre eigene Bedeutungswelt *erzeugt*, die sich jedoch als so zentral ausgibt, dass sie danach strebt, die Ausbildung jeder anderen Bedeutung in diesen Gesellschaften zu konditionieren;

2. bemüht ist, ihre Bedeutungswelt als »gesellschaftlich-geschichtliche Welt«[4] zu setzen, das heißt versucht, sich vollständig in die Realität einzuschreiben, indem sie diese nicht nur in das Bewusstsein ihrer Zielgruppe *einprägt,* sondern auch in die Vorstellungswelt einer Epoche;

3. schließlich will ich herausfinden, ob unter den oben angesprochenen Bedingungen die binären Kategorien, die in der klassischen Herrschaftskritik angewandt werden (»Widerstand/ Passivität«, »Unterwerfung/ Empowerment«, »Staat/ Zivilgesellschaft«, »Hegemonie/ Gegenhegemonie«, »Totalisierung/ Enttotalisierung«), noch von Nutzen sein können;[5] oder ob sie unser Verständnis der postkolonialen Beziehung nicht noch weiter trüben.[6]

---

3 Siehe Achille Mbembe, »Pouvoir, violence et accumulation«, *Politique africaine* 42 (1990). Siehe hierzu auch die Sondernummer der Zeitschrift *Politique africaine* 2.7 (1982), die sich mit dem »*pouvoir de tuer*«, der Macht zu töten, auseinandersetzt. Eine aktuellere Auseinandersetzung findet sich bei Christian Geffray, *La cause des armes au Mozambique. Anthropologie d'une guerre civile.* Paris, Karthala 1990.

4 Zu dieser Form der »Problematisierung«, vgl. Cornelius Castoriadis, *Gesellschaft als imaginäre Institution,* aus dem Französischen von Horst Brühmann. Frankfurt/Main, Suhrkamp 1990.

5 Zu diesen hochkomplexen Fragestellungen, vgl. Jean-François Bayart, »L'énonciation du politique«, *Revue française de science politique* 35 (1985), 343–373.

6 Die Dürftigkeit vieler forschungsleitender Hypothesen ist in dieser Hinsicht vielsagend; die Frage, die sich die Forschung stellt, beschränkt sich auf das Problem, ob die Handlungen, die sie beschreibt und interpretiert, sich in einen Wider-

Das Grundargument dieser Studie ist, dass sich die Befehlsgewalt[7] in der Postkolonie nach Art eines *Fetisch* einzuschreiben beabsichtigt.[8] Zeichen, Sprachen und Erzählungen, die sie produziert, sind nicht nur dazu bestimmt, zu Repräsentationsobjekten zu werden. Sie sollen auch mit einem Sinnüberschuss ausgestattet sein, der nicht diskutiert werden und von dem sich niemand abheben darf. So wird verständlich, warum es von Interesse ist, sich mit den Ergebnissen solcher Operationen zu beschäftigen, mit den Anordnungen der Welt, die sie letztlich produzieren, den institutionellen Formen, Wissen, Normen und Praktiken, die sie absondern, der Art, wie diese Institutionen, Wissensformen, Normen und Praktiken den Alltag einfassen und strukturieren und was sie dem Subjekt bezüglich der Beziehungen zwischen Herrschaft und Auflehnung zu sehen und zu denken geben.

---

standsprozess oder einen Prozess der Anpassung an die etablierte Ordnung einschreiben oder nicht; das Problem von »Engagement« oder »Rückzug« gegenüber dem Feld der Herrschaft, oder, noch plumper, die Frage, ob sie »konservativ« oder »fortschrittlich« sind. Einige Beispiele von in letzter Zeit geführten Diskussionen und Versuchen, diese Sackgassen zu überwinden und gleichzeitig die Forschungshypothesen zu vertiefen, finden sich bei Victor Azarya, Naomi Chazan, »Disengagement from the State in Africa: Reflections on the Experience of Ghana and Guinea«, *Comparative Studies in Society and History* 29.1 (1987), 106–131; in den Studien in der Aufsatzsammlung von Donald Rothchild und Naomi Chazan (Hg.), *The Precarious Balance: State and Society in Africa.* Boulder, Westview Press 1988; und vor allem in den Arbeiten von Peter Geschiere zur »Zauberei«, insbesondere *État et sorcellerie au Cameroun.* Paris, Karthala 1995, und James Scott, *Weapons of the Weak.* New Haven, Yale University Press 1985.

7 Der Begriff »Befehlsgewalt« ist in seiner kolonialen Bedeutung zu verstehen, das heißt insofern, als er die Macht- und Zwangsstrukturen, die Instrumente und Akteure ihrer Umsetzung sowie einen Stil der Beziehung zwischen jenen, die Befehle geben, und jenen umfasst, die widerspruchslos zu gehorchen haben. Die Vorstellung von einer »Befehlsgewalt« verweist hier also auf die autoritäre Modalität schlechthin. Dazu, wie sie von der Kolonialmacht theoretisiert wurde, siehe u. a. Robert Delavignette, *Freedom and Authority in French West Africa.* London, Frank Cass 1968; oder allgemeiner William B. Cohen, *Rulers of Empire.* Stanford, Hoover Institution Press 1971.

8 Zum Begriff des »Fetisch«, wie er im afrikanischen Kontext angewandt wurde, vgl. die Sondernummer der *Nouvelle Revue de Psychanalyse* 2 (1970) mit dem Titel »Objets du fétichisme«, und insbesondere die Beiträge von Jean Pouillon, Alfred Adler und Pierre Bonnafé, 131–194.

Der Fall von Kamerun, der als Diskussionsgrundlage dienen wird, zeigt, dass Groteske und Obszönität in der Postkolonie Teil der eigentlichen Identität der Herrschaftsregime sind. Bachtin behauptet, dass Obszönität und Groteske vor allem Sache des Pöbels seien. Als Mittel des Widerstands gegen die dominante Kultur und Fluchtpunkt (zweites Leben) stellten diese Handlungen gleichzeitig Parodien dar, die den offiziellen Kanon untergraben, sie legen sein arbiträres und vergängliches Wesen offen und machen ihn zu einem grundsätzlich lächerlichen Gegenstand.[9] Eine Antwort auf die zu Beginn dieses Kapitels angesprochenen Fragen verlangt jedoch eine Verlagerung des Blicks, sodass Obszönität und Groteske ebenso (1) an Orten und in Zeiten ausgemacht werden können, wo die Staatsmacht die Inszenierung ihrer Prachtentfaltung organisiert; (2) in dem Apparat, mit dem sie ihre Majestät und ihr Prestige inszeniert; und (3) in der Art, wie sie diese ihren Adressaten zur Bewunderung vorlegt.

Wie ist zudem die postkoloniale Beziehung zu charakterisieren, wenn nicht als promiske Beziehung: eine gesellige Spannung zwischen der Befehlsgewalt und ihren Adressaten. Eben diese Logik von Vertrautheit und Zahmheit hat unerwartete Folgen, nicht unbedingt Widerstand, Anpassung, Rückzug, Verweigerung der Erfassung[10] oder Gegensatz zwischen öffentlichen Gesten und Handlungen und anderen, verborgenen, sondern die gegenseitige Zombifizierung der Herrschenden und jener, die sie angeblich beherrschen. Sie bewirkt, dass sie sich gegenseitig schwächen und blockieren, und das im heimlichen Einverständnis, also in der *Machtlosigkeit*.

Die in diesem Kapitel vorgelegten Beispiele erlauben die These, dass die Postkolonie nicht aus einem einzigen, sondern aus einer Vielzahl von öffentlichen Räumen besteht, deren jeder mit einer eigenen Logik ausgestattet ist, was nicht verhindert, dass diese sich an spezifi-

---

9 Das versucht etwa eine Studie zu beweisen, die sich mit dem Karneval im England der Renaissance beschäftigt. Vgl. M. Bristol, *Carnival and Theater. Plebeian Culture and the Structure of Authority in Renaissance England*. New York, Methuen 1985. Andere Auseinandersetzungen etwa bei Alessandro Falassi (Hg.), *Time Out of Time: Essays on the Festival*. Albuquerque, University of New Mexico Press 1987; und die Untersuchung von Deborah A. Poole, »Accomodation and Resistance in Andean Ritual Dance«, *The Drama Review* 34.2 (1990), 98–126.

10 Hier denken wir an Goran Hyden, *Beyond Ujama in Tanzania: Underdevelopment and an Uncaptured Peasantry*. London, Heineman 1980.

schen Orten verflechten und den Postkolonisierten zwingen, sich im Zickzack zu bewegen, zu feilschen. Der Postkolonisierte verfügt übrigens über eine einzigartige Fähigkeit, nicht nur eine einzige Identität zu mobilisieren, sondern mehrere, die alle flüchtig sind, weshalb sie ständig neu verhandelt werden müssen.[11]

Wenn es in der Postkolonie denn ein »Subjekt« gibt, kann es also öffentlich nur am Kreuzungspunkt zwischen den Alltagsritualen der Ratifizierung des Fetisch in Erscheinung treten (dem Modus, in dem die Befehlsgewalt sich zu institutionalisieren sucht), zu denen es gezwungen ist, und der ständigen Entfaltung eines Pragmatismus von Spiel und Amüsement, der es zu einem *homo ludens* schlechthin macht. Diese ermöglicht es den Adressaten der Macht auch, ihre Identitäten zu vervielfältigen, erlaubt ihnen, sich ständig in neuen Gestalten und veränderlichen, diversen, unbeständigen und reversiblen Facetten zu präsentieren, sei es in sozusagen öffentlichen Räumen oder anderswo. Damit zeigt sich, dass es ganz falsch wäre, die postkoloniale Beziehung weiterhin in Begriffen von Widerstand oder absoluter Herrschaft oder in Funktion der Dichotomien und binären Kategorien zu interpretieren, die im Allgemeinen in der klassischen Kritik von Auflehnungs- und Widerstandsbewegungen angebracht sind (Gegendiskurs, Gegengesellschaft, Gegenhegemonie, Parallelgesellschaft ...).[12]

FIGUREN DES EXZESS UND KREATIVITÄT DES MISSBRAUCHS

Diese Vorgangsweise – ebenso wie die Art der Fragen, die auf dem Spiel stehen – erfordert einige zusätzliche Erklärungen, und zwar

---

[11] Das verdeutlichen die Arbeiten von Sara Berry, etwa ihr *No Condition is Permanent: The Social Dynamics of Agrarian Change in Sub-Saharan Africa.* Madison, University of Wisconsin Press 1993.

[12] Diese vereinfachende Dichotomie greift aus Bequemlichkeit James Scott in seinem *Domination and the Arts of Resistance: The Hidden Transcript.* New Haven, Yale University Press 1990 auf. Sie ist jedoch auch in Arbeiten von osteuropäischen Soziologen sehr präsent. Siehe zum Beispiel Elemér Hankiss, »The Contemporary Hungary?«, *Social Research* 55.1–2 (1988). Derartige binäre Kategorien finden sich auch bei John Comaroff, *Body of Power, Spirit of Resistance. The Culture and History of a South African People.* Chicago, University of Chicago Press 1985.

zunächst bezüglich Groteske und Obszönität als Modi der Produktion, Dekonstruktion oder Anerkennung von bestimmten Gewalt- und Herrschaftsregimes. In einer Untersuchung über den von ihm so bezeichneten politischen Spott in Togo bemühte sich Comi Toulabor vor einigen Jahren, einige der Mechanismen aufzudröseln, über die einfache Leute den üblichen oder konventionellen Sinn von Wörtern verdoppeln und ihnen Zweitbedeutungen verleihen, und wie sie über diesen Umweg gegenüber dem offiziellen Diskurs einen zweideutigen Wortschatz aufbauen können.[13] Nun war Togo zu dieser Zeit das Beispiel für eine postkoloniale Konstruktion, in der der offizielle Diskurs mit allen Mitteln die Fiktion einer konfliktlosen Gesellschaft aufrechtzuerhalten versuchte. Die Postkolonialität ließ sich hier in Gestalt einer Instanz beobachten, in der sich der Machthaber gleichzeitig als nicht von der Gesellschaft verschieden und als Träger von Gesetz und Wahrheit dachte. Der Staat war angeblich in einer Person verkörpert: dem Präsidenten. Er allein verfügte über das Gesetz und konnte alleine Freiheiten gewähren oder sie aufheben, da sie hier leicht handhabbar waren, ebenso wie in Kamerun der Staatschef in einer Rede erklären konnte: »Ich habe euch zu Freiheit und Demokratie geführt (...) Ihr habt nun die Freiheit, macht sie euch gut zunutze.«[14]

Die Einheitspartei, der *Rassemblement du peuple togolais* (RPT), versuchte ihrerseits, das gesamte öffentliche und gesellschaftliche Leben zu bestimmen, es dem Dienst an den verordneten gemeinsamen Zielen zu unterwerfen und die Einheit des Volkes zu bekräftigen, innerhalb dessen sich keinerlei Bruch auftun durfte. In einem derartigen Umfeld erschien jegliche Dissidenz als faktisch verleugnet, wenn sie nicht administrativ unterdrückt oder ganz einfach gewaltsam enthauptet wurde. Während man also eine ihres Antriebs beraubte Gesellschaft vorzufinden erwartet hätte, verblieb nicht nur außerhalb der offiziellen Räume (das heißt, wenn sie weit entfernt von den Augen und Ohren der Macht geäußert wurden)[15] zwischen der Vorstellung, die der Machthaber von

---

[13] Siehe Comi Toulabor, »Jeu de mots, jeux de vilain. Lexique de la dérision politique au Togo«, *Politique africaine* 3 (1981), 55–71, und auch sein *Togo sous Eyadéma*. Paris, Karthala 1986, insbesondere 302–309.

[14] Vgl. *Cameroon Tribune* 4778, 4. Dezember 1990, 11.

[15] Diesbezüglich verweise ich auf die Analyse von Michael Schatzberg über den Staat als »Auge« und als »Ohr« in *The Dialectics of Oppression in Zaire*. Bloomington, Indiana University Press 1988.

sich und der Gesellschaft vermittelte, und den populären Aussprüchen, die mit dieser Vorstellung spielten und sie umgingen, eine Diskrepanz, sondern auch an eben den Orten und zu eben den Zeiten, an denen das einfache Volk aufgerufen war, ihre Gültigkeit öffentlich zu bekräftigen.

Es bestanden also Fluchtlinien, ganze Bereich des gesellschaftlichen Diskurses entgingen der Befehlsgewalt auf diskontinuierliche oder ununterbrochene Weise. Ein Beispiel dafür sind Sprechakte, einer der Anhaltspunkte der Alltäglichkeit – und damit der Banalität. So verhielt es sich, als die Togolesen aufgefordert wurden, die Slogans der Einheitspartei zu deklamieren, und daraufhin unter der Hand den großen und unbeugsamen präsidentiellen Phallus besangen, seine Erhaltung in diesem Zustand oder seinen Kontakt mit dem »vaginalen Wasser«. »Der mächtige Schlüssel von Eyadéma ist in das Schloss eingedrungen. Völker, zollt ihm Beifall!« »Iss dein Teil, Paul Biya«, skandieren im Echo die Kameruner, wobei sie auf die intensivierte Privatisierung des Staates anspielen, die sich in ihrem Land seit 1982 vollzieht. Diese Wilderei ging manchmal noch weiter. So etwa, als das Kürzel der Partei (RPT) explizit mit dem »Geräusch, wenn Fäkalien in die Klärgrube fallen,« verglichen wurde. Oder wenn damit »das Geräusch eines durch das Spiel des Gesäßes modulierten Furzes« verbunden wurde, ein Furz (*pet*), der im Übrigen »nur stinken kann«.[16] »Redépécez!« (Zerstückelt weiter!) wurde wiederum von den Kamerunern bevorzugt, die damit der Bezeichnung der ehemaligen Einheitspartei, der RDPC (*Rassemblement démocratique du peuple Camerounais*) einen anderen Sinn verliehen und gleichzeitig den Staat in die Vorstellungswelt von Futtertrog, Beuterecht und Verteilung des Geraubten zurückholten.

Die Obsession mit Körperöffnungen, Gerüchen und Genitalien beherrschte also die togolesischen Konfigurationen des Lachens der kleinen Leute, wenn sie auch im mündlichen oder schriftlichen Ausdruck der Beherrschten anderer schwarzafrikanischer Länder nicht fehlte. Als Beispiel und zur gleichen Zeit beschrieb der kongolesische Romanautor Sony Labou Tansi unaufhörlich »die üppigen entfesselten Hüften« und den »unentbehrlichen und bezaubernden Arsch« der Mädchen, wenn er sich nicht einfach mit den »Tropikalitäten Seiner Exzellenz« und dessen

---

16 Ein anderes Beispiel für die Wilderei in den rhetorischen Territorien eines pseudo-revolutionären Regimes, in diesem Fall Burkina Faso unter Sankara, findet sich bei Claude Dubuch, »Langage du pouvoir, pouvoir du langage«, *Politique africaine* 20 (1985), 44–53.

Fähigkeit beschäftigt, einen »Fingerorgasmus« auszulösen, als sein natürliches Glied eine temporäre Schwäche zeigt:

> Der Führer der Vorsehung wollte ein letztes Mal seine Waffen inspizieren und begab sich aufs Klosett. Dort entblösste er sich – für die Frau [...] gedachte er lange Spezialgänge mit schäumenden Intervallen einzulegen. Die langanhaltenden saftigen würden ihm wohl nicht mehr gelingen, denn seine Lenden waren durch seine zeitweilige Impotenz in ein buntes Chaos geraten. Auch seine guten alten Knallpetarden und Knallpfropfen würde er nie mehr hinkriegen. Sein Unterleib hatte stark gealtert, doch war er noch ein würdiges Mannsbild, zuweilen sogar noch ein leistungsfähiges: Die wogenden und auch andere schaffte er noch.[17]

Diese Prävalenz von Körperöffnungen und Ausbuchtungen ist unter anderem im Zusammenhang mit zwei Faktoren zu interpretieren. Der erste ergibt sich aus der Tatsache, dass das Temperament der Befehlsgewalt in der Postkolonie hemmungslos ist. Feste und Volksbelustigungen sind in dieser Hinsicht zwei privilegierte Ausdrucksmodalitäten. Die Sprache ihrer Formen und Symbole besteht jedoch vor allem aus Mund, Penis und Bauch.[18] Hier ist allerdings zu betonen, dass es vom Standpunkt der postkolonialen Gouvernementalität nicht ausreicht, Mund, Bauch oder Penis in Aktion zu bringen oder sich darauf zu beziehen, um automatisch Obszönität zu erzeugen. Mund, Bauch und Penis, die in Sprechakten und im plebejischen Lachen angesprochen werden, beziehen sich vor allem auf einen Aspekt der Welt, auf ein Verhältnis zu Zeit, Spiel, Vergnügen, Tod. Kurz, sie sind eine Stellungnahme zur menschlichen Existenz. Insofern sind sie in der Postkolonie stark an der Produktion des Politischen beteiligt. Jeder Verweis auf Mund, Bauch oder Penis konstituiert damit eine Aussage über die Welt und den Reichtum, darüber, wie dieser erworben, reproduziert und verschwendet wird; eine Art, sich selbst zu interpretieren, mit der Welt und den Kräften, die sie bewegen, zu verhandeln.

Doch jenseits dieser besonderen Orte, Mund, Bauch und Penis, ist der zentrale Akteur der Erzählung, die der Machthaber von sich selbst

---

[17] Sony Tabou Lansi, *Verschlungenes Leben,* 63. Siehe auch Seite 51–54.

[18] Zu den ethnologischen Bedeutungen des »Bauchs« in Südkamerun, siehe zum Beispiel Louis Mallart Guimera, *Ni dos ni ventre.* Paris, Société d'ethnologie 1981. Eine politische Kritik an dieser Metapher legt Jean-François Bayart, *L'État en Afrique. La politique du ventre.* Paris, Fayard 1989 vor.

und den Orten anbietet, in denen er sich *imaginiert*, der Körper. Wenn nun, wie eben angedeutet, Feste und Volksbelustigungen die Ausdrucksmodalitäten der Befehlsgewalt und der Inszenierung ihrer Pracht und Verschwendungssucht schlechthin darstellen, dann ist der Körper, um den es hier geht, zunächst der Körper, der isst und trinkt, und der also (in beiden Fällen) offen ist. Daher die herausragende Rolle, die Körperöffnungen spielen – und die zentrale Stellung, die sie im plebejischen Lachen einnehmen.

Mit dem »fetten Furz« oder den »Fäkalien, mit der »redépeçage« (Zerstückelung) und der »Ziege, die dort weidet, wo sie angebunden wird« verweisen die Togolesen und Kameruner insofern auf Mund und Bauch, als sie den Überfluss auskosten, wenn sie an Fress- und Saufgelagen teilnehmen, die nicht nur den Rhythmus offizieller Bankette, sondern auch der banalen Gelegenheiten des täglichen Lebens vorgeben (Kauf von traditionellen Titeln, Hochzeiten, Beförderungen oder Ernennungen, Ordensverleihungen ...). Die Fettleibigkeit der Männer an der Macht, ihre Leibesfülle oder auf prosaischerer Ebene, ihr Gegenstück, ein Strom von Exkrementen, sind Zeichen an das Volk, das spielt, lacht, sich amüsiert und gelegentlich isst. Sie gehören zu einem Systems von Indizien und Spuren, das die Befehlsgewalt auf ihrer Bahn zurücklässt und es so ermöglicht, die Wege nachzustellen, die Gewalt und Herrschaft einschlagen, und sie bei Bedarf bis in die entlegensten und winzigsten Winkel des Alltagslebens (Beziehungen zwischen Eltern und Kindern, Eheleuten, Polizisten und Untertanen, Lehrern und Schülern ...) zu reproduzieren.

Geht es für den postkolonialen *homo ludens* darum, die Befehlsgewalt zu parodieren oder sie lächerlich zu machen, wie das Bachtins Interpretationskategorien vermuten lassen? Zu einem großen Teil nehmen populäre Heiterkeitsausbrüche und Verhöhnungen die offizielle Welt nur ernst, das heißt so, wie sie in Wirklichkeit ist und wie sie sich darstellt. Ob die Begegnung maskiert ist oder nicht, ist zweifellos ziemlich unwichtig. Das Wesentliche ist, dass die Postkolonie als spezifische Bahn der Herrschaft eben durch ihre Urwüchsigkeit und ihren Wortrausch frappiert. Die Raffiniertheit der Befehlsgewalt besteht in der Maßlosigkeit ihres Appetits und der unbändigen Freude, die sie daran findet, sich im Kehricht zu wälzen. Die sodomitische Geste liegt dabei dicht neben Orgie und derber Komik. Der Körper des Despoten, seine Grimassen, seine Parolen, seine Dekrete und Verordnungen, die Redundanz seiner Memos und Kommuniqués: das sind die Hauptsignifikanten. Sie sind es, die ansprechen. Sie werden uminterpretiert und erhalten neue Bedeutung.

Die Frage, ob die komische Funktion in der Postkolonie einen wie immer gearteten Widerstand bezweckt oder nicht, oder ob sie a priori Opposition oder Feindseligkeit gegenüber der Macht manifestiert, ist daher zumindest sekundär. Zu einem großen Ausmaß versieht das lachende Volk die Zeichen nur mit einer anderen *Aufladung* und zeichnet die Spuren und Trümmer nach, die den Weg der Befehlsgewalt säumen. So ist der präsidentielle Anus, der zu ihm spricht, kein solarer Anus. Und es amüsiert sich über die Tatsache, dass der offizielle Monologismus das Gegenteil behauptet; in seiner eigenen Wahrnehmung und Erfahrung ist er ein sehr konkreter Anus, der ebenso zur Darmentleerung dient wie jener der einfachen Leute.

Die Konfrontation findet von dem Augenblick an statt, an dem die Befehlsgewalt in ihrer glorreichen Einfalt und Gleichgültigkeit gegenüber jeder Wahrheitstreue eine Gehorsamspflicht geltend macht und zwangsweise definiert, welcher Glaube vorgetäuscht werden soll. Das Problem ist dabei nicht, dass der Anordnung nicht gehorcht (oder angeblich gehorcht) wird. Der Konflikt entsteht aus der Tatsache, dass es in der chaotischen Vielfalt der Postkolonie praktisch unmöglich ist, Zeichen, Bilder und Spuren in einer Unveränderlichkeit und Trägheit einzuschließen. Deshalb werden sie ständig in Operationen der Refabulierung der Macht aufgenommen und benutzt, sowohl von jenen, die befehlen, als auch von jenen, die zu gehorchen haben.[19]

Deshalb ist die Postkolonie auch das Regime des Simulakrums schlechthin. Tatsächlich ermöglicht das Simulakrum den einfachen Leuten durch die Freisetzung einer Möglichkeit zu Spiel und Amüsement, die von den offiziellen Kanons nicht zugelassen werden, (a) den Ratifizierungsritualen Fetische zu opfern, die das Leben in der Postkolonie verlangt, und damit Gehorsam vorzutäuschen oder Zustimmung zu

---

[19] Siehe hierzu zum Beispiel den Gebrauch, der in Zaire oder in Kamerun (unter dem Regime von Ahmadou Ahidjo) von Familien- und Verwandtschaftsmetaphern gemacht wird, in Michael Schatzberg, *The Dialectics of Oppression in Zaire*. Bloomington, Indiana University Press 1988, oder sein neuerer Vortrag »Power, Language and Legitimacy in Africa« anlässlich der Konferenz über »Identity, Rationality and the Postcolonial Subject: African Perspectives on Contemporary Social Theory«, Columbia University, New York, 28. Februar 1991.

simulieren (Beispiele sind das Tragen der Uniform oder der Mitgliedskarte der Einheitspartei, die Formulierung von Unterstützungsanträgen und Zustimmungsproklamationen, das Aufhängen von Porträts des Despoten in Privatwohnungen ...); (b) den unaussprechliche Teil des gelebten Lebens auszusprechen und auf den unzeigbaren Teil hinzuweisen, den genau der Fetisch (der bei dieser Gelegenheit zum Idol mutiert) verschleiern soll.

Damit interpretieren wir die Prävalenz von Körperöffnungen und Ausbuchtungen im populären Lachen in Funktion der Tatsache, dass das Temperament der Befehlsgewalt in der Postkolonie hemmungslos ist. Es ist dringend zu betonen, dass das Wesentliche verfehlt würde, wenn ihre Gesten und die Art, wie sie im populären Gelächter mit neuem Sinn aufgeladen werden, auf ein wenig kultiviertes und primitives Ganzes reduziert würden. Darmentleerung, Kopulation, Pomp und Prunk sind einfach Teil der klassischen Rezepte der Machtproduktion. Darin sind sie keineswegs spezifisch afrikanisch.[20]

Nun müssen wir die andere Seite des Arguments betonen. Die Obsession mit Körperöffnungen und Ausbuchtungen muss ebenso in Bezug auf die Tatsache interpretiert werden, dass der Machthaber in der Postkolonie unaufhörlich in der Produktion eines Bildes von sich selbst und der Welt befangen ist: eine imaginierte Repräsentation, die er prinzipiell als unanfechtbare Wahrheit präsentiert und die seiner Zielgruppe eingeimpft werden muss, um sie an Ordnung und Gehorsam zu gewöhnen.[21] Die Befehlsgewalt will in sich als Weltordnung erscheinen. Genau diese »Weltordnung« bringt allerdings das plebejische Lachen in seiner Exzentrik ins Wanken – nicht immer absichtlich und sehr häufig wie zufällig.

Das daraus entstehende Durcheinander besteht nicht so sehr in den ständigen Verweisen auf Genitalien als in der Art, wie das lachende Volk die Macht einholt und wie versehentlich dazu zwingt, ihre eigene Trivialität in genau der Handlung zu betrachten, über die sie sich abzuheben strebt. Anders gesagt, im Wunsch nach Majestät und Prestige steckt in der Postkolonie immer in seiner Entfaltung selbst ein urwüchsiger und barocker Aspekt, den zu maskieren sich die offizielle Ordnung

---

20 Vgl. etwa in Bezug auf Frankreich die von Jean-Marie Apostolidès berichteten Fälle, in *Le Roi-Machine. Spectacle et politique au temps de Louis XIV*. Paris, Minuit 1981.

21 Siehe Didier Bigo, *Pouvoir et obéissance en Centrafrique*. Paris, Karthala 1989.

abmüht, an den die einfachen Leute sie jedoch erinnern – manchmal absichtlich, oft unwissentlich.[22] Der folgende Bericht aus Kenia zeigt gut, wie dieser barocke Anteil in seiner Entfaltung die Grenzen der eigentlichen Belustigung überschreiten kann:

> Eine Frau aus Busia hatte vor Kurzem ein qualvolles Erlebnis, als sie von der Polizei gezwungen wurde, dem Schauspiel der Bastonade ihres Mannes beizuwohnen. Da sie weinte und die Polizisten anflehte, ihren Mann doch bitte zu verschonen, befahlen diese dem Paar, sich die Schuhe auszuziehen. Der Polizei zufolge war der Mann beim Streichen der Nationalflagge nicht strammgestanden.
>
> Der Vorfall ereignete sich am Donnerstag an einer Straßensperre auf der Straße von Kisumu nach Busia [...]. Das Paar erklärte, sie hätten nicht gewusst, dass man strammstehen müsse. [Die Frau und ihr Mann] hatten am Straßenrand sitzend auf eine Transportmöglichkeit zurück nach Hause nach Busia gewartet.[23]

Oft schreiben die einfachen Leute den Fetisch in ein spielerisches Universum ein, um eben solche Unannehmlichkeiten zu vermeiden, um ihn besser zu bezähmen, zu verhüllen und zu »unterdrücken«. Ist die Unterdrückung erreicht, kann man ihn in den Status des Idols einschließen, den er verlangt. Doch es handelt sich nun um ein freundliches, sehr vertrautes und ganz intimes Idol, das nun Teil der Häuslichkeit der Herrschenden wie der Beherrschten ist.[24]

Eine doppelte Distanzierungs- und Domestizierungs*arbeit* also, die jedoch nicht unbedingt Ausdruck eines grundlegenden Konflikts zwischen Bedeutungsuniversen ist, die prinzipiell im Gegensatz zueinander stünden. Offizielle Welt und einfache Leute teilen im Grunde viele Referenzen, nicht zuletzt eine bestimmte Konzeption von Ästhetik und Regierungsstil und den Modalitäten ihrer Steigerung. So muss die Befehlsgewalt zum Beispiel kostspielig sein, da sie zusätzlich zu ihrem

---

22 Vgl. in einem anderen Kontext Elizabeth Tonkin, »Masks and Powers«, *Man (N.S.)* 14 (1979), 237–248.

23 Bericht »Police beat up man over flag«, *The Standard* 23547, 8. Februar 1990, 1–2.

24 Zu dieser Intimität und Häuslichkeit (der Art, wie der »Fetisch« an der Körperlichkeit der Bürger klebt, dazu dient, Häuser zu dekorieren, in Stadien eindringt, Kleidung markiert, den ganzen Tag von Liedern genährt wird, kurz, alle Wege des Alltagslebens kolonisiert), siehe die Bemerkungen von Jean-Marc Ela, *Quand l'État pénètre en brousse.* Paris, Karthala 1990, 52–58.

Eigenbedarf auch »ihre Leute« erhalten muss. So muss sie zudem den öffentlichen Beweis für ihr Prestige und ihren Ruhm durch eine prächtige und aufwendige Repräsentation ihrer Statussymbole liefern, eine Zurschaustellung von Luxus in Kleidung und Lebensführung und eine konsequente Theatralisierung ihrer Verschwendungssucht.[25] So muss sie im Wesentlichen auch über Abgaben und Erpressung vorgehen (Steuern, verschiedene Vorschreibungen, alle möglichen Gebühren, gewaltsame Beschlagnahmen, Abschöpfungen ...). Zum Thema der Spezialeinheiten schreibt Labou Tansi:

> Zweimal jährlich kamen die Steuereintreiber [...]. Da gab es die Körpersteuer, die Landsteuer, die Kindersteuer, die Führertreuesteuer, die Wirtschaftsaufschwungssteuer, die Reisesteuer, die Patriotismussteuer, die Militantengebühr, die Unwissenheitsbekämpfungsgebühr, die Bodenerhaltungsgebühr, die Jagdgebühr ...[26]

Die Zeichen von Befehlsgewalt und Souveränität müssen mit Prunk und einer ausreichend groben Intensität entfaltet werden, damit der Glanz derer, die Autoritätsfunktionen ausüben, nicht verblasst. Doch befehlen heißt vor allen Dingen die Körper der Untertanen ermüden, sie zu entkräften, nicht so sehr mit dem Ziel, ihren Nutzen zu vergrößern, sondern um ihnen ein Maximum an Unterwürfigkeit zu entlocken. Befehlen heißt zudem, öffentlich eine gewisse Befriedigung zu verspüren, dass man gut isst und gut trinkt; und, wie Sony Labou Tansi bezeugt, die meiste Zeit damit zu verbringen, »Fett und Rost in den Arsch kleiner Mädchen zu spritzen«.[27] Der Stolz darauf, einen aktiven Penis zu haben, muss übrigens theatralisiert werden (Recht der ersten Nacht, Polygamie, Aushalten von Konkubinen ...). Und die vorbehaltslose Unterordnung der Frauen unter das Prinzip der männlichen Lust muss eine der Säulen der Reproduktion des phallokratischen Zyklus bleiben.

Aus diesen Anmerkungen kann mit gutem Grund abgeleitet werden, dass die Postkolonie ein Universum ist, das auf Männlichkeit

---

[25] Dieser ostentative Konsum ist mit dem Konsumethos vergleichbar, den Norbert Elias in der höfischen Gesellschaft Europas und ihrem Ausgabensystem nachweist, in *Die höfische Gesellschaft. Untersuchungen zur Soziologie des Königtums und der höfischen Aristokratie.* Frankfurt/Main, Suhrkamp 2002, 135–200, sowie das folgende Kapitel über Etikette und die Logik des Prestiges, 201–250.

[26] Sony Labou Tansi, *Verschlungenes Leben,* 115 f.

[27] Sony Labou Tansi, *Les yeux du volcan.* Paris, Seuil 1988, 98.

bedacht und Enthaltsamkeit, Einfachheit und Nüchternheit feindlich gesonnen ist. Diese vernetzten Bilder und die oben angesprochenen Idiome werden dort sowohl von den sogenannten Herrschenden als auch von den Beherrschten geteilt. Das Volk, das lauthals lacht oder sich ins Fäustchen kichert, setzt die Macht im Gestrüpp des Privatlebens also nicht unbedingt herab, macht sie lächerlich oder leistet ihr Widerstand. Gegen die eifrigen Bemühungen des Staates, ihre Ursprünge zu verkennen oder zu verwischen, attestiert es manchmal unwissentlich, dass die Groteske dem offiziellen Akt nicht fremd ist, ebenso wie die Plebs einem gewissen Wunsch nach Majestät nicht unempfänglich gegenübersteht.

Tatsächlich kann die Welt der einfachen Leute in ihrem Verlangen nach Prunk Formen oder Sprachen annehmen, die die Obszönität der offiziellen Exzesse reproduzieren und verstärken. Im Gegenzug kann die offizielle Welt die populäre Vulgarität im Zentrum der Verfahren nachahmen, über die sie ihre Majestät zu steigern vorgibt. Man darf sich also nicht wie Bachtin auf die Verdoppelung (oder wie die klassische Kritik auf vorgebliche Widerstands-, Rückzugs- und Ausstiegslogiken) versteifen.[28] Die Betonung muss vielmehr auf der Logik von *Geselligkeit* und den Dynamiken von *Vertrautheit* und *Häuslichkeit* liegen, die letztlich Herrschende und Beherrschte in dasselbe epistemische Feld einschreiben.

Die Postkolonie unterscheidet sich also von anderen Gewalt- und Herrschaftsregimes nicht nur durch Überfluss und Urwüchsigkeit der Macht oder die Tatsache, dass sie im Rohzustand ausgeübt wird. Es ist auch die Tatsache, dass die Formatierung der Beziehungen zwischen den Befehlenden und ihren Untertanen sich wesentlich über eine spezifische Pragmatik vollzieht: das Simulakrum. Das erklärt, warum Diktaturen, die sich tags zuvor auf einer Flut von Unterstützungserklärungen ausgeruht hatten, am nächsten Tag erwachen und ihre goldenen Kälber zertrümmert und ihre Gesetzestafeln umgestürzt vorfinden. Es sind dieselben einfachen Leute, die ihr gestern noch applaudiert haben, die sie heute verfluchen und verwünschen. Das liegt daran, dass sie ihrer Identität entledigt wurden und dadurch ihre Trümmer wiederverwerten konnten. Und indem sie die offiziellen Zeichen und Sprachen anzapfen und sie in Idole einschließen, können sie diese infolgedessen auf ihre Art

---

28 Wie etwa James Scott, »Prestige as the Public Discourse of Domination«, *Cultural Critique* 12 (1989), 145–166.

wiederverwenden, um ihre eigenen Sinnuniversen neu zu erfinden und die Befehlsgewalt auszuschlachten. Das Ergebnis dieser Vorgangsweise ist im strengen Sinne weder ein Mehr an Unterordnung noch eine Stärkung des Widerstands. Es ist ganz einfach eine Situation der *Machtlosigkeit*, sowohl auf Seiten jener, die befehlen, wie auf Seiten derer, die gehorchen sollen.[29] Es geht also inhaltlich um magische Operationen. Wenn sie die Befehlsgewalt exorzieren, dann vernichten sie ihre Determinanten nicht bis zur Unkenntlichkeit. Sie erzeugen im besten Fall Nischen von Disziplinlosigkeit, an denen die Befehlsgewalt sich stößt oder über die sie hinweggeht, sofern der Anschein gewahrt bleibt.

Weiter oben wurde festgestellt, dass die Befehlsgewalt in der Postkolonie sich als Weltordnung oder schlicht als Fetisch definiert. Ein Fetisch ist unter anderem ein Gegenstand, der nach Sakralisierung strebt, der Macht beansprucht und versucht, eine intime und enge Beziehung mit denjenigen aufrechtzuerhalten, die ihn tragen.[30] Der Fetisch kann auch die Form eines Talismans annehmen, den man anruft, den man verehrt oder fürchtet. In der Postkolonie liegt die Macht des Fetisch nicht nur in der Gestalt des Autokraten, sondern in allen Gestalten der Befehlsgewalt und ihrer Agenten (Einheitspartei, Polizei, Soldateska, Unterpräfekten, Kommissare, Makler und andere Schmuggler ...). Sie macht den Autokraten zu einer Repräsentationsobjekt, das man (oder das sich) von Beifall, Schmeichelei und Lügen ernährt. Durch die Ausübung der Macht im Rohzustand stattet sich dieses Objekt allmählich mit einer autonomen Existenz aus und wird mit den Worten von Hegel zur »zur Selbstanschauung sich bringenden Willkür«.[31] Wenn das zutrifft, dann darf die Gewalt nicht unterschätzt werden, die die Befehlsgewalt entfalten kann, wenn es darum geht, nicht nur das Voka-

---

29 Unter diesem Blickwinkel können die Ergebnisse von Justin-Daniel Gandalou über die Pioniere von Kongo-Brazzaville neu gelesen werden, in *Dandies à Bacongo. Le culte de l'élégance dans la société congolaise contemporaine*. Paris, L'Harmattan 1989.

30 Siehe die Notiz von Michèle Coquet, »Une esthétique du fétiche«. Systèmes de pensée en Afrique noire. *Cahier* 8 (1985), 111–138. Eine Genealogie des Konzepts findet sich bei William Pietz, »The Problem of the Fetish, I«, *RES* 9 (1987), 5–17, sowie vom gleichen Autor »The Problem of the Fetish, II«, *RES* 13 (1987), 23–45.

31 G.W.F. Hegel, *Die Vernunft in der Geschichte.* Auf Grund des aufbehaltenen handschriftlichen Materials neu herausgegeben von Georg Lasson. Leipzig, Felix Meiner Verlag 1930, 212.

bular zu erhalten, das verwendet wird, um sie zu bezeichnen oder sich an sie zu wenden, sondern den offiziellen Sinnapparat (oder seinen Anschein) insgesamt; oder wenn es darum geht, die Achtung von Routine und Aberglauben zu wahren: die notwendigen Bedingungen, um die Plebs zu »verzaubern« und im Staat dieses große »Universum seiner eigenen Anbetung«[32] aufrechtzuerhalten, das unter den einfachen Leuten manchmal Heiterkeit auslöst.

Denn während es für die Befehlsempfänger darum geht, sich zu vergnügen und zu spielen, geht es vom Standpunkt der Regierenden darum, eine Vorstellungswelt zu schaffen und durchzusetzen. Was vom Standpunkt der »Plebs« aus nur Belustigung ist, kann also in den Augen der Macht als Profanierung erscheinen, wie es das Beispiel des Ehepaares gezeigt hat, das in die Falle der Ehrbezeugung für die Fahne getappt ist. Und in diesen Kontexten werden Lachen oder Gleichgültigkeit des Volkes zu blasphemischen Praktiken, nicht unbedingt, weil die einfachen Leute das im Grunde wirklich anstreben, sondern weil die Befehlenden sie als solche interpretieren. Auch weil die Kategorien von Profanierung und Blasphemie nicht ausreichen, um auszudrücken, was offenbar für ein »Verschlingen« charakteristisch ist. Denn wenn wir Bachtin folgen und (wenn auch provisorisch) annehmen, dass die karnevaleske Praxis sich gegen eine Kosmologie richtet und einen Mythos entwickelt, in dessen Zentrum der Körper steht, dann muss daraus geschlossen werden, dass wir es im Fall der Postkolonie mit Operationen der Theophagie zu tun haben.[33]

Das Totem, das dazu dienen sollte, die Macht zu untermauern, ist nicht mehr durch das Tabu geschützt.[34] In das Netz der Verbote wurde eine Bresche geschlagen. Indem sie sich über Tabus und Verbote hinweg-

---

[32] Vgl. Michail Bachtin, *Probleme der Poetik Dostoevskijs.* Aus dem Russischen von Adelheid Schramm. Frankfurt/ Berlin/ Wien, Ullstein 1985, 155, der das den »philosophischen Monologismus« nennt, den naiven Anspruch, eine »einzige Wahrheit« zu besitzen.

[33] Dieser Fall findet sich in der griechischen Mythologie, wo Dionysos von seiner Mutter und anderen Frauen zerstückelt und nach einem festen Ritual verzehrt wird. Weitere Details siehe Jan Kott, *The Eating of the Gods: An Interpretation of Greek Tragedy,* aus dem Polnischen von Boleslaw Taborski und Edward J. Czerwinski. New York, Random House 1970. Im Sinne einer ähnlichen Dramatisierung siehe Georges Bataille, *Death and Sensuality. A Study of Eroticism and the Taboo.* New York, Ballantine Books 1962.

[34] Sigmund Freud, *Totem und Tabu.* München, S. Fischer, 11. Aufl. 1991.

setzen, markieren die einfachen Leute ihre Verweigerung der »Verzauberung« und ihre Präferenz für die »Geselligkeit«. Sie scheren aus den Zwängen des offiziellen Sinns aus und zerstückeln einfach dadurch, manchmal unwissentlich, die Götter, die afrikanische Autokraten tendenziell sind, da der präsidentielle Anus kein solarer Anus mehr ist, sondern ein sehr wohl regionaler, konkreter, greifbarer Anus, der wie der jedes gewöhnlichen Mannes scheißt. Der Penis »Seiner Exzellenz« ist nichts anderes mehr als ein »ganz einheimischer« Penis, eben der, der im Dunst der Gewohnheit weder den geheimen Düften von erwachsenen Frauen noch von Jungfrauen widerstehen kann.

Wenn die einfachen Leute nun – selbst aus Versehen – die Götter zerstückeln und »verschlingen« können, die afrikanische Autokraten zu sein streben, dann gilt auch das Umgekehrte, wie es dieser Bericht von einer öffentlichen Hinrichtung zweier Krimineller in Kamerun beweist:

> Am frühen Morgen des 28. August [...] wurden sie an den »Carrefour des Billes« am Rand der Schwerverkehrsachse Douala – Yaoundé gebracht, (wo) sie die Menge sahen ... Neben der lokalen Bevölkerung – mehrere hundert Menschen – waren Vertreter der Behörden anwesend: der Gouverneur der Küstenregion, der Präfekt von Wouri, der Generalstaatsanwalt, der erste Stellvertreter des Präfekten, der Kommandant der G. M. I., der Verwalter des Zentralgefängnisses von Douala, ein Priester, ein Arzt, einer ihrer Anwälte [...] viele Gendarmen, ebenso viele Polizisten, korrekt in ihren Drill geschnürte Soldaten, Feuerwehrmänner [...]
> Im Wagen der Gendarmerie, der sie an den Hinrichtungsort gebracht hatte, brachte man ihnen zu essen. Sie verweigerten ihre letzte Mahlzeit: Sie wollten lieber trinken. Es wurde ihnen Whisky und Rotwein serviert, was sie schnell hinunterstürzten [...] Um sieben Uhr [...] wurden sie zu den Pfählen geführt, die etwa zehn Meter voneinander entfernt waren. Während Oumbé sich festbinden ließ, spielte Njomzeu sich weiter auf [...] Er wurde mit Gewalt in die Knie gezwungen. In diesem Moment verlor er die Nerven und begann zu weinen [...] Der anwesende Priester näherte sich ihnen, um sie zum Gebet aufzufordern. Verlorene Liebesmüh.
> Die Soldaten des Exekutionskommandos – es waren vierundzwanzig, also zwölf für jeden – rückten unter dem Kommando eines Hauptmanns gemessenen Schrittes in Formation vor, postierten sich dreißig Meter entfernt; zwölf am Boden kniend, zwölf stehend [...] Auf den Befehl des Hauptmanns: »Anlegen!« entriegelten die Soldaten ihre Gewehre und legten an. »Feuer!«: eine kurze, schreckliche Salve erstickte die Schreie der Verurteilten. Zwölf Kugeln mit 800 m/ Sekunde. Dann kam der Gnadenschuss. Und

dann begann die Menge, unglaublich, aber wahr, frenetisch Beifall zu klatschen, wie nach einer gelungenen Vorstellung.[35]

Die narrative Struktur könnte hier in einem relativ ähnlichen Register aufgenommen werden, wie es Michel Foucault benutzt, um die Hinrichtung von Damiens[36] zu beschreiben. Es ist jedoch nicht zu vergessen, dass sich im vorliegenden Fall die Operation in der Postkolonie vollzieht. Das bedeutet keineswegs, dass sie keinerlei Verwandtschaft mit dem Geist des Kolonialismus aufweist.[37] Denn die Kolonie besaß ihre Palette an Hinrichtungen und ihre Dispositive, um den Eingeborenen zu disziplinieren. Am Höhepunkt der Gewalt, die das nach sich zog, umschloss man die Körper mit einem eisernen Halsring, wie früher die Sträflinge im Hof von Bicêtre, den Nacken rückwärts auf einen Amboss gebogen.[38] Die Kolonie hatte auch ihre Zwangsarbeiter.[39] Die Kolonialität als auf Gewalt gegründetes Machtverhältnis gab vor, den Neger von seiner Nichtstuerei zu heilen, und ihm so – und auch wider Willen – ein Leben ohne Mangel zu ermöglichen. In der Welt voller Laster und Degeneration, die die eingeborene Welt zumindest in den Augen des Kolonialherrn war, musste man die überbordende Sexualität des Negers im

---

[35] Dieser Bericht stammt aus *La Gazette* (Douala), 589, September 1987.

[36] Michel Foucault, *Überwachen und Strafen.* Aus dem Französischen von Walter Seitter. Frankfurt/Main, Suhrkamp (= stw 184), 11. Aufl. 1995, 9–12.

[37] Zu diesen Fragen vgl. Achille Mbembe, *Afriques indociles.* Paris, Karthala 1988, 207–212.

[38] Vgl. den Bericht von Kayembe Beleji aus Zaire, der 1953 von einem belgischen Sägewerk in Cisamba als Holzfäller angestellt wurde und sich weigerte, mit seiner Frau dorthin zu ziehen, weil es Gerüchte gab, dass die alleinstehenden Weißen den jungen Frauen den Hof machten, nicht, um mit ihnen sexuelle Beziehungen einzugehen, »sondern um sie mit ihren Hunden kopulieren zu lassen«: »Weil ich dem Befehl nicht folgen wollte, wurde ich nackt auf dem Bauch liegend geschlagen (ausgepeitscht); ich bekam fünfundzwanzig Schläge auf das linke Gesäß, fünfundzwanzig auf das rechte Gesäß. Derjenige, der mich schlug, war ein schwarzer Polizist, und Bwana Citoko zählte. Ich stand auf, mein ganzer Hintern war blutig. Und am nächsten Tag wurden wir in einen Jeep geladen und nach Cisamba geführt, meine Frau, meine zwei Kinder und ich.« In Bogumil Jewsiewicki, »Questions d'histoires intellectuelles de l'Afrique: la construction du soi dans l'autre au Zaïre«, Manuskript, 1990.

[39] Siehe Henri-Richard Manga Mado, *Complaintes d'un forçat.* Yaoundé, Clé 1969.

Zaum halten, seinen Geist zähmen, seinen Körper kontrollieren und seine Produktivität steigern.[40]

Weitgehend war die Kolonialität also eine Art, die Körper zu disziplinieren, um sie besser nutzen zu können, wobei Fügsamkeit und Produktivität Hand in Hand gehen mussten: Und der Glanz der Macht, der Schimmer ihrer Prachtentfaltung war sozusagen eine Zugabe. Selbst wenn zu so manchen Gelegenheiten die dem Eingeborenen zugefügten Grausamkeiten willkürlich und exzessiv waren, wurde die Strafbefugnis generell mit dem Verweis auf die Sorge um Wirtschaftlichkeit und Produktivität gerechtfertigt. Es wäre jedoch eine Vereinfachung, der kolonialen Gewalt nur wirtschaftliche Eigenschaften zuzuschreiben. Peitsche und Chicotte – die Nilpferdpeitsche – dienten auch dazu, den Eingeborenen auf eine für ihn maßgeschneiderte Identität zu beschränken; eine Identität, die für seine Zirkulation innerhalb der Räume notwendig war, in denen er ständig aufgerufen war und von ihm verlangt wurde, bedingungslos seine Unterwerfung zu theatralisieren (Zwangsarbeit, öffentliche Baustellen, Felder des Kommandanten, militärische Konskriptionen ...).

In der Postkolonie zielt die Strafbefugnis (wie im Fall der Hinrichtung von Verurteilten) nicht hauptsächlich darauf ab, nützliche Individuen zu erzeugen oder ihre produktive Effizienz zu steigern. Das bezeugt der folgende weitere Bericht über die Missgeschicke eines Lehrers aus einer kenianischen Zeitschrift:

> Die Sache fing am 21. Januar [1990] in der African Independent Pentecostal Church of Africa (AIPCA) von Gitothua an. Mr. Mwango [der Bezirkskommissar] war dort, um zu den Gläubigen dieser gespaltenen Kirche zu sprechen. Bei dieser Gelegenheit hatte der Bezirkskommissar alle Anwesenden gebeten, ihre Meinung über die Art und Weise abzugeben, wie die Probleme gelöst werden könnten, mit denen die Kirche konfrontiert war.
> Doch als der Lehrer [Mr. Mwaura] aufstand, um seine Ansichten kundzutun, herrschte ihn Mr. Mwango [der Bezirkskommissar] wutentbrannt an und befahl ihm vor den versammelten Anwesenden, seinen Namen und seinen Beruf zu nennen. Sobald das geschehen und der Bezirkskommissar sich darüber klar geworden war, dass er Lehrer und damit ein Angestellter des Staates war, wollte Mr. Mwango von ihm wissen, warum er einen Ziegenbart trüge. »Als Staatsangestellter müssten Sie den ethischen Verhaltenskodex kennen. Warum tragen Sie einen Bart? Mit diesem Bart sehen Sie aus wie eine Ziege! *Utanyoa hiyo sasa*: Rasieren Sie ihn auf der Stelle ab!«

---

[40] Raymond L. Buell, *The Native Problem in Africa.* New York, Macmillan 1928.

> Mr. Mwango [der Bezirkskommissar] ließ *dare dare* einen Polizisten rufen und forderte diesen auf, Mr. Mwanga [den Lehrer] zu verhaften. Ein anderer Polizist wurde in ein Geschäft geschickt, um eine Rasierklinge zu holen. Sie brachten den Lehrer daraufhin nach draußen, wo er unter der Aufsicht eines weiteren Polizisten versuchte, seinen anstößigen Bart abzurasieren. Als ihm klar wurde, dass er weder Wasser noch Seife bekommen würde, um seine Aufgabe zu erleichtern, benutzte Mr. Mwaura [der Lehrer] schließlich seinen eigenen Speichel. Und da er keinen Spiegel hatte, um seine zitternden Finger zu führen, schnitt er sich mehrfach und blutete an mehreren Stellen.[41]

Die Sträflinge der Postkolonie sind also anderer Art. Die Autorität kann ihren Körper beschlagnahmen und sie an der Herrlichkeit und Prachtentfaltung der Befehlsgewalt teilnehmen lassen, verlangen, dass sie singen, tanzen und sich in der Sonne in den Hüften wiegen.[42] Dann ist das Schauspiel dieser Tänzerinnen und Tänzer zu sehen, »diese Wein und Tabak ausdünstenden Fleischflächen, diese gewundenen Fratzen, diese toten Augen, dieses Lachen und diese Gesichter,«[43] die vom abgehackten Rhythmus der Tamtams mitgerissen werden, wenn das präsidentielle Gefolge beim Fest der Einheitspartei oder des »aufgeklärten Führers der Nation« vorbeizieht.

Diese Körper können ebenso gut sich selbst überlassen bleiben, mit den Worten des Autors »von Bier, Wein und Tanz, Tabak und Tabak, der gebrunzten und geschissenen Liebe, den obskuren Drogen, den Sekten und Palavern« rekrutiert werden, sie tun »alles Mögliche [...], um nicht zum schlechten Gewissen dieser Exzellenzen zu avancieren«[44]. Dieselben Körper können neutralisiert werden, wenn klar wird, dass sie den öffentlichen Raum »verstopfen« (im Fall von Demonstrationen, die in Blut erstickt werden), wenn sie eine Gefahr für die etablierte Ordnung darstellen[45] oder wenn die *Befehlsgewalt* sie auf der Richtstätte

---

41 Vgl. E. Anjili, »You must also shave your goatee. TSC orders bearded teacher to drop case«, *The Standard* 23597, 7. April 1990.

42 Siehe zum Beispiel A. Marenya, »Kenyans mark Moi day with pomp«, *The Standard* 23757, 11. Oktober 1990.

43 Sony Labou Tansi, *Verschlungenes Leben,* 108.

44 Ebenda, 106.

45 Immer noch in Bezug auf Kenia, siehe die Schlagzeilen der Presse während der Unruhen wegen der Weigerung der Regierung, sich auf den Weg in Richtung Mehrparteiensystem festzulegen, und wie die Macht dort diejenigen definiert, die gegen sie protestieren: »Drug addicts are bent on breaking law«; »Chaos in Nairobi and

opfert, um im Gedächtnis ihrer Zielgruppe den Glanz ihrer Zeichen und ihrer Vergnügungen einzuschreiben.

Doch selbst in diesen Fällen zieht die Strafe nicht die gleiche Abstufung von körperlichen Peinigungen nach sich wie bei Damiens. Zunächst, weil der Status der Verurteilten nicht derselbe ist. Damiens verübte ein Attentat auf das Leben des Königs, die beiden zum Tod Verurteilten aus Douala sind kleinkrimineller Delikte angeklagt. Mit Ausnahme von Folterdispositiven und dramatischen Fällen, in denen die Logik des Skalpells (brutale Zurschaustellung von abgeschnittenen Fleischstücken, serielle Produktion von Behinderten, Verstümmelten und Einarmigen, Bestattung in Massengräbern), ist die Hinrichtung hier anscheinend nicht mehr als ein weiterer Tod. Den Verurteilten werden die Gliedmaßen nur ein einziges Mal gebrochen, brutal genug, damit der Gnadenschuss, der ihnen verpasst wird, nur mehr dazu dient, noch einmal das Ende ihrer Existenz zu betonen.

Dennoch ist der Akt der Hinrichtung wie in den Ritualen des Schafotts, die Foucault untersucht hat, *öffentlich* und sichtbar. Die Staatsmacht will ihre Majestät dramatisieren und sich eben in der Geste der Aneignung des Lebens und des Todes zweier Menschen selbst definieren. Diese staatliche Aneignung wird über eine öffentliche Vorstellung organisiert, die den Menschen im Gedächtnis bleiben soll. Die öffentliche Vorstellung muss trotzdem intim, zwanglos erscheinen. Daher wird die Menge zusammengerufen, denn ohne sie verliert der Akt der Hinrichtung seinen Glanz. Zudem ist sie es, die deren rein verschwenderische Form bestätigen muss.

Deshalb wird die öffentliche Hinrichtung zusätzlich zur Demonstration der Allmacht des Staates zu einer sozialen Transaktion. Das öffentliche Antlitz der Herrschaft kann damit seine bedrohlichen Untertöne entfalten. Einer der Verurteilten weigert sich, sich anbinden zu lassen? Man zwingt ihn gewaltsam in die Knie. Verweigert er die Nahrung, die ihm angeboten wird? Er hat die Wahl zwischen Whisky und Rotwein. Die zeremonielle Ordnung (zuerst der Gouverneur, dann der Präfekt, die Repräsentanten von Justiz, Polizei, Gendarmerie, Klerus, ärztlicher Zunft ...) legt Zeugnis davon ab, dass die Macht keine Leerstelle

---

Kisumu. Police battle crowds«; »Police to use force in dealing with hooligans«. Weitere Details bei Godwin Rapando Lurunga, »Urban Violence in Kenya's Transition to Pluralist Politics, 1982–1992«, *African Development* 24.1–2 (1999), 165–198.

ist. Sie hat ihre Hierarchien, Institutionen, Techniken. Doch in der Postkolonie ist sie vor allem eine *Ökonomie des Todes*. Oder sie gibt vielmehr einen Raum des Vergnügens an eben der Art frei, wie sie den Tod erzeugt: daher der frenetische Beifall, der ebenso wie die Schüsse die Schreie der Verurteilten erstickt.[46]

Und das verleiht ihr ein *barockes* Wesen, das heißt diese exzentrische und groteske Kunst der Repräsentation mit ihrer Vorliebe für das Theater, ihrem gewaltsamen Streben nach Ungezwungenheit bis hin zur Schamlosigkeit. Die Obszönität liegt hier im Expressionismus, den man für makaber halten kann, der aber in seiner hastigen Bemühung, sich in den Geheimnissen der Vorstellungskraft einzunisten, eindeutig ein Stil der Macht ist. Die Vorstellung von Obszönität hat hier also keinerlei moralisierende Dimension. Sie verweist vielmehr auf die Strahlkraft der Dinge, auf das schwindelerregende Wesen der gesellschaftlichen Formalitäten, einschließlich der Ausmerzung von Leben (da sich in diesem wesentlichen Akt der Autorität eine Hermeneutik von Wahnsinn, Lust und Rausch entfaltet).[47]

Nach dieser Anmerkung wollen wir darangehen, einige spezifische Orte zu identifizieren, an denen sich Obszönität und Groteske in der Postkolonie entfalten. Wir werden unsere Beispiele auf den Fall Kamerun beschränken und bevorzugt Diskurse und Tatsachen verwenden, die die Macht selbst oder ihre Sprecher zur Schau stellen.

DIE SPHÄREN DER TRUNKSUCHT

Am 5. Oktober 1988 kehrte der Staatschef Paul Biya von einer Reise zu den Vereinten Nationen zurück, wo er ebenso wie die meisten Regierenden der Welt vor der Generalversammlung gesprochen hatte. Seine Rede war sehr kurz gewesen. Sie enthielt keine Ideen oder Vorschläge, die in einer internationalen Öffentlichkeit, die mit anderen Fragen beschäftigt war, irgendwelche Begeisterung ausgelöst hätten. Es war die einfache Rede eines politischen Verantwortlichen an der Spitze eines

[46] Siehe James Miller, »Carnivals of Atrocity. Foucault, Nietzsche, Cruelty«, *Political Theory* 18.3 (1990), 470–491.

[47] Siehe Georges Bataille, *Death and Sensuality. A Study of Eroticism and the Taboo*. New York, Ballantine Books 1962.

dieser kleinen afrikanischen Länder, über die international besonders wenig bekannt ist, da dort kein Konflikt tobt, der für das allgemeine Gleichgewicht der Welt als kritisch betrachtet wird. Dennoch wurde die Rede in Kamerun im Fernsehen ausgestrahlt. Die Reise selbst wurde als »triumphale Rundreise« beschrieben.

Das ist möglicherweise der Grund, warum bei der Rückkehr des Präsidenten der Regierungsvertreter bei der Stadtgemeinde von Yaoundé (der als Bürgermeister der Hauptstadt fungiert) ein »Kommuniqué« veröffentlichte, in dem er »die ganze Bevölkerung« der Stadt einlud, »wie ein Mann aufzustehen und Seiner Exzellenz Paul Biya, dem Anwalt der dritten Welt und Initiator einer allgemeinen Kooperation, die Unterstützung des gesamten kamerunischen Volkes zu bezeugen«[48]. Und um die »spontane« Teilnahme der Massen an diesem »Ausnahmeempfang« zu erleichtern, wurden die Geschäfte ab ein Uhr nachmittags geschlossen. Alle »Verkäufer« und »Händler« des Lebensmittelmarktes, der Landwirtschaftskammer und auch alle Geschäftsleute des Stadtzentrums wurden »eingeladen, die Avenue du 20 Mai vom Kreisverkehr bei der Post bis zum Carrefour Warda zu füllen«[49]. Was sie taten.

Es war natürlich nicht das erste Mal, dass der Staatschef von einer Auslandsreise zurückkehrte. Es war auch nicht das erste Mal, dass der Regierungsvertreter die Bevölkerung einlud, »die Avenue du 20 Mai vom Kreisverkehr bei der Post bis zum Carrefour Warda zu füllen«. Das waren übliche Praktiken, die schließlich banal wurden. Sie sind Teil der ständigen öffentlichen Demonstration der Größe, die Kamerun vielleicht von anderen Postkolonien im subsaharischen Afrika unterscheiden.[50]

In diesem Sinne und dem Schein zum Trotz unterschied sich die Rückkehr von Paul Biya nicht besonders vom Normalzustand. Die Inszenierung, die ihn begleitet hatte, markiert nur einen Augenblick der Dramatisierung eines spezifischen Herrschaftsmodus, der Anfang der sechziger Jahre eingeführt worden war, genügend Zeit hatte, zur Rou-

---

48 Vgl. *Cameroon Tribune* 4235 vom 5. Oktober 1988, 3.

49 *Ebenda.*

50 Zur historischen und soziologischen Einordnung der Regimes, die sich in diesem Land abgelöst haben, siehe Richard Joseph, *Le Mouvement nationaliste au Cameroun. Les origines sociales de l'U.P.C.* Paris, Karthala 1986; Jean-François Bayart, *L'État au Cameroun.* Paris, Presses de la fondation nationale des science politiques 1977; Pierre Flambeau Ngayap, *Cameroun. Qui gouverne?* Paris, L'Harmattan 1984.

tine zu werden, und seine Reflexe erfunden hatte, wobei das Ziel jeder Gelegenheit war, ein banales (hier die Rede an die Vereinten Nationen) und unbedeutendes (wenn man davon ausgeht, wie eine solche Geste anderswo in der Welt gesehen wird) Ereignis zu benutzen, um einen Zuwachs an Prestige, Fiktion und Magie zu erzeugen.

So kann im Kontext dieser Obsession mit Aufmerksamkeit die Regierungszeitung folgendermaßen beschreiben, was auf den im internationalen System banalen Akt der Präsentation der Akkreditierungsschreiben neuer Botschafter folgt:

> Welche Achtung für die kamerunische Diplomatie! Wie viel Aufmerksamkeit für unser Land, das innerhalb nicht einmal einer Woche sechs neue Botschafter empfangen hat! Nach dem israelischen, chinesischen, senegalesischen und algerischen Botschafter haben gestern die neuen Diplomaten von Ostdeutschland und Gabun ihre Akkreditierungsschreiben dem Staatschef, Seiner Exzellenz Paul Biya vorgelegt.[51]

So auch über den Besuch von Paul Biya selbst in Belgien im Mai 1989:

> Überglücklich. Belgien konnte seine Ungeduld und seine Beflissenheit, das kamerunische Präsidentenpaar zu ehren, nicht länger im Zaum halten und empfing gestern den Staatschef und seine Gattin mit einer Wärme und einem Enthusiasmus, die, so sagt man hier, in dieser Zeit ungewöhnlich sind. Denn Belgien, und vor allem Brüssel, war gestern so schön und sonnig, dass es schien, als hätte das Tagesgestirn sich absichtlich entschlossen, in all seinem Glanz zu strahlen, um zu unterstreichen, dass dieser Tag kein Tag wie alle anderen war.[52]

Muss davon ausgegangen werden, dass es sich um eine schlichte Wortblase handelt und ihr keine übermäßige Bedeutung zuzumessen ist? Das hieße zu vergessen, dass in der Postkolonie die *Arbeit* der Macht auch darin besteht, in Trance zu versetzen, um Fabeln erzeugen zu können.[53]

---

[51] Vgl. »Deux nouveaux ambassadeurs accrédités au Cameroun. Égards mérités«, *Cameroon Tribune* 4252, 28. Oktober 1988.

[52] *Cameroon Tribune* 4384, 9. Mai 1989, 2. Noch deutlicher wird das »immer klarere Prestige«, das Kamerun und »sein Präsident« angeblich aus diesen häufigen Auslandsbesuchen beziehen, und die Strahlkraft, die daraus »auf der internationalen Bühne« folgt, von Abui Mama, »Un pays qui compte«, *Cameroon Tribune* 4391, 18. Mai 1989 beschworen.

[53] Diese Dimension wird gut in den postkolonialen afrikanischen Roman über-

Doch keine Fabel ohne eine bestimmte Organisation des Vokabulars, die ausgesprochen extravaganten und eitlen verbalen Konventionen, die Figuren der Übertreibung, deren Funktion darin besteht, diesen Unsinn mit einer Maske von Noblesse und Majestät auszustatten. Kurz, keine Fabel in der Postkolonie ohne Apparate, um die Vorstellungskraft zu fesseln, ohne gulliverartige Sicht auf Befehlshandlungen, das heißt eine Art, das Kleine aufzublasen, vertraute Dinge zu entstellen und scheinbar völlig nutzlose Gesten zu setzen: ein Stil von Maßlosigkeit und Missverhältnis.

Auch die Produktion von Vulgarität muss als absichtlich zynische Operation verstanden werden. Sie ist politisch in dem Sinne, in dem Sean Wilentz feststellt, dass jedes Gemeinwesen durch *master fictions* (Meistererzählungen) regiert wird, die allmählich in den Bereich des Unbestrittenen eintreten.[54] Nun kann das postkoloniale Gemeinwesen erst von dem Augenblick an Fabeln produzieren, seine Zielgruppe betäuben und Wahnvorstellungen erfinden, in dem der Diskurs der Macht und die Formen seiner Inszenierung die Zielgruppe bis in die Bereiche des Fantastischen und der Halluzination durchdringt. Erst von diesem Augenblick an kann der Zauber entstehen und seine Formalisierung als Fetisch beginnen.

Ein Beispiel dafür ist der Auszug aus einer Rede von Henri Bandolo, damals Informations- und Kulturminister, bei der Antrittszeremonie von Gervais Mendo Ze als Generaldirektor der Cameroon Radio-Television am 31. Oktober 1988:

> Vier Jahre voller Versuche, Wiederholungen und Aufbau sind seit dem Hoffnungsschimmer von Bamenda vergangen. Unser Publikum kann es kaum noch erwarten. Es wird immer weniger nachsichtig. Es erwartet ein Feuerwerk an Kreativität und Einfallsreichtum; Lunte, Pulver und Feuerzeug wurden Ihnen eben anvertraut. Alle Instrumente sind gestimmt, die Musiker sitzen im passenden Dekor, jetzt stehen Sie vor diesem Publikum,

---

setzt. Eine Studie über einen historischen Fall, der lange nicht so extrem ist, wie man im Allgemeinen denkt, vgl. Didier Bigo, *Pouvoir et obéissance en Centrafrique.* Paris, Karthala 1989, 58–64 sowie 143–171. Andere Fälle finden sich bei Michael. Schatzberg, *The Dialectics of Oppression.* Bloomington, Indiana University Press 1988, oder auch Thomas C. Callaghy, »Culture and Politics in Zaire«, doc. pol., Oktober 1986.

54 Sean Wilentz, *Rites of Power. Symbolism, Ritual, and Politics Since the Middle Ages.* Philadelphia, University of Pennsylvania Press 1985, 4.

der Dirigent eines so schönen und großen Orchesters. Bringen Sie uns Kraft der Autorität und Magie Ihres Dirigentenstabs eine kristallklare Symphonie zu Gehör, die mit den Erwartungen des kamerunischen Volkes, also den Idealen des nationalen Aufbruchs von Kamerun harmoniert.[55]

Nach der Erinnerung an die Notwendigkeit, »diesen abseitigen und faden Sendungen, in denen Deformation, Desinformation, Obszönität, tendenziöse Kommentare und albernes Geschwätz für ein Programm gehalten werden« den Rücken zu kehren, fügte er hinzu, dass diese Praxis geeignet ist, »das Markenimage [des Landes] zu beflecken«. Aus diesem Grund fand er es »notwendig, solches Verstöße, solche Verfehlungen und Verirrungen aufgrund von Unwissenheit, Naivität, Narzissmus, aufgrund von Laxheit oder Betrug zu geißeln«[56].

Standesdünkel, Suche nach Ehrenhaftigkeit und Amtspflicht, die der Minister so unterstrich, zeigen sich nicht nur in rhetorischen Dispositiven (Lust an Wiederholungen und Aufzählungen, an Kontrasten zwischen Wörtern und Dingen, häufige Antithesen, der Anteil von Übertreibung, der sich auch in der systematischen Verwendung des Superlativs zeigt, häufige Verwendung von Hyperbeln, Verwendung von Ausdrücken, die über die Wirklichkeit hinausweisen, Allgemeinheit, Vagheit und Ungenauigkeit von Vorschlägen und Behauptungen, ständige Verweise auf die Zukunft). Um wirksam zu sein, muss diese verbale Trance einen Punkt erreichen, an dem nur noch die Aneinanderreihung von Lauten zählt, weil zu einem großen Teil das Klangarrangement die Operation der »Besessenheit« erleichtert, das Einschlagen des Weges in die Illusion und die gewaltsame Konstruktion eines homogenisierten Raums, der zudem der Befehlsgewalt ausgeliefert ist.

Die Bedeutung von Klängen und Lärm beschränkt sich nicht nur auf Sprechakte. Sie erstreckt sich auch auf so unterschiedliche Bereiche wie die Massenliturgien, die regelmäßig von Staat und Einheitspartei organisiert werden. Doch bevor wir einige davon näher untersuchen,

---

[55] Siehe Henri Bandolo, »Radio-Télé: les nouveaux défis«, *Cameroon Tribune* 4264, 15. November 1988, 2. Ein weiteres Beispiel für eine Wortblase mit pseudoakademischem Anstrich, siehe J. Fame Ndongo, »La marche collective: une technique efficace de communication-spectacle«, *Cameroon Tribune* 3. April 1990, 3.

[56] Wir müssen sie geißeln, führte er aus, »nicht nur, um ihre unglücklichen Folgen zu vermeiden, sondern um sie zum Anathema zu machen und als unangebracht, unpassend zu exorzieren ...«, in *Cameroon Tribune* 4264, 15. November 1988, 2.

gilt es festzustellen, dass das, was hier die Charakteristika einer echten Funktionärssprache besitzt, tatsächlich eine Denkweise ist, die für eine geschlossene Gesellschaft typisch ist, in der Verhaltensweisen und Meinungen ständig zensuriert werden und der Verdacht von Komplotten oder aufständischen Bewegungen einfache Leute für Denunziationen anfällig machen.[57] Sie ist ein kohärentes und kodifiziertes lokales Genre, das, um das Unwahrscheinliche zu erzeugen, Fakten und Ereignisse frei erfunden, aber aus dem Blickwinkel seiner eigenen Kriterien vernünftig aneinanderreihen muss.

Deshalb sind die offiziellen rhetorischen Dispositive in der Postkolonie mit ihren Äquivalenten in kommunistischen Regimen vergleichbar, insofern, als sie in beiden Fällen gegebene Produktionsregimes von Lüge und Doppeldeutigkeit sind. Das ist einer der Gründe, warum jede verbale Dissidenz, ob sie sich in schriftlicher oder gesungener Form ausdrückt, dort Gegenstand intensiver Überwachung und Repression ist:

> Gestern führte die Polizei in Nairobi und Nakuru eine Razzia in Geschäften durch, die im Verdacht stehen, subversive Musik zu verkaufen. Sie ist auch zur Verhaftung von Individuen geschritten, die kontroverse Kassetten verkauft oder gehört haben.
> Die Polizei beschlagnahmte zudem Hunderte von Kassetten, Aufnahmegeräten, Gitarren und Saxophonen. Beschlagnahmt wurden Kassetten mit Liedern wie »Bahoya ma Bururi« (Gebete für das Land), »Who killed Dr. Ouko«, »Mathima ma Mattiba« (Die Leiden von Matiba), »Nituhoye Ngai« (Lasset uns beten), »Patriotic Contributions« und »Thina Uria Wakorire Athina a Gicagi nia Muruoto« (Das Unglück der Armen von Muruoto).[58]

Die zweite Konstante ist die Erhebung des Banalen zum Ereignis. So glaubt man sich bei Auslandsreisen des Staatschefs verpflichtet, detailliert alle Persönlichkeiten aufzulisten, denen er Audienzen gewährt.[59]

---

[57] Eine Analyse dieser Art von Sprechakten bietet Françoise Thom, *La Langue de bois*. Paris, Julliard 1987.

[58] Muthui Mwai, »Police raid shops for subversive music«, *Daily Nation* 9193, 2. Juli 1990, 1–2; und V. Mwangi, »Music cassettes: 19 on sedition charge«, *Daily Nation* 9197, 6. Juli 1990, 1–2.

[59] So erfährt man zum Beispiel, dass er auf seiner Reise nach Belgien mit Jacques Delors, dem Präsidenten der Europäischen Kommission, diniert hat. Außerdem führte er Gespräche mit dem Vicomte Davignon (Präsident der belgischen Société Générale), J. P. Schaeker Willemaers (Direktor der Gruppe Tractebel), Fontaine

Doch die Theatralisierung der Befehlsgewalt in der Postkolonie vollzieht sich vor allem in den Zeremonien, die den liturgischen Kalender des Staates strukturieren. Tatsächlich entwickelte Kamerun im Anschluss an die Dekolonisierung bewusst ein Zeremoniensystem, das in vieler Hinsicht an dasjenige in kommunistischen Regimes erinnert.[60] Die anerkannte Durchführung von Festen, die unter dem Regime von Ahmadou Ahidjo (1958–1982) offiziellen Status erlangte, stammte direkt vom kommunistischen Zeremoniell ab, insofern, als sie ein parareligiöses Element und einen dogmatischen Aspekt voraussetzte, die in der allgemeinen Ökonomie des öffentlichen Lebens wahrzunehmen waren. Die Zeremonien, die im Lauf der letzten zehn Jahre seiner Regierung organisiert wurden, zielten fast immer auf einen gewissen emotional und symbolisch intensiven Ausdruck ab. Ihre Form war stereotyp.

Im Wesen wiederholten sie sich und entsprachen damit Mythos und zyklischer Zeit. Ihre Regelmäßigkeit erfüllte sie schließlich mit der Kraft des Brauchtums. Eine »massive, spontane und enthusiastische« Teilnahme wurde von den Massen erwartet, der offizielle Kalender diente als Markierung unterschiedlicher Abläufe der gesellschaftlichen Zeit.[61] Das Regime erfand letztlich einen sehr eigenen Zeitrhythmus von Arbeit und Freizeit. Auf dieser Ebene hatte es eine gewisse Vorhersagbarkeit erreicht. So wusste man zum Beispiel, dass jeder wich-

---

und Lebeau (Compagnie française d'entreprise), Stulemeyer (Six BBM), Albert Frère (Gruppe Bruxelles-Lambert), Sylvain (Generaldirektor der europäischen Investitionsbank), Jacques Saverys und J. de Wilde (Compagnie maritime belge), Jo Goes und Alain Rozan (Société Sopex).

[60] Vgl. die Studien von Christopher A. P. Bins, »The Changing Face of Power: Revolution and Accomodation in the Development of the Soviet Ceremonial System: Part I«, *Man (N.S.)* 14 (1979), 585–606; und »Part II«, *Man (N.S.)* 15 (1980), 170–187. Siehe auch Jennifer McDowell, »Soviet Civil Ceremonies«, *Journal for the Scientific Study of Religion* 13.3 (1974), 265–279, und grundlegend Christel Lane, *The Rites of Rulers. Ritual in Industrial Society: The Soviet Case.* Cambridge, Cambridge University Press 1981.

[61] Zu diesen Fragen siehe Edmund Leach, *Culture and Communication: The Logic by Which Symbols Are Connected.* Cambridge, Cambridge University Press 1976; und Steven Lukes, »Political Ritual and Social Integration«, *Sociology* 9 (1975), 298–308. Zudem die Debatte zwischen Thomas O. Cushman, »Ritual and Conformity in Soviet Society«, *The Journal of Communist Studies* 4.2 (1988), 162–180 und Christopher A. P. Bins, »Ritual and Conformity in Soviet Society: A Comment«, *The Journal of Communist Studies* 5.2 (1989), 211–219.

tige Sieg bei panafrikanischen Sportbewerben (besonders im Fußball) fast automatisch Anlass zu einem Dekret war, das »einen arbeitsfreien und bezahlten Feiertag auf dem gesamten Staatsgebiet« verkündete.

Gleichzeitig hatte sich das Regime bemüht, eine Genealogie zu erfinden, um das Legitimitätsdefizit auszugleichen, das es von seiner Geburtsstunde an begleitete, als die französische Kolonialverwaltung bei der überstürzten Dekolonisierung von 1958 gedacht hatte, es läge in ihrem langfristigen Interesse, die sogenannten nationalistischen Kräfte beiseite zu drängen und ihren Klienten die Wohltaten der Unabhängigkeit zu gewähren. Dieses Legitimationsunternehmen einer politischen Ordnung, die aus Geringschätzung entstanden war, verlief nicht ohne gewisse Gewalt an Fakten und historischen Gestalten der nationalistischen Vergangenheit.[62] Der Staat rekonstruierte die Vergangenheit obsessiv nach dem eigenen Bild, was weiterhin eines der herausragenden Merkmale der Regime ist, die seit der Kolonialzeit in Kamerun herrschen.

Ebenfalls unter Ahidjo wurde damit begonnen, jeden Erfolg, insbesondere in sportlichen Wettkämpfen »auswärts«, zusätzlich zu den offiziellen Feiertagen zu honorieren. Aus dieser Zeit datieren die Porträts des Staatschefs auf den wichtigsten öffentlichen Plätzen. Es gab zwar kaum zu seinen Ehren errichtete Statuen, aber das wichtigste Fußballstadion der Hauptstadt ebenso wie einige der zentralen Verkehrswege und öffentlichen Plätze wurden noch zu seinen Lebzeiten nach ihm benannt. Als ehemaligem Postangestellten unter der Kolonialherrschaft wurde ihm von der örtlichen Universität ein Doktortitel »honoris causa« zuerkannt. Auch die Praxis der »Unterstützungsanträge« tauchte zu dieser Zeit auf. Sie akzentuierte den Persönlichkeitskult, den einige der Titel verraten, mit denen er von seinen Höflingen ausgestattet wurde: »Vater der Nation«, »Großer Kamerad«, »Apostel des Friedens«, »Führer der Vorsehung«, »unermüdlicher Erbauer der Nation«, »der Mann des Februar 1958«, »erster Bauer«, »erster Sportler«, »aufgeklärter Führer«, »großer Steuermann« ...

Das gauklerische Wesen dieser Griot-Praxis wurde 1984 deutlich, als Ahidjo nach der Aufdeckung eines Komplotts vor Gericht gestellt, in

62 Zu diesen Fragen siehe Achille Mbembe, »L'État-historien«, in Ruben Um Nyobè (Hg.), *Écrits sous maquis.* Paris, L'Harmattan 1989, 10–42, oder auch Achille Mbembe, »Pouvoir des morts et langages des vivants. Les errances de la mémoire nationaliste au Cameroun«, *Politique africaine* 22 (1986).

Abwesenheit verurteilt und begnadigt wurde. Er verstarb 1989 in Dakar (Senegal), und sein Nachfolger fand es nicht opportun, ihn in dem Land beerdigen zu lassen, das er regiert hatte. Heute läuft alles, als hätte er nie existiert. Das Regime, das seines ablöste, bemüht sich, das Vergessen ebenso zu organisieren, wie er selbst das Vergessen der Führer des nationalistischen Widerstands organisiert hatte.[63] Wie man sieht, sind in der Postkolonie der Zahn der Zeit und die Praxis der *Theophagie* nicht nur Sache der Plebs.

Das Regime von Biya hat diese Praktiken geerbt, sie zur Routine gemacht und verstärkt, sofern es nicht neue geschaffen hat. Zum Beispiel wird im Bemühen, die Omnipräsenz der öffentlichen Autorität in den entferntesten Winkeln des Alltags sichtbar zu machen, jeden Morgen auf der ersten Seite der einzigen Tageszeitung, des *Cameroon Tribune,* ein Medaillon mit Biyas Foto und einem »Gedanken zum Tag« abgedruckt. Das ist nicht nur ein Hinweis auf die Tatsache, dass in der Postkolonie die Macht sich in einem riesigen Universum entfaltet, in dem die Selbstanbetung Hand in Hand mit dem Anspruch auf den Besitz der Wahrheit geht. Der Fetisch (hier das Bild des Autokraten) und Amulette (etwa Ausweis, Mitgliedskarte der Einheitspartei, Steuermarke, die Vielzahl an Papieren, Autorisierungen, Lizenzen, Laissez-Passers, Führerscheinen ..., ohne die es schwierig ist, sich in der Postkolonie zu bewegen) müssen omnipräsent sein.

Es ist zum Beispiel nicht selten, das Bild es Staatschefs in oder in der Nähe von Wohnungen vorzufinden. Es gehört zur Einrichtung und dient in den Häusern als Dekorationselement. Man findet es in Büros, entlang großer Straßen, in den Abflughallen von Flughäfen und an Folterorten. Man trägt es am Körper. Es ist ganz nah am Körper der Menschen, wie bei den Frauen, die die Uniform der machthabenden Partei tragen. Mit großer Detailverliebtheit versucht die Staatsmaschinerie also auch die geheimsten Bereiche der Intimität seiner Zielgruppe zu durchstöbern.

Zusätzlich zur Feier von Biyas Machtübernahme am 6. November wurde gegen Ende der 1980er Jahre ein weiteres Fest auf den Kalender gesetzt. Es sollte die Einheitspartei verherrlichen. Bei seiner ersten Aus-

---

[63] Achille Mbembe, »Le Spectre et l'État. Des dimensions politiques de l'imaginaire historique dans le Cameroun postcolonial«, *Revue de la Bibliothèque nationale* 34 (1989), 2–13.

gabe dauerte es in Bertoua im Osten des Landes drei Tage. Das war im April 1989. Man tanzte im Rhythmus von Marimbas und Trommeln, sportliche Wettkämpe wurden organisiert und Reden gehalten. Das Ganze wurde mit einem »langen Marsch der Unterstützung« für den Staatschef über eine Distanz von 5 Kilometern »in einem geschlossenen Kreis« abgeschlossen, an dem neben den einfachen Leuten auch die örtliche kirchliche, politische, administrative und »traditionelle« Führungsschicht teilnahm. In einer Stegreifrede forderte Samba Letina, der Präsident der Parteisektion von Lom und Djerem, seine Mitbürger auf, »die Regierung des Aufbruchs [zu unterstützen], dank derer wir heute in den Genuss vieler Wunder und Wohltaten [...] und einer raschen und beispiellosen wirtschaftlichen, sozialen und kulturellen Entwicklung kommen«[64]. Doch diese Kunstgriffe zur normativen Regulierung der Gesellschaft sind zu bekannt, um darauf herumzureiten.[65]

Betrachten wir stattdessen ein anderes Beispiel, die Besuche von ausländischen Staatschefs. Als im Oktober 1987 der Empfang von Abdou Diouf, dem Präsidenten des Senegal, organisiert werden musste, ließ man mehrere Stunden vor der Landung seines Flugzeugs 42 Tanzgruppen zum Flughafen bringen. Die Tänzer wurden von Trommeln und unterschiedlich großen Flöten aus Gazellen- und Antilopenhorn begleitet. Es waren auch Blasinstrumente, Eisentriangeln, ineinandergesteckte Kalebassenhörner und –hälse zu sehen, die besonders heisere Töne erzeugen. Es gab auch Schlaginstrumente, unter anderem eiserne Kuhglocken oder längliche Schellen, die einen metallischen Ton von sich geben. Sobald sie aufeinander abgestimmt sind, sollten die Instrumente einnehmen, die Tänzer verzaubern oder wenigstens die Menge betäuben: notwendige Maßnahmen zur Verherrlichung der Macht.

Zuvor hatte der Regierungsabgeordnete sein übliches »Kommuniqué« veröffentlicht, in dem er »die Arbeitgeber der öffentlichen und privaten Sektoren [aufforderte], ihren Angestellten die Erlaubnis zu kurzen Abwesenheiten erteilen zu wollen, um es ihnen zu ermöglichen, durch ihre massive und enthusiastische Anwesenheit zum Erfolg des Empfangs

---

[64] Vgl. D. Ibrahima, »Bertoua: réjouissances et méditation«, *Cameroon Tribune* 4372, 19. April 1989, 11.

[65] Eine Analyse von Zeremonien siehe Yves-A. Fauré, »Célébrations officielles et pouvoirs africains: symboliques et construction de l'État«, *Revue canadienne d'études africaines* 12.3 (1978), 383–404; Christel Lane, *The Rites of Rulers*. Cambridge, Cambridge University Press 1981.

beizutragen, der unserem illustren Gast bereitet werden soll«[66]. Deshalb bildete sich auf dem Weg des Konvois vom Flughafen zur Residenz der Gäste ein »Spalier von Schülern in Schuluniform, Parteiaktivisten, Männern, Frauen und Kindern aller Altersgruppen«[67]. Dasselbe Verfahren wurde wiederholt, als Ibrahim Babangida, Staatschef von Nigeria, Yaoundé einen offiziellen Besuch abstattete. Es wurde erweitert, als der deutsche Kanzler Helmut Kohl oder der israelische Premierminister Schamir ihre jeweiligen Besuche absolvierten.

In diesem Universum der Selbstanbetung, der Postkolonie, beweisen die für diese Schauspiele requirierten Tanzgruppen immer wieder, welchen zentralen Platz der Körper in den Verfahren von Befehlsgewalt, Unterwerfung und Simulakrum einnimmt. Unter der Kolonialherrschaft war es der Körper der Zwangsarbeit und der Rekruten für öffentliche Bauten oder auf den Trägerpfaden.[68] An diesen Tagen, wie auch bei anderen Gelegenheiten (offizielle Paraden, Fest der Partei, Rundreisen von Gouverneuren, Präfekten und Unterpräfekten ...) war es der der Tänzer in einem »dekolonisierten« Land, das heißt dem Autor zufolge einem Land, in dem »die Unabhängigkeit nicht wirklich stark ist«.

Manche boten ein ausgehungertes Bild. Grind auf dem Kopf, Hautkrätze und vernarbte Beine, andere zogen Wolken von Fliegen an. Was sie nicht daran hinderte, beim Herannahen der Limousinen in fröhliches Lachen auszubrechen. Sie stampften mit den Füßen auf die Erde und lösten dabei jedes Mal Staubschwaden aus. Sie schrien, verdrehten sich und johlten, als die Motorräder und Limousinen vorbeifuhren, und brachen damit, was Rimbaud das »absurde Schweigen der Stotterer« nannte; sie waren überglücklich, wenigstens eine Sekunde lang dadurch, dass sie die schwindelerregendsten Zeichen zu sehen geben, ein Verhältnis von Einverständnis und Vertrautheit mit Gewalt und Herrschaft zu haben.

Der oben angesprochene Hunger nach Prestige, Ehre und Achtung sowie der daraus folgende Wunsch nach Anerkennung waren seit der

[66] *Cameroon Tribune* 3981, 2. Oktober 1987.

[67] Vgl. Monda Bakoa, »Une fête africaine pour Diouf«, *Cameroon Tribune* 3981, 2. Oktober 1987. Im selben Artikel findet sich eine Beschreibung der Kleider von Madame Diouf (roter Rock, grün-rot-schwarz gemusterte Bluse) und Madame Biya (gelbes Seidenkleid).

[68] Vgl. Rudolph Rudin, *The Germans in Cameroon*. New Haven, Yale University Press 1938.

Zeit von Ahmadou Ahidjo Teil der Liturgien des Staates. Sie trugen nicht nur dazu bei, aus Festen und Volksbelustigungen den Deklinationsmodus der Befehlsgewalt schlechthin zu machen. Sie bevölkerten auch Büros, Paläste und öffentliche Orte mit einer beachtlichen Zahl von Hofnarren, Narren und Hanswursten von unterschiedlicher Art und unterschiedlichen Rängen (Journalisten, Offizielle, Schreiber, Hagiographen, Zensoren, Denunziationsbeauftragte, auf das Verfassen von Eingaben spezialisierte Funktionäre der Einheitspartei, Griots aller Art, Kurtisanen, Gebildete auf der Suche nach irgendeiner Position, Höflinge ...). Ihre Funktion besteht darin, dem Fetisch eine fiktive Perfektion zu predigen. Dank ihnen ist die Postkolonie zu einem Universum von Rausch, Lobeshymnen und narzisstischer Befriedigung, also von Eitelkeit geworden. Doch Schmeichelei dient hier nicht nur dazu, dem Despoten zu gefallen. Sie wird auch in der Hoffnung auf Profit oder Gunst ausgeführt: eine Ernennung. Das Ziel ist es, zum Tischgenossen des Autokraten zu werden, »aus seinen Händen zu essen«[69]. Man schreibt ihm also außergewöhnliche Taten zu[70] und bedeckt ihn mit Ruhm[71]. Hier sind Schmeichler und Denunziant oft ein- und dieselbe Person. Denn für die atemberaubende Transfiguration des Fetisch darf kein Hindernis geduldet werden, Gegner oder Skeptiker werden der Rache des Staatsapparats ausgeliefert.[72]

Im Schatten der Festlichkeiten wuchsen so Monster heran. Unter dem Schutz des großen Portraits des Präsidenten der Republik, das an allen Mauern und manchmal an den Kreuzungen großer Straßenzüge hängt, unterzieht die Soldateska (pflichtvergessene Polizisten, Denunziationsbeauftragte, Identitätskontrolleure, Gendarmen, Männer in Khaki, Bettlerbanden, alle möglichen Milizen) die einfache Bevölkerung einer

---

69 Ein Aspekt, an den Ambroise Kom erinnert: »Writing under a Monocracy: Intellectual Poverty in Cameroon«, übersetzt von Ruthmarie H. Mitsch, *Research in African Literatures* 22.1 (1991), 83–92.

70 Siehe unter dem Regime von Ahmadou Ahidjo die Werke von Jos Blaise Alima, *Les chemins de l'unité. Comment se forge une nation: L'exemple camerounais.* Paris, ABC 1977; Joseph Charles Doumba, *Vers le Mont Cameroun. Entretiens avec Jean-Pierre Fogui.* Paris, ABC 1982; S. M. Eno-Belinga, *Cameroun. La Révolution pacifique du 20 mai.* Yaoundé, Lamaro 1976.

71 Unter dem Regime von Biya, vgl. u.a. E. E. Etian, *Allah Ouakbar ou la main de Dieu.* Yaoundé, ESSTI 1988.

72 Das ist zum Beispiel die Lösung, die H. Mono Ndjana in *L'idée sociale chez Paul Biya.* Yaoundé, Université de Yaoundé 1985 befürwortet.

Reihe direkter Nötigungen und reißt an sich, worauf sie kein Recht hat. Sie lässt die Gewalt im Rohzustand zirkulieren. Es geht nicht mehr eigentlich darum, die Körper fügsam zu machen oder Ordnung herzustellen. Hier geht es nicht mehr nur um Peitsche und Bastonaden, von denen bekannt ist, dass sie dem Leben in Haftanstalten, Polizeikommissariaten und anderen Arrestzentren, in denen die unbefristete Verwaltungshaft praktiziert wird, seinen Rhythmus gibt.[73] Es geht schlicht darum, lapidare und unproduktive Gewalt anzuwenden, um so abzuschöpfen und zu erpressen, wie es dieser Brief erklärt, der an den Präfekten von Wouri gerichtet ist und die Straßenkontrollen in Douala anspricht:

> Monsieur le Préfet,
> [...] mit vorzüglichster bürgerlicher Ehrerbietung darf ich mir erlauben, Sie mit dem vorliegenden Schreiben von Ihren Aufgaben abzulenken, die an der Spitze eines Departements von mehr als 2 Millionen Einwohnern sehr schwer sein müssen. Ich möchte Ihre Aufmerksamkeit besonders auf die Leiden vieler Bürger Ihres Departements lenken, die Einwohner von Douala III, die täglich Opfer des Elends der Ordnungskräfte unter Ihrem Befehl sind.
> [...] Monsieur le Préfet, selbst in Lagos, der derzeit bevölkerungsreichsten und anscheinend chaotischsten Stadt von Schwarzafrika, werden friedliche Bürger nicht so terrorisiert wie am Carrefour Ndokotti, wo eine Meute von Polizisten und Gendarmen sich jeden Tag auf die Fahrzeuge und Maschinen stürzt, um ihre Fahrer zu erpressen, während der Verkehr sich in unentwirrbarer Unordnung um eine kleine Tonne oder einen Haufen Reifen in der Mitte der Kreuzung [der als Ampel dient] festfährt.
> Sie sind in Blau oder in Khaki, tragen weiße Helme, schwarze oder rote Barette. Sie kommen morgens, entweder mit einer Uniform, auf die lauter Taschen aufgenäht sind, die am Ende des Tages vollgestopft sind, oder mit einer kleinen flachen Handtasche, die den Kriegsschatz enthalten wird, wenn jeder am Abend nach Hause geht, wobei sie nur bedauern, dass der Tag keine Ewigkeit dauern kann.[74]
> Wie verläuft das konkret?
> [...] Sie hören schrille Pfiffe die Luft zerreißen. Sie wissen nie, an wen sie sich richten, noch, ob Sie anhalten sollen, und wo. Bis zu dem Augenblick, an dem Ihre Tür brüsk geöffnet wird und Sie hören: »Stellen Sie Ihren Motor ab! Fahrzeugpapiere!« Dabei ist zu bemerken, dass Sie, wenn Sie

---

[73] Siehe Jean-François Bayart, *L'État au Cameroun.* Paris, Presses de la Fondation nationale des sciences politiques 1977.

[74] J. B. Sipa, »Lettre ouverte au Préfet du Wouri«, *Le Messager* 193, 31. Juli 1990, 2.

Taxifahrer sind, geduzt werden. Manchmal wird Ihr Auto mitten im Verkehr von einer ganzen Gruppe umringt, ohne dass Zeit bliebe, am Straßenrand zu parken: absichtlich. Denn wenn sich in diesem Fall die Fahrzeugpapiere als vollständig erweisen, die Bremslichter funktionieren, die Blinker auch, und auch noch die Scheinwerfer, wenn der Ersatzreifen aufgepumpt ist, der Feuerlöscher brandneu und der Erste-Hilfe-Kasten vollständig, wenn der Einkaufskorb, der an Bord ist, kein subversives Element enthält ... dann muss man Ihnen trotzdem etwas anhängen. Und die Wahl fällt schnell zwischen »Behinderung des öffentlichen Verkehrs« und »Blockieren der Straße«.

Fahrzeugpapiere und »persönliche Dokumente« werden daraufhin von einem Polizisten eingezogen, der Sie dort mit Ihren Passagieren an Bord zurücklässt, um sich anderswo zu beschäftigen. Man muss zu ihm gehen, um fern der Passagiere den Preis für die Rückgabe der Dokumente zu verhandeln, denn er würde Ihnen nie einen Strafzettel geben, den Sie zahlen könnten. Und wenn er es ausnahmsweise tun sollte, wird der Vorwand falsch sein. Wenn die Verhandlungen 15 bis 30 Minuten dauern, weit weg von Ihrem Auto, dann finden Sie es mit platten Reifen vor, andere Polizisten haben die Luft herausgelassen [...] Wie bereits gesagt.

Ganz wie im kolonialen Verhältnis erscheint das postkoloniale Verhältnis so nicht nur als Zwangsverhältnis, sondern auch als *heimliches Einverständnis* schlechthin. Es beruht auf dem stillschweigend hingenommenen »Paradigma«, dem zufolge die Befehlsgewalt in »ihrem unendlich Kleinen« und jenseits dessen, der sie ausübt, über eine Art von absolutem Nutzungsrecht verfügt. Deshalb blieb sie durch die gesamte Postkolonisation hindurch irgendwo »ganovenhaft«:

Seltsamerweise, Monsieur le Préfet, gibt es einen Typ Taxifahrer, den die Berufsfahrer »*Clando*« nennen [...], und die wie die Fische im Wasser durchzukommen scheinen, selbst wenn sie keinen Fahrzeugschein, keine Versicherung, keinen Führerschein haben. Ich habe beobachtet, dass die Fahrer dieser anonymen Fahrzeuge bei keiner Kontrolle [...] irgendwelche Dokumente vorweisen, sondern einen Namen sagen und durchgewinkt werden, nicht ohne dass ihnen dabei salutiert wird. Ich habe mir erklären lassen, dass diese Fahrzeuge, die einzelnen »Chauffeuren« anvertraut sind, in Wirklichkeit der Polizei- oder Gendarmeriebehörde gehören; diese haben also keine Angst, parallele und illegale Geschäfte zu machen.

Die Erfahrung der Postkolonie zeigt also, dass »Illegalismen« nicht allein Sache der einfachen Leute sind. Die Reglementierungen, das System käuflicher Ämter, die Erhebung von Steuern und Abgaben, gewaltsame Beschlagnahmen von gehamsterten Waren und der behördliche

Verkauf von Gütern stellen Situationen dar, in denen sich eine lapidare Gewalt ausdrückt, die aus Abgaben und Erpressung besteht (ob in Geld, Gütern oder Diensten). So führte am 7. August 1987 das Gesundheitsamt unter dem Vorwand, sie hätten keine »Betriebsgenehmigung«, »unter den Getränkeständen auf Gehsteigen, in Busbahnhöfen und auf den Märkten der Stadt Yaoundé eine riesige Razzia« durch:

> Zuvor musste dasselbe Amt die Wasserkanone einsetzen, um die fliegenden Händler auseinanderzutreiben, die sich auf der Avenue du 27 Août 1940 niedergelassen hatten. Die Waren aus dieser Razzia sind zur Auktion bestimmt, die Einnahmen kommen dem Budget der Gemeinde zugute. Diese Razzia folge wiederholten Drohungen des Gesundheitsamts gegen die Eigentümer der Getränkestände und die fliegenden Händler, die die Straßen und die Eingänge der Geschäfte des Einkaufszentrums blockieren. Der illegale Verkauf von alkoholischen Getränken dauert in der Stadt schon viel zu lange an.[75]

Um eine »Cafeteria« zu eröffnen – eine Art Freiluftrestaurant, das den Untätigen (ein Begriff, den die Verwaltung zur Bezeichnung von Arbeitslosen verwendet) eine Anstellung verschafft – verlangt die Verwaltung die Vorlage einer Genehmigung des Regierungsabgeordneten an der Stadtgemeinde Yaoundé, ein ärztliches Zeugnis, das alle 8 Monate erneuert werden muss, und ein Hygienezeugnis. In diesem Sektor sind viele Frauen beschäftigt, »häufig Verheiratete, die sich durchschlagen, um die Belastung ihres Mannes zu verringern«[76]. In der Postkolonie ist dieses Durchschwindeln aber in sehr viel mehr Sektoren vertreten (Bäckereien, Hotellerie, Automechaniker, Taxifahrer ...). Niemand steht außerhalb der Verfahren, die in einer Polizeigesellschaft üblich sind. So nahm der zweite stellvertretende Präfekt von Mbouda, als er im gleichen Monat vor Bäckern und Hoteleignern sprach, die Gelegenheit wahr, um

> angesichts der mangelnden Hygiene bei lokalen Bäckereien, Getränkeständen, Hotels und Mechanikern mit der Faust auf den Tisch zu schlagen. Schmutzwasser und Hausmüll werden überall ausgekippt und verbreiten üblen Gestank. Die meisten Bäcker haben keine verglaste Theke, um das

---

[75] *Cameroon Tribune* 3981, 2. Oktober 1987. Siehe auch im Fall von Senegal die Studie von R. Colignon, »La lutte des pouvoirs publics contre les "encombrements humains" à Dakar«, *Canadian Journal of African Studies* 18.3 (1984), 573–582.

[76] J. B. Sipa, »Lettre ouverte ...«, *op. cit.*

Brot vor Verschmutzungen zu schützen. Schlimmer noch, das Brot wird in Papier oder Säcke verpackt, die Zement enthalten, während nach Ansicht des Direktors des Gesundheits- und Sanitäramts dieses Produkt unzweifelhaft giftig ist.

Beenden wir diesen Rundgang mit einer anderen Formalität. Weiter oben deuteten wir an, dass in der Postkolonie Mund, Bauch und Penis die klassischen Befehlsmittel darstellen. Es wurde nicht ausreichend gezeigt, über welche Prozesse der Genuss sich in einen Ort des Todes verwandelt. Aus Platzmangel beschränken wir uns hier darauf anzudeuten, wie in diesem Kontext das Befehlen untrennbar mit der Produktion von Anzüglichkeiten verbunden ist. So etwa trug der Präfekt des Departement Haut Nyong, Ename Ename Samson, bei der »Amtseinführung« des Schulleiters des Lycée und des Direktors des Hilfslehrerseminars von Abong-Mbang im Jänner 1988 den Lehrenden auf, »nur pädagogische und gesunde und keine intimen und sündigen Beziehungen mit ihren Schülern einzugehen«[77].

Er wusste sehr genau, dass Bürokraten sich in unverschämtem Ausmaß das Recht anmaßen, Frauen zu besitzen. Wir haben das Beispiel der Soldaten gesehen, die die meiste Zeit damit verbringen, »Fett und Rost in den Arsch kleiner Mädchen zu spritzen«. »Soldaten des Phallus und der Nachtclubs«, bestätigt der Schriftsteller. Dazu müsste man die Minister rechnen, die in ihren Hotelbetten Jungfrauen entdecken, Priester, die die »fauligen Hintern» von jungen Mädchen flachlegen, wobei sie ihnen »eine köstliche Leere in den Bauch eingraben« und sie »ihren Ha-ha-hai-ai-ai-Lustschrei« ausstoßen lassen. Ohne die Unterpräfekten, Präfekten, Polizeikommissare, Gendarmen zu zählen, richtige »Buschkönige«, die über ein praktisch unbegrenztes Recht der ersten Nacht verfügen.

Durch diese Rechte steht die Kopulation außerhalb der Sphäre jeglicher »Scham«. Und es wäre wahrscheinlich unnütz, das Begehren des postkolonialen Bürokraten nach sexueller Befriedigung dem Wesen einer erotischen Handlung gegenüberzustellen. In der Postkolonie ergänzen sich die verschiedenen Formen der Entjungferung und die dazugehörigen Rechte, das Anliegen zu »reproduzieren« und das überfüllte Leben des Fleisches, selbst wenn die Trance der Organe, der exzes-

---

[77] Siehe J. Okala, »Des responsables installés à Abong-Mbang«, *Cameroon Tribune* 4305, 13. Januar 1988.

sive Genuss von Speisen und Getränken, die für eine derartige Genussökonomie typisch sind, einem weiteren Horizont angehören: dem Horizont des Lasters.

Das wird in den Sprachspielen und Kopulationspraktiken sichtbar, denen die Agenten der Befehlsgewalt frönen. Wir haben zu Beginn dieser Anmerkung an den »mächtigen Schlüssel von Eyadéma« erinnert, der unter dem Beifall des »Volkes« in das »Schloss« eindringt. Es wäre klarzustellen gewesen, dass die libidinösen Souveräne der Postkolonie ihre Länder mit einer unbekannten Anzahl leiblicher Nachkommen bevölkert haben.[78] Man könnte auch daran erinnern, wie Bürokraten am Ausgang von Schulen Schülerinnen belästigen, wie sie Gymnasiastinnen anhupen, die zu Fuß an der Straße entlanggehen; und abbremsen, wenn sie neben ihnen sind, die Türe öffnen und sie einladen, sich auf den Beifahrersitz zu setzen. Das Alltagsleben des Bürokraten in der Postkolonie besteht aus Folgendem: Alkohol, Spielen, anzüglichen Gesprächen und schlüpfrigen Bildern, in denen es darum geht, die Tugend von Frauen in Frage zu stellen, Gesprächen über die Genitalien der Sekretärinnen im Büro oder die sexuelle Leistung von erklärten Favoritinnen oder kleinen Maitressen.

Daher die ständigen Anspielungen auf »die heißen Schenkel« oder »die großartige Qualität ihrer Schlüpfer«. Daher auch diese nervöse Anziehung durch Jungfrauen. Und das möglicherweise nur aus einem Grund: »Sie gibt ein sanftes Geräusch von sich, so eine Jungfrau auf der Schwanzspitze, ein genüßliches Stöhnen«, wie der kongolesische Schriftsteller Sony Labou Tansi eine seiner Romanfiguren sagen lässt.[79]

DIE INTIMITÄT DER TYRANNEI

Ohne die Bedeutung dieser Frage zu vernachlässigen, dürfen wir nicht aus dem Blick verlieren, wie das, was Michel Foucault die »Politik der Nötigungen« nennt, die Unterwerfung schwerer macht und den

---

78 Eine Situation, die auch an jene der Souveräne von Frankreich im Ancien Régime erinnert. Siehe Michel Antoine, *Le dur métier de roi. Études sur la civilisation politique de la France d'Ancien Régime*. Paris, PUF 1986, 293–313.

79 Vgl. Sony Labou Tansi, *Die tödliche Tugend des Genossen Direktor*. Aus dem Französischen von Uli Wittmann. Köln, Kiepenheuer & Witsch 1985, 24.

Rahmen der Normalität überdeterminiert. Denn in der Postkolonie hat die Macht nicht nur die Körper der Tänzer in ihrer Gewalt, die sich in Erwartung der flüchtigen Ankunft eines ausländischen Staatschefs oder der Rückkehr des eigenen von einer »Rundreise« im Ausland in der Sonne in den Hüften wiegen. Eben weil der Herrschaftsmodus der Postkolonie bewirkt, dass sie gleichzeitig ein Zwangsregime und *eine Praxis der Geselligkeit und ein Stil des heimlichen Einverständnisses* ist, muss man bei der Analyse auf die unzähligen Arten achten, mit denen die Eingeborenen aufmucken, sich herauswinden, Tricks anwenden und eigentlich mit der Herrschaft *spielen,* statt sie brutal zu behandeln, also mitten in unzähligen Zwängen Vergnügen finden und es sich gönnen.

Diese Ausbrüche – eine Sisyphusarbeit, wenn es eine gibt – sind nur zu erklären, weil der Eingeborene ständig in den Netzen von Ratifizierungsritualen gefangen ist, die engmaschig, aber enorm *intim* sind. Die Logiken von Erfassung und Ausweichen sind allerdings in der aktuellen afrikanischen Kritik noch nicht untersucht worden, weder im Detail noch bezüglich der Punkte, an denen sie sich *verknüpfen*, um nur noch ein- und dieselbe Dynamik zu bilden. Dennoch hängt unser Wissen über »Widerstand«, »Unordnung« und Geselligkeit, die für die autoritären Modalitäten in der Postkolonie (und die Versuche, sie zu dekonstruieren) typisch sind, vom Erfassen dieser Vermischung ab.

Begnügen wir uns für den Augenblick damit festzustellen, dass die historische postkoloniale Entwicklung zeigt, dass an einem bestimmten Moment ihrer Strukturierung die autoritäre Modalität nicht mehr ausschließlich als »Rasterung«, »Überwachung« und »Politik der Nötigung« interpretiert werden kann. Umgekehrt können die Praktiken der einfachen Leute nicht immer in einer Logik des »für« oder »gegen« als »Opposition gegen den Staat«, »Dekonstruktion der Macht«, »Rückzug« gelesen werden. In der Postkolonie verbindet de facto eine *intime Tyrannei* die Befehlenden und ihre Untertanen auf dieselbe Art, wie die *Obszönität die Kehrseite der Freigebigkeit* und *die Vulgarität die Bedingung für die Macht des Staates selbst* sind. Daher liegt eine Verschärfung der Unterwerfung nicht nur daran, dass die Zielgruppe der Befehlsgewalt diesen tadelnswerten Anteil, den ihr der postkoloniale Staat einimpft, bis zu einem Punkt verinnerlicht hat, dass sie schließlich wie von selbst und bis in die kleinsten Dinge des täglichen Lebens (soziale Netzwerke, Gottesdienste und Geheimgesellschaften, kulinarische Moden, Freizeitbeschäftigungen, Konsummodelle, Kleidungsstile, rhetorische

Dispositive, politische Ökonomie des Körpers) die autoritäre Epistemologie mit ihrem Gefallen an Obszönem und Unvernunft reproduziert. Das liegt auch daran, dass sie sich nicht gerne von diesen spielerischen Ressourcen trennt, ohne die die Möglichkeit, Identitäten zu verstärken, ebenso aufgehoben ist wie diejenige, Idole zu entzaubern, um sie besser zu entkräften und so dem Simulakrum den Weg zu ebnen.

Es ist jedoch genau diese Möglichkeit, multiple Identitäten zu entwerfen, die ausgesprochen ambivalenten, *paradoxen Verhaltensweisen* zugrunde liegt. So kann man gleichzeitig feststellen, dass der Körper, der tanzt, isst, trinkt, sich kleidet, die großen Durchfahrtsstraßen verstopft, sich entlang der Hauptstraße versammelt und dem vorbeifahrenden präsidentiellen Konvoi applaudiert, sich an einem Bestätigungsritual beteiligt, das heißt Zugeständnisse macht, gegenüber der Macht des Staates verschwenderisch ist; andererseits den Sinn des offiziellen Universums untergräbt, es manchmal dazu zwingt, im Vakuum zu funktionieren: in der Machtlosigkeit. Das berechtigt auch die Aussage, dass der Körper des postkolonisierten Subjekts, indem er für die Macht öffentlich tanzt, seine Unterwerfung beteuert und im Vorbeigehen die Existenz einer unhinterfragbaren Institution ratifiziert, um eben besser mit ihr spielen und sie bei der ersten Gelegenheit ändern zu können.

Deshalb vollzieht sich die öffentliche Affirmation des Subjekts nicht unbedingt über seine Widerstandshandlungen oder seinen Widerspruch gegenüber der Befehlsgewalt oder der Herrschaft. Was es definiert ist seine Fähigkeit, sich in barocken Praktiken zu engagieren, die durch und durch mehrdeutig, mobil und prinzipiell revidierbar sind, selbst dort, wo klare und eindeutige Regeln niedergeschrieben sind. Diese simultanen und scheinbar widersprüchlichen Praktiken bestätigen den *Fetisch*-Status, den die Staatsmacht gewaltsam einfordert. Und sie behalten sich in derselben Bewegung die Möglichkeit einer Änderung der Orte der Plausibilität und der Zeiten der Gültigkeit dieser Ratifizierung vor – auch, indem aus den offiziellen Sprachen, Zeichen und Symbolen geschöpft wird. Das bedeutet konkret, dass die Anerkennung der Staatsmacht als *Fetisch* nur innerhalb einer *spielerischen Beziehung* gültig ist, dank der Zeichen oder offizieller Sinn entkräftet, ihres Zaubers beraubt und reibungslos neu besetzt werden und das Simulakrum sich als dominante Modalität der Transaktion zwischen Staat und Gesellschaft, jenen, die befehlen, und jenen, die gehorchen sollen, durchsetzen kann. Dadurch werden postkoloniale Situationen zu

Situationen der Geselligkeit und der Abschirmung, aber auch der Machtlosigkeit schlechthin, und zwar sowohl aus dem Blickwinkel der Herren der Macht als auch derer, die sie unterdrücken. Doch weil sie im Wesentlichen *magisch* sind, heben diese Operationen mitnichten die Einschreibung des Beherrschten in das epistemische Feld der Macht auf.

Untersuchen wir in dieser Hinsicht die sogenannten »Dienstabschlusszeremonien«, die der bürokratischen Zeit in der Postkolonie ihren Rhythmus verleihen und die Vorstellungswelt der Einzelnen, sowohl der Eliten als auch der Plebs, tiefgreifend prägen. Eine davon fand im Oktober 1987 im Marktflecken Mbankomo in der Provinz Centre-Sud statt. Essomba Ntonga Godfroy, der »frisch gewählte« städtische Verwalter, sollte gemeinsam mit seinen Stellvertretern André Effa Owona und Jean Paul Otu »in seine Funktionen eingeführt« werden. Die Protagonisten dieser Liturgie bildeten gleichzeitig ihre beste Kulisse. Den Vorsitz der Zeremonie übernahm der Präfekt von Mefou, Tabou Pierre, ihm assistierte der Unterpräfekt des Bezirks von Mbankomo, Bekonde Blinga Henoc-Pierre. Unter den wichtigsten Persönlichkeiten auf der offiziellen Tribüne waren der Präsident der Provinzsektion der Einheitspartei, Vertreter der internen und externen Eliten des Bezirks, die sogenannten »traditionellen« Autoritäten und Priester. Tanzgruppen wurden von Tam-Tams und Balafonen begleitet. Ein religiöser Chor wurde herangezogen. Der Augenzeugenbericht:

> Der Jubel sollte seinen Höhepunkt mit der Übergabe der dreifärbigen Schärpen an den städtischen Verwalter und seine beiden Stellvertreter und der Embleme von Stadträten an die Gewinner der Wahl vom 25. Oktober erreichen. Lange vor diesem Freudensturm hatte Präfekt Tabou in einer brillanten Ansprache, die starken Applaus erntete, den Gewählten und der Bevölkerung den Sinn der Zeremonie dieses Tages zu erklären gewusst: als Feier der wiedererlangten Demokratie.[80]

Auch die Aufzählung der Liste mit den Funktionen des Beförderten kam nicht zu kurz. Der Präfekt gab nicht nur sein Alter an, sondern betete die ganze Liste der Funktionen herunter, die er innegehabt hatte. Er erinnerte auch an seine sportlichen Erfolge.[81] Doch die detaillierteste

---

[80] P. Essono, »Installation de l'administrateur municipal de Mbankomo. La fête de la démocratie retrouvée«, *Cameroon Tribune* 4027, 4. Dezember 1987, 11.

[81] Unter anderem war auch zu erfahren, dass er ehemaliger Champion und Rekordhalter im 400 Meter-Lauf in Kamerun war (50 1/10) und bei den Schüler-

Vorstellung des glücklichen Beförderten konnte man bei der Amtseinführung von Pokossy Ndoumbe an der Spitze der Stadtgemeinde von Douala hören:

> Monsieur Pokossy Ndoumbe erblickte das Licht der Welt am 21. August 1932 in Bonamikengue im Kanton Akwa, und ging natürlich zur Hauptschule von Akwa. Nach seinem Abschluss 1947 folgte der Aufbruch nach Frankreich. Der erste Abschnitt am Collège Jules Ferry in Coulonniers verlief problemlos. Er bestand sein Baccalaureat in experimenteller Wissenschaft 1954 am Lycée Michelet in Vanves. Das Pharmaziestudium interessierte ihn, und er besuchte gewissenhaft die Fakultät für Pharmazie von Paris, wo er 1959 das Pharmaziediplom erhielt. Während seiner letzten Studienjahre war er Volontär am Émile Roux-Krankenhaus in Brevannes; im Januar 1960 kehrte er in sein Geburtsland zurück.[82]

Dieser Sinn für Details sollte nicht überraschen. Er ist Teil der Distinktionsmodalitäten.[83] Die Aufzählung des geringsten Ausbildungsschritts, besonders, wenn dieser in Europa stattgefunden hat, bildet in der Postkolonie einen der Codes für Prestige. Sie spielt die Rolle eines Signals der Zirkulation. Daher zum Beispiel die Sorgfalt, mit der die Menschen die Anzahl ihrer Diplome angeben, oder die Affektiertheit, mit der sie ihre Titel zur Schau stellen (Doktor, Chef, Präsident ...) oder Ehre und Achtung einfordern. Hier beschränkt sich die Prahlerei nicht nur auf staatliche Liturgien. Es muss eine Transsubstantiation stattfinden, damit die Funktion ihren Glanz auf denjenigen wirft, der sich darin einrichtet und sich in ihre Strahlen hüllt. Im Register der parodierenden Ehrerbietung ist die Aufzählung des Bildungsweges und der angehäuften Diplome und Titel auch ein Zeichen von Rang, Status und Qualifikation.[84]

---

und Studentenspielen der frankophonen afrikanischen Staaten im Mai 1957 eine Goldmedaille gewonnen hatte.

82 Mouelle Bissi, »Communauté urbaine de Douala. Place à M. Pokossy Ndoubme«, *Cameroon Tribune* 4372, 19. April 1989, 3.

83 Siehe Pierre Bourdieu, *Die feinen Unterschiede. Kritik der gesellschaftlichen Urteilskraft.* Aus dem Französischen von Bernd Schwibs. Frankfurt/Main, Suhrkamp, 24. Aufl. 1987, insbesondere der Abschnitt über symbolische Kämpfen.

84 Zur Steuerung von Riten und privatem Verhalten und der Vorstellung vom »Zirkulationscode«, siehe Erving Goffmann, *Wir alle spielen Theater. Die Selbstdarstellung im Alltag.* Übersetzt von Peter Weber-Schäfer. München, Piper, 10. Aufl. 2003, 19–71.

Ein weiteres Beispiel dafür sind die Zeremonien bei Ordensverleihungen. Allein zur Feier des 20. Mai 1989 wurden mehr als 3.000 Personen ausgezeichnet, davon 481 mit Goldmedaillen, 1.000 in vergoldetem Silber und 1.682 in Silber. Jedes einzelne goldene, vergoldete und silberne Abzeichen, das die Angestellten des Ministeriums für Arbeit und soziale Wohlfahrt erhielten, kostete jeweils 11.500, 10.500 und 8.500 CFA-Francs. Zu dieser Summe kamen noch die Zuwendungen der Unternehmen an die Medaillenempfänger als Beitrag zu den Kosten der Familienfeiern.[85] Unter Familienfeiern sind »Fress- und Saufgelage und verschiedene Orgien« zu verstehen, die »bei solchen Gelegenheiten die Regel sind«[86]. Die Frage nach dem reinen Luxus der Auslagen anlässlich solcher Auszeichnungen ist legitim, umso mehr, als nur wenige Ausgezeichnete am Tag nach den Festivitäten nicht schwer verschuldet sind. Doch sie ignoriert, dass die Auszeichnung hier als politische Leistung verstanden werden muss, die auf die Manipulation der Regeln ausgerichtet ist, um einen Zuwachs an Prestige und Prunk zu erzielen.[87] Die großen Essensverteilungen erfolgen nur in der Absicht, Verpflichtungen zu schaffen, Hierarchien zu etablieren und Überlegenheit zu demonstrieren. Was zirkuliert sind Unterpfande, weil die Demonstration von Freigebigkeit bedeutet, sich diejenigen, die einem verpflichtet sind, unterzuordnen und sich Unterwerfungsnetzwerke zu errichten.[88]

> An dem Tag, an dem mir angekündigt wurde, dass ich ausgezeichnet würde, redeten meine Frau und ich die ganze Nacht von diesem Ereignis, so glücklich waren wir. Bis dahin hatten wir an den Ordensfeiern anderer teilgenommen. Diesmal würden auch wir unseren Orden feiern [...] Am Tag der Auszeichnung hatte meine Frau einen hübschen Blumenstrauß vor-

[85] Zahlen nach R. Owona, »Un prix fort«, *Cameroon Tribune* 4391, 18. Mail 1989.

[86] P. Ntete Ntete, »Un privilège qu'il faut mériter«, *Cameroon Tribune* 4391, 18. Mai 1989, 15.

[87] Edmund Leach, *Political Systems of Highland Burma*. Cambridge, Harvard University Press 1954, zeigte bereits, wie die Regeln eines Systems manipuliert werden können, um Prestige und gesellschaftliche Achtung zu maximinieren; 155–156 und 183–190.

[88] Siehe zu diesen Problemen Marcel Mauss, *Essai sur le don,* Presses universitaires de France, 2. Aufl. 2012 [1924], 269.

bereitet, den sie mir während der Zeremonie unter dem Applaus der Öffentlichkeit auf der Tribüne überreichte.[89]

In der Postkolonie sind Pracht und der Wunsch zu glänzen also nicht allein das Privileg der Befehlshaber. Auch die einfachen Leute haben das Bedürfnis, geehrt zu werden, zu glänzen und zu schwelgen.

> Den ganzen Samstag feierte die muslimische Gemeinschaft in Kamerun. Der Anlass war das Fastenbrechen. 30 Tage lang haben die muslimischen Gläubigen sich von Tagesanbruch bis zur Dämmerung verschiedene Entbehrungen auferlegt und auf Trinken, Essen, Rauchen, sexuelle Beziehungen und anzügliche Reden verzichtet, die Moral und Gesetz widersprechen. Der vergangene Samstag bedeutete also für die gesamte muslimische Gemeinschaft in Kamerun das Ende der Entbehrungen.[90]

Es ist also legitim zu sagen, dass in der Postkolonie die Obszönität der Macht sich teilweise auch aus dem Wunsch der Plebs nach Majestät speist. Und weil die Postkolonie zunächst von Hunger gekennzeichnet ist, ist hier die Frage des »Essens« und des »Trinkgelds« eine Modalität des Politischen schlechthin.[91] Doch die Frage nach dem »Essen« wie nach dem »Hunger« ist untrennbar mit bestimmten Regimes des »Sterbens« verbunden, mit spezifischen Modalitäten von Genuss und vorgegebenen therapeutischen Bahnen.[92] Deshalb müssen »Nacht«[93], »Unsicht-

---

[89] *Cameroon Tribune* 4391, 18. Mai 1989, 14. Im gleichen Tonfall wird über die Beförderungszeremonien für Armeeoffiziere berichtet, *Cameroon Tribune* 4371, 18. April 1989. Eine theoretische Einordnung findet sich in der Diskussion von Elvin Hatch, »Theories of Social Honor«, *American Anthropologist* 91 (1989), 341–353, auch wenn dieser Autor sie auf eine Dichotomie zwischen materialistischen Ansätzen und nicht-materialistischen Motivationen beschränkt.

[90] J. B. Simgba, »La communauté musulmane du Cameroun en fête«, *Cameroon Tribune* 4383, 7. und 8. Mai 1989, 7.

[91] In dem Sinne, in dem Jean-François Bayart in *L'État en Afrique. La politique du ventre*. Paris, Fayard 1989, das foucaultsche Konzept der »Gouvernementalität« aufnimmt und in Bezug auf Afrika von einer »Gouvernementalität des Bauchs« spricht.

[92] Vgl. Michael Taussig, *Shamanism, Colonialism and the Wild Man. A Study in Terror and Healing*. Chicago, University of Chicago Press 1988.

[93] Vgl. Eric de Rosny, *Les yeux de ma chèvre*. Paris, Plon 1977

bares«,[94] »Bauch«, »Mund«,[95] oder »Penis« als eigenständige historische Orte verstanden werden, als Institutionen, als konstituierende Kräfte des Politischen, die der Ökonomie von Nutznießung und Kleidung ebenbürtig sind:

> Kameruner lieben Anzüge aus geöltem Kammgarn, Kreationen von Christian Dior, Hemden von Yamamoto, Krokodillederschuhe[96] ...
> Das Markenzeichen ist das Merkmal von »Klasse« ... Es gibt Namen, die beeindrucken, und diese muss man auf einer Jacke, einem Hemd, einem Rock, einem Schal oder einem Paar Schuhe tragen, die der Erwähnung wert sind.[97]
> Seien Sie nicht überrascht, wenn Sie eines Tages unerwartet ein Büro betreten und dort Kleidungsstücke auf den Tischen ausliegen sehen. Die Gänge von Ministerien und anderen öffentlichen oder privaten Verwaltungsstellen sind zu den Verkaufsstellen geworden. Die Kaufkonditionen sind so flexibel, dass jeder – vom Direktor bis zum Laufburschen – dort auf seine Rechnung kommt. Denn im Bewusstsein des Phänomens der Krise geben die Verkäufer große Rabatte oder sogar langfristige Kredite [...]
> Die Sache läuft so gut, dass viele Leute sich blindlings darauf eingelassen haben. Es ist eine regelrechte Fauna, in der große Damen mit Rabauken und Gaunern aller Art verkehren. An der Basis des gesamten »Netzwerks«: Reisen. Es ist für niemanden ein Geheimnis, dass die meiste Kleidung auf unserem Markt aus dem Westen kommt. Wer das »Glück« hat, regelmäßig dorthin zu fahren, hat schnell begriffen, wie sehr man von diesen häufigen Reisen profitieren kann. Einige Komplizen beim Zoll, und die Sache ist erledigt.[98]

Selbst der Tod ist von diesem Bedürfnis zu »glänzen« und »geehrt zu werden« (den vorrangigen Formalitäten der Obszönität in der Postkolonie) nicht ausgenommen. Herrschende und Beherrschte wollen nicht nur ein Fest feiern, um ihr Nichtmehrsein bewusst zu machen. Wer Eigentum, Prestige und Einfluss angehäuft hat, hat nicht nur die »Verpflich-

---

[94] Siehe Pierre Bonnafé, *Nzo Lipfu, le lignage de la mort. La sorcellerie, idéologie de la lutte sociale sur le plateau kukuya*. Paris, Labethno 1978.

[95] Siehe Ellen-P. Brown, *Nourrir les gens, nourrir les haines*. Paris, Société d'ethnographie 1983.

[96] R. Owona, »Branché sur les cinq continents«, *Cameroon Tribune* 4378, 27. April 1989.

[97] D. Ndachi Tagne, »Le venin hypnotique de la griffe«, *Cameroon Tribune* 4378, 27. April 1989.

[98] C. Mien Zok, »Le prêt-à-porter fait du porte-à-porte«, *Cameroon Tribune* 4378, 27. April 1989.

tung zu spenden«[99]. Er ist auch verpflichtet, »gut zu sterben« und mit einem gewissen Pomp begraben zu werden. Der Bestattungsapparat bildet eines der Register, in denen sich die Befehlenden narzisstisch zeigen. Als etwa Joseph Awunti, Sonderbeauftragter für parlamentarische Angelegenheiten an der Präsidentschaftskanzlei, am 4. November 1987 starb, wurde sein Leichnam am Flughafen von Bamenda von Wabon Ntuba Mboe, Gouverneur der Provinz Nordwest, in Begleitung des Großkanzlers der Nationalverbände und ersten Vizepräsidenten der Einheitspartei und der Inhaber diverser administrativer, politischer und traditioneller Ämter empfangen. Mehrere Persönlichkeiten und Mitglieder der Regierung waren anwesend, unter anderem der »persönliche« Repräsentant des Staatschefs, Joseph Charles Dumba, Sonderbeauftragter der Präsidentschaft der Republik. Der Wirtschafts- und Sozialrat war durch seinen Präsidenten und die Nationalversammlung durch den Präsidenten der Parlamentsgruppe, das Zentralkomitee der Einheitspartei durch ihren Schatzmeister vertreten.[100] Die Anerkennung der Macht musste bis in die Art hineinreichen, wie er beerdigt wurde. Wer befehligt, versucht nämlich, sich mit Tod und Bestattung vertraut zu machen, indem diese Vorgänge mit einer bestimmten Vorstellung von Genuss und Aufwand verknüpft werden.

Die sterblichen Überreste von Thomas Ebongalame wiederum, Sekretär an der Nationalversammlung, Mitglied des obersten Rates des Staatsamts, Verwaltungssekretär des Zentralkomitees der Einheitspartei, Mitglied verschiedener Verwaltungsräte von Unternehmen und Eingeweihter seines Stammes, verließen Yaoundé auf dem Landweg. Der Leichenzug wurde von riesigen Menschenmengen aus verschiedenen Ballungsräumen der Provinz Südwest erwartet:

> In Muyuka, Ébonji, Tombel, Nyasoso bildeten die Grund- und Mittelschüler mehrere hundert Meter lange Menschenspaliere. Der Einzug des Leichnams in die Stadt Kumba, Hauptort der Memee, wurde zur Prozession. An ihrer Spitze zog die Fanfare der ENI-ENIA mit einer Trauermelodie. Es wurde viel geweint [...] In dieser Stadt mit mehr als 12.000 Einwohnern sind alle sozioökonomischen Aktivitäten mehr oder weniger zum Stillstand gekommen, seit am 30. April die traurige Nachricht bekannt wurde. Man

[99] Paul Veyne, *Brot und Spiele. Gesellschaftliche Macht und politische Herrschaft in der Antike.* Frankfurt/ New York, Campus 1992, 210.

[100] Nzeke Mbonwoh, »Le corps de Joseph Awunti repose désormais à Kedju Ketinguh«, *Cameroon Tribune* 4010, 12. November 1987, 3.

horchte nach Yaoundé. Nicht weniger als sechs Treffen wurden organisiert, um das Programm der Beisetzung zu beschließen.[101]

Wie man sieht, ist die Obszönität, insofern, als sie zunächst keine moralische Kategorie darstellt, in der Postkolonie im Grunde eine der Modalitäten der Ausübung von Macht. Doch sie ist auch eines der Register ihrer Dekonstruktion oder ihrer Ratifizierung durch die Subalternen. Der Irrtum von Bachtin liegt darin, sie auf die Praxis der Beherrschten zu reduzieren. Die Produktion des Burlesken beschränkt sich nicht auf sie. Die wahre Umkehrung findet statt, wenn die Plebs in ihrem Wunsch nach Majestät unvernünftig wird und die Lumpen der Macht überwirft, um ihre Epistemologie besser zu reproduzieren; und wenn die Macht in ihrer gewaltsamen Suche nach Größe und Prestige die Produktion von Vulgarität und Kriminalität zu ihrem dominanten Seinsmodus macht. In dieser engen *Intimität* sind nun die Triebfedern der Tyrannei in Schwarzafrika zu suchen.

[101] Monda Bakoa, »Heure de tristesse dans le Sud-Ouest«, *Cameroon Tribune* 14. Und 15. Mai 1989, 3.

4
Die Peitsche Gottes

Wir sind Fleisch, wir sind Fleisch zum Quadrat.
Wenn ich zu einem Metzger gehe, bin ich überrascht,
nicht statt des Tieres dort zu liegen.[1]

In diesem Kapitel wollen wir unsere Aufmerksamkeit auf das Thema der *göttlichen Libido* richten, wie sie sich in drei scheinbar unverbundenen Gestalten ausdrückt: dem Glauben an die Vorstellung von einem *einzigen Gott*, seinen Tod und seine Auferstehung, und das Phänomen der *Verwandlung*. Unter »Libido« verstehen wir eine Form der Ausstrahlung einer biopsychischen Energie, deren Hauptverankerung auf Seiten der Sexualität zu suchen ist.[2] Diese fließende Energie, diese ursprüngliche Kraft, deren Verankerung im Prozess der Sexualität liegt, zielt nicht nur darauf, was man im Allgemeinen unter »Orgasmus«, »Lust«, »Wollust« und »Befriedigung« versteht. Sie erstreckt sich ebenso auf Leid, Unglück und extreme Formen von körperlichem Verfall. Mit anderen Worten, es gibt Formen der Transfiguration von Schmerz, Leid und Unglück, die das leidende Subjekt von allen möglichen Hemmungen befreien und es ihm damit erlauben, eine Ekstasefähigkeit zu erreichen, die unter normalen Umständen nicht möglich ist. Hinter der Metapher der göttlichen Libido interessieren wir uns daher für eine ganz bestimmte Figur der Macht: *die Macht des Phantasmas und das Phantasma der Macht* insofern, als sie über göttlichen Trieb und göttliches Erbeben verlaufen, und insofern sie ermöglichen, eine

---

1 David Sylvester, *Interviews with Francis Bacon.* New York, Thames and Hudson 1981.

2 Zum Konzept der »Libido«, vgl. Sigmund Freud, *Vorlesungen zur Einführung in die Psychoanalyse.* Studienausgabe Band 1. Frankfurt/Main, S. Fischer 1969. In der Konzeption von Jung ist die Libido nicht unbedingt mit der Sexualität verbunden. Vgl. Carl Gustav Jung, *Wandlungen und Symbole der Libido.* München, dtv 1997. Siehe auch Otto Rank, *La volonté du bonheur.* Paris, Stock 1972. Eine radikale Kritik an Freuds Konzeption findet sich bei Gilles Deleuze und Félix Guattari, *Anti-Ödipus. Kapitalismus und Schizophrenie I.* Aus dem Französischen von Bernd Schwibs. Frankfurt/Main, Suhrkamp 1977.

gewisse Ruhe und Einheit zu erreichen, deren letzte Referenz das *Heil* ist.

Die Frage des Phantasmas und seiner Macht, die wir über das Thema der göttlichen Libido erkunden wollen, behauptet im Prinzip, dass es keinen *religiösen Akt* gibt, der nicht gleichzeitig teilweise ein erotisch-sexueller Akt ist.[3] Im Gegensatz zu klassischen Vorstellungen ist es nicht notwendig, sich aus dem Leben und von der sinnlichen Wahrnehmung zurückzuziehen oder die Gottheit zu »entmaterialisien«, um eine abstrakte oder »spirituelle« Repräsentation des Göttlichen zu schaffen. Faktisch gibt es keine Religion, in der von Anfang an das Verbot bestanden wäre, sich ein Bild von Gott zu machen, und die sich erst im Laufe der Jahrhunderte im Sinne einer Religion des Triebverzichts entwickelt hätte. In der Praxis besteht kein Widerspruch zwischen der Erhebung zu einem Ideal der ethischen Perfektion und der Ablösung des Göttlichen von jeglicher Sexualität oder jeder Macht, die von den Sinnen erfasst werden könnte.[4] Ganz wie der Sexualakt hat der religiöse Akt das Taktile nie ganz verworfen.[5] Weder Farben noch Geräusche

---

3 » Wie zur ästhetischen Sphäre, so steht die religiöse Brüderlichkeitsethik der Erlösungsreligionen auch zu der größten irrationalen Lebensmacht: der geschlechtlichen Liebe«, stellt Max Weber fest. Und er fährt fort: »Der Geschlechtsverkehr war sehr oft Bestandteil der magischen Orgiastik, die heilige Prostitution [...] meist ein Rest dieses Zustandes, in dem jede Ekstase als ›heilig‹ galt.« Zu den Beziehungen zwischen religiöser Ethik und Sexualität, vgl. Max Weber, *Gesammelte Aufsätze zur Religionssoziologie.* Band 2, Tübingen, 1986, 537–573.

4 So die freudianische These, die sich jedoch auch in einem Großteil der westlichen Tradition findet. Dieser These zufolge fänden sich die »höheren« Religionsformen in Konfigurationen, in denen die Zeremonie mit magischer Wirkung verworfen, jeder Bezug zur Zauberei verurteilt und das »sinnliche Leben« Schritt für Schritt vom »geistigen Leben« und dem ethischen Anspruch beherrscht wird. Vgl. Sigmund Freud, *Der Mann Moses und die monotheistische Religion. Schriften über die Religion.* München, S. Fischer, 16. Aufl. 1975.

5 Hierzu zum Beispiel das Zeugnis der Hadewijch von Antwerpen: »Ich verlangte danach, meinen Geliebten [Jesus Christus] vollständig zu genießen, zu erkennen und zu schmecken mit allem, was dazugehört: (Ich verlangte) seine Menschheit im Genießen mit der meinen vereinigt, und daß die meinige darin standhielte und (genügend) stark sei, um nicht da, wo nichts fehlt, zu versagen, damit ich Ihn im Gegenzug vollkommen befriedigte, indem ich rein und ausschließlich und umfassend zu einer jeden Tugend auf befriedigende Weise fähig sei. (...) In genau der Gestalt als Mensch und als Mann, liebenswert und schön und mit einem bezaubernden Antlitz erschien Er. Und er kam zu mir mit einer solchen Demut, wie einer,

oder Rhythmen und Melodien oder visuelle Einordnungen sind ihm fremd. Ganz im Gegenteil, der religiöse Akt hat sich immer auf die Kraft dieser Fundamente gestützt, um sich zu entfalten und die Sinne zu mobilisieren. Der religiöse Akt setzt also einen Handel mit – und in dramatischen Fällen die Entfesselung von – sensorischen und motorischen Funktionen voraus. Gemeinsam mit halluzinatorischen Funktionen hängen diese sinnlichen Funktionen mit dem Begehren des gläubigen Subjekts zusammen. Dieses Begehren zielt darauf ab, in den Gott einzutreten, den Unterschied zwischen sich und der Gottheit abzuschaffen; diese ganz zu besitzen und sich von ihr besitzen und einnehmen zu lassen.[6] Denn weil es letztlich darum geht, zu erleben, wie sich die Gottheit im Subjekt inkarniert, kann man daraus ableiten, dass der religiöse Akt darin besteht, die Libido des Gottes in Permanenz zu aktivieren.[7]

Da dass Eingehen in Gott dasselbe bedeutet wie die Tatsache, von Gott erfüllt zu sein, werden wir im Folgenden über das Phantasma der Einverleibung, seine Kraft und Macht reflektieren, die Momente zeigen, von denen ausgehend die phantasmatischen Formen der Besitzergrei-

---

der ganz und gar einem anderen gehört. Da gab Er mir sich selbst in der Form des Sakraments in der Gestalt, wie es gewöhnlich geschieht. Und danach gab Er mir aus dem Kelch zu trinken, der Gestalt und dem Geschmack nach, wie es gewöhnlich ist. Danach kam Er selbst zu mir und nahm mich fest in seine Arme und drückte mich an sich; und alle Teile meines Körpers spürten die seinen, so daß es ihnen, entsprechend dem Verlangen meines Herzens – nach meinem Menschsein – eine Lust war. Da wurde ich äußerlich bis zum Äußersten befriedigt.« In: Hadewijch, *Das Buch der Visionen.* Teil I: Einleitung, Text und Übersetzung von Gerald Hofmann. Stuttgart/ Bad Cannstatt, Friedrich Fromann Verlag 1998, 95 ff.

6 Hierzu vgl. Gari Laguarida, »Santa Teresa and the Problem of Desire«, *Hispanica* 63 (1980), 523–530.

7 Die Askese, diese Übung, die die Beherrschung des Verlangens und die Erniedrigung des Fleisches und seiner Begierden ermöglichen soll, kann sich dem nicht entziehen. Die Erfahrung der Askese zeigt im Gegenteil, dass fleischliche Genüssen und geistige Vereinigung keineswegs inkompatibel sind, sondern sie sich gegenseitig stützen. Krankhafte Wollust, Bewegung der Glieder, Ejakulation beim Gebet (*in spiritualibus carnalis fluxus liquore maculantur*), also die Bewegungen der Sinnlichkeit, all dies verweist stark darauf, dass die religiöse Ekstase die körperliche Lust nachahmt. Hierzu etwa Angèle de Foligno, *Le livre de l'expérience.* Paris, Droz 1975; Teresa von Avila, *Das Buch meines Lebens.* Aus dem Spanischen von Ulrich Dobhan u. Elisabeth Peeters. Freiburg, Herder 2002; oder auch Michel de Certeau, *Mystische Fabel. 16. bis 17. Jahrhundert.* Aus dem Französischen von Michael Lauble. Berlin, Suhrkamp 2010.

fung von Gott die Zerstörung des phantasmierenden Subjekts oder der Gottheit selbst implizieren. Auf einer anderen Ebene wollen wir zeigen, dass die göttliche Macht im Besonderen und jede Form der Macht im Allgemeinen in ihren letzten Rückzugsgebieten ihren Ursprung immer in einem eigenen Raum hat und sich dort auch aufhebt: im Raum des Phantasmas.

NARZISSMUS, ETHNIZITÄT UND GOTTHEIT

Die erste Gestalt, die wir untersuchen, ist das *Phantasma des Einen:* in ihm bemächtigt sich ein eifersüchtiger, strenger und unversöhnlicher Gott nicht eines bestimmten Individuums, sondern eines Kollektivs und strebt danach, es zu besitzen. Unter Besitzanspruch verstehen wir die Tatsache, dass der Gott seinen Namen und sein Gedächtnis in das Zentrum der Geschichte dieses kollektiven Subjekts einschreiben will, sodass die angeborene Macht des Gottes nun die Verbindungen dieses kollektiven Subjekts mit sich selbst und mit der Welt absteckt. Die Metapher, in der dieser Besitzanspruch am deutlichsten zum Ausdruck kommt, ist der »Monotheismus«. Die Ursprünge der monotheistischen Idee sind einigermaßen unklar. Sie werden manchmal auf das Alte Ägypten in der Epoche zurückgeführt, als das Land durch die Eroberungen der 18. Dynastie zum Reich aufgestiegen war. Auf religiöser Ebene drückte sich dieser Imperialismus zumindest unter den intellektuellen und politischen Eliten durch die Entwicklung neuer Ideen aus. Unter der Herrschaft von Pharao Amenophis IV., der später den Namen Echnaton annahm, wurden diese neuen religiösen Ideen weiter ausgearbeitet. Amenophis erhob den Atonskult zur Staatsreligion und machte diesen zum einen und einzigen Gott. Doch der Versuch war nur von kurzer Dauer, der Kult der Einzelgötter wurde am Ende seiner Herrschaft erneut eingeführt und die polytheistischen Tendenzen setzten sich wieder durch.[8] Allerdings wurden einige dieser in Ägypten und im Nahen Osten erfundenen Begriffe und Sprachen von Israel entlehnt und letztlich systematisiert.[9]

---

8 Einige Hinweise dazu etwa bei Siegfried Morenz, *Ägyptische Religion.* Stuttgart, Kohlhammer 1960, 144–166. Jan Assmann, *Moses der Ägypter. Entzifferung einer Gedächtnisspur.* Frankfurt/Main, S. Fischer, 7. Aufl. 2000.

9 Siehe zum Beispiel die Freuds Studie *Der Mann Moses und die monotheistische*

Jenseits aller Ursprünge und Anleihen legt die monotheistische Idee mindestens fünf Verweise nahe, deren Bedeutung für unser Thema offensichtlich ist. Der erste ist jener der *Erstheit.* Unter Erstheit ist einfach die Tatsache zu verstehen, dass der Gott nur auf sich selbst verweist. Ob in seinen Eigenschaften, seiner Macht oder seinen Möglichkeiten, er verweist ausschließlich auf sich selbst. Vom Standpunkt der Beziehung, des Gesetzes und der Notwendigkeit nimmt der Eine Gott alles in Anspruch und nimmt alles in sich auf. Er ist durch nichts zu ersetzen. Er ist seine eigene Schöpfungsgeschichte. Die Zeit ist sein Eigentum, mehr noch, er ist die Zeit: er steht über der Zeit. Die psychische Zurückhaltung, die eine derartige Besetzung des Selbst mit sich selbst impliziert, entspricht ganz der *narzisstischen Libido*, die Sigmund Freud in einem anderen Kontext untersucht. Tatsächlich konzentriert sich der Eine Gott auf sich selbst, fixiert sich, und erhält sich von da an in einem Triebzustand, der unaufhörlich auf sich selbst zurückverweist. Daher gibt es kaum einen Monotheismus, der nicht beim Gott eine »narzißtische Libidobesetzung des Ich«[10] voraussetzt. Die Metapher des Monotheismus verweist ebenso auf die Vorstellung der *Totalisierung.* Jedes monotheistische Regime basiert im Prinzip auf einer festen Vorstellung von Exklusivität und Verdichtung der Souveränität im Gegensatz zu einer Situation, die durch eine Vielfalt von Göttern, ihre Zer-

---

Religion. Schriften über die Religion. München, S. Fischer, 16. Aufl. 1975. Im Anschluss an andere Autoren meint Freud, dass der jüdische Monotheismus stark von der monotheistischen Episode der ägyptischen Geschichte geprägt ist. Echnatons Reform überlebte ihn nicht. In diesem Zusammenhang ist Moses die Figur, die Echnatons Religion vor dem Vergessen bewahrte. Er wandte sich Fremden zu [den Stämmen Israels, die später zum Volk wurden], gab ihnen Gesetze, führte sie in die Religion von Aton ein, erlegte ihnen noch strengere Vorschriften auf als jene, die in der Atonsreligion galten, und wurde schließlich von seinen eigenen Untertanen ermordet. Freud sah in diesem Mord und im Versuch, ihn zu vertuschen, den Angelpunkt der Beziehung zwischen traumatischer Neurose und jüdischem Monotheismus. Die Juden seien hin- und hergerissen zwischen der Erinnerung an das Schicksal ihres Führers und Gesetzgebers und dem Wunsch, den neuen Gott zu verherrlichen und seine Fremdheit zu verschleiern. Zu anderen Aspekten der Beziehung zwischen ägyptischem und jüdischem Monotheismus, siehe Pierre Auffret, *Hymnes d'Égypte et d'Israël. Études des structures littéraires.* Göttingen, Vandenhoeck & Rupprecht 1981.

10 Sigmund Freud, *Drei Abhandlungen zur Sexualtheorie.* Leipzig/ Wien, Deuticke 1925, 95.

splitterung und Aufteilung auf multiple Gestalten geprägt ist. Der dritte Verweis ist der des *Monopols*. Der Glaube an einen einzigen und von der Welt verschiedenen Gott ist nur möglich, wenn er von der Unterdrückung aller anderen Kulte begleitet ist. Die monotheistische Praxis ist daher nicht mit dem Umgang mit anderen Göttern vereinbar. Durch diese Radikalität erhält der einzige Gott seinen eifersüchtigen, besitzergreifenden, jähzornigen, ungestümen und bedingungslosen Wesensanteil. Sie setzt voraus, dass der einzige Gott, eben weil er einzig ist, absolut unvergleichlich ist. Wegen seiner Vollendung ist die Verehrung, die ihm geschuldet ist, prinzipiell nicht mit der Verehrung anderer Götter vereinbar.

Umso mehr, als die Offenbarung des Einen sich in der Geschichte eines bestimmten Volkes ereignet, das Gegenstand bestimmter Rücksichten und mit einer ebenfalls einzigartigen Aufgabe betraut ist. Und über die Vermittlung dieses bestimmten Volkes schreibt sich die Gottheit in die Geschichte der gesamten Menschheit ein. Daher kann dieses Volk nicht mehr einfach als eines der unzähligen Völker der Erde betrachtet werden. So erhält Israel, indem es sich die göttliche Erwählung anmaßt, vermeintlich die Aufgabe, den Götzendienst zu bekämpfen, besonders in Bezug auf andere Völker, die zu Heiden erklärt werden. In der christlichen Interpretation der göttlichen Erwählung führen die Ankunft von Jesus von Nazareth und sein gewaltsamer Tod am Kreuz, wenn nicht zur Abschaffung, so doch zur Überwindung des »Alten Bundes« und zur Aneignung der Aufgabe durch die Kirche, die zuvor dem jüdischen Volk als dem von Gott erwählten Volk übertragen war. Von da an ging der »Neue Bund« mit der Zwangskonversion von heidnischen Völkern zum angeblich »wahren« Gott einher.

Das Konzept des Monotheismus verweist zudem auf jenes der *Allmacht*. Wie Ludwig Feuerbach sehr richtig anmerkt, besteht dort Allmacht, wo für eine Subjektivität »keine Naturbestimmung, keine Grenze gilt«. Diese Abwesenheit von Bindungen repräsentiert mehr oder weniger seine Macht und seine höchste Wesenhaftigkeit. Die fragliche Macht beruht auf der Macht, subjektiv jede Wirklichkeit und jeden anderen darstellbaren Gegenstand als möglich zu postulieren. Allmacht und Vorsehung bilden jedoch über die Heilsvorstellung eine Einheit. Die Allmacht des Einen erlaubt es ihm, die Welt aus dem Nichts zu erschaffen. Wegen seiner Vorsehung kann diese Welt durch die äußerste Hingabe seiner selbst gerettet werden, ohne dass im Gegenzug dafür etwas verlangt würde, wobei diese Aufopferung schließlich auf den Ursprung und die Bestimmung aller Dinge verweist.[11]

Schließlich ist die Metapher des Monotheismus untrennbar mit der Vorstellung des *Letzten* verbunden, also des ersten und letzten Prinzips aller Dinge. Sich mit dem Letzten zu befassen heißt auch, sich mit der *Wahrheit* zu beschäftigen. Monotheismus kann es nur in Verbindung mit der Produktion einer Wahrheit geben, die nicht nur die Grundlagen und Bestimmungen der Welt festlegt, sondern in der auch noch jede Bedeutung »ihren Ursprung hat«.

Insofern könnte man behaupten, dass der Monotheismus eine einzigartige Ausformung des Wissens über die letzten Ziele ist. Die Frage nach der Definition von Wahrheit und den letzten Zielen ist nun aber eben der Prototyp einer politischen Frage. Indem er seine Verweigerung jeder Relativierung von Wahrheit zur Schau stellt, postuliert der Monotheismus die Existenz eines Universums mit einem einzigen und eindeutigen Sinn.

In einem solchen Universum ist die Möglichkeit abweichender Meinungen stark eingeschränkt. Vorstellbare Kämpfe können sich weder auf den letzten Sinn selbst erstrecken, noch darauf, wie dieser Sinn konstituiert wird, da die Modalitäten seiner Konstitution ebenso wie der Sinn selbst zu einem System von unhinterfragten Fragen gehört, die vermeintlich keinerlei Widerspruch in Frage stellt. Daraus ergibt sich im Christentum das Drama der Ketzerei. Denn insofern, als es darum geht, im Menschsein eine spezifische normative Vorstellungskonfiguration einzuschreiben, ist man nicht mehr nur mit einem religiösen Problem konfrontiert. Es gibt faktisch keinen Monotheismus ohne die Organisation eines als legitim durchgesetzten Arrangements, in dem Konflikte unter einer Vielfalt von Gottheiten dadurch gelöst werden, dass einer davon das Wahrheitsmonopol anvertraut wird. Dieses Arrangement wird durch sehr wohl politische Arbeit hergestellt. Denn der Vorrang des »Einen Gottes« wird von den Inhabern von Autoritätspositionen durch institutionelle Beitritts- oder Zwangsmechanismen und eine Gewalt, die nicht nur symbolisch ist, gesichert und in der Folge als legitim normiert.

---

11 Ludwig Feuerbach, *Das Wesen des Christentums*. In Sämtliche Werke, Bd. 6, neu herausgegeben von Wilhelm Bolin und Friedrich Jodl. Stuttgart/ Bad Cannstadt, frommann-holzboog 1994, 151 sowie Kapitel 9, 98–101.

Nachdem nun die normativen Grundlagen ausgeführt sind, wenden wir uns der Dynamik des Besitzes zu. Im alten Israel entstand die menschliche Rede über die Einheit des Gottes im Zusammenspiel von internen und externen Faktoren. Das vorrangige Problem, das dieser Entwicklung zugrunde liegt, ist das profane Schicksal einer Nation, die mit einer Reihe von Unglücksfällen und historischen Diskontinuitätserfahrungen konfrontiert ist.[12] Seit dem 9. Jahrhundert hatte sich Israels Position in der lokalen Geopolitik tiefgreifend verändert: Die beiden Königreiche im Norden und im Süden waren in den Einflussbereich von Regionalmächten geraten, die sich die Hegemonie im Nahen Osten streitig machten. Diese Transformation zum Satellitenstaat hatte sich in mehreren Etappen vollzogen. Vor 722 waren die beiden Königreiche in der Region von Assyrien abhängig und unterhielten zu diesem Staat ein tributpflichtiges Verhältnis. Nach 722 wurde das nördliche Königreich schlicht zum assyrischen Verwaltungsbezirk. Das südliche Königreich folgte diesem Schicksal im Jahr 586. Derartige Turbulenzen führten zum drängenden Problem der identitären Fortdauer und politischen Existenz eines Landes und einer Gesellschaft, die die Übermacht ihrer Nachbarn erdrückte. Ohne unbedingt eine kausale Verkettung zu behaupten, muss festgestellt werden, dass sich der Anspruch, einen einzigen nationalen Gott anzubeten, in einem Kontext politischer Hilflosigkeit entwickelte, als von Diplomatie und äußerer militärischer Hilfe nichts mehr zu erwarten war.[13]

Hinter der menschlichen Rede von der Einheit des Gottes verbirgt sich also von vorneherein ein politischer Status. Doch die Verehrung von Jahwe als einzigem Gott, der im Tempel in Jerusalem zu verehren ist, setzte sich nicht in einem Zug durch. Im Gegenteil, dieser Anspruch stieß lange auf entschlossene Widerstände im Herzen einer selbst traditionell polytheistischen Kultur, wie verschiedene Anleihen aus heidnischen Modellen beweisen, etwa die Bedeutung von Opfern an Baal, an die Sonne, den Mond oder die Sternbilder.[14] Diese religiöse Konkurrenz verweist teilweise auf außenpolitische Zwänge. Sie wurde durch stän-

---

[12] Vgl. Theodore H. Robinson, *The Decline and Fall of the Hebrew Kingdoms. Israel in the Eighth and Seventh Centuries B. C.* Oxford, Clarendon Press 1926.

[13] B. Lang, »Yahvé seul! Origine et figure du monothéisme biblique«, *Concilium* 197 (1985), 63 f.

[14] Denis Baly, *God and History in the Old Testament. The Encounter with the Absolutely Other in Ancient Israel.* New York, Harper & Row 1976, 39–67.

dige Kriege, militärische Unterlegenheit, Niederlage und Exil strukturiert. Mehr als einmal mussten sich Kultnetzwerke auf die »fremde« Macht stützen, um sich die Überlegenheit über andere zu sichern. So brachten Esra (aus priesterlicher Linie), seine Aaronitischen Brüder und Nehemia bei der Rückkehr der Juden aus Babylon nach dem Edikt des Kyros im Jahr 538 nicht nur Männer, Frauen, Dienerinnen und Diener, Kamele, Esel, Gold und Silber nach Jerusalem zurück. Sie brachten auch die Thora von Moses mit. Um nun geltend zu machen, dass er von Gott eingesetzt war, und die neuen Gesetze allen Teilen von Israel aufzuzwingen, stützte sich Esra auf die Macht von Artaxerxes, der in einem Reskript die Thora zum verbindlichen Gesetz nicht nur für die aus dem Exil zurückgekehrten Juden, sondern auch für die lokale Bevölkerung erhob. Die Thora als Gesetzestext setzte sich nicht nur aufgrund ihrer »Plausibilität« durch, sondern durch einen Verwaltungsakt der persischen Macht, auch wenn sie ihre Autorität aus einer anderen Quelle zu beziehen vorgab.[15]

Allerdings hatten diese Kämpfe auch innere Wurzeln, insofern, als der Diskurs über die Einzigartigkeit Gottes eng mit bestimmten Ansichten über materielle und symbolische Macht zusammenhing. Eine enge Beziehung bestand im Übrigen auch zwischen kultischen Handlungen und dem Handel. Die Tempel waren nicht nur Orte der Frömmigkeit, sondern auch »Finanzplätze«.[16] Die einzelnen Kulte beriefen sich jeweils auf eine soziale Basis von »organischen Intellektuellen«: Propheten, Priesterfamilien. Israels Verletzlichkeit und prekäre Position auf dem regionalen Schachbrett verschärfte diese Kämpfe wahrscheinlich noch. Sie hatte jedenfalls beträchtlichen Einfluss auf die Religionspolitik seiner Herrscher. Als Beispiel sei König Ahab (874–853} genannt, der die Baalsanbeter unterstützte, die von den Propheten bekämpft wurden. Joram (852–834) begnügte sich damit, ihnen unterschiedliche Einschränkungen aufzuerlegen. Jehu wiederum versuchte ganz einfach, sie zu beseitigen. Er ließ Isebel, die Witwe Ahabs, hinrichten und die Baals-

---

[15] Zu diesem Thema siehe Roland Goetschel, »Pouvoir et vérité dans la période formative du judaïsme palestinien«, in Marc Michel (Hg.), *Pouvoir et vérité*. Paris, Cerf 1981, 122–143.

[16] Morris Silver, *Prophets and Markets. The Political Economy of Ancient Israel*. Boston, Kluwer-Nijhoff Publishing 1983. Zur Götterlandschaft im Allgemeinen und zu den Beziehungen von Jahwe zu anderen Göttern, siehe William F. Albright, *Yahweh and the Gods of Canaan*. London, Eisenbrauns 1968.

anbeter abschlachten. Ezechia (728–699) führte Reformen durch, die alle Hochburgen des Baalskults beseitigen, die »Idole« zerstören und den Tempel von Jerusalem vom sogenannten heidnischen Beiwerk reinigen sollten.

Der biblische Diskurs über die Einzigartigkeit Gottes bildete also die Kehrseite der politischen Debatte über die Gefährdung Israels. Er war eine mögliche Interpretation dieser Gefährdung. Diese Interpretation war insofern *signifikant*, als die Debatte über die historische und profane Gefährdung dieses Volkes sich nicht nur mit dem Problem der *Selbstregierung* überschnitt. Sie ging über diesen Rahmen hinaus und verwies auf die radikalere Frage der *göttlichen Souveränität,* das heißt letzten Endes die Befreiung von der Zeit und dadurch auch von der Macht. Denn Freiheit von Zeit und Macht ist eine andere Bezeichnung für absolute Willkür. Die Besonderheit der göttlichen Souveränität besteht also darin, der Ordnung dessen anzugehören, der sie einführt, dessen, der im Ursprung der Ordnung und der Dinge steht, dessen Regel es ist, keine Regel zu kennen, keinen Gegensatz zu haben, selbst seine eigene Regel zu sein. Indem sie proklamiert, »Gott (allein) ist Gott«, entfaltet die monotheistische Affirmation sich als tautologische Affirmation, als Tautologie schlechthin. In ihr vollendet sich die Willkür in eben der Handlung, mit der sie sich selbst einsetzt. Daher die Gleichsetzung von dem Phantasma des *Einen* mit dem Phantasma der Allmacht.

Wie wurde nun im alten Israel das Paradox aufgelöst, das sich mit der historischen Gefährdung eines angeblich von Gott erwählten Volkes einerseits und andererseits dem Prinzip der absoluten Souveränität eben dieses Gottes, also seiner Allmacht, stellte? Die Frage einer starken und zentralisierten Macht hatte Israel in seiner ganzen Geschichte verfolgt, sei es im Übergang vom Nomadismus zur Sesshaftigkeit, sei es bezüglich der Auswirkungen, die dieser Übergang auf wirtschaftliche, familiäre und Klan-Strukturen hatte, oder der Spannungen, die aus der Übernahme von fremden Elementen, äußerem Druck und Bedrohungen entstanden waren.[17]

Sie stellte sich jedes Mal mit umso größerer Intensität, als aufeinanderfolgende Niederlagen und Identitätskrisen zumindest zum Teil auf

---

[17] Moshe Weinfeld, »The Transition from Tribal Republic to Monarchy in Ancient Israel and its Impression on Jewish Political History«, in Daniel J. Elazar (Hg.), *Kinship and Consent. The Jewish Political Tradition and Its Contemporary Uses.* Boston, University Press of America 1983, 151–168.

eine fehlende politische Zentralisierung zurückgeführt wurden. Als »profane« Krisen, die sie sein hätten können, wurden diese Krisen in den religiösen Diskurs übersetzt. Und das Problem eines »Nationalgottes« und seiner Zuständigkeitsbereiche wurde in dieses Spannungsfeld projiziert. Tatsächlich bestand zumindest ein Gegensatz zwischen der theoretischen Affirmation der göttlichen Allmacht und der tatsächlichen Fähigkeit von Jahwe, sein Volk effizient zu führen, es gegen seine äußeren Feinde zu schützen, es siegreich in den Krieg zu führen und seinen Wohlstand zu sichern. Die Grundlage des Bundes zwischen dem »auserwählten« Volk und seinem Gott beruhte auf zwei Prinzipien: Jahwe war nicht nur der einzige Adressat der Verehrung; er war auch der einzige König Israels. Jeder Plan einer politischen Zentralisierung, der auf die Einführung eines menschlichen Königtums hinauslief, riskierte von da an einen Königsmord, der gleichzeitig ein Gottesmord wäre.

Das Konzept des Königtums war eine Anleihe. Im heidnischen Regime wurzelte das Königtum in der Heiligkeit des Kosmos selbst, daher die zentrale Stellung, die der König in der religiösen Ordnung einnahm. Er erfüllte dort die Funktion eines Vermittlers zwischen der Welt der Götter und der natürlichen Welt. Da er auch Fürsprache- und Sühnerituale leitete, erfüllte er auch Priesterfunktionen. Damit rückte er in das Zentrum eines kultischen Dispositivs, das sich wiederum aus eigenen theologischen Repräsentationen speiste. Darin wurzelte der Prozess der Vergöttlichung der heidnischen Könige, wobei die menschliche Institution funktional an der Souveränität der Götter teilhatte. Im monotheistischen Regime hätte eine solche Anmaßung nicht nur den Keim eines politischen Absolutismus in sich getragen, sondern auch dafür gesorgt, in eine Ordnung erneut eine heidnische Dynamik einzuführen, die sich gerade als Antithese zum Götzendienst definierte. Insofern, als der Glaube an Jahwe allein das einzig denkbare Wahrheitsregime darstellte, ging es darum, wie ein neuer Ort der Macht (das menschliche Königtum) einzuführen war, der sich nicht dieselben Kompetenzen anmaßt wie das heidnische Regime – der also nicht als Alternative oder Antithese zu Gott fungiert – und dessen eigene Souveränität nicht mit der einzigen anerkannten Souveränität, der von Jahwe, in Konkurrenz tritt.

Die Lösung dieses Dilemmas bestand darin, die Überlappung von menschlichem Königtum und der Souveränität Gottes zu verweigern. Diese Weigerung öffnete einen eigenen und relativ autonomen Raum und ermöglichte die Funktion der Kritik an der königlichen Macht, die

die eigentliche Aufgabe der Propheten war. An der Basis dieser *prophetischen Kritik an der königlichen Macht* stand die Vorstellung, dass *Gott allein Gott ist.* Die prophetische Kritik, die im Namen der Souveränität Jahwes und seines Bundes mit seinem Volk geübt wurde, sollte die königliche Macht daran hindern, den göttlichen Status und die Attribute Gottes für sich zu usurpieren und sich als absolute Macht zu definieren. Sie sollte auch diese Macht in Grenzen halten, sodass es ihr unmöglich war, die Werte des Bundes in ihrem Sinne zu domestizieren. Daher wurde Jahwe nicht zum Staatsgott, sondern der Gott einer Koalition mit einem Stamm. Der privilegierte Partner dieses Bundes ist der Stamm – und nicht der König.

Wir haben eben gesehen, wie das biblische Phantasma des *Einen* zu einem großen Teil einen politischen Diskurs überdeckt, der mit der Vorstellung von Königtum und Souveränität zusammenhängt. Wir haben auch darauf verwiesen, dass die Debatte über das Verhältnis von göttlicher Souveränität (Jahwe ist der einzige und wahre König und Israel ist sein vorbehaltenes Reich) und Monarchie zugunsten von Jahwe entschieden wurde, wobei die prophetische Kritik die Versuchung der profanen Macht im Zaum hielt, sich selbst hervorzubringen. Die göttliche Operation der Besitznahme des erwählten Subjekts vollzog sich jedoch nicht ohne Widerstände. Der Wunsch, von Gott eingenommen zu werden, ging immer Hand in Hand mit dem Wunsch nach Ungehorsam. Jeder Akt des Ungehorsams und der »Untreue« zog wiederum Eifersucht und Zorn Gottes nach sich. Ging das erwählte Subjekt daran, das goldene Kalb anzubeten? Es wurde Gegenstand der Drohung Gottes. So verwandelte sich die Operation der göttlichen Besitznahme zunehmend in eine disziplinäre Operation, in das Wechselspiel zwischen Vergehen, Drohung, Sühne und Vergebung, das sozusagen den Kitt des Bundes darstellte. Das erwählte Subjekt wurde also durch die Kombination von Schutz, Zwang und Rache diszipliniert. Doch auf tiefergehende Art und Weise verlief das Disziplinierungsverfahren über die Möglichkeit des Gottes, dem erwählten Subjekt zu geben, wovon es nicht wusste, dass es es hatte oder war. Das, was es nicht zu haben oder zu sein wusste, und was es sich nun unter der Bedingung des Gehorsams erlauben konnte, war eine *narzisstische* Definition seiner selbst. Diese Selbstdefinition erwuchs aus dem Handel, den es mit dem Gott unterhielt; und es ist die Dauerhaftigkeit dieses Handels, die es ihm ermöglichte, sich von anderen zu unterscheiden.

Diese narzisstische Definition macht den biblischen Gott zu einem Stammesgott. Im Unterschied zu den heidnischen Göttern war eines seiner Hauptmerkmale seine relative Einsamkeit. Er hatte keine Eltern. Er war weder der Sohn noch Vetter eines anderen Gottes. Er hatte keine Frau, keine Nachkommen. Sein Machtanspruch war daher total, weil er von keinem Mitglied einer eventuellen Verwandtschaftslinie angefochten wurde. Von dieser Ausschließlichkeit und Ausschlusslogik zeugen die Gesetze, die Juden und Nichtjuden abgrenzen sollen. Die Trennung der Mischehen, die im Augenblick der Reform von Esra und Nehemia beschlossen wurde, die Unterscheidung zwischen gebürtigen Juden, jenen, die es nicht waren und die es niemals werden können, oder auch die rituellen Reinheitsgebote sind in Bezug auf diese Ausschlusslogik zu verstehen. Solche Einschränkungen waren nicht dazu geeignet, dem Judentum eine universalistische Richtung zu geben, so sehr fehlte es den kulturellen Tabus und partikularistischen Traditionen, die es abgrenzten, an Plausibilität für Nichtjuden. Das ist einer der Gründe, warum der jüdische Monotheismus als geschlossener Monotheismus betrachtet werden muss.

POETIK DES UNIVERSALEN

Das Christentum war bemüht, diesen Ausschluss zu überwinden, da es zumindest theoretisch den Unterschied zwischen Juden und Nichtjuden aufhob, die Bedeutung der Ernährungsvorschriften und der Einhaltung der Rituale relativierte, jede Ausgrenzung aufgrund der ethnischen Herkunft für bedeutungslos erklärte und die Gemeinschaft der Menschheit behauptete, die von nun an den Herrn an den Sklaven, den Beschnittenen an den Unbeschnittenen binden sollte.[18] Die Überwindung der ethnischen Grenzen vollzog sich nun über den Umweg der Konversion zu einer Gesamtheit an Vorstellungen, die wegen ihrer wun-

---

[18] Zu den Diskrepanzen zwischen Verkündigung und Praxis siehe Dimitris Kyrtatas, *The Social Structure of the Early Christian Communities.* London, Verso 1987. Siehe auch Charles F. D. Moule, *Jesus and the Politics of His Day.* Cambridge, Cambridge University Press 1984; John K. Riches, *Jesus and the Transformation of Judaism.* London, Longman & Todd 1980; und James H. Charlesworth, *Jesus Within Judaism.* New York, Doubleday 1988.

dersamen Eigenschaften als *magisch-poetisch* bezeichnet werden könnten.

Die erste Form der Verzauberung bezieht sich auf die Erfüllung des Gottes selbst. Darin bricht das Christentum mit dem Judentum und lässt die Gottheit zunächst wieder in den Rahmen der Verwandtschaftsbeziehungen eintreten und macht ihn zum Teil eines familialen Universums, das aus einem Sohn und einer Mutter besteht. Der Gott wird unter diesen Umständen zum Erzeugergott, da der Sohn dem Vater geboren wird. Er wird auch aus der Mutter geboren, allerdings ohne tatsächlichen Geschlechtsverkehr zwischen Vater und Mutter. Denn sollte hier ein Geschlechtsverkehr vollzogen werden, ist er nicht auf ein Glied beschränkt. Er ist daher rein poetischer Ordnung, da er durch den Heiligen Geist vermittelt wird, der als Zeichen für die Umarmung des Erzeugers, den göttlichen Erguss und Orgasmus fungiert. Doch gleichzeitig entzieht sich der Gott in seinen allgemeinen, abstrakten Bestimmungen der rein familiären Logik. Daraus, dass der Sohn sich im Schoß einer Frau vergegenwärtigt, während er dem Vater *eingeboren* ist, könnte man schließen, dass die Mutter dem Sohn eingeboren und das weibliche Prinzip über diesen Umweg von da an untrennbar mit dem Monotheismus verbunden ist (zumindest in seiner katholischen Variante).[19] Die Verknüpfung von Mutterschaft und Jungfräulichkeit durch die Umgehung des männlichen Samens gehört wiederum der wundertätigen Macht des Gottes, oder, wenn man so will, der Ordnung des Mysteriums an.

Ansonsten erscheint die göttliche Familie wie eine typisch symbiotische Familie. Der Unterschied zwischen Vater und Sohn, Sohn und Heiligem Geist, Vater, Mutter und allen anderen besteht nur insofern, als er erlaubt zu zeigen, wie diese unterschiedlichen Elemente sich untereinander verknüpften. Unter diesen Bedingungen scheint der Sohn kein ödipalisiertes Subjekt zu sein. Vater und Mutter pflegen keine direkten Beziehungen und haben keinen Zugriff aufeinander, es gibt hier offensichtlich keinen transzendentalen Phallus, in dessen Schatten die Sexualität des Sohns auf das Begehren reduziert wäre, die Mutter zu besitzen und den Platz des Vaters einzunehmen. Irgendwie entzieht sich die Gott-

[19] Das weibliche Prinzip findet sich bis an den Fuß des Kreuzes in einer der entscheidenden Phasen des Vorgangs der »Erlösung«. Siehe Amy Neff, »The Pain of Compassion: Mary's Labor at the Foot of the Cross«, *Art Bulletin* 80 (1998), 254–275.

heit also der freudianischen Erpressung. Die Sexualität des Gottes situiert sich nunmehr jenseits der Fortpflanzung. Ihr Inhalt schreibt sich nicht ausschließlich in die Ordnung der Genitalität ein.[20] Die Libido des Gottes ist nicht zunächst eine Libido der Organe. Der göttliche Koitus findet anderswo statt: in Tod und Auferstehung, wie wir im Folgenden sehen werden.

Sobald die Frage der Genealogie des Gottes und der diversen Formen seiner Nachkommenschaft geklärt ist, kann man nun seine *Biographie* schreiben. Diese Biographie ist insofern außergewöhnlich, als ihre Angelpunkte im Gegensatz zu gewöhnlichen Biographien nicht nur Geburt und Tod sind. Sie geht davor und danach über diese beiden Eckpfeiler hinaus. In der Mitte steht eine Tragödie: der Tod. Er ereignet sich nicht in Form einer geisterhaften Ermattung; er wird durch die außerordentliche Dichte des Leidens vervielfältigt, die für Kreuzigungen typisch ist. Das Kreuz transformiert sich in hohem Maße zu einem Organ, das die göttliche Umnachtung aufnimmt. Die Grenzen des Kreuzes und dieser Umnachtung haben einen hohen Wiedererkennungswert. Sie schmiegen sich durchgehend an Glieder und Körper des Gekreuzigten, wodurch sie sie verbergen und ihrem physischen Sein entreißen.

Es geht also nicht um einen allegorischen Tod. Es geht um einen sehr realen Tod. Wir sind hier weit entfernt von dem Wesen ohne Organ oder auch der Fortpflanzung ohne Glieder, die es eben noch ermöglicht hat, die Sexualität des Gottes jenseits von Zeitlichkeit und Genitalität zu situieren. Denn es fand sehr wohl ein Prozess statt, ein Urteil wurde gesprochen. Die Technologie, die zur Vollstreckung des Urteils angewandt wurde, war sehr empirisch: ein Kreuz. Dem Verurteilten wurde nicht die Kehle durchgeschnitten, er wurde auch nicht geköpft. Seine Hinrichtung war jedoch um nichts weniger blutig. Dieser Mann, an das Holz genagelt, von Schmerzen, Durst, Leid und Fieber zutiefst ergriffen, hat wahrscheinlich am Ende gesabbert. Der Gemarterte, der dieser monströsen Folter unterworfen wurde, war wahrscheinlich nicht ganz bei Sinnen. Er muss nach seiner Befreiung gelechzt haben. Er muss sich in den Wahnsinn fallengelassen, sich in ihn gestürzt haben. Mitten in diesem extremen Schrecken hat er einen gewaltigen Schrei ausgestoßen.

---

[20] Unter diesem Blickwinkel siehe Tom Hayes, »A *Jouissance* Beyond the Phallus: Juno, Saint Teresa, Bernini, Lacan«, *American Imago* 56.4 (1999), 331–355.

Er hat hemmungslos geschrien: Er hat den Tod kommen gesehen.[21] Seinen Tod.

Dieser muss schmerzhaft gewesen sein. Zunächst enthüllte das Lendentuch um sein Glied seine Nacktheit nur noch mehr. Der schreckliche Schmerz hat praktisch kein Glied in seiner Eigenart verschont. Da war die Geißelung. Sie muss mehrere Körperteile gleichzeitig getroffen haben. Sie hinterließ offene Wunden. Mit der Dornenkrone konnte ein Teil der Folter auf den Kopf konzentriert werden. Brauen und Barthaare müssen ausgerissen worden sein. Dann war da die Kreuzigung selbst. Wahrscheinlich war der Gemarterte nicht in der Lage, das Fließen und Ausstrahlen des Schmerzes bis in die Körperextremitäten zu kontrollieren. Muskelkontraktionen, ungewollt, spasmodisch, müssen den ganzen Körper beinahe zerrissen haben. Der Gemarterte muss überwältigt von der Gewalt des körperlichen Leidens gefurzt, uriniert haben. Vor Angst geschüttelt, schwankend, wegen der ziehenden Schmerzen und der Nägel, die durch die Haut getrieben wurden und die Nerven zerrissen, muss er sich besudelt haben. Sein Ich muss vollständig vom Schmerz eingenommen gewesen sein. Dann, einige Sekunden vor dem Hinscheiden, muss plötzlich die Spannung nachgelassen haben. In diesem Augenblick muss der Gemarterte das Gefühl gehabt haben, bereits tot zu sein. Eine völlige Entladung muss gefolgt sein, der Körper war nun sich selbst und seiner Dinglichkeit überlassen. Dann kam der Augenblick des Einbruchs: der Körper des Gemarterten legte sich nun in die Falten eines schlaffen, reg- und leblosen Körpers. Am Ende der Kreuzigung, am Holz hängend, konnte man bereits eine unkenntliche und entstellte Form erkennen: eine Masse toten Fleisches, verwandelt in ein Stück Fleisch, das man ebenso gut an einen Haken hätte hängen können. Zunächst unterschied nichts diese Masse von einem Tierkadaver. Schließlich war da das Ritual der Kreuzabnahme: rotes Blut, an manchen Stellen geronnen, an anderen noch frisch aus den Wunden fließend; verrenkte und geschwollene Glieder, Ergebnis des schrecklich verzogenen Körpers; Dehnungsstriche an Nerven und Gelenken durch die Streckung.

---

21 Eine Studie über den Schrei findet sich bei Gilles Deleuze, *Francis Bacon. Logik der Sensation.* Aus dem Französischen von Joseph Vogl. München, Wilhelm Fink Verlag 1995, Kapitel 6–8. Siehe auch Christopher Fynsk, »What remains at a crucifixion: Nietzsche/Bacon«, in Sue Golding (Hg.), *The Eight Technologies of Otherness.* New York, Routledge 1997, 79–104.

In der Vorstellung vom Tod des Gottes selbst liegen demnach mehrere Wirklichkeitsordnungen. Einerseits erfüllt sich in diesem Tod ein eigentümlicher Koitus: der heilsbringende Koitus. Am Endpunkt seines Leidenswegs fixiert sich der Körper des Gemarterten in einer Haltung der *Ekstase im Leiden*. In seinem Tod kommen erektile Kraft und ejakulatorische Kraft zusammen, um sich gegenseitig aufzuheben und nur noch ein und denselben Fluss zu bilden: den *heilsbringenden Fluss*. Der Gott hat eine außerordentliche Fähigkeit bewiesen, das *Heil* im Akt seines Sterbens selbst *abzuspritzen*. Insofern hat dieser Tod einen orgiastischen Anteil. Die unbeschreibliche Dichte der konzentrierten Spannung in der Kreuzigung, der abrupte Abfall im biologischen Hinscheiden, die unglaubliche Entspannung, die auf das Ableben folgte: all das repräsentierte eine Befreiung, die in gewisser Weise die Merkmale einer Überschwemmung trägt. Denn, wie Reich in Erinnerung ruft, »die erektile und die ejakulative Potenz sind nur Vorbedingungen der orgastischen Potenz«[22]. In der Kreuzigung des Gottes beruhte die orgiastische Kraft auf der Fähigkeit, die der Gemarterte bewies, sich ohne jegliche Hemmung oder Zurückhaltung dem Fluss der heilsversprechenden Bioenergie zu überlassen. Der Gott hat die gesamte erlösende Erregung in heftigen Kontraktionen abreagiert, die für den Körper sicher unangenehm sind, dennoch aber eine gewisse Sinnlichkeit besitzen, wenn man sie aus dem Blickwinkel des beabsichtigten Ziels betrachtet. In diesem Sinne entgeht selbst das Heilsvorhaben nicht einer gewissen Sättigung, einer gewissen Taktilität. Es ist sinnlich.[23]

---

[22] Wilhelm Reich, *Die Funktion des Orgasmus*. Leipzig/ Wien/ Zürich, Internationaler Psychoanalytischer Verlag 1927.

[23] Vgl. die folgende Erzählung von Hadewijch von Antwerpen: »Mein Herz, meine Sehnen und alle meine Glieder zitterten und bebten vor Verlangen; und ich war, wie es oft der Fall war, so von Wahnsinn und Angst erfüllt, daß ich meinte, ich befriedigte meinen Geliebten nicht, und mein Geliebter erfüllte nicht mein Verlangen, so daß ich sterbend wahnsinnig werden und vollkommen wahnsinnig werdend sterben müßte. Ich war da aus verlangender Liebe so mit Angst und Schmerz erfüllt, daß mir ale Glieder meines Leibes einzeln zu brechen drohten und alle meine Sehnen einzeln angespannt waren [...]« In: Hadewijch, *Buch der Visionen*, 93. Oder auch die Erzählung von Angèle de Foligno: »Eines Tages betrachtete ich das Kreuz und darauf den Gekreuzigten; ich sah ihn mit den Augen des Körpers. Plötzlich wurde meine Seele von einer derartigen Glut erfasst, dass Freude und Lust alle meine Glieder im Innersten durchdrangen. Ich sah und fühlte Christus mit diesem Arm, der gekreuzigt wurde, meine Seele umarmen, und meine Freude überwäl-

Fassen wir zusammen: der Orgasmus, um den es hier geht, ist ein heilsbringender Orgasmus. Biologischer Fluss und Heilsfluss, die körperliche Erregung, die das Leiden auslöst, verbinden sich mit einer magischen Erregung, um die Rückkehr in einen Glückszustand zu bewirken, der in der Wiederauferstehung besteht. Die Auferstehung ist daher der Moment des Abfalls der oben beschriebenen Spannung. Genau im Augenblick seines Todes »nimmt« der Gott die Welt jenseits von Zeit und Raum »auf« und wird von der Welt »aufgesogen«. Er stößt in die tiefsten Tiefen des Lebens vor, bis an den Endpunkt, der mit dem Grab symbolisiert wird. Damit »rettet« er die Menschheit in dem Akt, durch den er seinen eigenen Wahn entwirft. Der Tod verleiht der Erlösungsgeschichte eine Art Grundgefühl, einen vollständigen Rückfluss des Körpers und der Materie und die Aufnahme in einen Zustand von Unwirklichkeit und Entspannung, den das Prinzip der Auferstehung gut ausdrückt. Von da an ist der Tod des Gottes nicht mehr nur Teil eines Zerstörungstriebs. Sein Mysterium beruht auf einem orgastischen Mysterium. Das ausschweifende Leiden, dem sich der Gemarterte unterworfen hat, die auditiven und visuellen Fantasien, die er am Kreuz erlebt hat, *das der Welt ferne Wesen*, zu dem er im Augenblick des Hinscheidens geworden ist: Dieses gesamte halluzinatorische Drama ist nur im und durch den Erlösungstrieb zu erklären, der sein Motiv und Ziel ist, und erhält nur durch ihn seinen Wert.

Auf einer anderen Ebene ist zu vermuten, dass der Tod des Gottes am Kreuz in gewisser Weise absurd und entsetzlich ist. Er repräsentiert eine Art der Auflösung der göttlichen Allmacht, die plötzlich gebrochen und aufgehoben ist. Es bleibt nichts als eine schaurige Statue, ein Gefäß voller Schmerz, eine verbrauchte Kraft und eine Verkleidung, die zumindest äußerlich nicht mehr Zeichen für eine Substanz zu sein scheint: außer vielleicht die Apotheose des Sadismus. Ein abstoßender Tod, der im Kern davon bedroht ist, ein Signifikant ohne Signifikat zu sein.[24] Damit würde übersehen, dass der Tod und der Tote, um die es hier geht, nicht irgendwelche Tode oder Tote sind. Sie bezeichnen nicht, dass

---

tigte mich [...] Und es schien mir, als strömte meine Seele in die Wunde, die Seitenwunde Christi. Und in dieser Wunde kostete ich statt der Schmerzen eine Freude, die ich nicht mit Worten beschreiben kann.« In Angèle de Foligno, *Le livre des visions et instructions*. Paris, Éditions du Seuil 1991, 112 f.

[24] Siehe hierzu die Anmerkungen von Jacques Lacan, *Die Ethik der Psychoanalyse. Das Seminar, Buch VII*. Wien/ Berlin, Turia + Kant 2016.

ihnen gegenüber nichts mehr existiert; oder dass *Sein* und *Leiden* in einem einzigen Punkt zusammengefallen sind, an dem nichts anderes mehr möglich ist. Der Körper des Toten am Kreuz reduziert sich keineswegs auf seine fundamentale Dinglichkeit. Tatsächlich haben wir hier einerseits die figurative, poetische Dimension, die mit Schein bekleidet ist: die andere Seite des Schattens.

Auf anderer Ebene geht der Gott nicht nur für sich selbst in den Tod. Er geht auch für alle anderen in den Tod: für die Menschheit, deren Erfahrung er geteilt hat. Hat er nicht unmittelbar die menschliche Welt, ihre Empfindungen geteilt: Hunger, Durst, Beerdigungen, Leid, Schmerz, Freude, Tod und Tränen? Hat ihn sein Dienst nicht bis in die Randbereiche von Wahrsagerei, Magie und Wundertätigkeit geführt? Ist er nicht auf dem Wasser gegangen, hat er nicht das Brot vermehrt, Wasser in Wein verwandelt? Hat er nicht oberflächliche Freuden erlebt: Wein, Feste, Gesang, Kitzel, all diese geistigen Dinge, aus denen die Saat aufgeht; aus denen Empfindungen erwachsen? Wenn er also sein Hinscheiden und das der anderen auf sich nimmt, dann eben, um ein »noch nicht«, ein »Überbleibsel« in Erwartung, ein »mögliches Sein« zu erschließen, dessen Erfüllung sich jenseits jeder sinnlichen Erfahrung situiert. Sein Tod ist daher nicht nur ein biologischer Tod. Er ist deshalb weit davon entfernt, das absolute Ende der Existenz zu sein. Im Gegenteil, im Hinscheiden soll sich die Gestalt des Gottes in all ihrer Wirksamkeit enthüllen, der Tod Christi am Kreuz wird zu *dem* Mittel einer Gleichsetzung von Mensch und Gottheit.[25] Über den Umweg der Auferstehung enthebt sich die Körperlichkeit des Gottes der leblosen Sphäre, in die ihn drei Tage lang sein Zustand als Leichnam verwiesen hatte; durch die Aufhebung ihrer eigenen Grenzen gelangt sie danach in die Sprache der *Ewigkeit.* Auf diesem Prädikat der Ewigkeit beruht von nun an die konstitutive träumerische Macht des Christentums.

Die konstitutiven Elemente dieser träumerischen Macht gehören verschiedenen Ordnungen an. Zunächst ist da der *verschwundene* Gott. Er ist für drei Tage »weggegangen«, hat sich unsichtbar gemacht. Er ist in die undurchdringliche Dunkelheit abgetaucht, in die große, dunkle Bühne des Todes, an diesen Ort, an dem alles plötzlich verblasst und verschwimmt. Doch während er an diesen unteilbaren Raum gebunden

---

[25] Vgl. Alain Badiou, *Paulus: Die Begründung des Universalismus.* Aus dem Französischen von Heinz Jatho. München, diaphanes Verlag 2002, 76.

ist, schwebt sein Geist überall, verdichtet sich und verweist unentwegt auf ein Bild und auf Zeichen, die die Wirklichkeit mit einem nie dagewesenen Inhalt erfüllen. Der verschwundene Gott überfrachtet und sättigt die Umhüllung des Lebens: die Regionen der Existenz, in denen die unterschiedlichen Schichten der Vergangenheit und die Welten der Gegenwart ins Leere zu fallen scheinen, die Deiche einer bisher ungeahnten Wirklichkeit einreißen. Danach kommt der *wiederkehrende* Gott. Denn der Gott vergeht nur empirisch und versinkt drei Tage in der Zone von Erinnerung und Traum, um umso besser aus Schatten und Ellipse wieder auftauchen und eine Reise jenseits des Scheins antreten zu können. Schließlich ist da noch die Befreiung von Körper und sinnlicher Fülle. Diese Befreiung ist das Vorspiel zu einer Ausdehnung des Raums und Streckung der Zeit in die Unendlichkeit: den Punkt der Ununterscheidbarkeit, die Ewigkeit. Unter diesem Blickwinkel repräsentiert die Auferstehung das Eingehen in eine andere, nicht zu bezeichnende Welt mit ihren Bewegungen, ihrer Unschuld, ihrer seltsamen Helligkeit, ihrer Macht, die Geschichte aufzuheben und ihrer Macht, eben diese Geschichte zu transzendieren.

Zu dieser Aussage können sich nunmehr Juden und Nichtjuden bekehren: zur Vorstellung, nach der der Tod der Sphäre des Scheins angehört und sich im Grunde des Lebens das Prinzip der *Unsterblichkeit* findet. Die menschliche Gestalt, die der Gott angenommen hat, entledigt sich dank des Todes der Dinglichkeit, in die sie eingeschlossen war. Und in einer unerhörten Geste der Profanierung dringt sie in ein anderes Wesen ein, jenseits jeder sinnlichen Repräsentation, jenseits jeder Zeitlichkeit, in einer unendlichen und grenzenlosen Zone, deren Wesen darin besteht, dass sie sich der Gewalt des Todes für immer entzieht. Daher kann mit Feuerbach behauptet werden, dass die Auferstehung Christi die Befriedigung des menschlichen Begehrens nach einer unmittelbaren Sicherheit bezüglich der persönlichen Fortdauer nach dem Tod ist – der persönlichen Unsterblichkeit als unbezweifelbarer Tatsache.

Das war vor seiner Bürokratisierung und seiner Transformation in eine mächtige Maschinerie, also seiner Institutionalisierung als eigenes Herrschaftsregime, die Bestimmung des Christentums. Denn an seinem Ursprung stehen Menschen, die verstehen wollen, was einer von ihnen, ein gewisser Jesus von Nazareth, der von der römischen Macht gekreuzigt wurde, bedeutet hat und *hier und jetzt* bedeutet. Sie entwerfen eine

Erzählung über sein Leben und seinen Tod insofern, als dieses Leben und dieser Tod *ereignishaft* waren, *Spuren* hinterlassen haben. Diese Erzählung versteht sich gleichzeitig als Erzählung von dem Sinn, den sie dem zuschreiben, was ihnen zufolge geschehen ist, und sie bemühen sich, *Erinnerung* hervorzubringen. Infolgedessen ist die Schrift oder präziser die Proklamation der Biographie des Gottes hier nicht von der Arbeit der Ausarbeitung einer bedeutungstragenden Erinnerung zu trennen, die das Leben derer in die Pflicht nehmen muss, die sie proklamieren oder sich darauf beziehen. Aus dieser Erinnerungsarbeit erfindet sich zunehmend eine *Tradition.* Sobald diese Tradition erfunden ist – oder auch parallel zu ihrer Erfindung – stellt sich das Problem ihrer Übertragung von Generation zu Generation. Doch diese Tradition pluralisiert sich, da sie sich im Schoß von Räumen ständig neu erfindet, die jeweils konkurrierenden Epistemen angehören. Daher muss unaufhörlich entschieden, unterschieden, ausgeschlossen werden. Diese Aufgabe fällt einer Autorität zu, die sich durch ihre Ausübung verselbständigt und ihre eigene Logik produziert, ihr eigenes Sinnuniversum entwickelt und dieses mit allen Mitteln durchsetzen will.

Von welchem Blickwinkel aus man ihn auch betrachtet, taucht der Diskurs über die Einheit des Gottes also historisch als narrative Proposition auf. Er entwickelt sich in einer interpretativen Tradition, die beansprucht, bedeutungstragend zu sein. Doch was interpretiert diese Tradition, wenn nicht das, was sie selbst das *Königreich* nennt, also im strengen Sinn des Begriffs eine ganze Vorstellungswelt vom Menschen und seinen Grenzen, von Zeit und Dauer, von der Macht und ihren Bestimmungen, von Ordnung und Tod? Dieser Diskurs über den Gott ist daher von seinem Prinzip und seinen Grundlagen her ein Diskurs über die menschliche Existenz. Das Problem besteht darin zu erkennen, was diesem Diskurs seine Wahrheitsmacht, seinen Plausibilitätsrahmen verleiht. Historisch ist das zunächst die Art, wie diese narrative Proposition die Sinnzusammenhänge des griechisch-römischen Heidentums und insbesondere die großen Fragen vereinnahmen konnte, die die Mysterienkulte zu beantworten suchten.

Eine dieser großen Fragen ist jene der *Regierung der Welt,* das Beherrschen des Laufs der Natur, des Anwachsens der Tage, der Bewegung der Vegetation, der Vermehrung des Viehs, des Wohlstands der Menschen, des Ertrags der Erde und der Herden, des Erfolgs in Kriegen. Insofern, als man annimmt, dass die Regierung der Welt von Mächten ausgeübt wird, stellt sich das Problem, wie ein Vermittlungssystem zu organisieren ist, das es dem Menschen erlaubt, an dieser Aufgabe beteiligt zu sein, sie im Sinne der Ausrottung des Übels zu beeinflussen. Die Beteiligung des Menschen an der Regierung der Welt setzt die Erfindung einer rituellen Ökonomie voraus, deren grundlegendes Ziel darin besteht, sich die Gewalten und Kräfte anzueignen oder zumindest ihre Regulierung zu gewährleisten. Das öffentliche Wesen dieser Rituale zeigt deutlich, dass es sich um Handlungen von allgemeinem Interesse handelt, die als solche aktiv in ein Regime des sozialen Lebens eingebunden sind.[26]

Die zweite große Frage, die die Mysterienkulte zu beantworten suchen, ist die *Zivilisation des Reichs des Todes.* Die Kulte garantieren den Eingeweihten angeblich ein Sonderprivileg, den Zugang zu einem praktischen Wissen über die Welt des Todes. Dieses Privileg ist im Besonderen jenes der *Unsterblichkeit.* Im Kern dieses Verfahrens steht die Vorstellung, dass die irdische Existenz nicht das Ende des Lebens ist. Eine andere Existenz jenseits der hiesigen kann Wirklichkeit werden. Die Überlebensgarantie rührt wiederum aus einigen Beispielen aus dem Leben der Götter. Diese hatten den Zugang zu einem endlosen Lebenszyklus geöffnet, den die Eingeweihten sich wieder aneignen können. Dionysos zum Beispiel, der von den Titanen verschlungen wurde, wurde unsterblich wiedergeboren. Kore war in das Reich der Toten hinabgestiegen und wieder zu Demeter zurückgekehrt. Attis kannte die Wege von Tod und Unsterblichkeit, weil er wiedererweckt worden war.

Die christliche Vorstellung von der Auferstehung von den Toten ist also nicht neu. Zunächst war sie in den Isis- und Osiriskulten im Alten Ägypten entwickelt worden. Als das Christentum seine Expansion begann, war die Hellenisierung dieses Kults bereits stark fortgeschritten. Im Osiriskult wurde der Akt rezitiert, durch den ein Gott wiedererweckt worden war, also die Gesamtheit seiner Person wiederhergestellt wurde. Der Unterschied zur Auferstehung Christi liegt in der Tatsache, dass Osiris nicht persönlich existierte. Das Ritual, das seinen Namen trägt, war ursprünglich eine *Pantomime* der königlichen Begräbniszeremonie, das sich langsam demokratisierte. Als das Christentum es sich aneignet und es konsolidiert, ist die Metapher der Auferstehung bereits lange

---

[26] Details dazu siehe Alfred Loisy, *Les mystères païens et le mystère chrétien.* Paris, Émile Noury 1914.

»entnationalisiert« und zu einem Ritual geworden, das allen Toten zugänglich ist.[27] Indem eine direkte Verbindung zwischen Auferstehung, messianischem Prinzip und Phantasma der Erlösung hergestellt wird, stattet die christliche Erzählung die Metapher der Auferstehung mit einer ungeahnten Macht aus. Im Christentum wird die *Vorstellung des Nicht-Todes* über den Körper eines Mannes angenommen, in dessen Ende die Aspekte eines Selbstmords und eines politisch-religiösen Mordes vereint sind. In einer radikal orgiastischen Geste schreitet dieses Individuum zur Tat und wird gleichzeitig der Tat ausgesetzt.

Wir haben gesehen, dass der biblische Monotheismus auf einer Stammesvorstellung beruht, die auf Abschottung und Rückbezug auf sich selbst basiert. Alles in allem verfügte die davidische Dynastie nie über ein universales Reich und erhob darauf auch keinen Anspruch, so sehr war sie damit beschäftigt, die Macht des Vergessens in Schach zu halten. Konfrontiert mit der historischen Gefährdung der Juden musste Jahwe sich nämlich dauernd erinnern, insbesondere in Notzeiten. Er durfte sein Volk nicht vergessen. Daher gab es im Judaismus nie eine Erzählung über den *Einen* ohne eine *Gedächtnispraxis,* das heißt die Erinnerung an das göttliche Handeln in der Gegenwart, seine Interventionen in der Vergangenheit und seine Versprechen für die Zukunft. Andererseits unterstellte die jüdische Tradition der Macht durch die Affirmation, dass Gott allein Gott ist (und damit, dass die Macht nicht Gott ist) in gewisser Weise ständig, sie wolle sich die göttlichen Attribute aneignen und dadurch die Untreue gegenüber dem Bund organisieren, der als zentraler Signifikant postuliert wurde. Und der Sinn dieses Bundes war im Diskurs über die Einzigartigkeit Gottes in unterschiedlichen Epochen der Geschichte Gegenstand einer Artikulation. Die Regeln, Handlungen, Riten, Symbole, also die Einschreibung in eine Geschichte, vollzogen sich in Bezug auf ihn. An ihn wurde erinnert. Und Jahwe wurde gebeten, ihn nicht zu vergessen.

---

27 Zu diesen Fragen siehe E. R. Dodds, *Pagan and Christian in an Age of Anxiety.* Cambridge, Cambridge University Press 1965; Arnaldo Momigliani, *The Conflict Between Paganism and Christianity in the Fourth Century.* Oxford, Oxford University Press 1963; Robin Lane Fox, *Pagans and Christians.* New York, A. Knopf 1987. Zu den Mysterienkulten und der Metapher der Auferstehung siehe Apuleius, *Metamorphosen,* XI; Moret, *Rois et dieux d'Égypte et mystères égyptiens* (1911) sowie sein *Rituel du culte divin journalier en Égypte* (1902). Siehe auch W. M. Flinders Petrie, *Religion of Ancient Egypt* (1908).

Im Gegensatz dazu stützte sich der christliche Monotheismus sowohl in zeitlicher als auch in räumlicher Hinsicht auf die Vorstellung von einem *universellen Dominium.* Er legte Eroberungsgelüste an den Tag, in denen die Bekehrung nur ein Aspekt war. Die Geschichte des Christentums beschreibt den Aufstieg einer Sekte zur Hegemonie, deren öffentlicher Status durch das Edikt von Konstantin vollkommen transformiert wurde. Die Allgegenwart der mittelalterlichen Kirche in der Gesellschaft zeichnet sich von dem Augenblick an ab, in dem die Christen kein unmittelbar bevorstehendes Ende der Welt mehr erwarten. Von da an widmete sich die Kirche der Umsetzung von normativen und juristischen Funktionen, die praktisch in alle Lebensbereiche eingreifen, von der Ehe bis zum Wucher über den Familienstand, in juristische Verfahren, die Errichtung eines Schulsystems, die Sakralisierung der gesellschaftlichen Autorität, die Verurteilung von Ketzerei, die Definition der Normen, die Geschlechtsleben und Vergnügen bestimmen. Zwischen dem 4. und dem 6. Jahrhundert vollzieht sich ein Institutionalisierungs- und Bürokratisierungsprozess, an dessen Ende die Kirche das Bild einer furchterregenden Maschine bietet. Diese Entwicklungen mündeten um das 11. Jahrhundert in Kompetenzstreitigkeiten zwischen Papsttum und Reich.

Die Affirmation des politischen Status des Christentums beruht auf der Vorstellung, dass die Offenbarung sich historisch bestätigen müsse. Im Kern dieses Paradigmas liegt ein totalisierendes Projekt, das Politik als notwendiges Werkzeug seiner Umsetzung betrachtet. Das Übungsfeld für die Herrschaft Christi ist die Welt in ihrer Gesamtheit, in allen ihren Aktivitäten und ihrer gesamten Ausdehnung. Da die ganze Welt sein *Dominium* ist, sind Kirche und Fürsten beauftragt, ihn dort zu proklamieren. Im Zentrum dieser universellen Ökonomie muss die Kirche ihre Vermittlerfunktionen wahrnehmen. Dem Papst fällt eine Art Stellvertretermacht zu. Die Fürsten müssen ihrerseits eine christliche Politik betreiben. Ihre Macht hat praktisch keine eigenständige Grundlage. Denn da nichts der Herrschaft Christi entgeht (nicht einmal die politische Macht), hat alles eine christologische Grundlage. Die Regierung des Fürsten ist nicht zu rechtfertigen, da sie sich in eine allgemeine Heilsökonomie einschreibt, die über ihr scheinbares Ziel hinausreicht.

Der Fürst selbst bezieht seine Hoheit aus der Tatsache, dass er einer der Arme Gottes ist, das Werkzeug des himmlischen Königs in der weltlichen Regierung. Er hat keine eigene Existenz. Hier sind wir mit einer ministerialen Auffassung der königlichen Macht konfrontiert, die sich selbst aus einer bestimmten Vorstellung von der göttlichen Souveränität und ihrer universellen Mission schöpft. Der zeitlichen Macht kommt die Pflicht zu, eine christliche Gesellschaft zu verwirklichen, eine christliche Politik zu führen. Dem Rückzug des Stammes auf die Gruppe, auf die in sich geschlossene Welt, der für die biblische Ökonomie des Einen kennzeichnend war, steht also eine imperiale Dynamik gegenüber, der Drang nach Expansion und Universalisierung, der für die christliche Transzendenzökonomie typisch ist.

Nichts zeugt deutlicher von diesem Unterschied als die Politik der Kreuzzüge und des »Heiligen Landes«. Diese Politik folgt in direkt aus der Vorstellung, dass Christus in der Welt nicht nur das *Dominium* und das Recht zu gebieten innehat, sondern auch das tatsächliche *Imperium*: die aktive Herrschaft. Aus seinem Status als Oberhaupt der Menschheit leitet sich der Anspruch auf ein universelles Reich ab. Mit anderen Worten ist seine Regierungsgewalt untrennbar mit seinem Besitzrecht verbunden. Dieses Besitzrecht entfaltet sich natürlich in den sogenannten christlichen Ländern. Seine Souveränität und seine Herrschaft erstrecken sich »von Meer zu Meer bis an das Ende der Welt«. Daher gehören ihm auch die Güter der Ungläubigen, und das kraft der Universalität seiner Regierung: dies ermöglicht in gerader Linie das *Recht auf Eroberung*. In diesem Kontext muss die Politik der Kreuzzüge interpretiert werden. Palästina wurde als konkreter und historischer Ort der Gegenwart Christi und seines irdischen Lebens betrachtet. Dieser Ort war am Kreuz mit Blut erkauft worden. Er war mit einem Wort das Gravitationszentrum, von dem aus Christus die ganze Welt umarmt hatte. Dank dieses Orts würde ihm von nun an kein Territorium je entkommen. Sein Besitz- und Eroberungsrecht galt daher hier aufgrund besonders hoher Ansprüche. Indem sie Soldaten und Ressourcen stellten, um dieses Stückchen Erde zu befreien, kämpften die christlichen Fürsten unter der Fahne des Kreuzes.

EROTIKEN DER ALTERITÄT

Der gleiche Wille, der gleiche Wunsch nach Totalisierung findet sich im Heilsprojekt der dritten Gestalt der göttlichen Libido: dem Phänomen der *Bekehrung*. Historisch erhält das Heilsprojekt im Kontext der sogenannten Bekehrung Plausibilität. Am Anfang wie am Ende der

Bekehrung steht immer die Sprache. Diese vermittelt sich zunächst über die Predigt, das heißt eine Art, Überzeugungskraft einzusetzen. Doch da keine Sprache ohne Gesprächspartner existieren kann, wird sehr rasch deutlich, dass die Diskrepanz zwischen den Worten, den Zeichen und den Metaphern, die die Prediger benutzen, und ihren Referenten nicht nur das allgemeine Problem aufwirft, was innerhalb einer Rationalität verstanden und nachvollzogen werden kann. Auf dem Spiel steht ebenso die engere Frage der Sprache in ihrem Verhältnis zur Gewalt.

Das gilt insbesondere dann, wenn es darum geht, Zustimmung für die Vorstellung von einem einzigen Gott zu erhalten. Zunächst deshalb, weil der Name des Gottes selbst vor allem anderen der Sprache der Laute angehört, mit aller Willkürlichkeit, die mit ihr einhergeht. Was auch immer die Laute aussagen, sie sagen es im Allgemeinen ohne figurierte Äußerung, ohne Bilder. Daher überlappen sich der Name des Gottes und das Wesen des Göttlichen weder vollständig noch notwendig. Um die Formulierung von Nietzsche aus einem anderen Kontext aufzunehmen, ist das Wort »Gott«, das aus dem Mund des Menschen hervorbricht, immer in gewisser Weise mit bewussten und unbewussten Repräsentationen gesättigt. Um die Willkürlichkeit des Geräuschs zu überwinden, das der Name des einzigen Gottes ist, muss es mit Attributen ausgestattet werden. Ihm müssen Prophezeiungen zugesprochen werden, die ein Wissen über ihn ermöglichen. Ihm muss ein Inhalt gegeben werden, kurz, es muss erfüllt werden. Daher das ständige Hin und Her, im Judentum ebenso wie im Christentum, zwischen dem, was der Gott ist, wer er ist, was er plant oder zu tun verspricht, und was er aktuell tut. Diese Art, den Namen des Gottes in ein Spiel von Funktionen einzubinden, verweist darauf, dass sein Name ihn ständig zu etwas aufruft. Es gibt keinen Namen des Gottes ohne ein Register von Handlungen, die seine Benennung motivieren und bewirken, dass er nur einen Namen erhält, weil er etwas tut. Darum vermischt sich im Judentum ebenso wie im Christentum die Genealogie des Gottes, die Geschichte seiner Geburten mit der Schöpfungsgeschichte, der Errichtung von Welten. Die Bekehrung gehört der *Errichtung von Welten* an; dem, was zum ersten Mal geschieht.

Doch der Akt der Bekehrung hat auch an der Vernichtung von Welten teil. Den anderen bekehren heißt, ihn anzustiften, das aufzugeben, woran er glaubte. Theoretisch müsste der Übertritt von einem Glauben zum anderen zur Unterwerfung des Bekehrten unter die Institution und Autorität dessen führen, der mit der Verkündung des neuen Glaubens betraut ist. Tatsächlich war jede Bekehrung immer schon, wenn auch nur unter der Hand, ein Ausleseverfahren. In diesem Sinne verlangte sie vom Bekehrten immer den aktiven Einsatz seiner Urteilskraft. In der Verlängerung des oben genannten Sinns nimmt man auch an, dass derjenige, der sich bekehrt, in seinem konkreten Alltagsleben die praktischen Konsequenzen dieser Unterwerfung und dieses Loyalitätstransfers akzeptiert. Wenn man sich an diese Definition hält, müsste also jede Bekehrung zumindest theoretisch eine grundsätzliche Änderung der Denk- und Verhaltensweisen dessen nach sich ziehen, der in sie einwilligt. Unter diesem Blickwinkel schwingt mit, dass der Akt, sich zu bekehren, mit dem Aufgeben der vertrauten kulturellen oder symbolischen Bezugspunkte Hand in Hand gehen müsste. Es geht also um eine Entblößung.

Durch seine Entkleidung verschiebt der Neophyt das Gravitationszentrum seines Seins. Als Probe der Aufgabe des Vertrauten und der Fremdheit entfernt ihn die Bekehrung von seiner Familie, seinen Verwandten, seiner Sprache und seinen Bräuchen, manchmal auch aus seiner geographischen Umgebung und seinen sozialen Nahebeziehungen, also von den verschiedenen Formen seiner Zugehörigkeit zu einer Genealogie und einer Vorstellungswelt. Diese Entfernung erlaubt es dem Neophyten, sich in einem absolut anderen Horizont zu festigen – dem Horizont, den das Heidentum in seiner Hässlichkeit nicht mehr erreichen oder wiedererlangen kann. Mit anderen Worten, dank des Akts der Bekehrung erlangt das Subjekt eine Art Alterität von sich und gelangt so in einer spektakulären Phasenverschiebung der Identität zu seinem Sein, das dazu dient, ihn ihm das Antlitz des Gottes selbst erglänzen zu lassen. Hier zeigt allerdings die Erfahrung, dass jede Bekehrung immer zu einem gewissen Grad auf einem Missverständnis beruht. Ihr Wesen ist immer zusammengewürfelt, uneinheitlich und barock.[28] Insofern knüpft sie an Hybridisierungsphänomenen, die Erosion von alten Referenzen und »traditionellen« Vorgangsweisen an und geht immer mit der Neufassung von neuen Gedächtnisfragmenten und einer Umverteilung von Bräuchen einher.

---

28 Vergleiche etwa die Bekehrungen im alten Kongo, in Anne Hilton, *The Kingdom of Kongo*. Oxford, Oxford University Press 1986.

Übrigens erschöpft sich der Sinn der Bekehrung von einem streng theoretischen Standpunkt aus nicht allein in der Bewegung der profanen Entstehung eines neuen Subjekts. Es gibt de facto keine Bekehrung, ohne dass dieses sozusagen aufgezehrt wird. Diese Aufzehrung findet zwar in der alltäglichen Lebensführung statt, erhält jedoch ihren vollen Sinn erst an seinem Ende, aus dem Weg, der von der Existenz zum Grab und danach ins ewige Leben führt. Aus dieser Perspektive bedeutet Bekehrung die Einschreibung in eine bestimmte Zeitlichkeit und Dauer. Diese Dauer ist die unerschöpfliche Zukunft, die Unendlichkeit, die Zeit der Ewigkeit, die durch die göttliche Existenz eröffnet wird und ihre Verlängerung in der Erlösung von Körper und Seele findet, und deren Endpunkt – wenn es einen solchen geben sollte – die Parusie ist. Bekanntlich hat die Zeit der Erlösung nur in Bezug auf die der Schöpfung Sinn, die selbst wiederum als Ursprungsbegriff postuliert wird, in dessen Zentrum das als Todeserfahrung und *besonderes Regime des Unmöglichen* verstandene Nichts sich aufhebt.

Andererseits setzen in der christlichen Tradition Schöpfung und Erlösung das Aufgeben und die darauffolgende Transzendenz einer ursprünglichen und entscheidenden Unordnung und *Sünde*, eben der Sterblichkeit, voraus. Gegen dieses Chaos und diese Sterblichkeit (die sich in Körper und Seele vollziehen und gleichzeitig gegen sie wirken) erscheint der Schöpfungsakt, um seine heilsbringende Gewalt geltend zu machen. Dadurch ist das Heil, von dem die Rede ist, nicht einfach ein Aufschieben des Todes: es ist die Abschaffung des Prinzips der Sterblichkeit selbst. Vom theologischen Standpunkt ist also die Bekehrung eine Art von Gewaltakt gegen den Zustand der Sterblichkeit: Der Übergang, den der »Bekehrte« vollzieht, führt vom Tod zum Leben oder zumindest zu seinem Versprechen. Das würde tendenziell bedeuten, dass es jenseits eines Akts der Zerstörung und Gewalt gegen einen früheren Zustand, eine gewohnte Lage, die man mit etwas anderem ersetzen will, keine Bekehrung gibt.[29] Beeilen wir uns hinzuzufügen, dass im Falle von Afrika diese Gewalt und Zerstörung fast immer im Namen einer spezifischen Materialität angewandt wurden: Sie konfrontiert ein Wahrheitsregime mit einer falschen und lügenhaften Ordnung.

[29] Vgl. in diesem Sinne Fabien Eboussi Boulaga, *Christianisme sans fétiche. Révélation et domination.* Paris, Présence africaine 1981.

Am Ausgangspunkt der Bekehrung der Heiden zum Phantasma des *Einen* steht also immer die Überzeugung, eine irreduzible Definition von der Welt, ihrem Ursprung und ihrem Zweck, von ihrer Wahrheit und ihrem Sinn zu besitzen oder gefunden zu haben. Die Festlegung dieser Wahrheit und dieses Sinns wäre für immer gültig, sie würde also für alle Menschen, für alle Zeit und an allen Orten Geltung haben. Sie würde sich außerhalb jeder sichtbaren und materiellen Zeitlichkeit befinden. Es geht allein noch darum, sie zu enthüllen.

Letztendlich ist nun der Ort dieser Enthüllung, ihr Verwirklichungsmodus, vor allem die Sprache. Mit anderen Worten ist der Kern jedes Bekehrungsunterfangens nicht die Sprache als solche, sondern die Arbeit über die Sprache. Allerdings muss es eine bestimmte Sprache sein: die Sprache einer Erfahrung, aber auch die Sprache eines Wissens. Nicht, dass eines dem anderen vorausginge, sondern in dem Sinn, dass das Wissen in eine Praxis übersetzt wird und die Praxis sich in Wissen verwandelt. Auf anderer Ebene stellt sich die Frage, um welche Erfahrung und welches Wissen es geht, wenn nicht um Erfahrung und Wissen von etwas *absolut Fremdem*. Die Erfahrung eines Erstaunens, eines Wunders, oder sagen wir eines »offenbarten Wortes«, die man in Form von Begehren, Verzückung und Besessenheit zum Leben erweckt: Begehren, Besessenheit und Genuss des Göttlichen.[30] Im Herzen jeder Bekehrung findet sich auch eine Beziehung besonderer Art, da sie weder rein biologisch noch rein erotisch ist, obwohl sie aus beiden Kategorien Anleihen nimmt.

Der Bekehrungseifer möchte sozusagen den Heiden diese direkte Auffassung und den Genuss des Göttlichen zum Geschenk machen. Die barmherzige und großzügige Natur dieser Geste schließt Gewalt nie aus. Diese Gewalt hat die Besonderheit, dass sie sich über eine Verzerrung der Sprache, der Zeichen und der Gegenstände vollzieht, die ausgehend von einem übertriebenen Diskurs über Gott einen Gemeinplatz erzeugen sollen: genauer ein Universelles. Zur Spracharbeit gleich mehr. Es ist jedoch nicht gleichgültig, um welche Arbeit es geht, sondern es geht um eine Art Umkehrung, in der Genuss und Sinn eine Einheit bilden; wenn

[30] Zu derartigen Interpretationen siehe Michel de Certeau, *Mystische Fabel. 16. bis 17. Jahrhundert*. Aus dem Französischen von Michael Lauble. Berlin, Suhrkamp 2010; oder aus einem anderen Blickwinkel Georges Bataille, *Die innere Erfahrung*. Aus dem Französischen von Gerd Bergfleth. München, Matthes & Seitz 1999.

der Verstand an die äußersten Grenzen des Möglichen getrieben und der ursprüngliche Sinninhalt rissig gemacht und die für Autorität notwendige Erfahrung vernichtet worden ist, kippt die Sprache in eine Art ungreifbares Zittern, Abstumpfung und scheinbare Schwäche. Sie wird sogleich an die Ränder des Nicht-Sinns geworfen, sogar in die Nähe des Wahnsinns: dadurch wird paradoxerweise nur die unerschöpfliche Unermesslichkeit ihrer Möglichkeiten noch stärker dramatisiert.

Fassen wir in drei Schritten zusammen: Erstens beruht jede Macht auf einem *Ursprungsphantasma.* Zwei Reibungspunkte von Ursprungsphantasmen sind Sexualität und Tod.[31] Das Phantasma der Macht und die Macht des Phantasmas bestehen darin, diese beiden Vorstellungswelten aneinander zu reiben, sie bis zur Entzündung unaufhörlich zu reiben. Und Herrschaft ist nichts anderes als die Tatsache, inhaltlich dieselben Phantasmen zu teilen, für die Herrschenden ebenso wie für die anderen. Zweitens setzt die Bekehrung immer den Eintritt in die Zeit des anderen voraus. Diese erfasst damit das bekehrte Ich dort, wo es ist. Damit begibt sich dieses Ich in eine Position, in der es durch den Gott *angesprochen werden* kann, der sich seiner bemächtigt hat. Es geht jedoch anfangs immer darum, von einer Alterität bewohnt zu sein, derer man sich noch nicht ganz bewusst ist. Sich zu bekehren, heißt in diesem Zusammenhang, in eine Sprache einzutreten, die man lernt, während sie über das besessene Subjekt spricht. In diesem *Wort über das Subjekt* verbirgt sich der erotische Aspekt. Dieser Aspekt hat nichts mit Genitalität zu tun. Er gehört zur Ordnung des Begehrens. Doch als erotisches Verfahren bleibt das Göttliche dem begehrenden Subjekt immer fremd. Drittens ist die Verflechtung von Glauben und einer bestimmten Form der *Verblüffung* notwendig, um die religiöse Wahrheit zu erzeugen. Jede

31 Über die »Reibung« hat Rabiqueau Folgendes zu sagen: »Das zärtliche Reiben drängt diejenigen Teile des Luftgeistes zurück, die sich dem Durchgang einer spirituosen Materie widersetzen, die wir Samenflüssigkeit nennen. Dieses elektrische Reiben erzeugt in uns durch die Feinheit der Spitzen des Feuergeistes eine sinnliche Empfindung, einen Kitzel, je mehr die Verdünnung fortschreitet und je mehr sich dieser Feuergeist an der geriebenen Stelle ansammelt. Wenn dann die Flüssigkeit für den in der Atmosphäre angesammelten Feuergeist zu schwer geworden ist, verläßt sie ihren Platz und fällt in die Gebärmutter hinab, wo gleichfalls die Atmosphäre herrscht: die Vagina ist nur die Leitung zum allgemeinen Speicher, wie die Gebärmutter ihn darstellt«, in Gaston Bachelard, *Psychoanalyse des Feuers.* Aus dem Französischen von Simon Werle. München, Carl Hanser Verlag 1985, 36 f.

religiöse Wahrheit, namentlich, wenn sie danach strebt, Universalitätseffekte zu erzeugen, setzt sich immer der Gefahr aus, in gewisser Weise als Erfahrung von Wahnsinn wahrgenommen zu werden. Wahnsinn darf in diesem Zusammenhang nicht im klassischen Sinn verstanden werden, also als Form von Unvernunft und Außenseitertum, sondern als der Ort, an dem der Diskurs über das Göttliche, der sich einem anderen erklären und von diesem verstanden werden will, sich plötzlich erschöpft, seinen Sinn erschöpft und eine Art Erstaunen und Ungläubigkeit auslöst, die sich in Lachen auflöst.

5
Jenseits der Welt

»Ist der Mensch, der da trommelt, tot oder lebendig?«
Amos Tutuola, *Der Palmweintrinker*

In diesem Kapitel befassen wir uns mit Gewalt, oder genauer, wir wollen den Verfallszustand und die scheinbare Außerkraftsetzung reflektieren, die den Namen Tod trägt. Indem wir die Gewalt des Todes zum Gegenstand unserer Reflexion wählen, möchten wir uns mit den Formen seiner Vollendung befassen, mit der Art, wie er von jeder Substantialität Besitz ergreift, bis nichts oder fast nichts mehr davon ausgenommen ist, er beinahe alles durchdrungen hat, da er im Wesentlichen zum *Normalzustand der Dinge* geworden ist.

Im Zusammenhang mit Gewalt und Tod denken wir auch an das zeitgenössische Afrika. Nicht, weil Afrika mehr als andere Weltregionen ein Land des Todes und der unbeherrschten Delirien wäre, wo alles oder fast alles immer bedauerlich endet, auch wenn das leider manchmal der Fall ist. Wir denken an das zeitgenössische Afrika insofern, als es im modernen und aktuellen Diskurs als die bewusstlose, an die Ränder der Realität verwiesene Nacht auftaucht, von der Hegel sagte, dass sie weder zur Unterscheidung ihn sich noch zur Gewissheit des Sichselbstwissens gelangt.[1]

Dabei sollen nicht noch einmal die Probleme des Kontinents als »Erfindung« behandelt werden, die Geschichte dieser Vorstellungswelt ist ja hinreichend erwiesen und ihre Ursprünge wurden bereits aufgezeigt.[2] Wir interessieren uns im Grunde für zwei Sachverhalte und ihr Verhältnis zueinander: einerseits das Gewicht der Willkür, das mit der Handlung verknüpft ist, die darin besteht, etwas, das man von Vorneherein zu Nichts erklärt hat, der Welt zu entreißen und zu töten: eine *leere*

---

[1] Georg F. W. Hegel, *Phänomenologie des Geistes*. Leipzig, Dürr'sche Verlagsanstalt 1907, 436.

[2] Valentin Y. Mudimbe, *The Invention of Africa*. Bloomington, Indiana University Press 1988; sowie *The Idea of Africa*. Bloomington, Indiana University Press 1994.

Gestalt; andererseits dafür, wie das aufgehobene und machtlose Subjekt, das noch weiter auf die andere Seite und in das Hinterland der bestehenden Welt, in das Jenseits der Welt, zurückgestoßen wird, den Akt seiner eigenen Vernichtung auf sich nimmt und seine eigene Kreuzigung in die Länge zieht.

Doch was bedeutet es eigentlich, *dem, was Nichts ist, Gewalt anzutun*? Oder was bedeutet es für denjenigen, den man (oder der sich) in den reinen Schrecken des Negativen verstrickt und zur Sklavenarbeit bestimmt hat, frühzeitig und offenbar bedeutungslos zu sterben – gleich, ob der Tod als Selbstmord, Mord oder Genozid daherkommt? Und welche Verbindung besteht zwischen diesen Gesten? Es ist kaum möglich, diese Fragen zu beantworten, ohne auf die Anfangsfrage zurückzukommen: Was bedeutet es, an einer menschlichen Existenz teilzuhaben? Wer ist ein menschliches Wesen und wer nicht, und welche Autorität untermauert eine solche Unterscheidung? Wenn man kein menschliches Wesen ist, was ist man dann? Und welche Beziehung sollen menschliche Wesen mit dem unterhalten, dem das Attribut der Menschlichkeit nicht verliehen werden konnte oder dem es verweigert wurde? Und schließlich, was hat all das mit der Geburt des Subjekts und dem Verhältnis zwischen Freiheit und Knechtschaft zu tun?

DAS NICHTS DES DINGS

Gehen wir also von dieser jüngsten Tragikomödie aus, die ebenso nicht hätte stattfinden können, die aber im Grunde keineswegs erstaunlich ist: die Kolonisierung. Vergessen wir einen Moment ihre Plumpheit, das Schmierentheater, ihren Hang zur Groteske, zu allem, was nackt, schlaff, extzentrisch und ausschweifend ist. Lassen wir ihren Hang zur Frivolität beiseite, die Leichtigkeit, mit der sie sich unzivilisiert dem tierischen Genuss hingibt.[3] Gehen wir von der Kolonisierung aus, nicht, weil sie als öffentliches Verbrechen und Genozidsehnsucht sozusagen eine sterile und leblose Nacht darstellte – was sie übrigens in gewisser Weise war. Nähern wir uns ihr als willkürliche, kontingente und schroffe Tatsache. Nähern wir uns ihr in ihrer *Allgemeinheit* und bluti-

---

3 Hierzu siehe Eza Boto, *Ville Cruelle*, 1954; M. Beti, *Le pauvre Christ de Bomba*, 1956; F. Oyono, *Le vieux nègre et la médaille*, 1956.

gen Hässlichkeit, die sie überall zu einer schwindelerregenden Tiefe machte, die von Tod und Korruption heimgesucht wurde: also einer grenzwertigen Vorstellung an der Schwelle des Lächerlichen.

In seiner Auseinandersetzung mit der kolonialen Welt, ihrer Anordnung, geographischen Disposition und der Gewalt, die ihre Einrichtung beherrscht, erwähnt Fanon zuerst Kasernen und Polizeistationen.[4] Gewiss deshalb, weil die Kolonisierung vor allem ein Wirrwarr, eine Gesamtheit von einwirkenden Kräften ist. Diese Kräfte schreiben sich vorrangig in einen Raum ein, den sie danach zu kartographieren, zu kultivieren, zu ordnen suchen.[5] Gewiss auch deshalb, weil die Kolonie, die für die Kolonisierten eine schreckliche *Prüfung* darstellt, zunächst ein Ort ist, an dem diese eine Gewalt- und Schockerfahrung erleben. Diese Gewalt wird von Strukturen und Institutionen getragen. Sie wird von Menschen aus Fleisch und Blut umgesetzt. Das gilt für den Soldaten, den Kommandanten, den Gendarmen, den Chef.[6] Sie wird von einer Vorstellungswelt gestützt, das heißt einer Verkettung von Zeichen, die sich immer als indiskutabler und nicht in Frage gestellter Sinn darstellen.[7] Sie ist auch in die Wirtschaft[8], in das häusliche Leben und die Sprache, das Bewusstsein und die Mentalitäten eingedrungen. Sie überwacht nicht nur den Raum. Sie verfolgt den Kolonisierten bis in seinen Schlaf und seine Träume.[9] Sie erzeugt eine Kultur, ist eine kulturelle Praxis.

All das könnte man den *Geist der Gewalt* nennen. Und dieser Geist bewirkt, dass sie überall ist; sie ist allgegenwärtig. Nicht zeitversetzt, auch wenn das manchmal der Fall sein kann, sondern lokalisiert,

---

[4] Franz Fanon, *Die Verdammten dieser Erde.* Übersetzt von Traugott König. Frankfurt/Main, Suhrkamp 1981, 31.

[5] Arjun Appadurai, »Making the National Geographic: Changing Images of Territory in Colonial India«, Vortrag am EthnoHistory Workshop, University of Pennsylvania, Philadelphia, 9. November 1995.

[6] Henri Brunschwig, *Noirs et Blancs dans l'Afrique noire française ou Comment le colonisé devient colonisateur.* Paris, Flammarion 1992.

[7] Cornelius Castoriadis, *Gesellschaft als imaginäre Institution.* Aus dem Französischen von Horst Brühmann. Frankfurt/Main, Suhrkamp 1990, 231.

[8] Bruce Bermann, John Lonsdale, *Unhappy Valley, vol. 1 State and Class.* London, James Currey 1992, 15–38 und 77–126. Siehe auch Babacar Fall, *Le travail forcé en Afrique Occidentale française (1900–1945).* Paris, Karthala 1993.

[9] Achille Mbembe, »Domaine de la nuit et autorité onirique dans les maquis du Sud-Cameroun, 1955–1958«, *Journal of African History* 32.1 (1991), 89–121.

sichtbar und unmittelbar, manchmal rituell, manchmal theatralisch, und sehr häufig karikaturistisch. Sie erhält dadurch die Geradlinigkeit, ohne die das koloniale Regime sich unmöglich ausbreiten, seine Untertanen nicht abtasten, mit ihnen ein Band der Unterwerfung unterhalten könnte. Dadurch besteht jenseits der räumlichen Segregation in der Kolonie Gewalt nie ohne ein Gefühl der Nachbarschaft, ohne Körper, die einander nahe sind, sei es flüchtig oder über längere Zeit, also Körper, die in bestimmten Formen von Berührung oder Konkubinat, einem Handel, einer Paarung begriffen sind.[10] Und eben weil die Macht in der Kolonie den Indigenen taktil wahrnimmt, weist diese Gewalt nicht nur die Merkmale einer Ästhetik und Architektur auf.

Im Zusammenhang mit dem Einsatz von Sprache, mit einer Reihe von Handlungen, Gesten, Geräuschen und Lauten, weist die koloniale Gewalt auch Merkmale der phallischen Geste auf. Diese Geste ist phallisch und manchmal sadistisch insofern, als der Kolonialherr zuerst mit seinem Glied denkt und sich ausdrückt. Über sein Glied gelingt es ihm, sich an die Welt zu binden, die ihn umgibt. Der Leutnant wählt unter den jungfräulichen Mädchen diejenigen mit der hellsten Haut und der schmalsten Nase. Der Dolmetscher befiehlt, sie an den Fluss zu führen, sie bis in den letzten Winkel und vor allem unter dem Lendentuch zu reinigen. Sind sie nicht eigentlich zu dreckig, um roh genossen zu werden?[11] Ohne sein Glied ist der Kolonialherr nichts. Er hat keine feste Identität. Dank seines Glieds kann die Grausamkeit des Kolonialherren

---

10 Vgl. die sehr idyllische Vorstellung von Gilberto Freyre in *Le Portugal et les Tropiques. Considérations dur les méthodes portugaises d'intégration de peuples autochtones et de cultures différentes de la culture européenne dans un nouveau complexe de civilisation: la civilisation luso-tropicale*, französische Übersetzung von Jean Haupt. Lissabon, Commission exécutive des commémorations du Ve centenaire de la mort du prince Henri 1961. In Kapitel XVII erwähnt er die Institutionen von Patenschaft und Mitgift, die seiner Ansicht nach dazu beitrugen, in Brasilien und in anderen Zonen des portugiesischen Reiches »stark affektive, komplexe und subtil psycho-soziale Beziehungen zwischen Herren und Sklaven und den Nachkommen von Herren und Sklaven« zu entwickeln, die im Großen und Ganzen »den Aufstieg von gesellschaftlich benachteiligten Individuen und Untergruppen« begünstigten. Angesichts dessen, schließt er, erscheint die Formel »Herren und Sklaven« als Erklärung oder Interpretation für die Entwicklung der brasilianischen Gesellschaft als »zu mechanisch, grob vereinfachend und inadäquat«.

11 Aus Ahmadou Kourouma, *Monnè. Schmach und Ärger*. Aus dem Französischen von Vera Gärtling. Zürich/ Berlin, diaphanes Verlag 2013, 60.

ihr nacktes Haupt erheben: in der Erektion. Das Glied des Kolonialherrn, ein ständig sabbernder Fleischlappen, kann seine heftigen Bewegungen kaum zügeln, selbst wenn es scheinbar Farbtöne und Gerüche in Betracht zu ziehen vorgibt. Gespannt wie ein Bogen schnüffelt es überall herum, entblößt, schnappt zu, reibt sich, stößt zu und hechelt. Es zieht sich nie zurück, ohne ein milchiges Rinnsal zurückgelassen zu haben: die Ejakulation. Unter diesen Bedingungen bedeutet Kolonisieren, einen ganz besonderen Koitus zu vollziehen, der sich dadurch auszeichnet, dass Grauen und Genuss in ihm zusammenfallen.

Der Ursprung dieses Koitus findet sich bei näherer Betrachtung in der Sprache, oder eben in der Ambiguität der Beziehungen, die das koloniale Vokabular mit dem unterhält, was es bezeichnen soll: seiner Referenz. Lange bevor die Kolonie erobert und penetriert wird, werden Wörter um diese entfernten Gegenden und ihre Bevölkerungen gewebt. Bleiben wir kurz bei Hegel, der sich in seiner *Vernunft in der Geschichte*[12] mit Afrika befasst. Dieser Text ist archetypisch für die später entwickelte koloniale Sprache. Der hegelianische Diskurs betrachtet Afrika – oder was dafür steht – als eine weite, turbulente Welt aus Trieben und Empfindungen – so turbulent und undurchsichtig, dass sie praktisch nicht vorstellbar ist –, die jedoch um jeden Preis mit Worten erfasst und in einer vorab festgelegten Gewissheit verankert werden muss.

Diesem ursprünglichen Vorurteil zufolge ist Afrika das Land der unbewegten Substanz und einer bestechenden, fröhlichen und tragischen Unordnung der Schöpfung. Davon mit Worten Rechenschaft abzulegen, bedeutet nicht nur, privilegierte Augenblicke einzufangen, in denen alles Wahrnehmbare gerinnt. Es heißt auch, sich *ungehemmt* auszudrücken, mit einer gewissen jungfräulichen Energie, in einer Bewegung, die vom Diskurssubjekt verlangt, in die Worte einzutauchen und sich in umgekehrter Richtung auf den Weg zu Sinn und Vernunft zu begeben, um das Reale auftauchen zu lassen und darzustellen,.[13] Warum? »Der Neger stellt den natürlichen Menschen in seiner ganzen Wildheit und Unbän-

---

12 Georg F. W. Hegel, *Die Vernunft in der Geschichte.* Auf Grund des aufbehaltenen handschriftlichen Materials neu herausgegeben von Georg Lasson. Leipzig, Felix Meiner Verlag 1930; im Folgenden stammen die Zitate, soweit nicht anderweitig angegeben, aus diesem Werk, 203–224, gelegentlich wird paraphrasiert.

13 Das bedeutendste Beispiel für diese Vorgehensweise ist Joseph Conrads *Heart of Darkness.*

digkeit dar: wenn wir ihn fassen wollen, müssen wir alle europäischen Vorstellungen fahren lassen. Wir müssen nicht an einen geistigen Gott, an ein Sittengesetz denken; von aller Ehrfurcht und Sittlichkeit, von dem, was Gefühl heißt, muß man abstrahieren, wenn man ihn richtig auffassen will. Das fällt alles bei dem unmittelbaren Menschen weg; es ist nichts an das Menschliche Anklingende in diesem Charakter zu finden.«[14]

In einem Rahmen, in dem jedes Wort in einem Kontext der Dringlichkeit – der Dringlichkeit der Unwissenheit[15] – ausgesprochen wird, ist es nur möglich, sich in umgekehrter Richtung auf den Weg von Sinn und Vernunft zu begeben, indem man die Worte sättigt, indem man auf eine Art verbalen Exzess zurückgreift, indem eine erstickende Fülle von Bildern geboten wird. Daher ist die koloniale Erzählung abgehackt, stotternd, abrupt und letztlich *leer*. Im hegelianischen Alptraum etwa hat jedes afrikanische Land seine eigenen Zauberer. Diese, so behauptet er, führen »besondere Zeremonien, mit allerhand Bewegungen und Tänzen, Lärm und Geschrei« durch und treffen »inmitten dieser Betäubung ihre Anordnungen. Ist die Armee im Felde, und die Gewitter kommen, die so fürchterlich sind, so müssen die Zauberer ihre Schuldigkeit tun, den Wolken drohen, ihnen befehlen, um sie zur Ruhe zu bringen.«

Ebenso haben sie bei Dürre Regen zu machen. »Sie rufen dabei nicht Gott an; es ist keine höhere Macht, an die sie sich wenden, sondern die Menschen glauben, dies aus sich zu bewirken. Die Vorberei-

---

[14] Hegel, *Die Vernunft in der Geschichte*, 208 f.

[15] Etwa die Geographie Afrikas, die Hegel skizziert. Folgt man seinen Ausführungen, würde der Fluss Senegal durch Sandwüsten und über Berge fließen. Andere Flüsse würden Bergketten durchschneiden. Der Kongofluss würde aus dem Niger kommen, 203–206. Eine weitere Affirmation dieses Ausdrucks des Unwissens vgl. Maurice Delafosse, *Les nègres,* 1927, 5: »Wir kennen die Neger noch nicht sehr lange, und wir kennen sie noch immer nur schlecht.« Oder auch Karen Blixen: »Es war nicht leicht, den Schwarzen näherzukommen. Sie waren hellhörig, und wenn man sie erschreckte, flüchteten sie augenblicklich in ihre eigene Welt zurück wie die wilden Tiere, die bei einer raschen Bewegung verschwinden und einfach nicht mehr da sind. Ehe man den Schwarzen genau kennt, gelingt es einem kaum, von ihm eine gerade Antwort zu bekommen ... Wenn wir drängten oder versuchten, den Leuten eine Erklärung ihres Benehmens abzupressen, dann zogen sie sich zurück, solange es ging, und kehrten dann irgendeinen grotesken lustigen Spaß hervor, um uns auf eine falsche Spur zu lenken.« *Afrika. Dunkel lockende Welt.* Aus dem Englischen von Rudolf von Scholtz. Zürich, Manesse Verlag 1986, 28.

tung besteht darin, daß sie sich in einen Zustand außerordentlicher Begeisterung versetzen; durch Singen, heftiges Tanzen, durch berauschende Wurzeln oder Getränke versetzen sie sich in die höchste Betäubung und lassen dann ihre Befehle ausgehen. Wenn es ihnen lange damit nicht glücken will, so befehlen sie, daß unter den Umstehenden, die ihre liebsten Verwandten sind, welche geschlachtet werden, und die andern fressen sie dann auf. Kurz, der Mensch hält sich für das Höchste, das hier befehlen kann. Oft bringt der Priester mehrere Tage in diesem Zustande zu, wütet, schlachtet Menschen, trinkt ihr Blut und gibt es den Umstehenden zu trinken. So haben also faktisch nur einzelne die Gewalt über die Natur, und selbst diese nur, wenn sie sich über sich selbst erheben in scheußlicher Begeisterung.«

Diese verbale Ökonomie arbeitet nach kaum verhehlten Gesetzen. Zunächst nimmt man einige Anekdoten, Fragmente von Wirklichkeit, verstreute und zusammenhanglose Dinge, deren direkter Zeuge man nicht war, die aber von einer Kette anderer Mittelsmänner erzählt worden sind. Sie werden danach aus jeder Zeitlichkeit gerissen. Die gesamte Bandbreite ihrer Formen wird neutralisiert. Sie werden von jedem lokalen Bezug befreit. Ausgehend von diesem Wirklichkeitstrümmern und dem Bodensatz an Gerüchten, den sie mit sich führen, entwirft man flüchtige Skizzen, Szenen, die man nach Belieben arrangiert, bewegte und intensive Bilder, eine dramatische Achse, deren Worte und Bilder sich letztlich auf ein oder zwei Dinge beschränken. Wenn sie nicht die Possenhaftigkeit, den ungestümen Genuss und die Zerstörungslust kommentieren, sprechen sie vom Unglück, von Krämpfen, von vergangenen oder drohenden Katastrophen, von Zerstückelung, augenblicklichem Entsetzen. Es spielt keine Rolle, dass die Worte sich auf kein bestimmtes Ereignis beziehen, solange sie den beschriebenen Phänomenen all ihr Gewicht einer rohen Unmittelbarkeit belassen – solange sie den Primat der Sinnesempfindung und die Radikalität der Regellosigkeit bezeugen.

Das gilt zum Beispiel auch für das Sprechen über den *Fetisch*. Hegel definiert den Fetisch als Gegenstand, in dem sich gegenüber dem freien Willen des Individuums eine objektive Autonomie manifestiert. Im afrikanischen Fall jedoch ist diese Objektivität nichts als die individuelle Willkür, die zur Selbstanschauung gelangt. Mit anderen Worten bleibt im afrikanischen Fetisch der freie Wille Herr seines Bildes. Was die Afrikaner sich als Macht des Fetisch vorstellen, ist nichts Objektives, in sich Gefestigtes, nicht von dem verschieden, der es erzeugt hat. Der

Fetisch bleibt in der Macht seines Erzeugers, und dieser kann ihm Gewalt antun, wenn er nicht nach seinem Willen handelt. Die Rache am Fetisch kann vielfältige Formen annehmen. Einerseits kann man ihn absetzen und an seiner Stelle einen anderen Fetisch in den Rang der höchsten Macht erheben. Anderseits kann man ihn schlagen, ihn sogar zerstören und auslöschen und einen anderen herstellen. Das bedeutet, dass der Gott des Afrikaners in seiner Macht verbleibt. Man erschafft ihn und setzt ihn nach Belieben ab. Daher erhebt er sich nicht jenseits des freien Willens, fährt Hegel fort, und schließt: »Es hat ein solcher Fetisch weder die religiöse Selbständigkeit, noch, und viel weniger, die künstlerische; er bleibt lediglich ein Geschöpf, das die Willkür des Schaffenden ausdrückt« und immer unter seiner Kontrolle bleibt.

Diese verbale Ökonomie verändert sich kaum, wenn angenommene kannibalische Traditionen zur Sprache kommen. »[...] bei Festen werden viele hundert Gefangene z. B. gemartert, enthauptet, und der Körper wird dem zurückgegeben, der ihn zum Gefangenen gemacht hat und der ihn dann verteilt. An einzelnen Orten hat man freilich sogar auf den Märkten Menschenfleisch ausliegen gefunden. Bei dem Tode eines Reichen werden wohl Hunderte geschlachtet und verzehrt. Gefangene werden gemordet, geschlachtet, und der Sieger frißt in der Regel das Herz des getöteten Feindes. Bei den Zaubereien geschieht es gar häufig, daß der Zauberer den ersten besten ermordet und ihn zum Fraße an die Menge verteilt.« Selbst die Verstorbenen sind von Strafen bedroht. Wenn man die Toten nicht verhext, besänftigt oder bezwingt man sie mit den schrecklichsten Gräueltaten.

Durch die Aneinanderreihung von Wirklichkeitsfragmenten erzeugt der koloniale Diskurs schließlich eine geschlossene und monolithische Totalität, die er dann auf den Rang der Allgemeinheit erhebt. So umschließt man die Wirklichkeit mit der Eingrenzung eines vorher aufgebauten Wahns. Wie könnte es anders sein, da das Reale nur noch über den Spiegel einer Perversion wahrgenommen wird, die eigentlich die des Subjekts ist, das den Diskurs vorbringt. Die koloniale Sprache gedeiht so taub für ihre stummen Vibrationen und wiederholt sich unaufhörlich. In ihrem Reich ist ein anderer niemals er selbst. Er ist immer das Echo unserer Irreduzibilität. Ihrem eigenen Blick verborgen und in einem Postulat des Irrealen gefangen, das sie gleichzeitig trägt, einsetzt und lächerlich macht, gehört diese Sprache zum Register des *nutzlosen Aufwands*: »Aus allen diesen verschiedentlich angeführten Zügen geht hervor, daß es die Unbändigkeit ist, welche den Charakter der Neger bezeichnet. Dieser Zustand ist keiner Entwicklung und Bildung fähig, und wie wir sie heute sehen, so sind sie immer gewesen. In der ungeheuren Energie der sinnlichen Willkür, die hier herrscht, hat das Sittliche keine bestimmte Macht. Wenn man fürchterliche Erscheinungen in der menschlichen Natur will kennen lernen, in Afrika kann man sie finden. Dasselbe melden die ältesten Nachrichten über diesen Weltteil; er hat eigentlich keine Geschichte. [...] Was wir eigentlich unter Afrika verstehen, das ist das Geschichtslose und Unaufgeschlossene, das noch ganz im natürlichen Geiste befangen ist, und das hier bloß an der Schwelle der Weltgeschichte vorgeführt werden mußte.«

Doch um ganz in die Spirale einzutreten, die zum Koitus führt, muss der koloniale Diskurs wie im Akt der Kopulation und der Vergewaltigung lecken und beißen, auf- und absteigen, seinen Gegenstand bis zum Punkt der maximalen Befriedigung wiederholt bearbeiten und abklopfen. Er muss sich in der Iteration buchstäblich verausgaben. Das ist einer der Gründe, warum er ein Beschwörungsdiskurs ist. Als Rückgriff auf Gerüchte und ständig verstärkte Echos erhellt er angeblich die Dinge, die zu seiner fixen Idee und Besessenheit geworden sind, von denen er jedoch in Wahrheit nichts weiß. Deshalb ist er unaufhörlich damit beschäftigt, seinem Schatten hinterherzulaufen. Es wurde bereits festgestellt, dass dieser Wettlauf lange vor Eroberung und Einfall begann. Er geht lange danach noch weiter. In beiden Fällen entfaltet sich die koloniale Sprache fast ausschließlich im Modus der Autoerotik, also nach Freud nach dem Modell des Mundes, der sich selbst küsst – und, so ist hinzuzufügen, *sich zum Orgasmus bringt*. Sobald die Besatzung vollzogen ist, haben weder Eroberer noch Kolonisierte Zeit, den Charme der kindlichen Unschuld kennenzulernen. Ihre jeweiligen Sprachen entwickeln sich als Triebe, die sich meist über Leerstellen schließen.[16] Die Kolonie kann damit als Abfolge von Leerstellen definiert werden.

Die erste Leerstelle ist der physische Raum. Er besteht aus monotonen, weitläufigen Flächen, gewaltigen Horizonten, die eine Art von Stille, Ruhe und Scheinfrieden umgibt: Trägheit, tote Lebenszeit. Diese unermesslichen Ausdehnungen und die Hitze, die ihn überwältigt und

---

[16] Vgl. Christopher Miller, *Blank Darkness.* Chicago, University of Chicago Press 1985.

erstickt, machen den Kolonialherren nervös, und nur die Abendstunden bringen ihm ein bisschen Erholung; sie wird jedoch rasch durch ein lautes Tam-Tam oder einen Legendenerzähler gestört.[17] In den Tropen beginnt das Leben, das aus Ermattung besteht und an einem Faden hängt, immer nur langsam von Neuem, um wieder von einer Naturkatastrophe vernichtet zu werden. Plagen, Dürre und Hunger wechseln sich mit Invasionen ab. Löwen und Leoparden, die in die Ebene hinuntergezogen sind, streifen um die Häuser. In dicken Wolken stürzen sich Heuschrecken auf das Gras der Weiden, während furchterregende Magier in Kleidern aus uralten Ziegenhäuten mit Säcken voller Amulette, umständlicher Pulver, zerkleinerter Wurzeln und getrockneter und zerquetschter Früchte durch das Land ziehen. »Schmerzen einen die Augen? Man malt sie rundherum zartgrün an. Hat man Wundrose oder irgendeine Hautkrankheit? Man zerdrückt Zitronen auf seinem Gesicht und an den betroffenen Stellen und hängt sich eine weitere Zitrone mit ein paar passenden Amuletten um den Hals. Gegen Kopfschmerzen schnallt man sich ein Lederband um die Stirn. Sand ist das beste Antiseptikum und Blätter von allen möglichen Bäumen dienen zum Verbinden der schrecklichsten Wunden.«[18]

Hier ist wieder die Sprache am Werk zu beobachten. Sie besteht nicht zunächst aus einem Austausch von Sprechakten, die zur eigentlichen Kommunikation dienen. Sie dient im Wesentlichen dazu, Befehle zu übertragen, Schweigen zu erzwingen, vorzuschreiben, zu zensurieren und einzuschüchtern. Ihre Funktion ist es, das Leben zu zergliedern, es abzustecken, um es besser reproduzieren zu können, während man es mit Füßen tritt. Gelingt es ihr immer? Nichts ist weniger sicher. Nicht immer wegen der unaufhörlich aufbrechenden Diskrepanz zwischen der kolonialen Absicht und der Widerspenstigkeit des Kolonisierten, wenn das auch manchmal der Fall ist. Doch vor allem, weil dieses Weltfragment, die Kolonie, in Wirklichkeit aus heterogenen Zeiten, verschlungenen Abfolgen, Unterbrechungen besteht. Dieses Weltfragment ist ein bunt zusammengewürfeltes Gewirr aus spontanen Verkettungen, das eine Zerstreuung der Sprache und ihren Sturz in die düstere Gewalt der Leere begünstigt. Das ist einer der Gründe, warum in Kolonien eine der

---

17 Vgl. die Beschreibungen bei Edmond Ferry, *La France en Afrique*. Paris, Librairie Armand Colin 1905, 215–248.

18 Edmond Ferry, *La France en Afrique*, 226.

Funktionen der Sprache darin besteht, alles zu entstellen. Um allein und gemeinsam existieren zu können, verfälschen Kolonialherren und Kolonisierte alles, was ihnen unter die Augen kommt. Unterschiedslos weisen sie Orten, Ereignissen Menschen, allem und nichts ein fiktives Gewicht zu. Sie gehen ständig und ohne Umschweife von einem Moment zu seinem Gegenteil über. Und dieses wiederholte Maskenspiel, durch das verborgene Dinge sichtbar werden und jede Gegenwart gleichzeitig Abwesenheit simuliert und umkehrt – dieses Spiel bildet zumindest beim Kolonialherren die Grundlage eines besonderen Genusses, einer einzigartigen Befriedigung, die wie Zauberei funktioniert.

Die zweite Leerstelle ist jene, die das koloniale Vokabular *der Schwarze* nennt. Der Schwarze ist zunächst eine Anhäufung von großzügig entwickelten, fast nackten Organen: krauses Haar, platte Nase, dicke Lippen, mit Kerben verziertes Gesicht. Er riecht schlecht. Er begleitet alle seine Reden mit chaotischen Gebärden. Von uralten Atavismen beherrscht, ist er nicht Herr seiner Instinkte und unfähig, selbst zu denken oder zwischen Laster und Tugend zu unterscheiden. Seine Gesten und Verhaltensweisen sind von primitiver Einfachheit. Hier sehen wir ihn etwa in einem Geschäft. Er hat eben Kautschuk oder Elfenbein verkauft. Er hat vor, Angelhaken zu kaufen. »Doch angesichts der Versuchung durch die sichtbar aufgestellte Pomade beginnt er zu zögern, und sich wild am Kopf zu kratzen. Um ihn herum stehen zehn oder zwanzig weitere Einheimische, ähnlich unentschlossen, aber bestrebt, sofort bedient zu werden. Infolge des stimulierenden Kratzens am Kopf erinnert der Einheimische sich, dass eine seine Ehefrauen ihn beauftragte, einige Schwefelhölzchen mitzubringen, eine andere wollte Stoff für ein neues Kleid, und eine dritte wusste, wo sie sehr billig Kautschuk gegen Tabak tauschen kann. [...] Irgendwann entscheidet er sich für etwas und nimmt es mit nach Hause. Höchstwahrscheinlich wird er es in ein oder zwei Tagen zurückbringen, etwas beschädigt, und den Wunsch haben, es gegen einen anderen Artikel einzutauschen.«[19]

Im Grunde hat er keine Bedürfnisse. Er sorgt sich nicht um seine Schulden. Deshalb zieht er es auch vor, arm und träge zu sein, anstatt gegen Geld zu arbeiten. Er neigt zum Faulenzen, arbeitet nicht gerne, und Sparsamkeit ist ihm völlig fremd. Im Rahmen dieser allgemeinen

---

[19] Mary Kingsley, *Reisen in Westafrika*. Aus dem Englischen von Niels-Arne Münch. Wiesbaden, Edition Erdmann 2013, 161.

Arbeitsscheu ist Gewalt gegen seine Person oder sein Eigentum moralisch keineswegs verwerflich.[20] Denn die wilden Stämme haben kein Recht. Sie haben nichts zu erwarten, weder Achtung vor ihrem Eigentum noch vor ihrer Souveränität. Der Schwarze besonders ist falsch, leichtsinnig und verlogen. Er bricht seine Versprechungen ebenso leicht, wie er sie macht. Sein Leben besteht aus Müßiggang. Seine Existenz ist freudlos. Was wäre geeigneter, ihn zum Erlernen der Freiheit zu zwingen, als ihm das Gesetz der Arbeit aufzuerlegen?[21]

Mehr noch, das Subjekt der Sprache im kolonialen Zusammenhang ist beinahe immer das Subjekt am Höhepunkt der Brunft. Von Anfang an in der Gewalt einer blinden Polemik befangen, sieht der Kolonialherr die Kolonisierten nur als hysterische Massen, vor allem aber spricht er von ihnen nur als Fratzen ohne jede Menschlichkeit, als aufgedunsene Körper, Kohorten ohne Anfang oder Ende, als Kinder, die scheinbar zu niemandem gehören, als diese Faulheit, die sich unter der Sonne zeigt, diesen vegetativen Rhythmus, den Busch, die Mücken, das Fieber, die indigenen Horden, den Gestank, das Gewucher und Gewimmel, das Gestikulieren.[22] »In alle Richtungen eilen Einheimische, ihre nackten Füße erzeugen auf dem federnden Rasen der Straßen keinerlei Geräusche und auf ihren Köpfen tragen sie schwere Lasten, die gewöhnlich vom Hut des Trägers gekrönt werden, einem großen, flach-kegelförmigen Ding aus Palmblättern. Während einige diese gewaltigen Bündel tragen, schleppen andere Baumstämme, Holzplanken, Steine zum Bauen, Gefäße mit Palmöl, Körbe mit Gemüse und Früchten oder Zinntabletts, auf denen gefaltete Tücher liegen. Da die überwiegende Mehrzahl der einheimischen Bewohner [...] sich nicht darum schert, wohin sie

---

[20] »Kleine Geister übertreiben das Unrecht zu sehr, das man den Afrikanern zufügt; denn, wenn es wirklich so groß wäre, wie sie behaupten, sollte es dann nicht den Fürsten Europas, die untereinander so viele unnötige Verträge abschließen, in den Sinn gekommen sein, einen allgemeinen Vertrag hierüber zur Förderung der Barmherzigkeit und des Mitleids abzuschließen?«, Montesquieu, *Vom Geist der Gesetze,* Tübingen, H. Laupp'sche Buchhandlung 1951, Buch xv, Kap. 5. Siehe auch Jean-Jacques Rousseau, *Vom Gesellschaftsvertrag*, 1. Buch, Kap. 4 »Die Sklaverei«.

[21] Siehe Edmund D. Morel, *Red Rubber. The Story of the Rubber Slave Trade Flourishing on the Congo in the Year of Grace 1906.* New York, Negro University Press 1908, insbesondere 2. Teil.

[22] Franz Fanon, *Die Verdammten dieser Erde*, 35.

gerade gehen [...] stehen Konfusion und Lärm in keinerlei Verhältnis zur Größe der Stadt«, berichtet Mary Kingsley.[23]

Als widersinniges Produkt des Deliriums, das jeder Herrschaft droht, verwickelt sich der koloniale Diskurs wie ein sonnenloser Tag in einen dichten Brei von Verachtung, Herablassung und Hass. Gleichzeitig schlägt sich der Kolonialherr den Bauch voll, erklimmt den Busch der Sprache, stumpft sich mit Vergnügungen ab, lässt einen Furz und betrinkt sich. Er klemmt die Worte ein. Er zerkratzt sie, dehnt sie, schlägt sie und verdrängt sie gewaltsam oder stößt auf. Mit ihm konfrontiert liegt der Kolonisierte nicht nur auf flach dem Bauch. Der Kolonisierte hat ständig den Nacken auf dem Block, den die Sprache des Eroberers bildet. Die Sprache des Eroberers wandelt sich ständig im Modus eines Hinterhalts. In jedem Augenblick kann der Kolonialherr sich bissig äußern, wobei er sich selbst beweihräuchert, und danach so tun, als würde er sich die Zähne putzen, und dabei das geschwungene Beil der Sprache auf den Nacken des Kolonisierten fallen lassen.

Die Guillotine, zu der dadurch die Sprache geworden ist, kann seither in der Ausübung einer umso ungehemmteren Gewalt in Aktion treten, als sie im Dunklen ausgeübt wird, also düster und leer, von Grausamkeit und Schwindel gekennzeichnet ist. Sie kann seither in einer mitreißenden Beschleunigung sezieren, verstümmeln und schließlich enthaupten. Nur so kann der Kolonialherr am Ende der Sprache die Existenz des Kolonisierten und seiner Subjektivität verleugnen. Montesquieu kann also zusammenfassend sagen: »Der Zucker würde zu teuer sein, wenn man die Pflanzungen, die ihn erzeugen, nicht von Sklaven bearbeiten ließe. Die Menschen, um die es sich dabei handelt, sind schwarz vom Kopf bis zu den Füßen und haben eine so platte Nase, daß es fast unmöglich ist, sie zu beklagen. Man kann sich nicht vorstellen, daß Gott, der doch ein allweises Wesen ist, eine Seele, und gar noch eine gute Seele, in einen ganz schwarzen Körper gelegt habe. [...] Es ist unmöglich sich vorzustellen, daß diese Leute Menschen seien, denn wenn wir sie für Menschen hielten, müßte man anfangen zu glauben, daß wir selbst keine Christenmenschen seien.«[24] Der Mund, der sich

---

23 Mary Kingsley, *Reisen in Westafrika.* Aus dem Englischen von Niels-Arne Münch. Wiesbaden, Edition Erdmann 2013, 35.

24 Montesquieu, *Geist der Gesetze,* Buch xv, Kap. 5.

selbst küsst, ist also derselbe, der gleichzeitig verletzt, Narben hinterlässt, das Leben aussaugt und den Tod bringt.

Andererseits ist bekannt, was Fanon von den kolonisierten Gesellschaften sagt: *schreckenerregende Orte.* Zumindest die Kolonisierten denken, dass sie von bösartigen Geistern bevölkert sind, die jedes Mal zugreifen, wenn man sich von der Stelle bewegt. So gibt es Leopardenmenschen und Schlangenmenschen, Hunde mit sechs Pfoten, zweiköpfige Pferde, Dschinni, die ein Gähnen ausnutzen, um sich im Körper einzunisten, Tote, die bei der geringsten Beschwörung erwachen, Zombies, kurz eine unerschöpfliche Palette von winzigen und riesenhaften Tieren, die alle um den Kolonisierten ein viel schreckerregenderes Universum aus Verboten und Einschränkungen errichten als die koloniale Welt. Diese Verbote und Einschränkungen zwingen den Kolonisierten, immer dreimal nachzudenken, bevor er uriniert, ausspuckt oder in der Nacht ausgeht.[25] Das Aufstoßen liegt ebenso beim Unterworfenen. Er murrt und schwitzt unter einem unerträglichen Leben und drückt sich vor allem in einer fantastischen Sprache aus, die gleichzeitig die Muskelkraft und die Macht der Träume anruft, und dabei fast immer damit endet, dass sie sich im Irrealen auflöst, dass sie zwar die Befreiung der Geknechteten bewirkt, allerdings nur in der Fantasie.

In der kolonialen Welt, so Fanon, wird die Affektivität des Kolonisierten überempfindlich gehalten wie eine offene Wunde mit einer ätzenden Säure. Sie sei buchstäblich erigiert. Anziehung, Lockerung, Festhalten, Verstopfung und Entladung seien ihre Hauptzustände. Deshalb würde sich der Kolonisierte in mehr oder weniger ekstatischen Tänzen erschöpfen: zu bestimmten Stunden, an bestimmten Tagen »finden sich Männer und Frauen an einem gewissen Ort ein und stürzen sich in eine ungeordnet scheinende Pantomime, die jedoch in Wahrheit höchst systematisiert ist, in der über vielfältige Wege, Kopfschütteln, Krümmung der Wirbelsäule, Zurückwerfen des gesamten Körpers, wie in einem offenen Buch die großartige Bemühung eines ganzen Kollektivs gelesen werden kann, sich zu exorzieren, zu befreien, auszusprechen.« In diesem unwirklichen Kreis sei alles erlaubt: symbolische Tötung, bildhafte Überlappungen, mehrfache und imaginäre Morde. Der Kolonisierte ent-

---

[25] Frantz Fanon, *Die Verdammten dieser Erde,* 46–48. Für Fanon gilt dies allerdings vor allem für Gesellschaften, die noch nicht den Weg des Befreiungskampfes eingeschlagen haben.

spanne sich auf der Höhe eines kleinen Bergs, als wollte er dem Mond näher sein, während Tanz, rituelle Waschung und Reinigung wie auf einem menschenleeren Boulevard nur mehr einen schaurigen Frieden beweisen, ein unbedeutendes Leben, das mit der Finsternis zusammenfällt und in dem man nichts mehr, nicht einmal den Schatten der Geister erkennen kann.

Halten wir einen Moment inne und denken wir an die beiden Gewaltformen, die dem zugrunde liegen, was wir eben kurz skizziert haben: einerseits die Gewalt, die der Andere uns zufügt, die Gewalt der Vernichtung dank der der Mund, der sich selbst küsst, gleichzeitig das Leben aussaugt und den Tod bringt; und andererseits die Gewalt, die man sich selbst antut: die Selbsterschöpfung, die Selbstkreuzigung, die Leere, die der Gründungsmoment und vor allem das Paradox ist, von dem aus sich all das entfaltet. Doch um davon sprechen zu können, müssen wir die beiden Vorstellungen, Kolonie und Kolonisierter, vertiefen. Erinnern wir uns zunächst an die allgemeine Definition: eine Kolonie ist eine Institution, die von den Bewohnern eines Landes an den äußersten Grenzen oder außerhalb dieses Landes geschaffen wird. Erinnern wir auch daran, dass dasjenige, was man mit dem Begriff »Institution« bezeichnet, in Wirklichkeit sehr unterschiedliche Eigenschaften aufweist, sei es aus dem Blickwinkel seiner Ursprünge, seiner Organisation oder des Ziels, das es verfolgt. Edgard Denancy unterscheidet nicht weniger als sechs verschiedene Arten von Kolonien: Wildwuchskolonien, Handelsstützpunkte, Militärkolonien, Ausbeutungskolonien, Besiedelungskolonien, Kolonien der Eroberung, der Expansion und der territorialen Aufteilung der Welt.[26] Auch jenseits dieser Unterscheidungen ist der Akt der Kolonisierung in seiner Allgemeinheit nicht von drei Determinanten zu trennen: Fähigkeit der Vervielfältigung, Existenzkampf (Raum, Subsistenzmittel), Hochmut und Gewinnsucht.

Aus der Perspektive der afrikanischen Erfahrung ist eine Kolonie ein Territorium, das man in Besitz nimmt, um über seine Bewohner zu herrschen und sich zu bereichern, wobei Funktionen der Souveränität und Missbrauchsfunktionen ein- und demselben Dispositiv angehören. Ein Territorium in Besitz zu nehmen, heißt, dort seine Flagge zu hissen, es also zu besetzen, und zwar nicht mit einem beliebigen Ziel, sondern

---

[26] Edgard Denancy, *Philosophie de la colonisation.* Paris, Bibliothèque de la Critique 1902, 22.

mit dem Ziel, es seiner Herrschaft zu unterwerfen. Dadurch kombiniert die *koloniale Besatzung* drei Eigenschaften.[27] Einerseits ist sie eine Form, Souveränität zu erlangen. Andererseits entspricht sie insofern einer *occupatio bellica,* als sie einen militärischen Anteil hat und oft wirklich das Resultat einer Reihe von kriegerischen Operationen ist. Insofern beruht sie auf Gewalt. Trotz der »Verträge« und Zusagen, die oft mit List erpresst werden, beruht die Souveränität in der Kolonie nicht auf dem Gesetz, sondern auf dem *fait accompli.* Grundsätzlich benötigt sie das Einverständnis des Besiegten nicht. Sie ist also von Anfang an vom Makel der Gewalt gezeichnet. Schließlich lähmt die koloniale Besatzung nicht einfach das Recht der Entität, deren Land überfallen wird, sondern reduziert diese Entität auch darauf, nicht mehr zu sein als der bloße Besitzer eines Territoriums, dessen Nutznießer die koloniale Macht wird.

Das ist einer der Gründe, warum in der afrikanischen Erfahrung *Besatzung* und *Aneignung* durch eine geradlinige Beziehung verbunden sind. Die koloniale Besatzung schützt oft vor, sie beziehe sich auf »herrenlose Länder«. Von den Ländern, deren exklusiven Besitz man sich anmaßt, wird nicht angenommen, dass sie irgendwann von einem Herrn aufgegeben worden sind, der zuvor ein Herrschaftsrecht ausgeübt hätte. Von diesen Ländern wird angenommen, dass sie zu den Dingen gehören, die nie irgendjemandes Eigentum waren.[28] Denn im afrikanischen Fall wird das Territorium, das später zur Kolonie wird, als *territorium nullius* betrachtet; seine Aneignung, das heißt in diesem Fall seine Besatzung, impliziert zumindest theoretisch keine Entfremdung. Mit anderen Worten, der Kolonialherr als derjenige, der es sich aneignet, folgt niemandem nach. Daher erbt er kein reales Amt. Er ist nicht angehalten, Auflagen zu respektieren. Insofern ist die koloniale Besatzung im Allge-

---

27 Die folgende Diskussion nimmt im Großen und Ganzen die rechtlichen Unterscheidungen auf, die Gaston Jèze in seiner Studie *Étude théorique et pratique sur l'occupation comme mode d'acquérir les territoires en droit international* trifft (Paris, V. Giard & E. Brière 1896). Sie widerspricht seinen zentralen Thesen jedoch diametral.

28 Es gibt eine Doktrin, der zufolge seit dem 11. Jahrhundert (unter Papst Gregor VII.) die Päpste als Souveräne der gesamten Erde betrachtet werden, denen alle Fürstentümer und Herrschaften des Universums untergeordnet sind. Kraft dieses Vorrechts konnten sie den katholischen Königen alle bereits »entdeckten« und noch »zu entdeckenden« Inseln und Festländer schenken.

meinen nicht nur vom Makel der Gewalt gezeichnet, sondern auch vom Frevel des Raubs.[29]

Doch aus der Perspektive der afrikanischen Erfahrung ist die Kolonie vor allem ein Territorium, in dem der Eroberer unter Verletzung der Rechte des Eingeborenen seinen Hochmut gegenüber diesem uneingeschränkt walten lassen möchte. Aus diesem Blickwinkel ist sie der Ort schlechthin für Launen, Unwahrkeit und Schwindel. Da ist zunächst der Schwindel der Hitze und des Klimas, des Wetters, das sich mitten am Tag verdüstert, der Miasmen, der Feuchtigkeit, Maden, Sümpfe, Dämpfe, der Gereiztheit, der widerlichen Gerüche, Unwetter, Fieber. Damit ist die Kolonie für den Kolonialherrn ein Raum von Ermüdung, Gefahr und Erschöpfung. Mattigkeit, Kopfschmerz, Gliederschmerzen, Bauchkrämpfe, Verdauungsprobleme, Durchfall, Schüttelfrost, allgemeine Erschöpfungszustände, Nierenschmerzen, übler Geschmack im Mund, Übelkeiten, ständiges Gähnen, gerötete Haut, geschwollenes Gesicht, Leber- und Milzentzündung, Durst, Ohrensausen, leichte Taubheit, Schwitzen, Erbrechen: die Kolonie »ist nicht das Land der kleinen Dosis«[30]. Und manchmal stirbt der Kolonialherr dort ebenso wie der Kolonisierte: Kopf und Körper ausgezehrt, die Augen glasig und trüb, völlig entblößt und nackt, wie eine aus altem Holz geschnitzte Maske.[31]

Die Kolonie ist auch der Schwindel, den der unaufhörliche Wirbel der Pflanzenwelt auslöst: Mangroven, Gewirr aus hellgrauen Wurzeln,

29 Diese Ausführungen gehören der dominanten Tradition an. Sie war auch dort maßgeblich, wo die Kolonialregierungen um die Wette beteuerten, wie sehr sie die Rechte der Eingeborenen respektierten. Eine andere Tradition postulierte, dass man das Recht habe, mit allen Handel zu treiben und dafür alle Weltgegenden erforschen dürfe, dass man jedoch ohne besonderen Vertrag nicht das Recht haben könne, das Land anderer Völker zu kolonisieren. Ebenso könne man den Eingeborenen nicht die Existenzgrundlagen nehmen oder einer anderen Nation ihr Eigentum rauben, ohne die Prinzipien von Naturrecht und menschlichem Recht zu verletzen. Diese Thesen finden sich etwa bei Kant, *Metaphysische Anfangsgründe der Rechtslehre.* Werkausgabe Bd. 8, Frankfurt/Main, Suhrkamp (=stw 190) 1977, 336–501, hier 475 ff.

30 Paul Du Chaillu, *Voyages et aventures dans l'Afrique équatoriale. Mœurs et coutumes des habitants. Chasse au gorille, au crocodile, au léopard, à l'éléphant, à l'hippopotame.* Paris, Michel Lévy Frères 1863, 367.

31 Vgl. die Beschreibung vom Tod des alten Kikuyu-Häuptlings Kinanjui von Karen Blixen in *Afrika. Dunkel lockende Welt.* Aus dem Englischen von Rudolf von Scholtz. Zürich, Manesse Verlag 1986, 400.

Schlammmassen, tote Blätter, Anhäufungen ganzer Baumstämme mit breiter Basis, Schutthaufen, riesenhafte Bäume, Stauden, dichte Baumkronen, durch die sogar die Sonne kaum zu dringen vermag, Luftwurzeln, düsteres Unterholz, in dem keinerlei Vegetation gedeiht, Moose wie lange Bärte, lotrecht hängende Lianen, Dornen, ganz einfach der Wald.[32] Und selbstverständlich die Fauna mit zahlreichen Reptilien an privilegierter Stelle. Zwanzig bis fünfundzwanzig Fuß lange Pythons, massenhaft Schlangen mit Giftzähnen, die von Ästen hängen, in Häuser und über Dächer kriechen, hier einen Vierfüßler hypnotisieren, dort einen Vogel, der unter ihrem Bann seltsame und langgezogene Schreie ausstößt, am ganzen Körper zittert und wie gelähmt auf dem niedrigsten Ast eines Baumes sitzen bleibt, bevor er im Würgegriff der Schlange erstickt.

Dann noch die Gorillas, Hybridwesen schlechthin, halb Mensch, halb Tier, mit überdimensionalen Fäusten und mächtigen Reißzähnen, deren Brustkorb dröhnt wie eine riesige Trommel, wenn sie aggressiv werden: Es fängt mit einer Art stoßweisem Bellen an, das klingt wie das eines gereizten Hundes, wird dann zu einem dumpfen Grollen, das aus den weiten Hohlräumen des Bauches aufsteigt und buchstäblich einem fernen Donnerrollen ähnelt.[33] Und die Nilpferde, mit ihren riesigen und hässlichen Mäulern, ihrem schrecklichen Brüllen, ihren ungeschickten Bewegungen und ihrer unerhörten Hartnäckigkeit, ihrer Wildheit, besonders, wenn sie sich angegriffen fühlen und plötzlich aus dem Wasser auftauchen, sich in unbeschreiblicher Wut wieder hineinfallen lassen, Kanus zum Kentern bringen, Einbäume spalten und in tausend Stücke brechen, die Insassen ertränken, bevor sie sie durchbohren und mit Verteidigungsschlägen zerreißen.[34] Dazu Krokodile, ekelerregende Monster mit dickem Panzer, die sich in der Sonne wärmen, im Schlamm suhlen und klagend husten.

Es gibt allerdings auch keine Kolonie ohne verschiedene Arten von Ameisen, wilde und gefräßige Kreaturen, die unbarmherzig Tag und Nacht Elefanten, Gorillas und jeden Neger jagen, der ihren Weg kreuzt,

---

32 Vgl. die Beschreibungen von Wäldern bei Mary Kingsley, *Reisen in Westafrika*. Aus dem Englischen von Niels-Arne Münch. Wiesbaden, Edition Erdmann 2013, 82 f.

33 Nach Du Chaillu, *Voyages et aventures*, 446 ff.

34 Fred Blanchod, *Au Paradis des grands fauves. Voyage dans l'Est africain*. Lausanne, Librairie Payot 1950.

in Kleider und Häuser eindringen, bis in die Kronen der höchsten Bäume klettern, die Knochen von Ratten und Mäusen abnagen und mit wütendem Eifer riesige Kakerlaken und Skorpione verschlingen. Und Grillen, Krabben, Mollusken, Frösche, Papageien, Fliegen, Mücken, Bienen, Wespen, blutsaugende Insekten, die sich durch Haut und Kleider bohren, brummen, sich aufdrängen, mit ihren Stacheln piksen, vor Schmerz erschaudern lassen, Juckreiz verursachen, einen zur Verzweiflung bringen, einen außer sich, an den Rand des Wahnsinns treiben, bevor sie sich mit Blut vollgesogen zurückziehen.

Die Kolonie ist auch ein Ort voll Lärm. Dabei handelt es sich zunächst um den Lärm des Tam-Tams. Kein Tam-Tam aber ohne Tanz, das heißt eine Form von Schritten, Gesten, eine Art, den Körper zu verrenken. Hier machen sich die Neger mit Straußenfedern geschmückt daran, zu hüpfen und zu springen. Eine Tänzerin ergreift mit der rechten Hand ihren linken großen Zeh und läuft im Rhythmus, wobei sie Hand und Zehe abwechselt und mit der freien Hand gestikuliert. Direkt neben ihr überlässt sich eine andere heftigen Zuckungen, die ihr beinahe die Schultern ausrenken oder die Wirbel brechen, allerdings ohne die Beine dabei im Geringsten zu bewegen. Und plötzlich überträgt sich die Bewegung im Rhythmus der Schreie und des Klatschens auf die Füße, was die Anwesenden nur umso mehr in einen Rauschzustand versetzt, die Luftsprünge werden jäh höher, wobei ihr Gesicht vor Glück strahlt, während in der Mitte des Kreises in die Luft geschossen und gehüpft wird und die Anwesenden in den Genuss mehrerer Salven kommen.[35]

Doch was wäre die Kolonie, wenn sie nicht der Ort wäre, an dem der Europäer nicht nur seine Hemmungen ablegt, sondern sich auch jeder Notwendigkeit entledigt, seine Fantasie zu bändigen, und sich als das entpuppt, was er ist? Was wäre die Kolonie, wenn sie nicht auch der Ort der unerwarteten Stimmen wäre, der brüsken Gesten, der aufgehobenen Zeit, die wie ein Fluss vorbeiströmt, während der Weiße von einer Traube von Negern belagert, vom Alkohol benebelt und vom Fieber überwältigt sich ständig fragt, ob er verrückt geworden ist? Was wäre die Kolonie, wenn sie nicht auch ein Ort wäre, der für die Aneinanderreihung aller möglichen erfundenen Geschichten taugt: der Ort des

---

[35] Beschreibung von Anne Raffenel, *Nouveau voyage au pays des nègres,* Bd. 1. Paris, De Napoléon Chaix et Cie 1856, 106–108. Siehe auch Karen Blixen, *Afrika. Dunkel lockende Welt,* 197–211.

willkürlichen und idiotischen Deliriums? Stehlen die Eingeborenen dort nicht die frisch begrabenen Leichen vom Friedhof? Zerlegen sie sie nicht? Räuchern und kochen sie sie nicht, bevor sie sie essen?[36] Werden die Toten nicht an den Waldrand gebracht und auf der nackten Erde abgelegt, den Raubvögeln zum Fraß vorgeworfen, besonders, wenn sie Sklaven waren? Nach und nach häufen sich die Körper und bilden ein Feld aus Schädeln; tausende Skelette, menschliche Knochenstücke, vom Regen ausgewaschen und von den Ameisen ausgebleicht, knacken unter den Schritten der Vorbeikommenden. Überall verstreut bieten sie in der Sonne unter dem verbrannten Gras einen schrecklichen und unheilvollen Anblick, besonders dann, wenn der Wind im dichten Blätterwald seufzt oder die Brise in den schattigen Alleen murmelt.

Wenn man sie nicht in die Sonne legt, bettet man die Leichen in großen Holzsärgen in den Bäumen. Nach namenlosen Nächten, Tagen, die unter der sengenden Sonne und der Zeit begraben sind, die unerbittlich verströmt, sind die Särge oft zerbrochenen, ihr Inneres lässt von Zeit zu Zeit ein grinsendes Skelett erahnen, oder die Skelette sind dem Gefängnis der Bretter entkommen und liegen nun im Staub. Um diese strahlend weißen Knochen, um die staubigen Überreste, sind dann Ringe und Armbänder aus Kupfer zu finden, einiger Eisen- oder Elfenbeinschmuck, riesiges Geschirr, Spiegel, Krüge, Teller, Töpfe und Eisenbarren, Metallglöckchen, Massen von Skeletten von armen Sklaven, mindestens Hundert, die anlässlich des Todes irgendeiner reichen Persönlichkeit geopfert wurden. Aus all diesen Gründen gleicht die Kolonie einer Hochburg von Korruption und Tod. Leben ist dort billig zu haben. Manchmal ist es frivol, manchmal brüllt es auf wie eine wütende Hyäne. Manchmal umnachtet es sich, verliert Sehvermögen und Ohren. Umhüllt vom Gestank des Todes nimmt es nichts mehr wahr, nicht einmal seinen eigenen Geruch.

Über den Unterworfenen in der Kolonie ist zu sagen, dass er nichts als *Schein* ist. Er hat einen Körper. Der Kolonialherr kann diesen ergreifen, misshandeln, verhaften, zu Frondiensten zwingen, ihm Steuern auferlegen oder ihn als Kanonenfutter rekrutieren.[37] Er kann ihn zu Marschverpflegung und Trägerdiensten verpflichten, ihn stoßen, anrem-

---

[36] Die folgenden Passagen stammen aus Du Chaillu, *Voyages et aventures,* 87; 90 f. und 165.

[37] Vgl. Myron Echenberg, *Colonial Conscripts: The Tirailleurs Sénégalais in French West Africa, 1857–1960.* London, James Currey 1988.

peln, auf die Seite oder auf den Rücken legen, mit der Nilpferdpeitsche bearbeiten, verausgaben, auf öffentlichen Plätzen nehmen, mit Kolbenschlägen oder mit dem Bajonett umbringen, seine Gedärme herausquellen lassen, seinen Leichnam am Wegrand den Geiern und Aasfressern überlassen.[38] Er kann versuchen, seine Zahl zu berechnen, ihn nach ethnischen Kriterien klassifizieren. In seiner Rage, den Kolonisierten um jeden Preis mit einem Wesen auszustatten und ihn in ein Fossil einzubetten, kann er ihn in einen Namen einschließen. Der Kolonisierte wird sich diesen in der Folge aneignen, ihn benutzen und dadurch zu seinem Mitnutzer werden.[39] Er wird ihn sich mit allen Kräften angeeignet haben, was aber alle damit verbundenen tödlichen Konsequenzen mit sich bringt.[40] Dank des Namens, den der Kolonialherr ihm gegeben hat, wird der Kolonisierte zu einem Wirklichkeitsfragment, einem objektiven Gegenstand, einer Substanz. Da die Welt der Dinge und die Welt der Namen von da an nur noch ein und dieselbe Wirklichkeit bilden, kann der Kolonialherr sich vom Kolonisierten ein Bild machen. Doch wie Cassirer in Bezug auf Worte betont hat, grenzt jeder Name oder jedes Bild den bezeichneten Gegenstand ein und verfälscht ihn dadurch. Dadurch »wird der Inhalt aus dem kontinuierlichen Strom des Werdens, in dem er steht, herausgehoben, wird er also nicht in seiner Totalität erfaßt, sondern nur nach einer einseitigen Bestimmung dargestellt.«[41]

Egal. In den Augen des Kolonialherrn hat der Name des Kolonisierten keine andere Grenze als dessen Physiologie. Sein Sein besteht aus seinem Körper, seinem Gesichtsausdruck, seinen Muskeln. Seine Physiognomie ist hart. Seine Formen sind grob und eckig. Sein Gesicht ist groß. Seine Wangenknochen springen hervor. Seine Lippen sind dick und ausgeprägt. Er hat etwas Wildes und Grausames. Kurz, das koloni-

---

38 Siehe Eza Boto, *Ville cruelle.* Paris, Présence africaine 1971, Kap. 2; Yambo Ouolegem, *Le devoir de violence.* Paris, Seuil 1968, 36 f.; Ahmadou Kourouma, *Monnè. Schmach und Ärger.* Aus dem Französischen von Vera Gärttling. Zürich/Berlin, diaphanes Verlag 2013, Kap. 5.

39 Terence Ranger et al., *The Invention of Tradition.* Cambridge, Cambridge University Press 2012; Leroy Vail, *The Creation of Tribalism in Southern Africa.* London, James Currey 1989; René Lemarchand, *Burundi: Ethnocide as a Discourse and Practice.* New York, Cambridge University Press 1994.

40 René Lemarchand, *Burundi: Ethnocide as a Discourse and Practice.* New York, Cambridge University Press 1994.

41 Ernst Cassirer, *Philosophie der symbolischen Formen.* Berlin, Bruno Cassirer Verlag 1923, 58.

sierte Subjekt *ist,* insofern es Organe, eine Körperlichkeit besitzt. Doch im kolonialen Prinzip der Rationalität besteht eine eindeutige Differenz zwischen *sein* und *existieren.*[42] Nur der Mensch existiert, weil er allein sich das Da-Sein als solches vorstellen und ein Bewusstsein vom Vorgestellten haben kann. Vom Standpunkt des Kolonialismus aus existiert der Kolonisierte nicht eigentlich, nicht als Mensch, weder als Person noch als Subjekt. Um in der heideggerianischen Sprache zu bleiben, könnte man sagen, dass vom Kolonisierten keine Verstandeshandlung ausgeht, die eine gewisse Rechtmäßigkeit besitzen würde. Der Kolonisierte gibt sich kaum als derjenige, der intentionale Handlungen vollzieht, die untereinander durch die Einheit eines Sinns verbunden sind. Er kann weder im Sinne des mit Vernunft begabten Lebewesens definiert werden, noch als jemand, der nach Höherem, also der Transzendenz strebt. Er ist ein *Seiendes als Seiendes.* Darüber hinaus ist er nichts. Wer ihm mehr Bedeutung verleihen will, findet nichts, oder entdeckt zumindest, dass er nichts zum Ausdruck bringt.[43] Er gehört einem Universum der unmittelbaren Dinge an – im Notfall nützliche, jedenfalls knetbare (und vergängliche) Dinge, belanglose, notfalls überflüssige Dinge.

Das »Ding« ist in der heideggerianischen Formulierung »etwas und nicht nichts«[44]; der Kolonialismus definiert den Kolonisierten jedoch nicht auf dieser Ebene als absolute Leere. Das *Ding-Sein* des Kolonisierten verhindert nicht, dass er unter bestimmten Umständen ein »Ding von Wert« sein kann. Sein »Wert« besteht darin, benutzbar zu sein. Und diese Nutzbarkeit macht ihn zu einem Gegenstand, einem Werkzeug. In dieser Funktion eines Utensils und der Handhabbarkeit liegt sein *Ding-Sein von Wert.* Der Verweis des Eingeborenen aus dem historisch Seienden greift von dem Augenblick an, in dem der Kolonialherr entscheidet – und die Mittel dazu hat – ihn nicht zu betrachten, nicht zu sehen, nicht zu hören und zu verstehen, ihm also keinerlei

---

[42] Diese Differenz findet sich auch in Heideggers Diskussion der Metaphysik. Siehe »Was ist Metaphysik?« In *Wegmarken.* Frankfurt/Main, Vittorio Klostermann, 3. Aufl. 2004, 103–106.

[43] Die Formulierung stammt von Maurice Blanchot über das Kunstwerk in *Der literarische Raum.* Übersetzt von Marco Gutjahr und Jonas Hock. Zürich/ Berlin, diaphanes Verlag 2012, 14.

[44] Martin Heidegger, *Die Frage nach dem Ding. Zu Kants Lehre von den transzendentalen Grundsätzen.* Frankfurt/Main, Vittorio Klostermann 1984, 9.

menschliche Eigenschaft zuzuerkennen. Von diesem Moment an *ist* der Eingeborene nur insofern, als er *ein negiertes Ding* ist. Er ist nur als vernachlässigbares Ding. Kurz, vom Standpunkt eines eigentlichen »Ich« aus ist er *nichts*. Im kolonialen Vernunftprinzip *ist der Indigene damit das Ding, das ist, das aber nur insofern ist, als es nicht nichts ist.* Und an dem Punkt, an dem die Dinglichkeit und ihre Vernichtung zusammentreffen, liegt seine Identität. Die Arbeit des Kolonialherrn besteht daher nunmehr darin, sich diese Dinglichkeit und dieses nichts vorzustellen, sich vorzustellen, was und wie sie sind. Der Eingeborene eignet sich nur noch im Inneren dieser beiden Kategorien zur Repräsentation, außerhalb derer er nun keine Form mehr besitzt.

Darin besteht vielleicht das am stärksten determinierende Merkmal der kolonialen Gewalt. Einerseits glaubt sie, aus einer Negation das Nichts zu erzeugen. Sie verfährt durch *Nichtung*. Es reicht aus, den anderen zu negieren, damit er nicht mehr existiert, und eventuell bei Bedarf den gewaltsamen Nachweis für sein Nichtsein beizubringen. Indem sie ihre Abneigung gegenüber dem Eingeborenen zeigt und ihn in die vollständige Fremdheit verstößt, offenbart ihn diese Gewalt nicht nur als radikal Anderen. Sie *nichtet* ihn. Andererseits leitet sich der politische Sinn der Vorstellung vom Indigenen nicht nur aus der Tatsache ab, dass dieser als Ding im Rohzustand die Antithese zum wirklich Seienden ist. Der Eingeborene ist auch das, was die Darstellung des Kolonialherrn als Subjekt schlechthin ermöglicht. Die Existenz des Kolonialherrn als Subjekt wird vollkommen von dem einfachen Genuss durchzogen, das Ding nur mit Inhalt zu füllen, um es sofort wieder zu entleeren. Das Subjekt des Kolonialherrn wird von den sukzessiven Bildern erhärtet, die er in Bezug auf den Eingeborenen erzeugt. Gespannt wie ein Bogen fasst sich sein aufgeblähtes Wort ein Herz und dringt ständig in die Höhlung ein, in diese Nichtigkeit, die er zuvor erzeugt hat, und ohne die er seine eigene Existenz und seine eigene Lust nicht fühlen kann. Deshalb braucht der Kolonialherr den Eingeborenen, um zu existieren, als Tier, das als Stütze seines Selbstbewusstseins dient.

Wir haben eben gesehen, dass der Eingeborene als *Nichts*, als *Ding* und als *Tier* eine Schöpfung des Kolonialherrn ist. Der Kolonialherr ruft dieses *Nichts* hervor: Er erzeugt es als Ding und domestiziert es als Tier. Dieses Nichts, dieses Ding und dieses Tier sind das Werk und der Gegenstand seiner Vorstellungskraft, das Beispiel der Macht seiner Willkür. Am Beginn der Kolonisierung findet daher ein Gründungsakt statt, der von einer eigenen Rechtsprechung abhängig ist, der *Willkür*. Dieser Akt bedeutet nicht nur, uneingeschränkt zu befehlen, sondern auch, sich von den Einschränkungen der Realität zu befreien. Durch die Mühe, die es kostet, sich von allen Bestimmungen zu befreien, soll eine besondere Macht erworben werden: die Macht, das Reale als Leerstelle oder als irreal zu postulieren; oder auch jede vorgestellte und vorstellbare Sache als möglich, realisierbar zu postulieren. Die koloniale Willkür kennt weder Ursache noch Wirkung, da sie austauschbar sind. Da das Gesetz in seinem Ursprung keine Gültigkeit besitzt, kann man sich alles unterwerfen. Es zählen allein der Wille, die Bedürfnisse, die Begierden, die Launen und das Gutdünken des Kolonialherrn. Alles in der Kolonie ist Rohmaterial für seine Vorstellungskraft und es gibt nichts, vor dem er sich erniedrigen muss. Ebenso ist alles Ergebnis seines Befehls. Das Ding soll sein, es ist. Es soll nicht sein, also ist es nicht. Der Kolonialherr ist sich seiner selbst nur im Genuss des Dings bewusst, das er erzeugt und besitzt, und im Verlangen, zu dem es ihm verhilft.

Von diesem Standpunkt aus bedeutet Kolonisieren, die doppelte Bewegung von Vernichtung und Schöpfung in Gang zu setzen, von Schöpfung durch Vernichtung, von der Schöpfung der Vernichtung, von Schöpfung, um zu erschaffen, von Vernichtung, um zu vernichten. Insofern entspricht das Kolonisieren in gewisser Weise dem Willkürakt schlechthin. Kolonisieren bedeutet auch, eine von jeder Einschränkung befreite Subjektivität zu entfalten, also eine Subjektivität, die sich absolut gibt, die diese Absolutheit jedoch, um sie zu erfahren, unaufhörlich sich selbst offenbaren muss, indem sie erschafft, vernichtet und Ding und Tier, die es zuvor ins Leben gerufen hat, begehrt. Vom Standpunkt des Eroberers aus ist die Kolonie die Welt der uneingeschränkten Subjektivität. Dadurch hat der Kolonisierungsakt Aspekte eines *Wunders*.

Was bedingt nun die Gewalt des Wunders, wenn nicht die Tatsache, dass es *unteilbar* ist. Angesichts seiner Souveränität hält kein Gesetz, keine äußere Bestimmung stand. Alles erzittert und wird manipulierbar. In der Ökonomie der Wundertat kann im Prinzip alles erreicht, alles verwirklicht werden. Die Möglichkeiten sind grenzenlos. Das Wunder nichtet das Nichts, indem es ein Nichts auftauchen lässt. Es leert die Fülle, indem es diese in etwas anderes als vorher verwandelt. Es erfüllt mit Inhalt, was nur voller Leere war. Denn nichts steht dem Wunder entgegen. Deshalb ist der Akt des Kolonisierens als Wunder einer der vollendetsten Ausdrücke einer spezifischen Willkür, der Willkür von Begehren und Laune. Sein Konzept besteht im reinen Schrecken von Begehren und Laune. Doch nicht nur Begehren. Auch seine endgültige Befriedigung. Als Wundertat entreißt der Kolonialismus das Begehren des Eroberers dem Kerker von Gesetz, Vernunft, Zweifel, Zeit und Maß. Deshalb heißt kolonisiert worden zu sein in gewisser Weise, im Angesicht des Todes verweilt zu haben.

DIE ARBEIT DES SKLAVEN

Untersuchen wir nun genauer die Operation, den Kolonisierten als hohlen Gegenstand und negative Einheit zu definieren. Halten wir uns genauer bei dem Aspekt dieser Operation auf, der dazu dient, ihn schlicht in seiner *Eigenschaft* als menschliches Wesen zu negieren und damit alles, was sein Leben, seine Arbeit und sein Werk angeht, in das tierische Register zu verweisen. Gehen wir von der Definition von Bataille aus, der Animalität in Bezug auf Unmittelbarkeit, oder, in seinen Worten, Immanenz postuliert.[45]

Als Welt von Immanenz und Unmittelbarkeit verfügt demnach die Tierwelt in sich nicht über die Fähigkeit, sich zu transzendieren, da die Fähigkeit, sich zu transzendieren, allein in den Grenzen des Menschlichen besteht. Wir müssen uns daher, so Bataille weiter, damit begnügen, Animalität »im Licht der Abwesenheit von Transzendenz« zu betrachten. Denn das Tier unterscheidet sich selbst nicht bewusst von Ding oder Gegenstand. Bataille situiert sich hier in gerade Linie in einer bestimmten westlichen Tradition, in deren Augen *es ohne Ichbewusstheit und Bewusstsein der äußeren Welt keine menschliche Existenz gibt.* Von jemandem zu sagen, dass er dieser beiden Bewusstseinsformen entbehrt, bedeutet so gleichzeitig, ihm ein wesentliches menschliches Attribut abzusprechen. Nach dieser Tradition kann nämlich das menschliche Wesen nur »Ich« sagen, wenn es fähig ist, sich als bewusstes Subjekt und aufgrund seines Denkens und seiner Aktivitäten im Wesen von der Natur unterschieden zu postulieren, bereit, sich ihr gegenüberzustellen, sie, so ihm das ein Bedürfnis ist, sogar zu negieren, und in jedem Falle

---

[45] Georges Bataille, *Theorie der Religion*. Aus dem Französischen von Andreas Knop. München, Matthes & Seitz 1997, 24.

frei von ihren Gesetzen, autonom und unabhängig zu sein. Nur so kann er sich erschaffen und nur so kann er erreichen, dass eine Welt herrscht.

Diesem Standpunkt zufolge verhält es sich nun mit dem Eingeborenen wie mit dem Tier. Natürlich besitzt der Kolonisierte ein biologisches Leben. Er hat Begierden. Er hat etwa Hunger und Durst. Vom Standpunkt der kolonialen Epistemologie jedoch »können wir uns auch nicht recht in seine Natur hineinempfinden, sowenig wie in die eines Hundes«[46]: Er hat im eigentlichen Sinne weder Freiheit noch Geschichte noch Individualität. Ganz wie das Tier »repräsentiert« er eine Art ewiges Wesen, das ein- für allemal gegeben und für immer mit sich selbst identisch ist. Er kann selbstverständlich zu einem »Gefühl seiner selbst« gelangen, nicht aber zu einem »Selbstbewusstsein«.[47] Er ist unfähig, sich als Körper oder als Organ zu transzendieren, weil er »sich nicht über sich selbst erhebt, um zu sich zurückkehren zu können; weil [er] sich selbst gegenüber keine Distanz hat, die es ihm erlauben würde, sich zu betrachten.«[48] An der Basis der kolonialen Gewalt steht also ein Extremismus eigener Art, dessen Ursprünge in der westlichen Kosmologie selbst verortet werden müssen.

Das zweite Hauptaussage dieser Kosmologie – die ebenso in der kolonialen Vernunft wiederzufinden ist – ist bekanntlich die radikale Gegenüberstellung von *Ich* und *Nicht-Ich*. Wie Merleau-Ponty anmerkt, bedeutet die Existenz des Anderen für das, was er als »objektives Denken« bezeichnet, eine Herausforderung und einen Skandal. Die Erklärung dafür ist einfach. In diesem geistigen Universum »gäbe [es] zwei Seinsweisen, und nur diese zwei: das An-sich-sein, als Sein der im Raum

---

46 Hegel, *Die Vernunft in der Geschichte*, 209.

47 »Bei den Negern ist nämlich das Charakteristische gerade, daß ihr Bewußtsein noch nicht zur Anschauung irgendeiner festen Objektivität gekommen ist, wie zum Beispiel Gott, Gesetz, bei welcher der Mensch mit seinem Willen wäre und darin die Anschauung seines Wesens hätte. Zu dieser Unterscheidung seiner als des Einzelnen und seiner wesentlichen Allgemeinheit ist der Afrikaner in seiner unterschiedslosen, gedrungenen Einheit noch nicht gekommen [...] Wir finden also nichts als den Menschen hier in seiner Unmittelbarkeit; das ist der Mensch in Afrika.« Diesen Zustand nennt Hegel »Stand der Unbewußtheit seiner selbst«. Dieser erste Zustand, fährt er fort, »ist der tierische«, in *Die Vernunft in der Geschichte,* 208 f.

48 Alexandre Kojève, *Hegel, Versuch einer Vergegenwärtigung seines Denkens.* Aus dem Französischen von Iring Fetscher und Gerhard Lehmbruch. Stuttgart, W. Kohlhammer Verlag 1958, 41.

sich erstreckenden Gegenstände, und das Für-sich-sein, als Sein des Bewußtseins.« Was ist in einer derartigen Epistemologie der Status des Anderen? Einerseits ist der Andere vor mir ein *An-sich*, das heißt ein im Raum verteilter Gegenstand. Und dennoch existiert er auch *für-sich*, und sei es auch nur insofern, als auch er, zumindest in seinen eigenen Augen, ein Selbstbewusstsein ist. Sein *doppelter Status als Sein-in-sich vor mir und Sein-für-sich vor sich selbst* erfordert von mir eine Operation, die in den Kategorien des sogenannten objektiven Denkens von scheinbar unüberwindlicher Schwierigkeit ist. Einerseits muss ich ihn von mir selbst unterscheiden und ihn daher »in der Welt der im Raum verteilten Gegenstände« verorten. Andererseits müsste ich ihn als Bewusstsein denken, das heißt als die Art von »Seinsweise ohne Äußerlichkeit und Teile [...], zu der ich nur Zugang habe, weil ich sie selber bin und in ihr Denkendes und Gedachtes zusammenfallen«.[49] Das Versagen des sogenannten objektiven Denkens, diese beiden Momente einer einzigen Eigenschaft zu konzipieren, zu artikulieren und sie in ein- und dieselbe Ökonomie zu integrieren, veranlasst Merleau-Ponty dazu zu sagen, dass im sogenannten objektiven Denken kein Platz für den Anderen und für eine Pluralität von Bewusstsein ist.

Letzteres umgeht nämlich den eben angesprochenen Widerspruch, indem es eine Definition des Nicht-Ich und des Anderen privilegiert, die diesen zu einem »Ding« oder einem »Gegenstand« macht, oder zumindest einer Realität, die mir äußerlich ist. Doch im sogenannten objektiven Denken beschränkt sich das Nicht-Ich nicht nur darauf, was nicht ich ist. Es ist *auch das, was nicht in mir ist, was keinen Bezug zu mir hat*. Die Frage, die sich unter diesen Bedingungen stellt – und sie wird in der Kolonie dramatisch verschärft – ist also, wie man als menschliches Wesen in einem Universum existieren kann, das von dem bewohnt ist, das nicht ich ist, von dem, das nicht in mir ist. Vom Standpunkt des sogenannten objektiven Denkens – ebenso wie vom Standpunkt der kolonialen Vernunft – ist die Antwort einfach. Ich schulde es mir, mich absichtlich in das Außen zu projizieren und das, was nicht ich ist, auf eine bestimmte Art zu behandeln: als mir diametral entgegengesetzt, indem ich mich distanziere, und bei Bedarf *gegen* mich einen unmenschlichen Blick richte. Ich kann es zum Beispiel verändern, unterdrücken,

---

49 Maurice Merleau-Ponty, *Phänomenologie der Wahrnehmung*. Aus dem Französischen von Rudolf Boehm. Berlin, Walter de Gruyter 1966, 401.

leugnen, assimilieren, zerstören und vernichten. Das »Ding« – und im weiteren Sinne ein anderer, der Andere – kann zu meinem gemacht werden. In diesem Fall ist es mein Eigentum: Ich besitze es. Es kann in mich und durch mein Ich absorbiert werden.

Ich kann es mir unterwerfen. Ich kann mich auch auf seine Kosten ausleben. So erschaffe ich mich als freies, autonomes und einzigartiges Individuum: als Subjekt. In dieser Perspektive kann das freie historische Subjekt nur gedacht werden, wenn es im Gegensatz zu diesem anderen definiert wird, einer äußeren Realität, die auf den Status eines Gegenstands reduziert wird, ein Ding, das als nicht essentiell postuliert wird, weil es angeblich »einfach nur ist«[50]. Das konstituierende Subjekt kann mit diesem Ding, das in der natürlichen Existenz erstarrt ist, nur ein einseitiges Souveränitätsverhältnis eingehen. Das Ding, dem sich das Subjekt gegenüberstellt, kann nur eine elementare und unartikulierte Einheit sein. Wie könnte es auch anders sein, da »wir es mit der reinsten Ungleichheit, der absoluten Unwesentlichkeit«[51] zu tun haben.

Bei Hegel wird die Vorstellung, dass die Affirmation eines fremden, dem meinen gegenüberstehenden Bewusstseins mein eigenes Sein jeglichen Werts enthebt, an die äußersten Grenzen getrieben. Da ist zunächst die zentrale Obsession von Hegel – die jedoch auch bei Nietzsche zu finden ist –, nämlich die Obsession mit Hierarchien. Diese Obsession führt in der Kolonie dazu, Menschen ebenso wie Dinge ständig aufzuzählen, zu beurteilen, zu klassifizieren und zu eliminieren. Hinzu kommt die Äquivalenz, die Hegel zwischen den drei Vorstellungen von *Besonderheit*, *Leben* und *Totalität* konstruiert – diese Vorstellungen kulminieren in seinem Denken in einer weiteren: dem *Selbstbewusstsein*. Als absoluter Gegenstand und Wesen des Selbstbewusstseins ist das Besondere: das *Ich*. Was ist nun das *Ich*, wenn nicht jene einzigartige und mit sich selbst idente Einheit, deren Wesen es ist, sich durch Ausschluss jedes Anderen zu postulieren. Die Argumentation verläuft folgendermaßen: meine Totalität ist Leben; mein Leben ist Bewusstsein; und mein Bewusstsein ist Leben. Das Selbstbewusstsein, das Wissen von sich, die Identität mit sich: all das wird in der Folge auf den Status des »heimatlichen Königreichs der Wahrheit« erhoben. Differenz hat ganz einfach nicht zu sein. Wo sie existiert, kann sie nur das Gegenteil all

50 Hegel, *Phänomenologie des Geistes*, 49.
51 Ebenda, 336.

dessen sein, was ich bin: Irrtum, Wahnsinn, kurz das, was Hegel als Objektnegativ bezeichnet. Es zählt allein die bewegungslose Tautologie des »Ich bin Ich«[52]. Etwas anderes als *Ich* ist für mich ein Ding, und als solches unwesentlich, das heißt von der Eigenschaft des Negativen geprägt; vom Stempel des Nichts geprägt.

Schließlich ist da noch die Beziehung, die Hegel zwischen Herrschaft und Knechtschaft einerseits, Gewalt, Selbstmord und Freiheit andererseits herstellt. Hier soll nicht wieder seine ganze Diskussion der Beziehungen zwischen Herr und Sklave aufgegriffen werden.[53] Im Wesentlichen dreht sich diese Diskussion um ein zentrales Thema: das Selbstbewusstsein in seiner Beziehung zu einem anderen Selbstbewusstsein. Das Schicksal dieser Beziehung dreht sich um einen bestimmten Moment, die Anerkennung. Denn ohne Anerkennung genießen sie zwar jeweils die Gewissheit ihrer selbst. Diese Gewissheit seiner selbst besitzt jedoch noch keine Wahrheit. Um Subjekt zu sein, muss mein Besonderes, meine Einzelheit als Totalität im Bewusstsein des Anderen auftauchen. Mit anderen Worten, ich muss gegenüber dem Anderen meine gesamte »zutage tretende Totalität« einbringen: mein Leben. Ich muss sie so einbringen, dass ich mich schließlich in seinem Bewusstsein als die besondere Totalität erkennen kann, die sich nicht damit begnügt, ihn auszuschließen, sondern »in den Tod geht«.[54] Doch indem ich mich aktiv bemühe, den Tod des Anderen herbeizuführen, muss ich zwangsläufig mein eigenes Leben aufs Spiel setzen. Nach Hegel kann ich meine Freiheit nur empfinden und bewähren, indem ich so mein eigenes Leben riskiere. Und weiter: »Das Individuum, welches das Leben nicht gewagt hat, kann wohl als Person anerkannt werden; aber es hat die Wahrheit dieses Anerkanntseins als eines selbständigen Selbstbewußtseins nicht erreicht. Ebenso muß jedes auf den Tod des Anderen gehen, wie es sein Leben daransetzt«.[55]

Infolgedessen bin ich nur ein menschliches Wesen, weil ich die Anerkennung meiner absoluten Überlegenheit von einem anderen

---

[52] Ebenda, 116.

[53] Neben den Aussagen von Hegel selbst, die einigermaßen kompliziert und widersprüchlich sind, zum Großteil in seiner *Phänomenologie des Geistes,* ist auf Alexandre Kojève, *Hegel, eine Vergegenwärtigung seines Denkens.* Stuttgart, Kohlhammer 1958, zu verweisen, insbes. 40–59.

[54] Hegel, *Phänomenologie des Geistes*, 499.

[55] Ebenda, 126.

menschlichen Wesen erreicht habe, weil ich diesem anderen menschlichen Wesen unter Gefährdung meines eigenen Lebens den Tod vor Augen geführt habe. Der primordiale Akt, der Herrschaft und Knechtschaft schafft, findet in dem Augenblick statt, in dem eines der kämpfenden Bewusstsein nicht bis zum Ende gehen und sich über seinen biologischen Selbsterhaltungstrieb erheben kann und dem anderen nachgibt, sich ihm unterwirft und es ohne Gegenseitigkeit anerkennt. Das siegreiche Bewusstsein erringt damit den Status des Herrn, also dessen, der seine Überlegenheit über die biologische Existenz und die Welt im Allgemeinen »bewährt«, bewiesen, verwirklicht und offenbart hat. Das unterlegene Bewusstsein wiederum ist auf den Sklavenstand reduziert.

Unter diesen Bedingungen kann seine Geschichte (wenn man diesbezüglich von Geschichte sprechen kann) nur ein tierischer Prozess sein. Nun verhält es sich mit dem Kolonisierten wie mit dem Tier. Und mit dem Akt des Kolonisierens verhält es sich wie mit dem Akt des Jagens. »Wer den Rhythmus Afrikas erfaßt hat, wird finden, daß er in all seinen Melodien wiederkehrt. Was ich beim Wild des Landes gelernt hatte, kam mir zugute beim Umgang mit den Eingeborenen.« Wobei es nicht einfach ist, diese kennenzulernen. »[Wenn] man sie erschreckte, flüchteten sie augenblicklich in ihre eigene Welt zurück wie die wilden Tiere, die bei einer raschen Bewegung verschwinden und einfach nicht mehr da sind.« Will man den vertrauten Umgang mit den Eingeborenen erzwingen, verhalten sie sich »wie Ameisen, in deren Haufen man mit einem Stock hineinsticht«.[56]

Wenn dem so ist, wird verständlich, dass das Töten eines Kolonisierten in dasselbe Register fällt wie das Töten eines Tieres oder das Loswerden eines Dings, das unnütz geworden ist. Doch warum und unter welchen Umständen tötet man ein Tier? Was vom hegelianischen Standpunkt aus dem Akt, ein Tier zu töten, zugrunde liegt, ist einfach. Das Tier hat keinerlei Respekt, weder für sich noch für andere. Mehr noch, es ist nichts Menschliches in ihm zu finden. So verhält es sich übrigens auch mit dem Kolonisierten. Der Kolonialherr kann sich gefühlsmäßig kaum mit seinem Wesen identifizieren. Besonders die afrikanischen Kolonisierten kommen aus einer Ordnung, die von »diese[r] vollkommene[n] Verachtung des Menschen [gekennzeichnet ist], welche eigentlich nach der Seite des Rechts und der Sittlichkeit hin die Grund-

---

[56] Karen Blixen, *Afrika. Dunkel lockende Welt*, 26–29.

bestimmung bildet. Die Wertlosigkeit des Menschen [bei ihnen] geht ins Unglaubliche; es besteht eine Ordnung, die man als Tyrannei ansehen kann, die aber selbst nicht als Unrecht gilt, empfunden wird. Dazu gehört, daß es als etwas ganz Verbreitetes und Erlaubtes betrachtet wird, Menschenfleisch zu essen.« Denn wenn auch laut Hegel der menschliche Körper animalisch ist, so ist er dennoch im Wesentlichen der Körper eines denkenden Wesens. Er ist mit dem Seelenleben verbunden. Nun ist dies »aber bei dem Neger [...] nicht der Fall, und den Menschen zu verzehren hängt mit dem afrikanischen Prinzip überhaupt zusammen; für den sinnlichen Neger ist das Menschenfleisch nur Sinnliches, Fleisch überhaupt.«[57]

Ein Tier oder auch einen Kolonisierten zu töten, kann auch wie bei der Jagd einfach die Funktion der *Unterhaltung* annehmen. Nehmen wir etwa die Nachtjagd auf Nilpferde oder Elefanten. Bei Einbruch der Nacht kommen die Tiere zum Grasen auf Fluss- oder Bachufer oder auch auf die Steppe, die zur Weide oder auch zum einfachen Durchzugsort wird. »Der Ort, wo die Herde wandert, die man in großer Entfernung erkennen kann, erscheint wie ein regelmäßig begangener Weg; nur riesige Fußabdrücke verraten das Tier, das sie verursacht hat. Auf diesem Weg wächst kein Gras; sein Boden ist jedoch hart und vom ständigen Kommen und Gehen festgestampft. Merkwürdig daran ist, dass sie ihren Wanderungsweg nie aufgeben, selbst dann, wenn sie dort angegriffen werden; sie kommen immer stur zurück; das ist der Vorteil des Jägers.«[58]

Man wartet also eine schöne Mondnacht ab. Man kann sich, wenn man will, das Gesicht mit einer Mischung aus Öl und Ruß beschmieren. Man ortet die Fährten der Tiere. Und man setzt sich in den Hinterhalt. Hinter einem Busch oder Ähnlichem lauert man. Und man wartet. Das kann Stunden über Stunden dauern. Bis sie hervorkommen. »Der Mond senkte sich bereits auf den Horizont und ich begann, ungeduldig zu werden, als ich ein Brummen hörte. Ich sah hin, und im Halbdunkel sah ich undeutlich ein riesiges Tier, dessen schwankender Schatten es noch grässlicher machte. Es war ruhig damit beschäftigt, das Gras abzuweiden, das es ganz kurz abzugrasen schien.«[59] Die Distanz zwischen Jäger

---

57 Hegel, *Die Vernunft in der Geschichte*, 214 f.

58 Paul Du Chaillu, *Voyages et aventures dans l'Afrique équatoriale*, 238.

59 Ebenda.

und Tier kann bedeutend sein. Dann muss man sich anschleichen, sich der Beute annähern, ohne dass es Witterung aufnimmt, ohne es aufzuscheuchen, ohne das Überraschungsmoment zu riskieren. Man kann sich auch aus der anderen Richtung nähern und das Tier aufscheuchen, sodass es gezwungen ist, in die Richtung zu flüchten, in der jemand auf der Lauer liegt. Manchmal ahnt das Tier nichts von der Gegenwart des Jägers.

Das spielerische Wesen der Jagd – ganz wie der Akt der Kolonisierung – wird auch auf anderer Ebene deutlich. Die Strategie des Jägers zielt auf jeden Fall auf eine einzige Sache ab: die *Verstrickung*. Du Chaillu berichtet von einer Elefantenjagd in Äquatorialafrika, bei der die Technik genau genommen der Kolonisierung ähnelt. Er bemerkt zunächst, dass Dickhäuter weder gewohnte Wege haben, noch immer dieselbe Richtung einschlagen. Sie wandern auf der Suche nach Nahrung hierhin und dorthin. Wenn eine Gegend ihnen gefällt, bleiben sie gewöhnlich eine Weile dort. Um sie zu jagen, muss man daher alle Techniken anwenden, um sie letztlich in Fallen zu verstricken. Bekanntlich sind afrikanische Wälder voller Kletterpflanzen und Stauden, die sich von Baum zu Baum schlingen, bis in die Baumkronen wachsen und herunterhängen. Man sammelt also diese Lianen und flicht sie so kunstfertig wie möglich ineinander, sodass große Barrieren oder eine Art Gitter entstehen, die zwar zu schwach sind, um einen Elefanten aufzuhalten, aber stark genug, um seine Flucht zu behindern und ihn in dieses Netz zu verstricken. Die Barrieren werden in Abständen aufgestellt, so dass ein Tier, das die erste durchbricht, danach von den anderen aufgehalten wird.

Sobald der Dickhäuter von mehreren Jägern geortet wird, die sich an unterschiedlichen Orten postiert haben, besteht die Strategie darin, ihn aufzuschrecken und auf die nächste Falle zuzutreiben. »Die erste Regung des Tieres ist die Flucht; es stürzt fast blindlings geradeaus los und wirft sich gegen die Lianenbarriere; gereizt und noch verängstigter zerreißt es diese Hindernisse mit dem Rüssel und den Füßen und schlägt in alle Richtungen; natürlich verwickelt es sich umso mehr, je mehr es kämpft ... Und während es tobt und seine Kräfte erschöpft, lässt man von allen Seiten Speere auf es niederregnen, sogar von den Bäumen aus, sodass das arme Tier von Wunden übersäht das Bild eines riesigen Stachelschweins bietet. Man bedrängt es weiter mit Spießen, bis es stirbt.«

Der Jäger bringt allerdings das Leben des Tiers nie in Gefahr, ohne auch sein eigenes zu riskieren. Zum Beispiel können auch ihm die Lianen, die für den Elefanten so verhängnisvoll sind, den Weg versperren. Manchmal lauert einem Jäger, der einem Büffel auflauert, ein Leopard auf. Manchmal liegt der Leopard auf der Lauer nach derselben Beute wie der Jäger. Manchmal beeindruckt den Jäger auch die mächtige Gestalt des Tiers, seine riesigen Ausmaße, die Form seiner Kruppe, oder bei Vögeln der Schnabel, der Hals und die Brust, die Flügel und Federn. Oder die Schönheit des Tiers und sein Zauber werden verherrlicht. Die Tiere gehen in den Tod »als hätten sie eine Verabredung am anderen Ende der Welt. Sie wirkten wie die riesenhaft vergrößerte Kante eines sehr alten, unendlich kostbaren persischen Teppichs von grüner, gelber und schwärzlich brauner Farbe [...] als seien sie nicht eine Herde von Tieren, sondern eine Gattung langstengeliger, gesprenkelter Riesenblüten,«[60] so die Autorin.

Doch es geht darum, zu töten und zu vernichten. So bemerkt Du Chaillu bei der Erinnerung an eine Elefantenjagd: »Alles war Stille und unruhige Erwartung, bis eine Detonation, von der Wald und Flachland widerhallten, Affen und Vögeln ängstliche Schreie entlockte ... Als der Rauch sich gelegt hatte, sah ich das riesige Tier schwanken, ohne dass es Halt finden konnte, es warf seinen Rüssel in die Luft und ließ seine schwere, leblose Masse am Fuß eines Baums fallen. Die Männer stießen ein Triumphgeheul aus, und wir rannten auf den unförmigen Fleischblock zu, der in den Zuckungen der Agonie röchelte. Die Kugel ... war unter dem Ohr in den Kopf eingedrungen, und hatte sofort den Tod herbeigeführt, da sie das Gehirn durchstoßen hatte.«[61]

Das Tier wird allerdings nicht nur einer Todesart ausgesetzt. Die Tötung kann umso grausamer ausfallen, wenn der Jäger kurz zuvor von Entsetzen gepackt war: »Man kann sich vorstellen, welcher Schrecken sich meiner bemächtigte, als ich rasch und unaufmerksam unterwegs war und über etwas stolperte, das mir den Weg versperrte, und, als ich die Augen senkte, eine große Schlange sah, von der Spezies der Boa, die eingerollt an meinem Baum lag. Ein einziger Blick genügte, um zu sehen, dass das Tier sich in einem Erstarrungszustand befand, wahrscheinlich verdaute es gerade ein zu reichliches Mahl. Sie bewegte sich

---

[60] Karen Blixen, *Afrika,* 24.

[61] Paul Du Chaillu, *Voyages et aventures dans l'Afrique équatoriale*, 77.

kaum und hob nicht einmal den Kopf ... Mit einem Schlag trennte ich die Python in zwei Stücke, die sich abscheulich in alle Richtungen wanden. In seinem Todeskampf warf das Monster eine kleine, halb verdaute Gazelle aus, die noch vollständig genug war, um die Art zu erkennen.«[62] Das Tier wird manchmal auch in dem Augenblick getötet, in dem es sich auf den Jäger stürzt. Manchmal wird es nur verletzt. Dann begibt man sich auf seine Fährte. Sobald es definitiv gefallen ist, wird es abgehäutet, eine dunkle und leblose Masse in einer schimmernden Blutlache.

Nun sind der Akt der Kolonisierung und der Akt des Jagens verwandt. In beiden Fällen stehen Tod und Leben Zufall und Launen ausgeliefert auf dem Spiel. »Betrachtet das Insekt auf eurem Wege: eine kleine, unbewußte Wendung eures Fußtrittes ist über sein Leben oder Tod entscheidend. Seht die Waldschnecke, ohne alle Mittel zur Flucht, zur Wehr, zur Täuschung, zum Verbergen, eine bereite Beute für Jeden. Seht den Fisch sorglos im noch offenen Netze spielen; den Frosch durch seine Trägheit von der Flucht, die ihn retten könnte, abgehalten; den Vogel, der den über ihm schwebenden Falken nicht gewahr wird; die Schaafe, welche der Wolf aus dem Busch ins Auge faßt und mustert. Diese Alle gehn, mit wenig Vorsicht ausgerüstet, arglos unter den Gefahren umher, die jeden Augenblick ihr Daseyn bedrohen.«[63]

Kolonialherr und Kolonisierter entsprechen dem wilden Büffel und dem Leoparden. Einer verbeißt sich im Nacken des anderen, der ihn trägt. Vergeblich wehrt sich der Kolonisierte, schlägt um sich, springt, bleibt stehen und brüllt. Von Entsetzen geblendet, wirft er sich gegen einen Baum. Oft ist der Aufprall so stark, dass er dabei fast umkommt. Doch der Schmerz verleiht ihm neue Energie. Er steht wieder auf und läuft brüllend weiter. Währenddessen saugt ihm der Kolonialherr an seine Beute geklammert Blut und Leben aus. Bald wird er sich nur noch an einem Leichnam festbeißen.[64] Wenn dann das heisere Brüllen des Kolonisierten verstummt ist, wird nichts mehr die Stille der Nacht stören. Höchstens das Geräusch des Regens in den Blättern.

---

[62] Ebenda, 79.

[63] Arthur Schopenhauer, *Die Welt als Wille und Vorstellung.* Zweiter Band, Zürcher Ausgabe. Werke in zehn Bänden. Band 4, Zürich 1977, 554.

[64] Nach Paul Du Chaillu, *Voyages et explorations,* 206.

Doch wie kommt man von der Kolonie zu dem, »was danach kommt«? Sollte es zwischen dem, was während der Kolonie geschieht, und dem, »was danach kommt«, einen Unterschied geben – und welcher Art wäre er? Wird tatsächlich alles in Frage gestellt, ist alles aufgehoben, beginnt tatsächlich alles an dem Punkt neu, an dem vom ehemaligen Kolonisierten gesagt werden kann, dass er sein Leben wieder aufnimmt und sich von seiner bisherigen Lage distanziert? Eigentlich ist das die falsche Frage, doch sie läuft darauf hinaus, sich nicht nur darüber Gedanken zu machen, was das Wesen dieser Epoche ausmacht, sondern auch über die Möglichkeit, die Zeit zu wechseln. Da es kaum möglich ist, die Zeit zu wechseln, müssen wir uns fest im Raum der Gegenwart situieren, um von unserer Epoche Rechenschaft abzulegen, derjenigen des *rohen Lebens*. Die Epoche des rohen Lebens umfasst eine Reihe von Eigenschaften, die hier rasch aufzuzählen sind. Zunächst ein Ort und eine Zeit des *halben Todes*, oder, wenn man so will, des *halben Lebens*. Präziser handelt es sich um einen Ort, an dem Leben und Tod so sehr miteinander verflochten sind, dass man sie weder unterscheiden noch sagen kann, was sich im Schatten oder auf der Kehrseite befindet: »Ist der Mensch, der da trommelt, tot oder lebendig?«[65]

Aber welchen Tod stirbt man »nach der Kolonie«? »Es gibt so viele Tode. Man weiß gar nicht mehr, welchen man sterben soll,« antwortet der Romanautor.[66] Tatsächlich gibt es nicht nur mehrere Arten von Toden, sondern auch mehrere Formen des Sterbens. Es gibt den Tod an den Folgen eines Unfalls oder einer kurzen oder langen Krankheit in einem Krankenhausbett. Es gibt den Tod an den Folgen einer Vergiftung oder eines Herzstillstands. Es gibt den Selbstmord: eine Kugel im Nacken. Man stirbt im Bad: am Stromschlag. Es gibt den öffentlichen, zeremoniellen Tod, der vom Pöbel gefordert wird: »Ich war im Straflager Boiro ... Zwei Wochen nach meiner Verhaftung konnte sich eine Traube von Frauen unserem Tod nähern; sie schrien: ›Nieder mit den Verrätern, hängt sie an den Eiern auf‹. Einige Tage später stieß die Anführerin dieses Mobs mit geschorenem Kopf zu uns.«[67]

---

65 Amos Tutuola, *Der Palmweintrinker. Ein modernes Märchen aus Afrika*. Aus dem Englischen von Walter Hilsbecher. Berlin, Volk und Welt 1970, 13.

66 Sony Labou Tansi, *La Parenthèse de sang*. Paris, Hatier 1981, 44.

67 Williams Sassine, *Le Zéhéros n'est pas n'importe qui*. Paris, Présence africaine

Der Eingeborene wird an einen Pfosten gebunden. Man steht kurz davor, ihn zu exekutieren. Das Erschießungskommando steht bereit. »Äußern Sie Ihren letzten Wunsch«, weist ihn der Soldat an. »Ich habe keinen,« antwortet er. Das Urteil wird vollstreckt: eine Kugel zwischen die Augen. Was ist mit jemandem zu tun, dessen letzter Wunsch es ist, am Leben zu bleiben? Man begräbt ihn bei lebendigem Leib. »Er wird sterben, wenn er sich ein Herz fasst.« Es gibt auch den improvisierten Tod, der innerhalb von dreißig Sekunden vorbereitet wird und bei dem »grundlos Blut« vergossen wird. Um ihn herbeizuführen, schlägt man. Mit den Fäusten, den Füßen, den Händen, dem Kopf, überallhin, mit der Wut eines wilden Tieres, mit einem Spaten. Bricht der Spaten? Dann benutzt man den Stiel, oder auch eine Hacke, einen Pickel, eine Mistgabel, die *Machete*. Es wird gespalten, die Eingeweide werden herausgerissen, es wird zerstückelt, der Brustkorb wird geöffnet, die Knochen werden zersäbelt, die Brust zerfetzt, der Leib wird zerteilt, bevor der rechte Oberschenkel an einen Baum gehängt wird und man auf den Resten seine Notdurft verrichtet.[68]

Manche sterben, ohne zu wissen, warum: »Man hat den Gefangenen geholt. Man befiehlt ihm gestehe. Man übergibt ihn ›Meister Niere,‹ der wird ihm zeigen, dass die Zeit knapp ist. Meister Niere zerquetscht ihm das Mannszeug, er zermalmt die zwei Nüsse. [...] Der andere brüllt: ich versteh nicht! Ach nein? was verstehst du nicht? du bist doch der Drahtzieher der ganzen Verschwörung. Man probiert jedes Rezept an seinem Körper aus: die Zourmana, die Jean Moulin, ein Erbe aus der guten alten Kolonialzeit. Gesteht wird's bald ja oder nein? Man versuchts mit dem Meister Niere. Aber er brüllt zu laut. Na dann ein paar Zellenrezepte, das dämpft den Ton und hinterlässt keine Spuren. [...] Nun zeigt euch mal von der hilfreichen Seite: wer hat die Verschwörung angezettelt? Armes Flickenmensch, an Leib und Seele zerrissen: ich versteh nicht. Das ist das einzige Wort, das ihm über die Lippen will. [...] Sie stopfen ihm eine Bleikugel in die Schnauze ...«[69]

Manche Gefangene an diesen Nicht-Orten wissen weder, ob sie wirklich am Leben, noch, ob sie zum Tod verurteilt sind: »Wir wussten immer noch nicht, ob wir zum Tod verurteilt waren oder nicht ... Eines

---

1985, 182–186.

68 Sony Labou Tansi, *Les sept solitudes de Lorsa Lopez*. Paris, Seuil 1985, 22–30.

69 Sony Labou Tansi, *Die Heillose Verfassung*. Aus dem Französischen von Bettina Kobold. Zürich, Eco Verlag 1984, 114 f.

Tages hörte ein Wächter hinter dem Gefängnis Radio. Es wurde gerade eben von Urteilen gesprochen. Sofort machten wir dem kleinen Moctar die Räuberleiter. Von dort oben richtete er uns, das Ohr an das einzige Loch unseres Kerkers geklebt, lachend die Nachrichten aus. ›Soundso wird umgebracht.‹ Er lachte. ›Soundso, du wirst gehängt.‹ Er lachte. ›Soundso .. Taram, dich lassen sie im Gefängnis verrecken.‹«[70] Manche sterben, ohne zu wissen, wann genau. Und andere wiederum wissen das ganz genau. Sie nehmen sich also Zeit, sich anzusehen, sich ganz genau klarzumachen, dass es nicht wirklich mehr etwas gibt, das lohnt zu leben; dass der Tod im Grunde auf genau dasselbe hinausläuft wie das Leben.

Dann gibt es denn *Tod auf Raten.* Fünfzehn Raten zum Beispiel: »ein verfünfzehnfachter Tod.« Zuerst wird einem die rechte Hand abgeschnitten. Dann wird das rechte Auge ausgestochen. Dann werden ein Ohr, die Nase, das Bein, danach der Penis abgeschnitten. Es wird in der Vagina herumgestochert. Man steckt die Hände in deinen Rachen. Man foltert dich genauso, wie man ejakuliert: »wenn es nicht solche Schweine wie euch gäbe, müsste sich meine Frau nicht von Fremdlingen aufreiten lassen, während ich ein waches Auge über Staatsstreiche und Verschwörungen halte [...] Und er schlägt zu. Ich liebe mein Weib kreuzdonnerwetternocheinmal! jetzt sollte ich an ihrer Seite liegen. Es mit ihr treiben, die ganze Nacht durch. Aber was mir bleibt, sind Prügel, und wenn ich prügle, k ... krieg ich nen Steifen wie mit ner Frau. Na ja, es gibt bumsen und bumsen.«[71] Und wie ein ausgehungerter Löwe stürzt sich der Henker auf den gepeinigten Körper, der nun einem blutigen Stück Fleisch gleicht. Er vervielfacht deinen Tod um das Fünfzehnfache. Um ganze Regionen. »Hier verrecken wir auf Raten, pro Kreis. Wenn es zwölf sind, bin ich ein Toter der elften Rate.« Doch ist ein verfünzehnfachter Tod nicht im Grunde dasselbe wie ein- und derselbe Tod?

Es gibt auch den »falschen Tod«, den *fiktiven Tod.* Ein Eingeborener sollte wegen Viehdiebstahls festgenommen werden. »Er hatte seine eigene Todesurkunde beantragt, derzufolge er in einem Feuer umgekommen sei, hatte sie eigenhändig der Regionalpolizei gebracht und einen

---

70 Williams Sassine, *Le zéhéros*, 182–186.

71 Sony Labou Tansi, *Die heillose Verfassung*, 115 f.

neuen Identitätsausweis«[72] besorgt, mit dem er sich einen neuen Namen gab. Es gibt den Tod, der nicht verkündet werden soll und von dem man nichts hören will. »In solchen Augenblicken wollte [der Autokrat] vom Kartenleger immer die unmittelbare Zukunft vorausgesagt haben. Der Kartenleger sah im Kreuzkönig einen bläulichen Schaum, worin eine Puppe trieb. Die Auslegung war tragisch, doch da der Kartenleger keinerlei Todeslust verspürte, schwieg er.«[73]

Es gibt noch viel häufiger die andere Todesart, die sich in der Landschaft, im Schatten von verlassenen Baustellen, an Mülleimern und Straßenecken ablesen lässt und sich in das Gekröse des bewohnten Raums einkerbt. Er ist auffällig, man sieht ihn am helllichten Tag ebenso wie im Regen oder in der Dämmerung in der Substanz der Zeit, während Elite und Fußvolk, die schwindelerregende Fläche des Nichts im Rücken, gemeinsam in einen grundlos betrunkenen Zustand zurückkehren. Sie entledigen sich jeder menschlichen Gestalt, verkleiden sich und drücken sich in wirren und entstellten Worten aus, während sie mit der Finsternis kopulieren: Sie stammeln mit der Kraft aller ihrer Glieder, während das Gefühl der Sterblichkeit alles einhüllt, was als Ersatz für das Leben steht, die Eingeborenen in eine spektakuläre Identitätsverschiebung stürzt., sie in eine namenlose Sonnenfinsternis taucht, als hätten sie etwas verloren, das schwer zu benennen und zu definieren ist, etwas, das als Horizont und als Versprechen irgendwann vorhanden war, dessen Konturen jetzt jedoch allen entgleiten. Jetzt beherbergen sie das Tote. Sie unterliegen dem *Genozid*!

Mehr noch, als namenlose Sonnenfinsternis ist es eine Geste der Selbstauflösung, als würde sich die Existenz selbst nun auf etwas reduzieren, mit dem der Geist abgeschlossen hat. Da es in sich keinerlei Interesse mehr erweckt, würde sich das Leben sozusagen selbst abschaffen. Das Laster des Wartens ersetzt das Versprechen. Eingeschlossen in eine Unmöglichkeit und auf die Kehrseite der Welt beschränkt, erwarten die Eingeborenen nichts mehr von der Zukunft. Da die Dinge nicht mehr sind, was sie waren, entfernt sich die Zeit und hinterlässt nichts als ein Ruinenfeld, eine unendliche Mattigkeit, endlose Not und das Bedürfnis nach Rache. Diese namenlose Finsternis wird von der rasanten Verbreitung von Unheilsmetaphysiken und Endzeitgedanken begleitet. Ihre Ver-

---

72 Sony Labou Tansi, *Verschlungenes Leben*, 22 f.

73 Ebenda, 23.

mehrung wird unter anderem an der überbordenden Last des Leidens der Massen und der Allgegenwart des Todes bedingt. Denn für ein Nichts zu sterben, oft genug vor der Zeit, ohne offensichtlichen Grund, einfach so, ohne danach gesucht zu haben, macht nicht mehr nur den Grund der Erinnerung an die jüngste Vergangenheit aus. Wegen der Brutalität und Unsicherheit des Alltagslebens ist die Angst vor Tod und Begraben-Werden auch zu dem geworden, worin sich die unerschöpfliche, unendliche Zukunft verkürzt und vollendet.

Dann ist da der Augenblick des Todes selbst. Zum Beispiel »Elmano Zola hätte an einem Samstag sterben sollen, er ist an einem Montag gestorben. Er hat seinem Schicksal zwei Tage gestohlen.«[74] Es gibt kein süßes Sterben in »der Stunde der bleiernen Hitze, wenn das schrille Surren der Fliegen die flirrende Luft zerreisst, wenn kein Hund mehr kläfft und die Slums in Glut und Glast dahindämmern«.[75] Bei solchen Gelegenheiten ist es für das Leben schwierig, friedlich zu gehen.

Und schließlich ist da noch das, *was nach dem Tod kommt.* Man schließt die Augen des Toten. Einige haben Anrecht auf magere Ehrenbezeugungen. Manchmal wird ein Grab gegraben. Der hier hat »Anrecht auf fünfundsiebzig Zentimeter Erde«[76]. Man legt ihn auf den Rücken. Den anderen zieht man ihre Kleider aus, legt sie rücklings oder bäuchlings oder seitlich, oder man wirft sie in ein Massengrab. Noch andere werden nicht begraben, bevor die Leiche anfängt zu verwesen, oder werden als Futter für Aasfresser liegengelassen: Es ist keine Zeit, um ein Grab zu graben. In beiden Fällen ist jedoch eine der entscheidenden Sequenzen dessen, was nach dem Tod kommt, die Verwesung des Fleisches. Es stinkt, löst sich auf und wird unkenntlich. Bald bleibt nichts mehr auf den Knochen zurück als »ein bisschen vertrocknete, verklebte schwarze Haut, auf der vereinzelt noch Barthaare zu erkennen sind«[77]. Der Tod ist nicht einfach das Abwerfen der fleischlichen Substanz. Sie tritt in einen Prozess der Verderbnis ein, die darin endet, dass die Knochen sich voneinander lösen. Oberschenkelknochen, Schienbein, Oberarmknochen, Wadenbein, Elle, Schlüsselbeine, Schädel und andere Überreste zerfallen, verstreuen sich und werden zu Ikonen einer erschöpften, undefinierten Zeit: der endlosen Zeit des Todes.

---

74 Sony Labou Tansi, *Les sept solitudes de Lorsa Lopez*, 49 f.

75 Sony Labou Tansi, *Verschlungenes Leben*, 27.

76 Guy de Maupassant, *Au soleil.* Paris, L. Conrad 1928, 69 ff.

77 S. Labou Tansi, *La parenthèse de sang*, 17.

Doch vor allem gibt es das Verhältnis zwischen Tod, Körper und Fleisch. Denken wir noch einmal an das bei der Jagd getötete Tier. Sobald dem Tier der Gnadenstoß gegeben ist, ist es nur noch eine Fleischmasse, die zerlegt werden muss. Damit sich der Körper in Fleisch verwandelt, muss er einer Reihe bestimmter Operationen unterworfen werden. Zunächst muss er in Stücke oder Viertel zerteilt werden. Dann kann man sie reinigen oder auch einsalzen, trocknen oder räuchern, bevor sie gekocht werden. Vor allem muss man sie essen. Der Körper wird jedoch nicht nur dann zu Fleisch, wenn er von einem Tiers stammt. Wo die Macht ein fleischfressendes Antlitz trägt, ergibt sich die Tötung eines Tiers oder eines Menschen aus derselben Logik. Wie der des geschächteten Tiers wird der Tod des Menschen als etwas wahrgenommen, bei dem es um nichts geht. Er ist der Tod eines rein negativen und substanzlosen Wesens, die Abwicklung eines hohlen und inkonsistenten Gegenstands, der im Untergang in sich selbst zurückfällt und »sich nur als Verlorenes findet«. Mit anderen Worten, der hohle Gegenstand erlischt wie in sich selbst. Er vergeht »als ein gestaltloser Dunst, der sich in Luft auflöst«[78]. An Ende des Tötungsakts bleibt in beiden Fällen praktisch dasselbe zu tun. »Lange betrachtete der Vater die Stücke, ohne zu wissen, ob er sie segnen sollte oder nicht. Er war fasziniert vom Schauspiel des menschlichen Fleisches, das sich mit dem der Kuh mischte, und konnte sich entscheiden, wie viele Male er sich vor einer solchen Monstrosität bekreuzigen musste, um die Barmherzigkeit des Herrn zu empfangen. Die Tiefe der rohen Menschlichkeit berauschte ihn: Fleischrausch, Blutrausch, Rausch von diesem starken Fleischgeruch. Dieses Schweigen! Das hochmütige Schweigen des gemordeten Fleischs. Und vor allem das ein wenig alberne, gleichzeitig schäbige und erhabene Lächeln der Leiche.«[79] Die Tötungswerkzeuge werden auch beim Essen benutzt. »Der Führer der Vorsehung zog es heraus und widmete sich erneut dem Fleisch [...], das er mit demselben bluttriefenden Messer schnitt und ass.«[80]

Um welches Fleisch geht es hier eigentlich? Besteht ein Unterschied zwischen dem vom Plexus bis zur Leiste geöffneten Bauch, den weißen und ausgebluteten Eingeweiden, dem in blinder Wut zerstückelten

78 Hegel, *Phänomenologie des Geistes*, 425.

79 Sony Labou Tansi, *Les sept solitudes,* 44 f.

80 Sony Labou Tansi, *Verschlungenes Leben,* 10.

Oberkörper, der in der bitteren Leere schwebt, dem verwüsteten Mund und dem zerstückelten Rumpf, dem verrückten schwarzen Haarbüschel, den zerhackten Stücken, die sich zu einer Art Termitenhügel häufen, den Zehen, die in der Folterkammer zurückbleiben, der schwarzgrauen Masse, die sich aus dem Auge ergießt, der Wunde in der Kehle, der Flüssigkeit auf dem gefliesten Boden – unterscheidet sich all das von dem blutigen Fleisch, dem Champagner, dem Schmorbraten und der Fleischpastete, die dem Autokraten auf Gold- und Silbergeschirr serviert werden? Ist das Geräusch des Revolvers, der auf die Schläfe des Verurteilten abgefeuert wird, nicht fast dasselbe wie die vom Autokraten mit einem lauten Rülpser ausgestoßene Luft am Ende einer köstlichen Mahlzeit? Die Macht in der Postkolonie ist ein Fleischfresser. Sie springt an die Kehlen ihrer Untertanen, drückt sie zusammen, bis sie ihnen die Knochen bricht, ihnen die Augen aus den Höhlen treten und sie blutige Tränen weinen. Sie zerstückelt sie und frisst sie manchmal auch roh.[81] Warum? Weil »der Schwarze hat ne zähe Haut, da muss man hart zupacken, der Schwarze ist wie ne Krabbe, unklar, wo der Kopf ist, und will man treffen, muss man überall draufhauen«.[82] Und »bei uns stirbt es sich so, nur widerwillig zwar, aber mit einem Lächeln auf den Lippen«[83].

Wie soll man also leben, wenn die Zeit zu sterben vergangen ist und wenn es sogar verboten ist, am Leben zu sein – ein Zustand, den man *die umgekehrte Erfahrung des Lebenden* nennen könnte. Wie kann man unter diesen Bedingungen nicht nur den Alltag erfahren, sondern auch das *Hier und Jetzt*, wenn man nicht nur jeden Tag *alles erwarten*, sondern auch in der Erwartung von etwas leben muss, das noch nicht Wirklichkeit ist, das zaudert, Wirklichkeit zu werden, das ständig unvollendet und flüchtig ist? Das Ende des Seins und das der Existenz zu denken – denn letztlich verweisen diese Fragen darauf – bedeutet also vor allem, sich für das »Diesseits« des leblosen materiellen Dings zu interessieren. Nicht unbedingt, um den Status des Verschwundenen oder Überlebenden festzulegen, sondern um zu sehen, wie man sich in den afrikanischen Gesellschaften nach der Kolonisierung vom eigenen Tod befreien und dabei gleichzeitig und bereits im Zentrum der eigenen

81 Siehe ebenda, 11 f.

82 Sony Labou Tansi, *Die heillose Verfassung*, 118.

83 Ebenda, 119.

Existenz die Erfahrung des *Dahinscheidens* machen kann. Mit anderen Worten, wie kann man leben, während man auf den Tod zugeht, während man in gewisser Weise bereits tot ist? Und wie kann man *im Tod leben*, bereits tot und trotzdem da sein – wobei man nicht unbedingt die Welt verlassen hat, ohne die Merkmale eines Gespensts aufzuweisen, und der Schatten, der über der Existenz liegt, nicht verschwunden ist, sondern im Gegenteil immer schwerer wiegt? Heidegger warf mehr oder weniger ähnliche Fragen auf, indem er vom Dasein sprach, das »enden kann, ohne daß es eigentlich stirbt«[84] – und, so fügen wir hinzu, sterben kann, ohne dass es eigentlich endet.

Zunächst dadurch, dass buchstäblich mehrere in ein- und demselben Körper wohnen. »In meinem Körper sind wir zu zwölft. Wir sind wie Ratten zusammengedrängt.« Mit anderen Worten, das *Wesen* (*être*), das ich immer als ich selbst bin, existiert immer in *mehreren Modi*, oder auch in *mehreren Seienden* (*étants*), die, während sie sich mitunter ausschließen, dennoch nicht weniger ineinander verschlungen sind. In einem Körper zu mehreren zu sein, bedeutet nicht nur eine ständige Verschiebung oder Erweiterung der Grenzen seiner Identität. Buchstäblich ist es für das eine und einzigartige Wesen die Erfahrung der Möglichkeit oder die tatsächliche Erfahrung mehrerer Arten von Sein, die jeweils als mehrere Seiende Form annehmen und sich offenbaren.

Dieser praktisch permanente Übergang vom Einen zum Vielfachen muss sich in den Abteilen des gewöhnlichen Lebens im Rhythmus der Umstände und Ereignisse vollziehen. Doch die Zwölf müssen auch ernährt werden, der eine muss zu essen bekommen, während der andere rauchen will und niemand im Umkreis eine Zigarette hat. Man muss sich in seinen vielen Doppelgängern auch wiedererkennen können, besonders dann, wenn sie Signale aussenden, schwanken, sich verflüssigen oder monströse Taten begehen. Man muss auch seinen Familienna-

---

[84] Martin Heidegger, *Sein und Zeit*. Tübingen, Max Niemeyer Verlag, 11. Aufl. 1967, 247. Das Konzept des *Daseins* bei Heidegger umfasst mehrere Bedeutungen. Manchmal bedeutet es das »anwesend sein«, »gegenwärtig sein« (die tatsächliche Anwesenheit des Seins in der Welt), manchmal verweist es auf das menschliche Leben, die Existenz und den Menschen schlechthin. Auch wenn wir uns der unvermeidlichen Unklarheiten bewusst sind, zu denen es zu führen droht, wollen wir hier das Konzept des Daseins als »Subjekt« verstanden wissen, ebenso ein lebendiges und vernünftiges Wesen wie dasjenige, in dessen Zentrum der Mensch sein Wesen entfaltet.

men vergessen oder sich daran erinnern können, beweisen, dass man nicht sein eigener Onkel ist, bescheinigen, dass man wirklich ganz und gar tot ist, wenn Soldaten die Hütten durchsuchen, oder auch wenn sie kontrollieren, ob die Männer wirklich Männer und die Frauen wirklich Frauen sind, wenn sie also anfangen, alles oder nichts zu suchen, egal was, egal wann, »wegen nichts«, »um zu nerven«.

Unter den Bedingungen der Gesellschaften nach der Kolonisierung zu leben, bedeutet auch, ständig von der Möglichkeit »der Vertretbarkeit des einen Daseins durch ein anderes«[85] Gebrauch zu machen. Hier, merkt Heidegger an, »kann und muß sogar das eine Dasein in gewissen Grenzen das andere ›*sein*‹«[86]. In der Postkolonie ist es die Potenz der Selbstvertretbarkeit, die es im Gegensatz zu dem, was Heidegger in seiner Abhandlung über den Tod denkt, erlaubt, *sein eigenes Hinscheiden auf einen anderen abzuwälzen*, oder es zumindest in Erwartung des letzten Termins ständig aufzuschieben. Dadurch wird es im Grunde möglich, dass der Tod jedes Mal nicht der meine ist. Der andere kann an meiner Stelle sterben. In Erwartung des endgültigen Endes kann ein *Dasein* sein eigenes Hinscheiden sehr wohl nicht jedes Mal auf sich nehmen. Es kann im Körper, in den Organen oder den Gliedern eines anderen existieren. Es kann den Körper, die Organe oder die Glieder des anderen mieten, und sie dann jedes Mal zurückgeben, wenn es nötig ist: »Und wie sie nun so in diesem endlosen Walde dahingingen, begann der vollkommene Herr vom Markt, dem das Fräulein folgte, die geliehenen Teile seines Körpers den Eigentümern zurückzugeben und ihnen das Leihgeld dafür zu zahlen. Als sie da hinkamen, wo er den linken Fuß ausgeliehen hatte, zog er ihn aus, gab ihn dem Eigentümer zurück, zahlte, und sie gingen weiter. Als sie dort hinkamen, wo er den rechten Fuß ausgeliehen hatte, zog er ihn aus, gab ihn dem Eigentümer und zahlte.«[87] Dasselbe geschieht mit Bauch, Rippen und Brust.

Während man seinem Schatten hinterherläuft, muss man auch wissen, wie in jedem Fall die Klammer geöffnet oder geschlossen werden muss, in der die Glieder, die »anderen Ichs«[88] unterkommen müssen. Oft setzt das Öffnen oder Schließen dieser Klammer voraus, dass man weiß, wie man sich auf einer Kreuzung hinlegt. Der Alte trägt mir auf,

---

[85] Ebenda, 239.

[86] Ebenda, 240.

[87] Amos Tutuola, *Der Palmweintrinker,* 26–28.

[88] Sony Labou Tansi, *La parenthèse de sang,* 10 ff.

»loszugehen und mit diesem Netz den Tod aus dem Hause des Todes zu holen. Nachdem ich das Haus des Alten etwa eine Meile hinter mir hatte, sah ich eine Straßenkreuzung vor mir, und ich [...] wusste nicht, welche der Straßen die Straße des Todes war [...] da legte ich mich auf die Mitte der Kreuzung, den Kopf, die Füße entgegengesetzt und die Arme in beide Richtungen der anderen Straße gestreckt. Danach tat ich so, als ob ich schliefe. Und als die Marktgänger heimkamen vom Markt, sahen sie mich dort liegen, und ich hörte sie rufen: ›Wer mag bloß die Mutter dieses närrischen Knaben sein, er schläft auf der Kreuzung und zeigt mit dem Kopf auf die Straße des Todes.‹ Danach begann ich, auf der Straße des Todes zu wandern, und ich brauchte acht Stunden, um bis zum Hause des Todes zu kommen«.[89]

Es ist allerdings nicht alles verloren, wenn es nicht gelingt, die Klammer zu öffnen oder zu schließen. Man kann sich immer in das *Lachen* flüchten. Es mobilisiert den gesamten Körper und alle Glieder. Man lacht nicht nur schallend. Alle Organe werden von seiner Erschütterung erfasst: »Als die Bewegungen dieses inkongruenten Hängebauchs zuerst ein Kriechen und dann ein laszives und heftiges Kreisen wurden, als würde ein verwundetes wildes Tier hartnäckig einen Ausweg suchen, erfasste das verrückte Lachen alle Anwesenden, die Tränen lachten und sich in so heftigen Zuckungen wanden, dass viele von ihnen sich auf der Erde wälzten und mit den Händen, der Stirn, den Gliedern, Armen und Beinen den Staub aufwühlten und diejenigen bedauerten, die unter der Erde lagen, weil sie nicht auferstehen und das hier sehen konnten: ein Wunderkind.«[90] Oder auch: »weil das Lachen über uns lachte in dieser Nacht, vergaßen meine Frau und ich unsere Schmerzen und lachten mit ihm, denn es lachte mit seltsamen Stimmen, die wir niemals zuvor in unserem Leben gehört hatten. Wir wußten die Zeit nicht, die wir mit ihm verlachten, aber wir lachten einzig über das Lachen des Lachens, und niemand, der es lachen gehört hätte, hätte nicht lachen müssen, und jemand, der (oder die) fortgefahren wäre, mit dem Lachen zu lachen, die (oder der) wäre vor Lachen gestorben oder in Ohnmacht gefallen«[91].

Die Erweiterung der Grenzen der Identität kann allerdings auch in unergründliche Orte eindringen, die sich jedes Mal entziehen, wenn

---

89 Amos Tutuola, *Der Palmweintrinker,* 12 f.

90 Tchicaya U'Tamsi, *La Main sèche.* Paris, Présence africaine 1978, 87.

91 Amos Tutuola, *Der Palmweintrinker,* 70 f.

man sie mit den Händen oder Füßen betasten will. Das sind die Orte, in denen Materie und Geist sich als unterschiedliche Elemente im Universum aufreiben und auslöschen. Sichtbares und Unsichtbares, Zeit und Raum verschlingen sich dann ineinander, während die Entfernungen größer werden, kleiner werden, sich so sehr auseinanderziehen, dass Menschen, Pflanzen und Tiere beginnen, gegen die Richtung der Sonne zu laufen. »[Und] als ich so von Busch zu Busch und von Wald zu Wald wanderte und Tage und Monate lang in Busch und Wald schlief [...] denn ich war eine Eidechse [...] hatte mich in Luft verwandelt, sie hatten jede Spur von mir verloren, ich aber konnte sie sehen [...] Und nachdem sie in die hintere Höhle zurückgekehrt waren, verwandelte ich mich wieder in den Menschen, der ich sonst war ...«[92] »Wo bin ich? fragt der Palmweinzapfer. Eine [...] Stille antwortete ihm. [...] Der Mann begann zu zittern. Als das Zittern aufgehört hatte, bemächtigte sich seiner eine seltsame Heiterkeit. Als er sich umsah, bemerkte er, dass er sich vervielfältigt hatte. Er wusste nicht genau, ob sein Körper oder sein Geist in Wellen in ihm aus- und einströmte.«[93]

In diesem Prozess, in dem Menschen, Tiere und Pflanzen in eine Kette von Metamorphosen verwickelt werden, manchmal düstere, manchmal helle Formen annehmen, ihre Gliedmaßen und ihren Körper vermieten und sich zurückgeben lassen, was sie oft teuer zu stehen kommt, ihre Gesichtszüge wechseln, sich verkleiden, ihre Umrisse erzittern lassen, wankt die Geographie der Existenz selbst und verliert jegliche Stabilität und Einteilung. »Nein Bruder, hier braut sich jeder eine Scheinwelt zusammen.«[94] Ohne sich wirklich aufzuheben, zirkulieren die Unterteilungen, und alles, auch die Toten, verschafft sich Leben und geht dabei in einer Art schroffer Gegenwart von einer Kategorie in die andere über. »Was ist eine Sonnenfinsternis? [...] Das ist, wenn die Welt sich verdunkelt und seltsame Dinge geschehen [...] Die Toten fangen an, spazieren zu gehen und zu singen.«[95] »Am Abend des sechzehnten Tages nach der Beerdigung [...] von Estina Benta hörten wir einen richtiggehenden Sturm von Hörnern, Schellen, Trommeln, vermischt mit dem

[92] Ebenda, 9 sowie 36–40.

[93] Ben Okri, »What the Tapster Saw«, in *Stars of a New Curfew*. London: Vintage 1999, 186.

[94] Sony Labou Tansi, *Die heillose Verfassung*, 124.

[95] Ben Okri, »Stars of a New Curfew«, in *Stars of a New Curfew*, London, Vintage 1999, 4.

Hüsteln von Saxophonen und dem Wiehern von Dudelsäcken aus Nsanga-Norda, all das von Zeit zu Zeit von unbeschreiblichem Lärm unterbrochen, Explosionen, Knallen, ohrenbetäubende Detonationen, Brummen, donnernde Kakophonien, unerhörte Elefantenschreie.« Am nächsten Morgen wirft das Meer »unendliche Massen von toten Fischen und Krabben an Land. Niemand wusste warum. Es ging das Gerücht, der Tag des Jüngsten Gerichts – die Zeit, da Erde, Himmel und Meer sich wieder vereinen – sei gekommen.«[96]

Und mit ihm die Grabesausdünstungen, ein Etwas, das nach der Welle des Schattens kommt, ein *Leben im Tod:* »Vor einer Woche war in der Hauptstadt das Leben des Koné Ibrahima, eines Mannes aus dem Malinke-Volk, zu Ende gegangen. [...] Wie bei jedem von den Malinke erhob sich, räusperte sich und bekleidete sich sein Schatten, nachdem das Leben aus der sterblichen Hülle entwichen war, und machte sich auf den Weg nach der fernen Malinke-Heimat [...] Der Schatten ging schnell [...]«[97] »Im Heimatdorf rückte der Schatten seine Sachen von der Stelle und schob sie zusammen. Hinter der Hütte hörte man die Kisten des Toten rumpeln, seine Kalebassen stießen aneinander; auch das Vieh wurde unruhig und schrie auf eigentümliche Weise [...] Dann war der Schatten zu seiner sterblichen Hülle in die Hauptstadt zurückgekehrt, um an der Bestattungsfeierlichkeit teilzunehmen. Das war ein Weg hin und zurück von zweitausend Kilometern gewesen [...]. Insgesamt war er mehr als zweitausend Kilometer weit gelaufen. Ein Zauberer im Trauerzug hat ihn, melancholisch auf dem Sarg hockend, erblickt.«[98]

Im Gegensatz zum Fall von Koné gibt es Tote, die die Macht bis in ihr Grab verfolgt. Man zerrt ihre Knochen vor ein Kriegsgericht, verurteilt sie posthum zum Tode, und verbrennt ihre Überreste auf einem öffentlichen Platz. Andere weigern sich wiederum zu sterben, entweder ein- für allemal, oder sie verweigern den spezifischen Tod, den man ihnen auferlegen will. Ihr Körper verrät sie freilich. Dennoch gelingt es dem Tod als solchem nicht, sie zu töten. Dabei handelt es sich nicht nur um »Tote, die das Leben bis in den Tod verfolgt«[99]. Da gibt es auch Tote, die zurückkehren, um ihre Henker heimzusuchen. »Als er nach

---

96 Sony Labou Tansi, *Les sept solitudes,* 55 sowie 57 f.

97 Ahmadou Kourouma, *Der Fürst von Horodouga.* Übersetzt von Horst Lothar Teweleit. Berlin, Rütten & Loening 1978, 7.

98 Ebenda, 7 f.

99 Sony Labou Tansi, *La Parenthèse de sang,* 47.

seinen vier üblichen Essstunden zu Bett gehen wollte, fand der Führer der Vorsehung darin den Oberkörper des Jammervaters vor, der die exzellenten Leintücher [...] besudelt hatte. Eine höllische Wut ergriff den Führer, er entleerte acht Magazine seiner MP in den Oberkörper, schoss ein riesiges Loch in die Bettmitte, wo er den Oberkörper erblickt hatte, und wütete im Zimmer umher, brüllte, fluchte, stieß Beleidigungen und Drohungen aus [...] Wie oft muss ich dich noch töten?«[100]

Das Überschwappen des Alptraums in das wirkliche Leben kann unterschiedliche Gestalten annehmen. Man kann etwa aus seiner Identität vertrieben werden, besonders in Extremsituationen, wenn das Gerüst der Welt sich scheinbar auflöst und die Leere Menschen, Namen, Erinnerungen und Orte ins Wanken bringt. Die Verurteilten sind in einen Raum gesperrt, in den schwaches Licht dringt. Blutflecken sind am Boden zu sehen. Einer der Verurteilten erinnert sich nicht mehr, ob er erschossen worden ist, ob er schon tot ist oder nicht. Er findet die Wunde nicht mehr, die seine Exekution beweisen soll. Weder in seiner Stirn noch über dem Herzen ist ein kleines Loch. Dennoch ist er überzeugt, dass sein Herz noch schlägt. Es gelingt ihm nicht zu verstehen, warum er noch sprechen kann, wenn er doch tot ist. »Das war also der Tod. Nichts weiter?« Oder gibt es zwischen dem Augenblick der Exekution und dem Moment, an dem man den Grund des Todes erreicht, vielleicht eine Frist, ein Wegstück, wo die Zunge des Toten in Erinnerung an da drüben, an das Leben, noch spricht?[101]

Der Körper wird also vernichtet. Er weicht trotzdem nicht dem Nichts. Er überlässt seinen Platz dem *Rest*. Hier öffnet sich dann für diesen Rest eine *Zeitspanne nach dem Tod*. Der Tod als Wort impliziert nicht Schweigen, noch weniger das Ende jeder möglichen Vorstellung vom Tod. Man fällt nur aus der Existenz, um in diese unendliche Zeit vorzudringen, die einen anderen Kern der Wirklichkeit darstellt: die Zeit des Gerichts. Dadurch wird die Geschichte »weniger die Erfahrung der Veränderung aller Dinge als die Spannung, die aus der Erwartung einer Erfüllung entsteht«.[102] Die Geschichte selbst wird zur »Hoffnung auf Geschichte«. Von da an zieht jeder Tod, jede Niederlage eine neue Erscheinung nach sich. Sie werden als Bestätigung, Pfand und Erneue-

---

[100] Sony Labou Tansi, *Verschlungenes Leben*, 17.

[101] Sony Labou Tansi, *La Parenthèse de sang*, 56–60.

[102] Paul Ricoeur, *Le Conflit des interprétations. Essais d'herméneutique*. Paris, Seuil 1969, 395.

rung eines Versprechens wahrgenommen, eines »noch nicht«, eines »was noch kommt«, das immer Hoffnung und Utopie mit sich bringt.

»Als die Milizen auf den Treuekarten die Präsenz eintrugen und die Teilnehmer geduldig auf das Erscheinen des Führers der Vorsehung warteten, glaubte die Masse, auf dem Podium Martial zu sehen. Unter dem Gazeverband blutete die Stirnwunde, auf seiner Brust hing das Kreuz des Propheten Muzediba – es schnürte allen die Kehle zu. Ein langanhaltendes Murmeln ermöglichte den Anwesenden, ihre Vision zu prüfen, dann brach die Volksmenge in einen wonnigen Taumel aus. Aus mehreren Richtungen erscholl das Auferstehungslied des Propheten. Die Armee musste einschreiten. [...] ›Das Jüngste Gericht! Das Jüngste Gericht!‹ schrie mal hier, mal dort eine Stimme aus der Masse heraus, die eigentlich nur noch am Leben war, um auf das Gericht zu warten.«[103]

Das Jüngste Gericht, in der Tat. Das Jüngste Gericht!

103 Sony Labou Tansı, *Verschlungenes Leben*, 35.

Epilog
Die letzte Art

Wer ist also der Sklave, wenn nicht jemand, der an allen Orten und zu allen Zeiten sein Leben, sein Eigentum und seinen Körper als ihm fremde Dinge besitzt? Sein Leben und seinen Körper als dem Ich fremde Dinge zu besitzen, setzt voraus, dass Körper und Leben einem Stoff entsprechen, der demjenigen, der sie trägt und ihnen als Gerüst dient, äußerlich ist. Unter diesen Umständen kann man Körper, Leben und Arbeit zu beeinträchtigen suchen. Der so praktizierten Gewalt wird unterstellt, dass sie ihn nicht unmittelbar als real und gegenwärtig betrifft. Deshalb müssen wir diejenigen Sklaven nennen, deren Körper zu entwürdigen, deren Leben zu versehren und deren Arbeit und Ressourcen zu vergeuden nicht verboten ist.

SKLAVE, TIER UND EINGEBORENER

Wer ein Sklave ist, den können wir auch als Ding bezeichnen. Unter Ding ist das Gegenteil von etwas Substantiellem zu verstehen, das heißt etwas, das in gewisser Weise nichts ist. Doch das Ding ebenso wie der Sklave ist auch das, worüber der Mensch sich das Recht anmaßt, seinen Willen zu stellen. Als solches ist das Ding nicht selbstbestimmt. Es gehört demjenigen, der es entweder chronologisch oder gewaltsam als erster in Besitz genommen und davon profitiert hat. Es kann gelegentlich das Objekt von Gelüsten werden. Inbesitznahme oder auch Genuss des Dings machen damit die Materie des Dings – in diesem Fall den Körper, das Leben und die Arbeitskraft dessen, den wir als Sklaven bezeichnet haben – zu meinem Eigentum, »da die Materie für sich nicht ihr eigen ist«[1]. Seine Existenz ist sozusagen stumpfsinnig und das Glück, das man bei seinem Genuss empfinden kann, idiotisch.

Mit dem Sklaven verhält es sich so wie mit dem Eingeborenen. Vom Standpunkt der afrikanischen Geschichte her ist das Konzept des

---

1 Hegel, *Grundlinien der Philosophie des Rechts*, Werke. Band 7, Frankfurt/Main, 1979, § 52.

Eingeborenen zunächst Teil der Grammatik der Animalität. Über diesen Umweg dringt es danach in die Grammatik der Knechtschaft ein. Unter dem Vorwand, sich bezüglich der Moral des Eingeborenen Gedanken zu machen, verfolgt der Eroberer in der Kolonie in Wirklichkeit zwei Ziele. Einerseits sucht er willkürlich die Konturen und Bedingungen der menschlichen Moralität im Allgemeinen zu definieren. Andererseits will er autoritär die Armut und radikale Alterität des Kolonisierten etablieren und anerkannt sehen. Diese Affirmation soll dann dazu führen, denjenigen aus dem menschlichen Raum auszuschließen, der in den Bereich der Bestialität verbannt worden ist, also den Eingeborenen. Von diesem Blickwinkel aus ist festzustellen, dass die gesamte Epistemologie des Kolonialismus auf einer sehr einfachen Gleichung beruht: Es gibt kaum einen Unterschied zwischen dem *eingeborenen und dem tierischen Prinzip*. Und das rechtfertigt die Domestizierung des Kolonisierten.

Freilich ist unübersehbar, dass der Eingeborene einen Schädel, ein Gesicht, Augen, Ohren, Nase, Mund, Nacken, Brust, Bauch, Hände und Füße hat. Es ist für jeden augenfällig, dass jeder, der das will, bei männlichen Kolonisierten – um mit Aristoteles zu sprechen – eine fleischige und immer gleiche Extremität erkennen kann (die Eichel), die »von einer nicht weiter bezeichneten Haut umhüllt ist, die nicht wieder zusammenwächst, wenn sie einen Schnitt erleidet, so wenig wie Kinnhaut und Augenlid«. Der Eingeborene ist gut mit einem knorpeligen, fleischigen und erektilen Teil ausgestattet, der Rute. Wie bei allen Menschen ist dieses Glied »leicht dehnbar und geht aus und ein entgegengesetzt wie bei den Mähnentieren«, und unter ihm hängen sehr wohl zwei Testikel, und die Haut, die sie umgibt, nennt sich Hodensack.[2] Diese offensichtlichen Tatsachen reichen nicht aus: Um sich als Mensch zu erweisen, muss der Kolonialherr um jeden Preis seine Identität zum Tragen bringen, indem er dem Eingeborenen den Status des Tiers zuweist.

Als Tier gehört der Eingeborene vermeintlich der Familie der Dinge an, die völlig mechanisch, fast physikalisch sind, ohne Sprache, wenn auch mit Sinnesorganen, Knochen, Adern, Muskeln, Nerven und Arterien ausgestattet, in und durch welche sich die Natur in ihrer jungfräulichen Kraft manifestiert. An die Ränder des Menschlichen gedrängt, gehören Eingeborener und Tier dem Register von Unvollkom-

2 Aristoteles, *Tierkunde*. Herausgegeben und übersetzt von Paul Gohlke. Paderborn, Ferdinand Schöningh 1949, 66.

menheit und Fehler an. Da sie das Menschenalter nicht erreicht haben, können sie sich nicht alleine aufrichten. Deshalb sind sie dem Einfluss eines anderen unterworfen.

Die koloniale Beziehung, die eben die Knechtschaft begründet, beruht ihrerseits auf der Unterscheidung zwischen wildem und domestiziertem Tier. Denn die Kolonisierung als Domestizierungsunternehmen umfasste mindestens drei Realitäten: zu einem Teil die Aneignung des Tieres (des Eingeborenen) durch den Menschen (den Kolonialherrn); andererseits das Vertraut-Machen von Mensch (Kolonialherrn) und Tier (Eingeborenem); und schließlich die Nutzbarmachung des Tieres (des Eingeborenen) durch den Menschen (den Kolonialherrn).[3] Man könnte annehmen, dass ein derartiger Prozess ebenso willkürlich wie einseitig gewesen sei. Damit würde übersehen, dass aus dieser Dressur weder der Kolonialherr noch der Kolonisierte unbeschadet hervorgegangen sind. Insofern war der *Akt des Kolonisierens ebenso ein Akt der Geselligkeit wie der Käuflichkeit.*

Käuflichkeit, weil sie der Kern der Beziehung zwischen menschlichem Wesen und Tier darstellt. Wie etwa Wiederkäuer vom Salz und vom Urin des Menschen angezogen werden, könnte man behaupten, dass der Kolonisierte sich vom Kolonialherrn angezogen fühlte und umgekehrt.[4] Geselligkeit deshalb, weil es kaum eine so intime Herrschaftsform gibt wie die Kolonialherrschaft. Doch wie anderweitig bekannt, drang der Kolonisierte, also das Objekt und Subjekt der Käuflichkeit, über den Umweg eines spezifischen Kunstgriffs in die koloniale Beziehung ein: Verdoppelung und Simulakrum innerhalb eines letztlich kryptischen und in Wahrheit stark parzellierten Raums, des kolonialen Raums. Und die koloniale Welt war selbst eine Welt der zweideutigen Formen, Variationen und Fluktuationen, Fluchtpunkten, optischen Verzerrungen, unterteilten und heterogenen Orten, in denen die Dimensionen von Phantasma und von Geheimnis und Verlogenheit sich gegenseitig bedingten. Simulieren bedeutet, seinen Körper, seine Gesten, seine

---

3 Die Unterscheidung wurde von François Sigaut, »Critique de la notion de domenstication«, *L'Homme* 28.4 (1988), 59–71 übernommen.

4 Für die Skizzierung dieser Parallele waren die Reflexionen von André-Georges Hadricourt, »Domestication des animaux, culture des plantes et traitement d'autrui«, *L'Homme* 2.1 (1962), 40–50; »Note d'ethnozoologie: le rôle des excrétats dans la domestication«, *L'Homme* 17.2–3 (1977), 125–126; und »Note sur le statut familial des animaux«, *L'Homme* 26.3 (1986), 119–120 hilfreich.

Worte, sein Bewusstsein in eben dem Augenblick, in dem sie einem anderen dargeboten werden, nicht mehr zu bewohnen. Dabei wird jedes Mal und unter allen Umständen die Möglichkeit bewahrt, sich Geschichten zu erzählen; eine Sache zu sagen und das Gegenteil zu tun; etwas für wahr durchgehen zu lassen, was nur Illusion ist, und die Wahrheit immer nur im fiktiven und illusorischen Modus auszusprechen. Dadurch bot sich der Eingeborene sowohl als Objekt als auch als Subjekt der Käuflichkeit dem Kolonialherrn dar, als wäre er nicht er selbst. Er öffnete sich dem Kolonialherrn, als wäre er nur ein Werkzeug, dessen Urheber oder Eigentümer sich allerdings davon getrennt hätte: ein Schatten, ein Gespenst, oder, wenn man so will, ein Doppelgänger.

Der Zweck dieses Buchs war herauszufinden, ob es für Afrikaner am Anfang dieses Jahrhunderts möglich ist, auf die Frage »Wer bist du in dieser Welt?« uneingeschränkt zu antworten: »Ich bin ein ehemaliger Sklave«. Es ging darum herauszufinden, ob es ausreicht, dass sich Afrikaner damit begnügen, auf eine solche Frage zu sagen: »Ich war das Eigentum von jemand anderem.« Oder auch: »Ich war diese Materie, über die jemand anders sein Aneignungsrecht ausübte; dieses Objekt, das in den Händen und im Geist von jemand anders einmal die Form des Dings erhielt.« Prosaischer würde man versuchen, den Eigentums-, Identitäts- und Qualitätsunterschied zwischen der Kolonialzeit und dem, was darauf folgte, zu definieren (wenn ein solcher Unterschied denn besteht). Sind wir wirklich in einer anderen Epoche, oder ist es dasselbe Theater, sind es dieselben mimetischen Spiele, zwar mit anderen Schauspielern und Zuschauern, aber mit denselben Krämpfen und Beleidigungen? Kann man wirklich von Überwindung sprechen? Mit anderen Worten, es ging um die Frage, was heute in Afrika von der Selbstbewusstwerdung als freier Wille bleibt.

DER PROZESS DER VERWILDERUNG

Der Verlauf dieses Buches hat sich rasch von diesen letztlich müßigen Fragen entfernt. Wie hätte es auch anders sein können, da die Antwort auf die Frage, was vom afrikanischen Versprechen der Selbstbestimmung bleibt, es notwendig machte, auf zwei Hauptereignisse des vergangenen Jahrhunderts zurückzukommen: einerseits die in der Kolonie etablierte Beziehung zwischen der Ausübung von Macht und dem

Prozess der Verwilderung, und andererseits den Spiegeleffekt, der aus dem Eintritt in die Zeit des Unglücks resultiert. Was wäre der Prozess der Verwilderung, wenn nicht eine Art Tierwesen[5]? Ein großer Teil des Buches hält sich daher damit auf, wie die Macht in der Postkolonie sich der Maske der Animalität bemächtigt und auf ein Ensemble von komplexen Verkettungen gestützt in eine Zeitlichkeit zurückgefallen ist, die man als vegetativ bezeichnen könnte. Das ist unter der »Zeit des Unglücks« zu verstehen: eine Zeit, in der Macht und Existenz sich in der Textur der Animalität konzipieren und ausüben.

Wie jedoch die Erfahrung zeigt, ist die Epoche des Unglücks auch eine lärmende Epoche der Verwirrspiele. Sie ist eine Epoche der nervösen Erschöpfung, der Habgier und Gelüste, in der niemand vor Dummheit gefeit bleibt. Farce und Possenreißerei, Laune und Brutalität gehen miteinander einher. In diesem Tanz der Zeichen wird der Tod hässlich und abstoßend. Und, um Nietzsches Formulierung aus einem anderen Zusammenhang aufzugreifen, das Herdentier wirft sich zum Herrn auf und der Wille zur Lüge triumphiert überall. Andererseits ähnelt die Zeit des Unglücks einer Flutwelle. Bekanntlich kommt und geht eine Flutwelle wie Ebbe und Flut:

> Denn es war eine Flutwelle. Eine dantische Szene, unvorstellbar, unbeschreiblich. Eine kompakte Menschenmasse, die plötzlich in Bewegung gerät und auf eine Stadt zustürzt. Hunderttausende standen in einer langen Reihe, drängten sich Kilometer um Kilometer auf einer Straße. Diese lange Menschenschlange, Männer, Frauen und Kinder, schiebt sich unerbittlich vorwärts, mechanisch, mühsam. Langsam, wie erkaltende Lava, schlängelt und schiebt sie sich überallhin und besetzt jeden noch so kleinen freien Platz. Man meint zu ersticken. Als wäre selbst die Luft zu knapp. Und wirklich, es gibt nur noch schwebenden Staub, die strahlende Sonne wird von dieser aufgewirbelten Erde getrübt und die tausenden Schritte, die den Boden erschüttern, lassen einen Schleier entstehen. Man bewegt sich wie in einem widerlichen Alptraum. Innerhalb weniger Sekunden trifft man auf tausende Gesichter, ohne die Zeit zu haben, auch nur eines davon anzusehen. Man unterscheidet nur geisterhafte Umrisse, große und kleine. Sie alle zerfließen jedoch in einer erstaunlichen Gleichförmigkeit. Als gäbe es hier keine Menschen mehr, sondern nur noch ein Volk in Lumpen, ein in

---

[5] Die Inspiration hierzu stammt zum größten Teil aus den Studien über das Tier, die in der Zeitschrift *Alter* 3 (1995) veröffentlicht wurden; der Sondernummer der *Social Research* 62.3 (1995); und Élisabeth de Fontenay, *Le silence des bêtes. La philosophie à l'épreuve de l'animalité.* Paris, Fayard 1999.

> schlamm- und erdfarbene Fetzen gehülltes Volk, das aus dem Nichts auftaucht.[6]

In gewisser Weise wird hier dem Kontinent am Ende dieses fanatischen Jahrhunderts ein Spiegel vorgehalten. Was sieht man darin? De facto ein kurzes und in alle Richtungen zersplittertes Leben. Männer und Frauen, die vorübergehen und sich verändern. Tausende Kurven und Spiegelungen. Mäander und Zwischentöne. Formen, Sprachen und eine flüchtige Realität. Stumme Tiergestalten. Das Schauspiel einer Welt, die von ungezügelter Ausschweifung geprägt ist. Die Potenz des Negativen und das süße Gift der Korruption. Ein enormes Gerüst aus toten Elementen. Dunkle Erinnerungen an das, was einmal war. Mumien, die zerbrochen auf dem Boden herumliegen. Leichenhafte Statuen und Idole, deren Seele die Form verlassen hat, die aber, obwohl sie besiegt und an die Ränder der Realität, an die finsteren Grenzen der Welt gedrängt worden sind, plötzlich im öffentlichen Raum beginnen zu stammeln und zu tanzen, und die Lebenden mit Schrecken erfüllen. Die Komödie eines Ich, das sich und alles zermalmt, was ihm zwischen die Zähne kommt. Eine wie gelähmt vor dem Unerklärlichen stehende Welt, die laut oder leise zu lachen beginnt und nebenhin die Hybris einer Epoche entlarvt, die sich sozusagen sowohl in Festen als auch im Rausch ergeht:

> In hellster Tagessonne, ohne alle die geheimnißvollen Wirkungen des Abends und des Lampenlichts, in grellster Wirklichkeit [was sieht man?] sähe er einen ungeheuren offnen Raum mit Menschen überfüllt: alle Blicke hingerichtet auf eine in der Tiefe wunderbar sich bewegende maskirte Männerschaar und ein paar übermenschlich große Puppen, die auf einem langen schmalen Bühnenraume im langsamsten Zeitmaße auf und niederschreiten. Denn wie anders als Puppen müssen wir jene Wesen nennen, die auf den hohen Stelzen der *Kothurne* stehend, mit riesenmäßigen den Kopf überragenden stark bemalten Masken vor dem Gesicht, an Brust und Leib, Armen und Beinen bis in das Unnatürliche ausgepolstert und ausgestopft, sich kaum bewegen können, niedergedrückt von der Last eines tief herabfallenden Schleppgewandes und eines mächtigen Kopfputzes.[7]

---

6 Patrick de Saint-Exupéry, »Le grand reflux des réfugiés vers le Rwanda«, *Le Figaro* 16252, 16. November 1996, 2.

7 Friedrich Nietzsche, *Das griechische Musikdrama*. Werke. Kritische Gesamtausgabe, Berlin/New York, de Gruyter, 1967, § 1.

Was sind Schleppe und Kopfputz? Eine beunruhigte Flucht vor der Langeweile? Der Wunsch, sich um jeden Preis einige Stunden lang von sich selbst und seiner erbärmlichen Existenz zu befreien?

Was anders ist dieses Theater, wenn nicht das Schauspiel eines langfingrigen Dinges, das seine Beute zum Stehen bringt, festhält, befühlt, abtastet, sie in Folter und Zerstückelung verkostet, ihr Herz ausschüttet und mit ihr Kontakt kommt, sie berührt, drückt, verletzt, verstümmelt, vernichtet und zermalmt, verschluckt, verdaut und ausscheidet? Könnte es um einen anderen Kopfputz gehen – über ihn pflegt das Ding eine intime Beziehung zu seinen Exkrementen, und unter dem Schutz des Mantels gehen die Exkremente in die Sphäre der animalischen Macht ein? »Der konstante Druck, unter dem die Speise gewordene Beute steht, während der ganzen langen Weile, die sie durch den Leib wandert, ihre Auflösung und die innige Verbindung, die sie mit dem Verdauenden eingeht, das vollkommene und endgültige Verschwinden erst aller Funktionen, dann aller Formen, die einmal ihre eigene Existenz ausgemacht haben, die Angleichung oder Assimilation an das, was vom Verdauenden als Leib bereits vorhanden ist – all das läßt sich sehr wohl als der zentralste, wenn auch verborgenste Vorgang der Macht sehen«, wie Canetti anmerkt, um fortzufahren: »Der Kot, der von allem übrigbleibt, ist mit unserer gesamten Blutschuld beladen. An ihm läßt sich erkennen, was wir gemordet haben. Er ist die zusammengepreßte Summe sämtlicher Indizien gegen uns. [...] Er ist das uralte Siegel jenes Machprozesses der Verdauung, der sich im Verborgenen abspielt und ohne dieses Siegel verborgen bliebe.« [8]

DER SPIEGEL UND SEINE GEGENWARTEN

Wir wollten erkunden, welcher Geist in dieser Unruhe und diesem Trubel am Werk ist. Die Frage war, warum diese Gegend unserer Welt sich weiterhin in alle Richtungen verkehrt, sich aufsplittert und sich sozusagen in ihrer eigenen Bewegung verirrt. Warum gibt sie uns das Gefühl, sich mit der Beschränkung ihrer Existenz zufrieden zu geben? Was bezeichnen die Hieroglyphen, die im Laufe dieser Entwicklung angehäuft wurden? Geht es um reinen Anschein? Leopard, Löwe, Kro-

---

[8] Elias Canetti, *Masse und Macht.* München, Hanser 1960, 246 f.

kodil, Skorpion, Viper, Reptilien: Es handelt sich kaum um harmlose Verkleidungen, die sich der wirklichen Gestalt zur Seite stellen oder für sich nichts bedeuten würden, sich aber auf die Ebene der Bezeichnung eines anderen herablassen: einfache Zeichen. Es geht sehr wohl um gefährliche Masken, Schein und Schatten, die in Stücke reißen, zerstören und beherbergen, was bereits tot ist. Es handelt sich um Masken, die jeden Tag eine direkte Beziehung zwischen dem Sklave-Sein, dem Tier-Sein, dem Eingeborener-Sein und dem Ding-Sein knüpfen.

Während der Spiegel jedoch sehr wohl eine reale Gegenwart bezeugt, die gleichzeitig eine unhaltbare Gestalt darstellt, sagt er nichts er über die Anteile hinter der Gestalt, ihr »Jenseits« und ihre Perspektiven aus, darüber, was man ihr Magma nennen könnte. Der Spiegel ist stumm, wenn es darum geht, etwas über Umfang, Gehalt und Fleisch der Gestalt auszusagen. Er kann nichts über die Orte sagen, an denen die Gestalt sich erträgt, sich selbst ausmalt, sich selbst transparent ist, und diese anderen Orte, an denen sie unbeschnitten, ja nicht abzugrenzen ist. Tatsächlich erscheint Afrika im Schein der fortschreitenden Welt ebenso wie im alltäglichen Umgang mit dem Leben gleichzeitig als diabolischer Geistesblitz, als lebloses Bild und als lebendiges Zeichen. Als solches fällt das, was man sein Unmittelbar-In-der-Welt-Sein nennen könnte, nicht unbedingt mit dem zusammen, was der Spiegel zeigt. Damit soll keineswegs gesagt sein, dass das Zeichen völlig frei wäre in seinem Verhältnis zu dem, was es bezeichnet; oder auch, dass wir es mit einem Simulakrum zu tun hätten.

Damit soll ausgedrückt werden, dass die Wahrheitsordnung, in die sich einschreibt, was als Afrika bezeichnet wird, nicht eindeutig ist. Um die Begrifflichkeiten von Merleau-Ponty aufzugreifen, könnten wir sagen, dass Gegensätze dort aufeinanderfolgen, aber auch ineinander übergehen können. Es gibt nichts, was hier äußerlich und nicht gleichzeitig innen ist. Insofern kann die Sache nicht in einem einzigen Satz ausgedrückt werden. Sie ist ein Tor mit mehreren Eingängen. Diese Eingänge stehen hier im Gegensatz zueinander oder überlappen sich; mal parallel, mal senkrecht zueinander. Jeder kann seine eigene Umkehrung und Metamorphose herbeiführen; jeder kann in mehrere andere verwandelt werden. Deshalb können die Bemerkungen in diesem Buch nicht als »eine Reihe von Aussagen« verstanden werden, die »einfach so hinzunehmen wären«. Denn wenn es um Afrika geht, muss »eine jede Aussage [...], um zu ihrer Wahrheit zu gelangen, auf das Ganze der

Bewegung, auf die Stufe, von der sie ausgeht, zurückbezogen werden und erlangt erst ihren vollen Sinn, wenn nicht nur das berücksichtigt wird, was sie ausdrücklich sagt, sondern wenn zudem ihr Platz innerhalb des Ganzen beachtet wird, der ihren latenten Gehalt ausmacht.«[9]

Da dem so ist, ist die Epoche, mit der dieses Buch sich befasst, nicht nur eine Epoche des Unglücks, sondern auch der Möglichkeiten. Weil Afrika sich in mehrere Richtungen bewegt, und das gleichzeitig, ist sie eine Epoche, die ebenso war, noch nicht ist, nicht mehr ist, im Werden ist und erst skizziert wird. Der Spiegel verweist seinerseits auf eine Gestalt, die in der Gegenwart vorhanden ist, während sie dieser auch wieder entkommt; die gleichzeitig davor und dahinter, außen und innen, oben und unten, in der Tiefe liegt, und die nur schwer festzumachen ist, da sie in gewisser Weise eng mit einer phantasmatischen Sequenz zusammenhängt. Wie Spiegel oder Talisman ist nun das Merkmal jedes Phantasmas, die Macht der Finsternis erglänzen zu lassen, genau in dem Augenblick, in dem sie zur Vervielfältigung der Zeichen und der Stereotypisierung der Maske, ihrer Nachahmung und ihrem Schrecken schreitet.

Um die Frage zu beantworten, was an diesem Jahrhundertbeginn von der afrikanischen Suche nach Selbstbestimmung übrig ist, sind wir also bei Schattengestalten gelandet, in den Räumen, in denen etwas zu sehen, wahrzunehmen, aber nicht greifbar ist; bei etwas, das einem Phantasma gleicht, genau am Scheidepunkt zwischen Sicht- und Greifbarem, Wahrgenommenem und Fassbarem. In vieler Hinsicht verstört ein solcher Schluss. Er verweist tendenziell darauf, dass es Afrika als solches gar nicht gibt. Es gibt nur unsere Fähigkeit, Schatteneffekte zu erschaffen, das heißt buchstäblich zu *lügen*. Über Afrika dürfte daher eigentlich nur als Schimäre gesprochen werden, an der wir uns in völliger Blindheit abarbeiten; als Alptraum, den wir produzieren und von dem wir leben und den wir manchmal genießen, der uns aber in gewisser Weise zutiefst abstößt, so sehr, dass wir ihm gegenüber gelegentlich den Ekel vor einem Kadaver äußern können.

Das ist einer der Gründe, warum die Diskurse über den Kontinent, ob sie nun von Ausländern oder Autochthonen geführt werden, nicht

---

[9] Maurice Merleau-Ponty, *Das Sichtbare und das Unsichtbare.* Aus dem Französischen von Regula Giuliani und Bernhard Waldenfels. München, Wilhelm Fink Verlag 1994, 123 f.

unbedingt für ihren Gegenstand gelten. Ihre Natur, ihre Probleme und ihre Funktionen verorten sich anderswo. Sie entfalten sich nur, indem sie das Ding ersetzen, es erschaffen, auslöschen, zersetzen und verstärken. Es existiert also nirgends eine Beschreibung von Afrika, die nicht gleichzeitig zerstörerische und fabulatorische Funktionen anwenden würde. Dieses Oszillieren zwischen dem Ding und seinem »Vorstellen« findet jedoch nicht nur im Schreiben statt. Diese Verflechtung erfolgt auch im Leben.

Es ist bereits klar, dass die Realität, um die es im gesamten Buch ging, nur insofern existiert, als sie eine Gesamtheit von Verkettungen und Verbindungen ist, die sich nur fortsetzen, um sich besser aufzulösen; von Aberglauben und Fiktionen, die sich in eben dem Zug als wahr ausgeben, in dem sie Falschheit produzieren und dabei Schrecken und Plausibilität gebären; Wahrheiten, die wie Glühwürmchen aufglänzen, bevor sie sich im rauen Alltag abnutzen. Was Afrika genannt wird, existiert nur als Serie von Absetzbewegungen, Überlagerungen, Farben und Verkleidungen, Gesten und Schein, Geräuschen, Rhythmen, Ellipsen und Übertreibungen, falschen Verbindungen, wahrgenommenen und imaginierten Dingen, Ausschnitten von Räumen, Synkopen und Intervallen, enthusiastischen Momenten und ungestümem Wirbel, Phantasmen, die unaufhörlich aufeinander folgen und einander dennoch überlappen, wobei jedes sich mit den Worten von Merleau-Ponty am Rande vorbehält, in das andere überzugehen.

Dieses »Lied der Schatten«, seine Metamorphosen, seinen Anblick, sein Geräusch, seinen Geruch, seinen Geschmack, sein Gefühl, kurz seine Ausdruckskraft, nannten wir mit einem letztlich sinnentleerten Begriff die *Postkolonie*. Jenseits des Wortes interessierte die Erfahrung einer Epoche, die alles andere als einheitlich ist und sich keinesfalls auf eine Aufeinanderfolge von Momenten und Ereignissen reduzieren lässt, in der jedoch Momente, Augenblicke und Ereignisse wie übereinander, ineinander liegen. In diesem Sinne muss von der Postkolonie festgestellt werden, dass sie eine Epoche der Verschachtelung ist, ein Raum des Wildwuchses, der nicht nur aus Unordnung, Zufall und Unvernunft besteht; der auch nicht unergründlich und unbewegt ist, sondern aus einer Art gewaltsamem Ausbruch und seiner Art hervorgeht, die Welt zusammenzufassen.

Angesichts eines derartigen Kunstwerks bringen es Nietzsches Worte über die griechische Tragödie auf den Punkt: Wir müssten »erst lernen [...], wie man als ganzer Mensch zu *genießen* habe«[10].

Was aber heißt »lernen, wie man als ganzer Mensch zu genießen« hat, anderes, als eine Art, im Irrealen, in der Kontingenz, ja der Absurdität zu leben und zu existieren?

---

10 Friedrich Nietzsche, *Das griechische Musikdrama, op. cit.*, § 1.

Literaturverzeichnis

A

Marc Abélès et al., *Âge, pouvoir et société en Afrique noire*. Paris, Karthala 1985.

J. F. Ade Ajayi, *Christian Missions in Nigeria, 1841–1891. The Making of a New Élite*. Evanston, Northwestern University Press 1969.

Adeleke Adeeko, »Bound to Violence? Achille Mbembe's On the Postcolony«, http://www.africaknowledgeproject.org/index.php/war/article/view/330 [letzter Aufruf 21.6.2016]

R. A. Adeleye, »Rabih b. Fadlallah, 1879–93: Exploits and Impact on Political Relations in Central Sudan«, *Journal of the Historical Society of Nigeria* 2 (1970), 223–242.

Jeremy Adelman, Stephen Aron, »From Borderlands to Borders: Empires, Nation-States, and the Peoples in Between North American History«, *The American Historical Review* 104 (1999).

Michel Agier, Jean Copans, Alain Morice (Hg.), *Classes ouvrières d'Afrique noire*. Paris, Karthala 1987.

Isaac A. Akinjogbin, *Dahomey and Its Neighbours, 1708–1818*. Cambridge, Cambridge University Press 1967.

Stephen A. Akintoye, *Revolution and Power Politics in Politics in Yorubaland, 1840–1893. Ibadan Expansion and the Rise of Ekiti-parapo*. New York, Humanities Press 1971.

Aziz Al-Azmeh, »Rhetoric for the Senses. A Consideration of Muslim Paradise Narratives«, *Journal of Arabic Literature* 26 (1995).

William F. Albright, *Yahweh and the Gods of Canaan*. London, Eisenbrauns 1968.

Jos Blaise Alima, *Les chemins de l'unité. Comment se forge une nation: L'exemple camerounais*. Paris, ABC 1977.

Tim Allen, »Understanding Alice: Uganda's Holy Spirit Movement in Context«, *Africa* 61.3 (1991), 370–399.

Alice Amsden, »Third World Industrialization: "Global Fordism" or a New Model?«, *New Left Review* 182 (1990), 5–31.

Alice Amsden, *Asia's Next Giant: South Korea and Late Industrialization*. New York, Oxford University Press 1989.

Michel Antoine, *Le dur métier de roi. Études sur la civilisation politique de la France d'Ancien Régime*. Paris, PUF 1986.

Jean-Marie Apostolidès, *Le Roi-Machine. Spectacle et politique au temps de Louis XIV*. Paris, Minuit 1981.

Arjun Appadurai, *Modernity at Large. Cultural Dimensions of Globalization*. Minneapolis, University of Minnesota Press 1996.

Arjun Appadurai, »Disjuncture and Difference in the Global Cultural Economy«, *Public Culture* 2.2 (1990), 1–24.

Arjun Appadurai, »Making the National Geographic: Changing Images of Territory in Colonial India«, Vortrag am EthnoHistory Workshop, University of Pennsylvania, Philadelphia, 9. November 1995.

Kwame A. Appiah, *The Ethics of Identity*. Princeton, Princeton University Press 2005.

Kwame A. Appiah, *In My Father's House*. Oxford, Oxford University Press 1992.

Andrew Arato, Jean Cohen, *Civil Society*. Cambridge, MIT Press 1993.

Gabriel Ardant, *Histoire de l'impôt*. Paris, Fayard 1971.

Hannah Arendt, *Elemente und Ursprünge totaler Herrschaft*. München, Piper 1991.

Aristoteles, *Tierkunde*. Herausgegeben und übersetzt von Paul Gohlke. Paderborn, Ferdinand Schöningh 1949.

Signe Arnfred (Hg.), *Re-thinking Sexualities in Africa*. Stockholm, Almquist & Wiksell 2004.

Adam Ashforth, »Of Secrecy and Commonplace: Witchcraft and Power in Soweto«, *Social Research* 63.4 (1996), 1183–1234.

Jan Assmann, *Moses der Ägypter. Entzifferung einer Gedächtnisspur*. Frankfurt/Main, S. Fischer, 7. Aufl. 2000.

Pierre Auffret, *Hymnes d'Égypte et d'Israël. Études des structures littéraires*. Göttingen, Vandenhoeck & Rupprecht 1981.

Teresa von Avila, *Das Buch meines Lebens,* aus dem Spanischen von Ulrich Dobhan u. Elisabeth Peeters. Freiburg, Herder 2002.

Bolanle Awe, »Militarism and Economic Development in Nineteenth Century Yoruba Country: The Ibadan Example«, *Journal of African History* 14.1 (1973), 65–77.

Jean-Paul Azam, »Dollars for Sale: Exchange Rate Policy and Inflation in Africa«, *World Development* 27.10 (1999), 1843–1860.

Victor Azarya, Naomi Chazan, »Disengagement from the State in Africa: Reflections on the Experience of Ghana and Guinea«, *Comparative Studies in Society and History* 29.1 (1987), 106–131.

B

Daniel Bach, »Europe-Afrique: des acteurs en quête de scénarios«, *Études internationales* 32.2 (1991).

Gaston Bachelard, *Psychoanalyse des Feuers*. Aus dem Französischen von Simon Werle. München, Carl Hanser Verlag 1985.

Michail Bachtin, *Rabelais und seine Welt. Volkskultur als Gegenkultur,* hg. von Renate Lachmann. Frankfurt/Main, Suhrkamp 1987.

Michail Bachtin, *Probleme der Poetik Dostoevskijs*. Aus dem Russischen von Adelheid Schramm. Frankfurt/ Berlin/ Wien, Ullstein 1985.

Bertrand Badie, *L'État importé*. Paris, Fayard 1993.

Alain BADIOU, *Paulus: Die Begründung des Universalismus*. Aus dem Französischen von Heinz Jatho. München, diaphanes Verlag 2002.

Jean BAECHLER, John HALL, Michael MANN (Hg.), *Europe and the Rise of Capitalism*. London, Basil Blackwell 1988.

Georges BALANDIER, *Le dédale. Pour en finir avec le xxe siècle*. Paris, Fayard 1994.

Denis BALY, *God and History in the Old Testament. The Encounter with the Absolutely Other in Ancient Israel*. New York, Harper & Row 1976.

Nicolas BANCEL, Pascal BLANCHARD, Françoise VERGÈS, *La République coloniale*. Paris, Albin Michel 2003.

Nicolas BANCEL, Pascal BLANCHARD, »Les pièges de la mémoire coloniale«, *Cahiers français* 303 (2003).

Karin BARBER (Hg.), *Readings in African Popular Culture*. London, James Currey 1997.

William BARNES, »Kivu: l'enlisement dans la violence«, *Politique africaine* 73 (1999), 123–136.

Boubacar BARRY, *La Sénégambie*. Paris, L'Harmattan 1986.

Bertrand BARTIE, *L'État importé. L'occidentalisation de l'ordre politique*. Paris, Fayard 1992.

Georges BATAILLE, *Death and Sensuality. A Study of Eroticism and the Taboo*. New York, Ballantine Books 1962.

Georges BATAILLE, *Theorie der Religion*. Aus dem Französischen von Andreas Knop. München, Matthes & Seitz 1997.

Georges BATAILLE, *Die innere Erfahrung*. Aus dem Französischen von Gerd Bergfleth. München, Matthes & Seitz 1999.

Robert BATES, *Markets and States in Tropical Africa: The Political Basis of Agricultural Policies*. Berkeley, University of California Press 1981.

Robert BATES, Valentin-Y. MUDIMBE, Jean O'Barr, *Africa and the Disciplines. The Contribution of Research in Africa to the Social Sciences and Humanities*. Chicago, University of Chicago Press 1993.

Jean BAUBÉROT, »Une société multiculturelle: jusqu'où?«, *Cahiers français* 316 (2003).

Jean-François BAYART (Hg.), *La réinvention du capitalisme*. Paris, Karthala 1995.

Jean-François BAYART, »L'historicité de l'État importé«, *Cahiers du CERI*, Paris 1996.

Jean-François BAYART, *Le Gouvernement du monde*. Paris, Fayard 2004.

Jean-François BAYART, *L'État en Afrique. La politique du ventre*. Paris, Fayard 1989.

Jean-François BAYART, »L'énonciation du politique«, *Revue française de science politique* 35 (1985), 343–373.

Jean-François BAYART, *L'État au Cameroun*. Paris, Presses de la Fondation nationale des sciences politiques 1977.

Jean-François BAYART, Achille MBEMBE, Comi TOULABOR, *Le politique par le bas en Afrique noire. Contributions à une problématique de la démocratie*. Paris, Karthala 1992.

Christian Bawa Yamba, »Cosmologies in Turmoil: Witch-finding and AIDS in Chiawa, Zambia«, *Africa* 67.2 (1997), 200–223.
Rémy Bazenguissa, »Milices politiques et bandes armées à Brazzaville. Enquête sur la violence politique et sociale des jeunes déclassés«, *Les Études du CERI* 13 (1996).
Marvin B. Becker, *Civility and Society in Western Europe, 1300–1600*. Bloomington, Indiana University Press 1988.
Seyla Benhabib (Hg.), *Democracy and Difference*. Princeton, Princeton University Press 1987.
Seyla Benhabib, *The Claims of Culture. Equality and Diversity in the Global Era*. Princeton, Princeton University Press 2002.
Seyla Benhabib, *Die Rechte der Anderen. Ausländer, Migranten, Bürger*. Aus dem Amerikanischen von Frank Jakubzik. Frankfurt/Main, Suhrkamp 2008.
Karine Bennafla, »Commerce transfrontalier, État et territoire en Afrique centrale«, *Politique africaine* 73 (1999), 24–49.
Fethi Benslama, Nadia Tazi, *La virilité en islam*. Paris, Édition de l'Aube 2004.
Isaiah Berlin, *Trois essais sur la condition juive*. Paris, Calman-Lévy 1973.
Bruce Berman, John Lonsdale, *Unhappy Valley. Conflict in Kenya and Africa*. London, James Currey 1992.
Sara Berry, »Unsettled Accounts: Stool Debts, Chieftaincy Disputes and the Question of Asante Constitutionalism«, *Journal of African History* 39.1 (1998), 39–62.
Sara Berry, »Social Institutions and Access to Resources in African Agriculture«, *Africa* 59.1 (1989), 41–55.
Sara Berry, *No Condition is Permanent. The Social Dynamics of Agrarian Change in Sub-Saharan Africa*. Madison, University of Wisconsin Press 1993.
Sara Berry, *Fathers Work for Their Sons: Accumulation, Mobility and Class Formation in an Extended Yoruba Community*. Berkeley, University of California Press 1985.
Stephen M. Best, *The Fugitive Properties. Law and the Poetics of Possession*. Chicago, Chicago University Press 2004.
Callixthe Beyala, *Femme nue, femme noire*. Paris, Albin Michel 2003.
Homi Bhabha, *Die Verortung der Kultur*. Aus dem Englischen von Michael Schiffmann und Jürgen Freudl. Tübingen, Stauffenberg Verlag 2000.
Tshikala K. Biaya, » ›Crushing the Pistachio‹: Eroticism in Senegal and the Art of Ousmane Ndiaye Dago«, *Public Culture* 12.3 (2000).
Didier Bigo, *Pouvoir et obéissance en Centrafrique*. Paris, Karthala 1989.
Christopher A. P. Bins, »The Changing Face of Power: Revolution and Accomodation in the Development of the Soviet Ceremonial System: Part I«, *Man (N.S.)* 14 (1979), 585–606; und »Part II«, *Man (N.S.)* 15 (1980), 170–187.
Christopher A. P. Bins, »Ritual and Conformity in Soviet Society: A Comment«, *The Journal of Communist Studies* 5.2 (1989), 211–219.
Fred Blanchod, *Au Paradis des grands fauves. Voyage dans l'Est africain*. Lausanne, Librairie Payot 1950.

Maurice Blanchot, *Der literarische Raum.* Aus dem Französischen von Marco Gutjahr und Jonas Hock. Zürich/ Berlin, diaphanes Verlag 2012.
Karen Blixen, *Afrika. Dunkel lockende Welt.* Aus dem Englischen von Rudolf von Scholtz. Zürich, Menasse Verlag 1986.
E. Oti Boateng et al., *A Poverty Profile for Ghana, 1987–88. Social Dimensions of Adjustment in Sub-Saharan Africa.* Working Paper Nr. 5, Washington D. C., World Bank 1990.
James Bohmann, *New Philosophy of Social Science. Problems of Indeterminacy.* Cambridge, MIT Press 1991.
Pierre Bonnafé, *Nzo Lipfu, le lignage de la mort. La sorcellerie, idéologie de la lutte sociale sur le plateau kukuya.* Paris, Labethno 1978.
Catherine Boone, »State Building in the African Countryside: Structure and Politics at the Grassroots«, *The Journal of Development Studies* 34.4 (1998), 1–31.
Dan Borges, »Machiavellian, Rabelaisian, Bureaucratic?«, in *Public Culture* 5.1 (1992), 109–112.
Eza Boto, *Ville cruelle.* Paris, Présence africaine 1971.
Pierre Bourdieu, *Les structures sociales de l'économie.* Paris, Seuil 2000.
Pierre Bourdieu, *Die feinen Unterschiede. Kritik der gesellschaftlichen Urteilskraft.* Aus dem Französischen von Bernd Schwibs. Frankfurt/Main, Suhrkamp, 24. Aufl. 1987.
Jacques Bouveresse, *Rationalité et cynisme.* Paris, Minuit 1984.
Michael Bratton, »Beyond the State: Civil Society and Associational Life in Africa«, *World Politics* 41 (1989).
Fernand Braudel, *L'Identité de la France.* Paris, Arthaud 1986.
Fernand Braudel, *Civilization and Capitalism, 15th–18th Century* (3 Bände). London, Collins 1981–1984.
Fernand Braudel, »Geschichte und Sozialwissenschaften. Die longue durée«, in Claudia Honegger (Hg.), *Marc Bloch, Fernand Braudel, Lucien Febvre: Schrift und Materie der Geschichte. Vorschläge zu einer systematischen Aneignung historischer Prozesse.* Frankfurt/Main, Suhrkamp (=edition suhrkamp 814) 1977, 47–85.
Sylvie Bredeloup, »L'aventure des diamantaires sénégalais«, *Politique africaine* 56 (1994), 77–93.
M. Bristol, *Carnival and Theater. Plebeian Culture and the Structure of Authority in Renaissance England.* New York, Methuen 1985.
Ellen-P. Brown, *Nourrir les gens, nourrir les haines.* Paris, Société d'ethnographie 1983.
Wendy Brown, *States of Injury. Power and Freedom in Late Modernity.* Princeton, Princeton University Press 1995.
Henri Brunschwig, *Noirs et Blancs dans l'Afrique noire française ou Comment le colonisé devient colonisateur.* Paris, Flammarion 1992.
Lynne Brydon, »"With a Little Bit of Luck...": Coping with Adjustment in Urban Ghana, 1975–90«, *Africa* 69.3 (1999), 366–385.

Raymond L. Buell, *The Native Problem in Africa.* 2 Bände, New York, Macmillan 1928.

Judith Butler, »Mbembe's Extravagant Power«, *Public Culture* 5.1 (1992), 67–74.

C

Craig Calhoun (Hg.), *Habermas and the Public Sphere.* Cambridge, MIT Press 1993.

Thomas M. Callaghy, »Culture and Politics in Zaire«, doc.pol., Oktober 1986.

Thomas M. Callaghy, »Police in Early Modern States: The Uses of Coercion in Zaire in Comparative Perspective«, Vortrag am American Political Science Association Meeting, Denver, Colorado, 1982.

Thomas M. Callaghy, »State-Subject Communication in Zaire«, *Journal of Modern African Studies* 18.3 (1981), 469–492.

Thomas M. Callaghy, »Vision and Politics in the Transformation of the Global Political Economy: Lessons from the Second and Third Worlds«, in Robert O. Slater, Barry M. Schutz, Steven R. Dorr (Hg.), *Global Transformation and the Third World.* Boulder, Lynne Rienner 1993, 161–257.

Elias Canetti, *Masse und Macht.* München, Hanser 1960.

Barbara Cassin et al., »Vérité, réconciliation, réparation«, *Le Genre humain.* Paris, Seuil 2004.

Ernst Cassirer, *Philosophie der symbolischen Formen. Die Sprache.* Berlin, Bruno Cassirer Verlag 1923.

Cornelius Castoriadis, *Gesellschaft als imaginäre Institution Entwurf einer politischen Philosophie.* Aus dem Französischen von Horst Brühmann. Frankfurt/Main, Suhrkamp 1984.

Nim Caswell, »Autopsie de l'ONCAD: la politique arachidière au Sénégal, 1966–1980«, *Politique africaine* 14 (1984), 39–73.

Michel de Certeau, *Das Schreiben der Geschichte.* Aus dem Französischen von Sylvia M. Schomburg-Scherff. Frankfurt/ New York, Campus 1991.

Michel de Certeau, *Mystische Fabel. 16. bis 17. Jahrhundert.* Aus dem Französischen von Michael Lauble. Berlin, Suhrkamp 2010.

Aimé Césaire, *Über den Kolonialismus.* Aus dem Französischen von Heribert Becker. Berlin, Karin Kramer Verlag 2010.

Joseph Chailley-Bert, *Les compagnies de colonisation sous l'Ancien Régime.* New York, Burt Franklin 1898.

Paul Du Chaillu, *Voyages et aventures dans l'Afrique équatoriale. Mœurs et coutumes des habitants. Chasse au gorille, au crocodile, au léopard, à l'éléphant, à l'hippopotame.* Paris, Michel Lévy Frères 1863.

Dipesh Chakrabarty, »Postcoloniality and the Artifice of History: Who Speaks for "Indian" Pasts?«, *Representations* 37 (1992).

Dipesh Chakrabarty, *Provincializing Europe. Postcolonial Thought and Historical Difference.* Princeton, Princeton University Press 2000.

Dipesh CHAKRABARTY, *Habitations of Modernity. Essays in the Wake of Subaltern Studies*. Chicago, University of Chicago Press 2002.

James H. CHARLESWORTH, *Jesus Within Judaism*. New York, Doubleday 1988.

Christopher CLAPHAM, »Souvereignty and the Third World State«, *Political Studies* 47.3 (1999), 522–537.

Jean L. COHEN, *Class and Civil Society. The Limits of Marxian Critical Theory*. Amherst, University of Massachusetts Press 1982.

William B. COHEN, *Rulers of Empire*. Stanford, Hoover Institution Press 1971.

James S. COLEMAN, *Foundations of Social Theory*. Cambridge, The Belknap Press of Harvard University Press 1990.

R. COLIGNON, »La lutte des pouvoirs publics contre les "encombrements humains" à Dakar«, *Canadian Journal of African Studies* 18.3 (1984), 573–582.

Jean & John COMAROFF, *Of Revelation and Revolution. Vol. 1: Christianity, Colonialism and Consciousness in South Africa*. Chicago, University of Chicago Press 1991.

Jean & John COMAROFF, *Of Revelation and Revolution. Vol. 2: The Dialectics of Modernity on a South African Frontier*. Chicago, Chicago University Press 1992.

John COMAROFF, *Body of Power, Spirit of Resistance. The Culture and History of a South African People*. Chicago, University of Chicago Press 1985.

Joseph CONRAD, *Herz der Finsternis*. Aus dem Englischen von Urs Widmer. Zürich, Haffmans Verlag 1992.

Bernard CONTAMIN, Yves-A. FAURÉ, *La bataille des entreprises publiques en Côte d'Ivoire. L'histoire d'un ajustement interne*. Paris, Karthala 1990.

Frederick COOPER, »Conflict and Connection: Rethinking Colonial African History«, *American Historical Review* 99.5 (1994), 1516–1545.

Frederick COOPER, »Africa and the World Economy«, in Frederick COOPER et al., *Confronting Historical Paradigms*. Madison, University of Wisconsin Press 1993, 84–201.

Frederick COOPER, »Africa and the World Economy«, *African Studies Review* 29.2–3 (1981).

Jean COPANS, *Les marabouts de l'arachide*. Paris, L'Harmattan 1989.

Jean COPANS, »Mondialisation des terrains ou internationalisation des traditions disciplinaires? L'utopie d'une anthropologie sans frontières«, *Anthropologie et Sociétés* 24.1 (2000), 21–42.

Jean COPANS, »Les sciences sociales africaines ont-elles une âme de philosophe?«, *Politique africaine* 77 (2000), 54–71.

Catherine COQUERY-VIDROVITCH, »Les débats actuels en histoire de la colonisation«, *Revue Tiers Monde* 28.112 (1987), 782.

Catherine COQUERY-VIDROVITCH, »La fête des coutumes au Dahomey«, *Annales* 19 (1964), 696–716.

Catherine COQUERY-VIDROVITCH, *Le Congo au temps des grandes compagnies concessionnaires, 1898–1930*. Paris, Mouton 1972.

Michèle COQUET, »Une esthétique du fétiche«, Systèmes de pensée en Afrique noire. *Cahier* 8 (1985), 111–138.

Dennis CORDELL, »The Savannah Belt of North-Central Africa«, in David Birmingham, Phyllis M. Martin (Hg.), *History of Central Africa, Volume 1*. London, Longman 1990.

Louis CORDIER, *Les compagnies à charte et la politique coloniale sous le minstère de Colbert*. Genf, Slatkine-Megariotis Reprints 1976.

Fernando CORONIL, »Can Postcoloniality Be Decolonized?«, *Public Culture* 5.1 (1992), 89–108.

Jean COUSSY, »État minimum et dépolitisation sous la pression des contraintes extérieures: le cas des pays en développement«, doc. pol., Paris 1992.

Donal CRUISE O'BRIEN, *Saints and Politicians. Essays in the Organisation of a Senegalese Peasant Society*. Oxford, Clarendon Press 1975.

Philip D. CURTIN, *Cross-Cultural Trade in World History*. Cambridge, Cambridge University Press 1984.

Thomas O. CUSHMAN, »Ritual and Conformity in Soviet Society«, *The Journal of Communist Studies* 4.2 (1988), 162–180.

D

Umar H. DADEM DANFULAMI, »Exorcising Witchcraft: The Return of the Gods in New Religious Movements on the Jos Plateau and the Benue Regions of Nigeria«, *African Affairs* 98.391 (1989), 167–193.

Filip DE BOECK, »Domesticating Diamonds and Dollars: Identity, Expenditure and Sharing in South Western Zaire«, in Peter GESCHIERE, Birgit MEYER (Hg.), *Globalization and Identity*. Oxford, Basil Blackwell 1998.

Filip DE BOECK, »Beyond the Grave: History, Memory and Death in Postcolonial Congo/Zaïre«, in Richard WERBNER (Hg.), *Memory and the Postcolony. African Anthropology and the Critique of Power*. New York, Zed Books 1998, 21–57.

Robert DELAVIGNETTE, *Freedom and Authority in French West Africa*. London, Frank Cass 1968.

Gilles DELEUZE, *Kino 2. Das Zeit-Bild*. Aus dem Französischen von Klaus Englert. Frankfurt/Main, Suhrkamp (=stw 1289) 1996.

Gilles DELEUZE, *Francis Bacon. Logik der Sensation*. Aus dem Französischen von Joseph Vogl. München, Wilhelm Fink Verlag 1995.

Gilles DELEUZE, Félix GUATTARI, *Anti-Ödipus. Kapitalismus und Schizophrenie I*. Aus dem Französischen von Bernd Schwibs. Frankfurt/Main, Suhrkamp 1977.

Edgard DENANCY, *Philosophie de la colonisation*. Paris, Bibliothèque de la Critique 1902.

Francis M. DENG, *War of Visions. Conflict of Identities in the Sudan*. Washington D.C., The Brookings Institution 1995.

Jacques DERRIDA, »Den Tod geben«. Aus dem Französischen von Hans-Dieter Gondek. In Anselm HAVERKAMP (Hrsg.), *Gewalt und Gerechtigkeit. Derrida – Benjamin*. Frankfurt/Main, Suhrkamp 1994, 331–445.

Jacques DERRIDA, *Das Tier und der Souverän I. Seminar 2000–2001*. Aus dem Französischen von Markus Sedlaczek. Wien, Passagen Verlag 2015.

Jacques DERRIDA, *Schurken*. Aus dem Französischen von Horst Brühmann. Frankfurt/Main, Suhrkamp 2003.

Jacques DERRIDA, *Gesetzeskraft*. Aus dem Französischen von Alexander Düttmann. Frankfurt/Main, Suhrkamp 1996.

Léon DESCHAMPS, *Histoire de la question coloniale en France*. Paris, Librairie Plon 1891.

Vincent DESCOMBES, »Notre problème critique«, *Stanford French Review* 15 (1991), 235–261.

Vincent DESCOMBES, »Vers une anthropologie comparative des démocraties modernes. Entretien avec Vincent Descombes (II)«, *Esprit* 263 (2000).

Dominique DESJEUX, *Stratégies paysannes en Afrique noire. Essai sur la gestion de l'incertitude*. Paris, L'Harmattan 1987.

Blandine DESTREMAU, »Les enjeux du qat au Yémen«, *Revue Tiers Monde* 33.131 (1992).

Cheikh Anta DIOP, *Nations nègres et culture*. Paris, Présence africaine 1954.

Momar-Coumba DIOP (Hg.), *Sénégal: trajectoires d'un État*. Dakar, CODESRIA 1992.

Mamadou DIOUF (Hg.), *L'historiographie indienne en débat. Colonialisme, nationalisme et sociétés postcoloniales*. Paris, Karthala 1999.

Mamadou DIOUF, »Libéralisations politiques ou transitions démocratiques: perspectives africaines«, Vortrag anlässlich der 8. Generalversammlung der CODESRIA, Dakar, 26. Juni bis 2. Juli 1995.

E. R. DODDS, *Pagan and Christian in an Age of Anxiety*. Cambridge, Cambridge University Press 1965.

Jean Louis DONGMO, *Le dynamisme bamiléké*. Yaoundé, CEPER 1981.

Jacques DONZELOT, *L'invention du social*. Paris, Fayard 1984.

Elisabeth DORIER-APPRILL, »Guerres des milices et fragmentation urbaine à Brazzaville«, *Hérodote* 86–87 (1997), 182–221.

Joseph Charles DOUMBA, *Vers le Mont Cameroun. Entretiens avec Jean-Pierre Fogui*. Paris, ABC 1982.

Jean-Pierre DOZON, »L'étranger et l'allochtone en Côte d'Ivoire«, in Bernard CONTAMIN et al. (Hg.), *Le modèle ivoirien en questions. Crises, ajustements, recompositions*. Paris, Karthala 1997.

Claude DUBUCH, »Langage du pouvoir, pouvoir du langage«, *Politique africaine* 20 (1985), 44–53.

Louis DUMONT, *Homo aequalis. Genèse et épanouissement de l'idéologie économique*. Paris, Gallimard 1985.

Louis DUMONT, *Homo hierarchicus. Le système des castes et ses implications*. Paris, Gallimard 1966.

Lucile DURRMEYER, »Et changer de plaisir!«, in Jacques André (Hg.), *La Féminité autrement*. Paris, PUF 1999.

Jean-Pierre Duprat, »État et société civile de Hobbes à Hegel«, *Cahiers Wilfredo Pareto* 20–21 (1982), 3224–48.
Jules Duval, *Les colonies et la politique coloniale de la France.* Paris, Arthus Bertrand 1864.

E

Fabien Éboussi Boulaga, *La Crise du Muntu. Authenticité africaine et philosophie.* Paris, Présence africaine 1977.
Fabien Éboussi Boulaga, *Christianisme sans fétiche. Révélation et domination.* Paris, Présence africaine 1981.
Myron Echenberg, *Colonial Conscripts: The Tirailleurs Sénégalais in French West Africa, 1857–1960.* London, James Currey 1988.
Jean-Marc Ela, *Quand l'État pénètre en brousse.* Paris, Karthala 1990.
Jean-Marc Ela, *Le Cri de l'homme africain.* Paris, L'Harmattan 1980.
Norbert Elias, *Die höfische Gesellschaft. Untersuchungen zur Soziologie des Königtums und der höfischen Aristokratie.* Frankfurt/Main, Suhrkamp (= stw 423) 2007.
Norbert Elias, *Über den Prozess der Zivilisation.* Frankfurt/Main, Suhrkamp (= stw 158) 1976.
Norbert Elias, *Über den Prozess der Zivilisation, Bd. 2: Wandlungen der Gesellschaft.* Frankfurt/Main, Suhrkamp 1997.
Stephen Ellis, Yves-André Fauré (Hg.), *Entreprises et entrepreneurs africains.* Paris, Karthala-Orstom 1995.
S. M. Eno-Belinga, *Cameroun. La Révolution pacifique du 20 mai.* Yaoundé, Lamaro 1976.
Edmond Esmonin, *La taille en Normandie au temps de Colbert, 1661–1683.* Genf, Mégariotis Reprints 1978.
E. E. Etian, *Allah Ouakbar ou la main de Dieu.* Yaoundé, ESSTI 1988.

F

Alessandro Falassi (Hg.), *Time Out of Time: Essays on the Festival.* Albuquerque, University of New Mexico Press 1987.
Babacar Fall, *Le travail forcé en Afrique Occidentale française (1900–1945).* Paris, Karthala 1993.
Frantz Fanon, *Die Verdammten dieser Erde.* Aus dem Französischen von Traugott König. Frankfurt/Main, Suhrkamp 1981.
Frantz Fanon, *Schwarze Haut, weiße Masken.* Aus dem Französischen von Eva Moldenhauer. Wien/ Berlin, Turia + Kant 2016.
Yves-A. Fauré, *Petits entrepreneurs de Côte d'Ivoire. Des professionnels en mal de développement.* Paris, Karthala 1994.
Yves-A. Fauré, »Célébrations officielles et pouvoirs africains: symboliques et construction de l'État«, *Revue canadienne d'études africaines* 12.3 (1978), 383–404.

Yves-A. FAURÉ, Jean-François MÉDARD (Hg.), *État et bourgeoisie en Côte d'Ivoire*. Paris, Karthala 1982.

Catherine FAUSSEY-DOMALAIN, Patrice Vimard, »Agriculture de rente et démographie dans le Sud-Est ivoirien. Une économie villageoise assisté en milieu forestier péri-urbain«, *Revue Tiers Monde* 32.125 (1991), 92–114.

Adam FERGUSON, *An Essay on the History of Civil Society*. Hg. von Duncan Forbes. Edinburgh, Edinburgh University Press 1966.

James FERGUSON, *Expectations of Modernity: Myths and Meanings of Urban Life on the Zambian Copperbelt*. Berkeley, University of California Press 1999.

James FERGUSON, *The Anti-Politics Machine*. Cambridge, Cambridge University Press 1991.

Edmond FERRY, *La France en Afrique*. Paris, Librairie Armand Colin 1905.

Luc FERRY, Alain RENAUT, *Pourquoi nous ne sommes pas nietzschéens*. Paris, Grasset 1992.

Ludwig FEUERBACH, *Das Wesen des Christentums*. In Sämtliche Werke, Bd. 6, neu herausgegeben von Wilhelm Bolin und Friedrich Jodl. Stuttgart/ Bad Cannstadt, frommann-holzboog 1994.

Hachem FODA, »L'ombre portée de la virilité«, in Fethi Benslama, Nadia Tazi (Hg.), *La Virilité en islam*. Paris, Éditions de l'Aube 2004.

Angèle de FOLIGNO, *Le livre de l'expérience*. Paris, Droz 1975.

Angèle de FOLIGNO, *Le livre des visions et instructions*. Paris, Éditions du Seuil 1991.

Germàn FONSECA, »Économie de la drogue: taille, caractéristiques et impact économique«, *Revue Tiers Monde* 33.31 (1992).

Élisabeth de FONTENAY, *Le silence des bêtes. La philosophie à l'épreuve de l'animalité*. Paris, Fayard 1999.

Michel FOUCAULT, ›Il faut défendre la société‹ *Cours au Collège de France*, 1976. Paris, Hautes Études/ Gallimard/ Seuil 1997.

Michel FOUCAULT, *Wahnsinn und Gesellschaft. Eine Geschichte des Wahns im Zeitalter der Vernunft*. Aus dem Französischen von Ulrich Köppen. Frankfurt/ Main, Suhrkamp (=stw 39) 1996.

Michel FOUCAULT, *Die Ordnung der Dinge. Eine Archäologie der Humanwissenschaften*. Aus dem Französischen von Ulrich Köppen. Frankfurt/Main, Suhrkamp (=stw 96) 1995.

Michel FOUCAULT, *Überwachen und Strafen*. Aus dem Französischen von Walter Seitter. Frankfurt/Main, Suhrkamp (= stw 184), 11. Aufl. 1995.

Michel FOUCAULT, »Zur Geschichte zurückkehren«, in *Schriften in vier Bänden. Dits et Ecrits - Band II. 1970–1975*. Frankfurt/Main, Suhrkamp 2002, 343–346.

Michel FOUCAULT, »Was ist Aufklärung« in Eva ERDMANN, Rainer FORST und Axel HONNETH (Hg.), *Ethos der Moderne. Foucaults Kritik der Aufklärung*. Frankfurt/ New York, Campus 1990.

Nancy FRASER, *Justice Interruptus. Critical Reflections on the »Postsocialist« Condition*. New York, Routledge 1997.

Janina FRENTZEL-ZAGORSKA, »Civil Society in Poland and Hungary«, *Soviet Studies* 42.4 (1990), 759–777.

Sigmund FREUD, *Das Unbehagen in der Kultur*. Wien, Internationaler Psychoanalytischer Verlag 1930.

Sigmund FREUD, *Totem und Tabu*. München, S. Fischer, 11. Aufl. 1991.

Sigmund FREUD, *Vorlesungen zur Einführung in die Psychoanalyse*. Studienausgabe Band 1. Frankfurt/Main, S. Fischer 1969.

Sigmund FREUD, *Der Mann Moses und die monotheistische Religion. Schriften über die Religion*. München, S. Fischer, 16. Aufl. 1975.

Sigmund FREUD, *Drei Abhandlungen zur Sexualtheorie*. Leipzig/ Wien, Deuticke 1925.

Christopher FYNSK, »What remains at a crucifixion: Nietzsche/Bacon«, in Sue GOLDING (Hg.), *The Eight Technologies of Otherness*. New York, Routledge 1997, 79–104.

G

Justin-Daniel GANDALOU, *Dandies à Bacongo. Le culte de l'élégance dans la société congolaise contemporaine*. Paris, L'Harmattan 1989.

Jean-Marc GASTELLU, *Riches paysans de Côte d'Ivoire*. Paris, L'Harmattan 1989.

Christian GEFFRAY, *La cause des armes au Mozambique. Anthropologie d'une guerre civile*. Paris, Karthala 1990.

Henry GEMERY, Jan HOGENDORN (Hg.), *The Uncommon Market: Essays in the Economic History of the Atlantic Slave Trade*. New York 1978.

Peter GESCHIERE, *The Modernity of Witchcraft. Politics and the Occult in Postcolonial Africa*. Charlottesville, University of Virginia Press 1997.

Peter GESCHIERE, *État et sorcellerie au Cameroun*. Paris, Karthala 1995.

Peter GESCHIERE, *Sorcellerie et politique en Afrique*. Paris, Karthala 1995.

Peter GESCHIERE, *Village Communities and the State. Changing Relations among the Maka of Southeastern Cameroon since the Colonial Conquest*. London, Kegan Paul International 1982.

Peter GESCHIERE, Piet KONINGS (Hg.), *Proceedings of the Conference on the Political Economy of Cameroon: Historical Perspectives*. Leiden, Afrika Studie Centrum 1989.

Peter GESCHIERE, Cyprian FISIY, »Domesticating Personal Violence: Witchcraft, Courts and Confession in Cameroon«, *Africa* 64.203 (1994), 323–341.

Anthony GIDDENS, *Konsequenzen der Moderne*. Aus dem Englischen von Joachim Schulte. Frankfurt/Main, Suhrkamp (=stw 1295) 1996.

Paul GILROY, *Against Race. Imagining Political Culture Beyond the Color Line*. Cambridge, Harvard University Press 2000.

Paul GILROY, *After the Empire. Melancholia or Convivial Culture*. New York, Columbia University Press 2005.

Paul GILROY, *The Black Atlantic, Modernity and Double Consciousness*. Cambridge, Harvard University Press 1993.

Arthur GIRAULT, *Principes de colonisation et de législation*. Paris 1922.

Jack GLAZIER, *Land and the Uses of Tradition Among the Mbeere of Kenya.* New York, University Press of America 1985.

Gregory GLEASON, »Fealty and Loyalty: Informal Authority Structures in Soviet Asia«, *Soviet Studies* 43.4 (1991), 613–628.

Edouard GLISSANT, *Poétique de la relation.* Paris, Gallimard 1990.

Edouard GLISSANT, *Traktat über die Welt.* Aus dem Französischen von Beate Thill. Heidelberg, Wunderhorn 1999.

Roland GOETSCHEL, »Pouvoir et vérité dans la période formative du judaïsme palestinien«, in Marc MICHEL (Hg.), *Pouvoir et vérité.* Paris, Cerf 1981, 122–143.

Erving GOFFMANN, *Wir alle spielen Theater. Die Selbstdarstellung im Alltag.* Aus dem Amerikanischen von Peter Weber-Schäfer. München, Piper, 10. Aufl. 2003.

Arthur A. GOLDSMITH, »Africa's Overgrown State Reconsidered: Democracy and Economic Growth«, *World Politics* 51.4 (1999), 520–546.

J. Richard. GRAY, David BIRMINGHAN, *Pre-Colonial African Trade: Essays on Trade in Central and Eastern Africa Before 1900.* London 1970.

Emmanuel GRÉGOIRE, Paul LABAZÉE (Hg.), *Grands commerçants d'Afrique de l'ouest. Logiques et pratiques d'un groupe d'affaires contemporains.* Paris, Karthala 1993.

Marcel GRIAULE, *Dieu d'Eau.* Paris, Librairie Arthème Fayard 1975.

Marcel GRIAULE, *Masques Dogons.* Paris, Institut d'Éthnologie 1963.

François GRIGNON, »"Touche pas à mon Khat!" Rivalités meru-somali autour d'un commerce en pleine expansion«, *Politique africaine* 73 (1999), 177–185.

Jan-Lodewijk GROOTAERTS (Hg.), »Mort et maladie au *Zaïre*«, *Cahiers africains* 31–32 (1998).

Ranajit GUHA (Hg.), *Subaltern Studies I: Writings on South Asian History and Society.* Delhi, Oxford University Press 1982.

Jane GUYER, »Lineal Identities and Lateral Networks: The Logic of Polyandrous Motherhood«, in Caroline BLEDSOE und Gilles PISON (Hg.), *Nuptiality in Sub-Saharan Africa. Contemporary Anthropological and Demographic Perspectives.* Oxford, Clarendon Press 1994.

Jane GUYER, »Household and Community in African Studies«, *African Studies Review* 24.2–3 (1981), 87–137.

Jane GUYER, *Family and Farm in Southern Cameroon.* African Research Studies 15. Boston, African Studies Center 1984.

Jane GUYER (Hg.), *Money Matters. Instability, Values and Social Payments in the Modern History of West African Communities.* Portsmouth, Heinemann 1993.

H

Jürgen HABERMAS, *Zur Logik der Sozialwissenschaften.* Frankfurt/Main, Suhrkamp (=stw 517) 1982.

Jürgen HABERMAS, *Der philosophische Diskurs der Moderne.* Frankfurt/Main, Suhrkamp (=stw 749) 1985.

Jürgen HABERMAS, *Strukturwandel der Öffentlichkeit*. Frankfurt/Main, Suhrkamp (= stw 891) 1990.

HADEWIJCH, *Das Buch der Visionen*. Teil I: Einleitung, Text und Übersetzung von Gerald Hofmann. Stuttgart/ Bad Cannstatt, Friedrich Fromann Verlag 1998.

André-Georges HADRICOURT, »Domestication des animaux, culture des plantes et traitement d'autrui«, *L'Homme* 2.1 (1962), 40–50

André-Georges HADRICOURT, »Note d'ethnozoologie: le rôle des excrétats dans la domestication«, *L'Homme* 17.2–3 (1977), 125–126

André-Georges HADRICOURT, »Note sur le statut familial des animaux«, *L'Homme* 26.3 (1986), 119–120.

Stephan HAGGARD, Robert KAUFMAN (Hg.), *The Politics of Adjustment: International Constraints, Distributive Conflicts and the State*. Princeton, Princeton University Press 1992.

W. K. R. HALLAM, »The Itinerary of Rabih Fadl Allah, 1879–1893«, *Bulletin de l'Institut fondamental de l'Afrique noire* 30.1 (1968), 165–181.

W. K. R. HALLAM, *The Life and Times of Rabih Fadl Allah*. London 1977.

Elemér HANKISS, »The "Second Society"«, »Is There an Alternative Model Emerging in Contemporary Hungary?«, *Social Research* 55.1–2 (1988).

Elemér HANKISS, »The Contemporary Hungary?«, *Social Research* 55.1–2 (1988).

Chris HANN, »Second Economy and Civil Society«, *Journal of Communist Studies* 6.2 (1990), 21–44.

John HARBESON, Donald Rothchild, Naomi Chazan (Hg.), *Civil Society in Africa*. Boulder, Lynne Rienner 1994.

Robert HARMS, »The End of Red Rubber: A Reassessment«, *Journal of African History* 16 (1975), 73–88.

Saidiya V. HARTMAN, *Scenes of Subjection. Terror, Slavery, and Self-Making in Nineteenth-Century America*. Oxford, Oxford University Press 1997.

Jacques HASSOUN, *L'obscur objet de la haine*. Paris, Aubier 1997.

Elvin HATCH, »Theories of Social Honor«, *American Anthropologist* 91 (1989), 341–353.

Tom HAYES, »A *Jouissance* Beyond the Phallus: Juno, Saint Teresa, Bernini, Lacan«, *American Imago* 56.4 (1999), 331–355.

Georg Wilhelm Friedrich HEGEL, *Phänomenologie des Geistes*. Werke. Band 3. Frankfurt/Main, Suhrkamp 1979.

Georg Wilhelm Friedrich HEGEL, *Die Vernunft in der Geschichte*. Auf Grund des aufbehaltenen handschriftlichen Materials neu herausgegeben von Georg Lasson. Leipzig, Felix Meiner Verlag 1930.

Georg Wilhelm Friedrich HEGEL, *Grundlinien der Philosophie des Rechts*, Werke. Band 7, Frankfurt/Main, 1979.

Martin HEIDEGGER, *Sein und Zeit*. Tübingen, Max Niemeyer Verlag, 11. Aufl. 1967.

Martin HEIDEGGER, *Questions I et II*. Paris, Gallimard 1990.

Martin HEIDEGGER, *Die Grundbegriffe der Metaphysik: Welt – Endlichkeit – Einsamkeit*. Gesamtausgabe II. Abteilung: Vorlesungen 1923–1944, Bd. 29/30. Frankfurt/Main, Vittorio Klostermann 1983.

Martin HEIDEGGER, »Was ist Metaphysik?« In *Wegmarken*. Frankfurt/Main, Vittorio Klostermann, 3. Aufl. 2004, 103–106.

Martin HEIDEGGER, *Die Frage nach dem Ding. Zu Kants Lehre von den transzendentalen Grundsätzen*. Frankfurt/Main, Vittorio Klostermann 1984.

Béatrice HIBOU (Hg.), *La privatisation des États*. Paris, Karthala 1999.

Béatrice HIBOU, »Économie politique du discours de la Banque mondiale en Afrique: du catéchisme économique au fait (et méfait) missionaire«, *Les Études du CERI* 39 (1998).

Anne HILTON, *The Kingdom of Kongo*. Oxford, Oxford University Press 1986.

Albert O. HIRSCHMAN, *The Passions and the Interests. Political Arguments for Capitalism Before Its Triumph*. Princeton, Princeton University Press 1977.

Albert O. HIRSCHMAN, *Deux siècles de rhétorique réactionnaire*. Paris, Fayard 1991.

Paul HIRST, Jonathan ZEITLIN, »Flexible Specialization versus Post-Fordism: Theory, Evidence and Policy Implications«, *Economy and Society* 20.1 (1991), 1–56.

Thomas HOBBES, *Grundzüge der Philosophie zweiter und dritter Teil: Lehre vom Menschen und vom Bürger*. Leipzig, Felix Meiner 1918.

Axel HONNETH, *Kampf um Anerkennung. Zur moralischen Grammatik sozialer Konflikte*. Frankfurt/Main, Suhrkamp 1994.

Anthony G. HOPKINS, *An Economic History of West Africa*. London, Longman 1973

Paulin HOUNTONDJI, *Sur la »philosophie africaine«*. Paris, Maspero 1977.

Herbert M. HOWE, »Private Security Forces and African Stability«, *Journal of Modern African Studies*, 36.2 (1998), 307–332.

Philippe HUGON, »L'impact des politiques d'ajustement structurels sur les circuits financiers informels africains«, *Revue Tiers Monde* 31.122 (1990), 325–349.

Goran HYDEN, *Beyond Ujama in Tanzania: Underdevelopment and an Uncaptured Peasantry*. London, Heineman 1980.

Goran HYDEN, *No Shortcuts to Progress: African Development Management in Perspective*. Berkeley, University of California Press 1983.

I

Joseph E. INIKORI, »The Import of Firearms into West Africa, 1750–1807: A Quantitative Analysis«, *Journal of African History* 18.3 (1977), 339–368.

Allan ISAACMAN, Richard ROBERTS (Hg.), *Cotton, Colonialism and Social History in Sub-Saharan Africa*. London. James Currey 1995.

J

Robert H. JACKSON, Carl G. ROSBERG, »Why Africa's Weak States Persist: The Empirical and the Juridical in Statehood«, *World Politics* 35.1 (1982), 1–24.

Sylvy JAGLIN, Alain DUBRESSON (Hg.), *Pouvoirs et cité d'Afrique noire*. Paris, Karthala 1993.

John M. JANZEN, *Lemba 1650–1930: A Drum of Affliction in Africa and the New World*. New York, Garland 1982.

Marie France JARRET, François-Régis MAHIEU, »Ajustement structurel, croissance et répartition: l'exemple de la Côte d'Ivoire«, *Revue Tiers Monde* 32.125 (1991), 39–62.

Bogumil JEWSIEWICKI (Hg.), »Réparations, restitutions, réconciliations«, *Cahiers d'études africaines* 173–174 (2004).

Bogumil JEWSIEWICKI, »Questions d'histoires intellectuelles de l'Afrique: la construction du soi dans l'autre au Zaïre«, Manuskript, 1990.

Bogumil JEWSIEWICKI, Crawford YOUNG, »Painting the Burden of the Past: History as Tragedy«, in Bogumil Jewsiewicki (Hg.), *Art pictural zaïrois*. Québec, Éditions du Septentrion 1992, 117–138.

Gaston JÈZE, *Étude théorique et pratique sur l'occupation comme mode d'acquérir les territoires en droit international*. Paris, V. Giard & E. Brière 1896.

Chalmers JOHNSON, »Political Institutions and Economic Performances: The Government-Business Relationship in Japan, South Korea and Taiwan«, in Frederick DEYO, *The Political Economy of the New Asian Industrialism*. Ithaca, Cornell University Press 1987.

Samuel JOHNSON, *The History of the Yorubas from the Earliest Times to the Beginning of the British Protectorate*. London 1921.

G. I. JONES, *The Trading States of the Oil Rivers*. London, Oxford University Press 1963.

Richard A. JOSEPH, *Le mouvement nationaliste au Cameroun. Les origines sociales de l'UPC*. Paris, Karthala 1986.

Richard A. JOSEPH, *Democracy and Prebendal Politics in Nigeria. The Rise and Fall of the Second Republic*. Cambridge, Cambridge University Press 1989.

Carl Gustav JUNG, *Wandlungen und Symbole der Libido*. München, dtv 1997.

K

Richard W. KAEUPER, *War, Justice and Public Order: England and France in the Later Middle Ages*. Oxford, Oxford University Press 1988.

Ravi KANBUR, *La pauvreté et les dimensions sociales de l'ajustement structurel en Côte d'Ivoire*. Working Paper Nr. 2, Washington D. C., World Bank 1990.

Immanuel KANT, *Kritik der reinen Vernunft*. Werkausgabe Bd. 3. Frankfurt/Main, Suhrkamp (=stw 55) 1974.

Immanuel KANT, *Metaphysische Anfangsgründe der Rechtslehre*. Werkausgabe Bd. 8, Frankfurt/Main, Suhrkamp (=stw 190) 1977.

Mikael KARLSTROM, »On the Aesthetics and Dialogics of Power in the Postcolony«, *Africa* 73.1 (2003).

John KEANE (Hg.), *Civil Society and the State. New European Perspectives*. London, Verso 1988.

Michael KELLY, *Critique and Power. Recasting the Foucault/Habermas Debate.* Cambridge, MIT Press 1994.

Kathryn KENDALL, »Women in Lesotho and the (Western) Construction of Homophobia«, in E. BLACKWOOD und S. WIERINGA (Hg.), *Female Desires. Transgender Practices Across Cultures.* New York, Columbia University Press 1999.

Mary KINGSLEY, *Reisen in Westafrika.* Aus dem Englischen von Niels-Arne Münch. Wiesbaden, Edition Erdmann 2013.

Gavin KITCHING, *Class and Economic Change in Kenya. The Making of an African Petite-Bourgeoisie.* New Haven, Yale University Press 1980.

Martin KLEIN, »Social and Economic Factors in the Muslim Revolution in Senegambia«, *Journal of African History* 13.3 (1972), 419–441.

Alexandre KOJÈVE, *Introduction à la lecture de Hegel.* Paris, Gallimard 1947.

Alexandre KOJÈVE, *Hegel, Versuch einer Vergegenwärtigung seines Denkens.* Aus dem Französischen von Iring Fetscher und Gerhard Lehmbruch. Stuttgart, W. Kohlhammer Verlag 1958.

Ambroise KOM, »Writing under a Monocracy: Intellectual Poverty in Cameroon«, übersetzt von Ruthmarie H. Mitsch, *Research in African Literatures* 22.1 (1991), 83–92.

Igor KOPYTOFF (Hg.), *The African Frontier: The Reproduction of Traditional African Societies.* Bloomington, Indiana University Press 1987.

Jan KOTT, *The Eating of the Gods: An Interpretation of Greek Tragedy,* aus dem Polnischen von Boleslaw Taborski und Edward J. Czerwiinski. New York, Random House 1970.

Ahmadou KOUROUMA, *Monnè. Schmach und Ärger.* Aus dem Französischen von Vera Gärttling. Zürich/ Berlin, diaphanes Verlag 2013.

Ahmadou KOUROUMA, *Der Fürst von Horodouga.* Aus dem Französischen von Horst Lothar Teweleit. Berlin, Rütten & Loening 1978.

Friedrich KRATOCHWIL, »Of Systems, Boundaries, and Territory: An Inquiry into the Formation of the State System«, *World Politics* 39 (1986), 27–52.

Dimitris KYRTATAS, *The Social Structure of the Early Christian Communities.* London, Verso 1987.

L

Sony LABOU TANSI, *Verschlungenes Leben.* Aus dem Französischen von Bettina Kobold. Zürich, edition 8 1981.

Sony LABOU TANSI, *Les yeux du volcan.* Paris, Seuil 1988.

Sony LABOU TANSI, *Die tödliche Tugend des Genossen Direktor.* Aus dem Französischen von Uli Wittmann. Köln, Kiepenheuer & Witsch 1985.

Sony LABOU TANSI, *Les sept solitudes de Lorsa Lopez.* Paris, Seuil 1985.

Sony LABOU TANSI, *Die Heillose Verfassung.* Aus dem Französischen von Bettina Kobold. Zürich, Eco Verlag 1984.

Sony LABOU TANSI, *La Parenthèse de sang.* Paris, Hatier 1981.

Alain Labrousse, »La culture du pavot dans le district de Dir (Pakistan). Économie paysanne, productions illicites et alternatives de développement dans le contexte d'un conflit régional«, *Revue Tiers Monde* 33.131 (1992).

Jacques Lacan, *Das Seminar, Buch X. Die Angst.* Aus dem Französischen von Hans-Dieter Gondek. Wien/ Berlin, Turia + Kant 2010.

Jacques Lacan, *Die Ethik der Psychoanalyse. Das Seminar, Buch VII.* Wien/ Berlin, Turia + Kant 2016.

Jean-Pierre Lachaud (Hg.), *Pauvreté et marché du travail urbain en Afrique subsaharienne: analyse comparative.* Genf, Institut international d'études sociales 1994.

Gari Laguarida, »Santa Teresa and the Problem of Desire«, *Hispanica* 63 (1980), 523–530.

Pierre Lampué, Louis Rolland, *Précis de législation coloniale.* Paris, Dalloz 1940.

Christel Lane, *The Rites of Rulers. Ritual in Industrial Society: The Soviet Case.* Cambridge, Cambridge University Press 1981.

Robin Lane Fox, *Pagans and Christians.* New York, A. Knopf 1987.

B. Lang, »Yahvé seul! Origine et figure du monothéisme biblique«, *Concilium* 197 (1985).

Murray Last, »Reform in West Africa: The Jihad Movements of the Nineteenth Century«, in J. F. Ade Ajayi, Michael Crowder (Hg.), *History of West Africa,* Vol. 2. London, Longman 1988.

A. J. H. Latham, »Witchcraft Accusations and Economic Tension in Pre-Coloonial Old Calahar«, *Journal of African History* 13.2 (1972), 249–260.

A. J. H. Latham, »Currency, Credit and Capitalism on the Cross River in the Pre-Colonial Era«, *Journal of African History* 12.4 (1971), 249–260.

Robin Law, »The Politics of Commercial Transition: Factional Conflict in Dahomey in the Context of the Ending of the Atlantic Slave Trade«, *Journal of African History* 38.2 (1997), 213–234.

Robin Law, »Human Sacrifice in Pre-Colonial West Africa«, *African Affairs* 94.334 (1985), 53–87.

Robin Law, »Royal Monopoly and Private Enterprise in the Atlantic Trade: The Case of Dahomey«, *Journal of African History* 18 (1977), 555–577.

Robin Law, »Ideologies of Royal Power: The Dissolution and Reconstruction of Political Authority on the "Slave Coast", 1680–1750«, *Africa 57.3 (1987), 321–344.*

Robin Law (Hg.), *From Slave Trade to »Legitimate« Commerce. The Commercial Transition in Nineteenth-Century West Africa.* Cambridge, Cambridge University Press 1995.

Edmund Leach, *Culture and Communication: The Logic by Which Symbols Are Connected.* Cambridge, Cambridge University Press 1976.

Edmund Leach, *Political Systems of Highland Burma.* Cambridge, Harvard University Press 1954.

J. Leca, »La visite à la vieille dame«, doc.pol., runder Tisch, Aix-en-Provence, Oktober 1989.

Olivier Le Cour Grandmaison, *Coloniser, Exterminer. Sur la guerre et l'État colonial.* Paris, Fayard 2005.

René Lemarchand, *Burundi: Ethnocide as Discourse and Practice.* Cambridge, Cambridge University Press 1994.

Claude Lévesque, *Par-delà le masculin et le féminin.* Paris, Aubier 2002.

Alfred Loisy, *Les mystères païens et le mystère chrétien.* Paris, Émile Noury 1914.

John Lonsdale, »States and Social Processes in Africa«, *African Studies Review* 29.2–3 (1981).

John Lonsdale, »The European Scramble and Conquest in African History«, in *The Cambridge History of Africa,* Bd. 6. Cambridge, Cambridge University Press 1985, 680–766.

Nicole Loreaux, *Les expérience de Tirésias. Le féminin et l'homme grec.* Paris, Gallimard 1989.

Paul Lovejoy, Stephen Baier, »The Desert-Side Economy of the Central Sudan«, *International Journal of African Historical Studies* 7.4 (1975), 551–581.

Steven Lukes, »Political Ritual and Social Integration«, *Sociology* 9 (1975), 298–308.

Sarah G. Lynch, *Income Distribution, Poverty, and Consumer Preferences in Cameroon.* Cornell, Cornell Food and Nutrition Policy Program, Working Paper 16, 1991.

M

Janet MacGaffey, *Entrepreneurs and Parasites. The Struggle for Indigenous Capitalism in Zaïre.* Cambridge, Cambridge University Press 1988.

François-Régis Mahieu, »Principes économiques et société africaine«, *Revue Tiers Monde* 30.120 (1989), 725–753.

François-Régis Mahieu, *Les fondements de la crise économique en Afrique. Entre la pression communautaire et le marché international.* Paris, L'Harmattan 1990.

Louis Mallart Guimera, *Ni dos ni ventre.* Paris, Société d'ethnologie 1981.

Henri-Richard Manga Mado, *Complaintes d'un forçat.* Yaoundé, Clé 1969.

Patrick Manning, »Slaves, Palm Oil, and Political Power on the West African Coast«, *African Historical Studies* 2 (1969), 279–288.

Alain Marie (Hg.), *L'Afrique des individus.* Paris, Karthala 1997.

Alain Marie, »"Y a pas l'argent": L'endetté insolvable et le créancier floué, deux figures complémentaires de la pauvreté abidjanaise«, *Revue Tiers Monde* 36.142 (1995).

Guy de Maupassant, *Au soleil.* Paris, L. Conrad 1928.

Marcel Mauss, *Essai sur le don,* PUF, 2. Aufl. 2012 [1924].

Domenica Mazzù (Hg.), *Politiques de Cain. En dialogue avec René Girard.* Paris, Desclée de Brouwer 2004.

Achille Mbembe, »African Modes of Self-Writing«, *Public Culture* 14.1 (2002), 239–274

Achille MBEMBE, »Notes sur le pouvoir du faux«, *Le Débat* 118 (Jan/Feb 2002), 49–58.

Achille MBEMBE, »Domaine de la nuit et autorité onirique dans les maquis du Sud-Cameroun, 1955–1958«, *Journal of African History* 32.1 (1991), 89–121.

Achille MBEMBE, »Le Spectre et l'État. Des dimensions politiques de l'imaginaire historique dans le Cameroun postcolonial«, *Revue de la Bibliothèque nationale* 34 (1989), 2–13.

Achille MBEMBE, »L'État-historien«, in Ruben UM NYOBÈ (Hg.), *Écrits sous maquis*. Paris, L'Harmattan 1989, 10–42.

Achille MBEMBE, »Pouvoir des morts et langages des vivants. Les errances de la mémoire nationaliste au Cameroun«, *Politique africaine* 22 (1986).

Achille MBEMBE, »À propos des écritures africaines de soi«, *Politique africaine* 77 (2000), 16–43.

Achille MBEMBE, *Afriques indociles*. Paris, Karthala 1988.

Achille MBEMBE, »At the Edge of the World: Boundaries, Territoriality, and Sovereignty in Africa«, *Public Culture* 12.1 (2000).

Achille MBEMBE, »Pouvoir, violence et accumulation«, *Politique africaine* 42 (1990).

Achille MBEMBE, »Écrire l'Afrique à partir d'une faille«, *Politique africaine* 53 (1993).

Achille MBEMBE, Janet ROITMAN, »Figures of the Subject in Times of Crisis«, *Public Culture* 5.2 (1995).

Jennifer MCDOWELL, »Soviet Civil Ceremonies«, *Journal for the Scientific Study of Religion* 13.3 (1974), 265–279.

Pat MCGOWAN, Thomas H. JOHNSON, »African Military Coups d'État and Under-Development: A Quantitative Historical Analysis«, *Journal of Modern African Studies* 22.4 (1984), 633–666.

Jean-François MÉDARD, »The Underdeveloped State in Tropical Africa: Political Clientelism or Neo-Patrimonialism?«, in Christopher CLAPHAM (Hg.), *Private Patronage and Public Power. Political Clientelism in the Modern State*. London, Frances Pinter 1983.

Claude MEILLASSOUX, *Anthropologie de l'esclavage. Le ventre de fer et d'argent*. Paris, PUF 1986.

Claude MEILLASSOUX, *The Development of Indigenous Trade and Markets in West Africa*. London 1971.

Maurice MERLEAU-PONTY, *Phänomenologie der Wahrnehmung*. Aus dem Französischen von Rudolf Boehm. Berlin, de Gruyter 1966.

Maurice MERLEAU-PONTY, *Das Sichtbare und das Unsichtbare*. Aus dem Französischen von Regula Giuliani und Bernhard Waldenfels. München, Wilhelm Fink Verlag 1994.

Fatima MERNISSI, *Beyond the Veil. Male-Female Dynamics in Muslim Society*. London, Al Saqi Books 1975.

Fatima MERNISSI, *Scheherazade Goes West*. New York, Washington Square Press 2001.

Pierre MEUNIER, *Organisation et fonctionnement de la justice indigène en Afrique Occidentale française*. Paris 1914.

Birgit MEYER, »"Delivered From the Powers of Darkness": Confessions of Satanic Riches in Christian Ghana«, *Africa* 65.2 (1995), 236–255.

Pierre MICHEL, »De la notion de la transition: remarques épistémologiques«, *Cahiers internationaux de sociologie* 46 (1994), 214.

Christopher MILLER, *Blank Darkness*. Chicago, Chicago University Press 1985.

James MILLER, »Carnivals of Atrocity. Foucault, Nietzsche, Cruelty«, *Political Theory* 18.3 (1990), 470–491.

Joseph MILLER, *Way of Death*. Madison, University of Wisconsin Press 1988.

Joseph C. MILLER, »The Paradoxes of Impoverishment in the Atlantic Zone«, in David Birmingham, Phyllis M. Martin (Hg.), *History of Central Africa, Volume 1*. London, Longman 1990, 118–159.

Timothy MITCHELL, *Colonizing Egypt*. Cambridge, Cambridge University Press 1988.

Arnaldo MOMIGLIANI, *The Conflict Between Paganism and Christianity in the Fourth Century*. Oxford, Oxford University Press 1963.

Celestin MONGA, *Anthropology of Anger. Civil Society and Democracy in Africa*. Boulder, Lynne Rienner 1996.

Olivier MONGIN, »Création et culture à l'âge postcolonial«, *Esprit* (März–April 2003), 316–332.

MONTESQUIEU, *Vom Geist der Gesetze*, Tübingen, H. Laupp'sche Buchhandlung 1951.

H. MONO NDJANA, *L'idée sociale chez Paul Biya*. Yaoundé, Université de Yaoundé 1985.

Dunbar MOODIE, »Black Migrant Mine Labourers and the Vicissitudes of Male Desire«, in Robert MORRELL (Hg.), *Changing Men in Southern Africa*. London, Zed Books 2001.

Edmund D. MOREL, *Red Rubber. The Story of the Rubber Slave Trade Flourishing on the Congo in the Year of Grace 1906*. New York, Negro University Press 1908.

Siegfried MORENZ, *Ägyptische Religion*. Stuttgart, Kohlhammer 1960.

Alain MORICE, »Guinée 1985. État, corruption et trafics«, *Les Temps modernes* 487 (1987), 108–136.

Charles F. D. MOULE, *Jesus and the Politics of His Day*. Cambridge, Cambridge University Press 1984.

Valentin-Y. MUDIMBE, *L'Odeur du père*. Paris, Présence africaine 1977.

Valentin-Y. MUDIMBE,*The Idea of Africa*. Bloomington, Indiana University Press 1994.

Valentin-Y. MUDIMBE, *The Invention of Africa*. Bloomington, Indiana University Press 1988.

Valentin-Y. MUDIMBE (Hg.), *The Surrepetitious Speech*. Chicago, Chicago University Press 1992.

Stephen O. MURRAY, Will ROSCOE (Hg.), *Boy-Wives and Female Husband. Studies of African Homosexualities*. New York, St Martin's Press 1998.

N

Jean-Luc NANCY, *L'expérience de la liberté*. Paris, Galilée 1988.

Basile NDJIO, »Le carrefour de la joie ...«, Manuskript, 2004.

Amy NEFF, »The Pain of Compassion: Mary's Labor at the Foot of the Cross«, *Art Bulletin* 80 (1998), 254–275.

Joan NELSON (Hg.), *Economic Crisis and Policy Choice: The Politics of Adjustment in the Third World*. Princeton, Princeton University Press 1990.

Catharine NEWBURY, »Dead and Buried, or Just Underground? The Privatization of the State in Zaïre«, *Canadian Journal of African Studies* 18.1 (1984).

Pierre Flambeau NGAYAP, *Cameroun. Qui gouverne?* Paris, L'Harmattan 1984.

Friedrich NIETZSCHE, *Die Geburt der Tragödie. Unzeitgemäße Betrachtungen*. Berlin/ New York, de Gruyter 1988.

Friedrich NIETZSCHE, *Das griechische Musikdrama*. Werke. Kritische Gesamtausgabe, Berlin/New York, de Gruyter, 1967.

O

Ben OKRI, »Stars of a New Curfew«, in *Stars of a New Curfew*, London, Vintage 1999.

Ben OKRI, »What the Tapster Saw«, in *Stars of a New Curfew*. London, Vintage 1999.

B. OLATUNIJI OLORUNTIMEHIN, »The Impact of the Abolition Movement on the Social and Political Development of West Africa in the Nineteenth and Twentieth Centuries«, *Ibadan* 7.1 (1972), 33–58.

Tejumola OLAYINAN, »Narrativizing Postcoloniality: Responsiblities«, *Public Culture* 5.1 (1992), 47–55.

Yambo OUOLEGEM, *Le devoir de violence*. Paris, Seuil 1968.

Oyewùmí OYÈRÒNKÉ, »Family Bonds/ Conceptual Binds: African Notes on Feminist Epistemologies«, *Signs* 24.5 (2000).

Oyewùmi OYÈRÒNKÉ, »Conceptualizing Gender: The Eurocentric Foundations of Feminist Concepts and the Challenge of African Epistemologies«, *Jenda* 2.1 (2002).

P

Melvin E. PAGE, »The Manyema Hordes of Tippu Tipp«, *International Journal of African Historical Studies* 1 (1974), 69–84. John Pemberton, »Disempowerment Not«, *Public Culture* 5.1 (1992), 83–88.

Sandrine PERROT, »Entrepreneurs de l'insécurité. La face cachée de l'armée ougandaise«, *Politique africaine* 75 (1999), 60–71.

Pauline E. PETERS, »Manœuvres and Debates in the Interpretation of Land Rights in Botswana«, *Africa* 62.3 (1992), 413–434.

Emilien PETIT, *Droit public ou gouvernement des colonies françaises d'après les lois faites pour ces pays.* Paris, Librairie Paul Geuthner 1771.

Jean-Philippe PLATTEAU, »Mutual Insurance as an Elusive Concept in Traditional Rural Communities«, *The Journal of Development Studies* 33.6 (1997), 764–796.

William PIETZ, »The Problem of the Fetish, I«, *RES* 9 (1987), 5–17.

William PIETZ, »The Problem of the Fetish, II«, *RES* 13 (1987), 23–45.

James R. PLETCHER, »The Political Uses of Agricultural Markets in Zambia«, *Journal of Modern African Studies* 24.4 (1986), 603–618.

John G. A. POCOCK, *Virtue, Commerce, and History.* Cambridge, Cambridge University Press 1991.

Karl POLANYI, *Dahomey and the Slave Trade.* Seattle, University of Washington Press 1966.

Krysztof POMIAN, *L'ordre du temps.* Paris, Gallimard 1984.

Deborah A. POOLE, »Accomodation and Resistance in Andean Ritual Dance«, *The Drama Review* 34.2 (1990), 98–126.

Gyan PRAKASH, *After Colonialism: Imperial Histories and Postcolonial Displacements.* Princeton, Princeton University Press 1995.

Gyan PRAKASH, »Subaltern Studies as Postcolonial Criticism«, in *American Historical Review* 99.5 (1994), 1475–1490.

Peter PROBST, »*Mchape* '95, or, the Sudden Fame of Billy Goodson Chisupe«, *Africa* 69.1 (1999), 108–137.

Q

Ato QUAYSON, »Breaches in the Commonsense«, *African Studies Review* 44.2 (2001), 151–166.

Ato QUAYSON, *Postcolonialism: Theory, Practice or Process?* Cambridge, Polity Press 2000.

R

Anne RAFFENEL, *Nouveau voyage au pays des nègres,* vol. 1. Paris, De Napoléon Chaix et Cie 1856.

Terence RANGER et al., *The Invention of Tradition.* Cambridge, Cambridge University Press 2012.

Otto RANK, *La volonté du bonheur.* Paris, Stock 1972.

Godwin RAPANDO LURUNGA, »Urban Violence in Kenya's Transition to Pluralist Politics, 1982–1992«, *African Development* 24.1–2 (1999), 165–198.

Wilhelm REICH, *Die Funktion des Orgasmus.* Leipzig/ Wien/ Zürich, Internationaler Psychoanalytischer Verlag 1927.

William RENO, *Corruption and State Politics in Sierra Leone.* Cambridge, Cambridge University Press 1995.

Henri REY-FLAUD, *Le Démenti pervers. Le refoulé et l'oublié.* Paris, Aubier 2002.

Stephen REYNA (Hg.), *Land and Society in Contemporary Africa.* Hannover, University Press of New England 1988.

Stephen P. Reyna, *Wars Without End. The Political Economy of a Precolonial African State.* Hanover, University Press of New England 1990.

Robert L. Richards, »Production and Reproduction in Warrior States: Segu Bambara and Sugu Tokolor, c. 1712–1890«, *International Journal of African Historical Studies* 13 (1980), 389–419.

John K. Riches, *Jesus and the Transformation of Judaism.* London, Longman & Todd 1980.

Paul Ricoeur, *Le Conflit des interprétations. Essais d'herméneutique.* Paris, Seuil 1969.

Theodore H. Robinson, *The Decline and Fall of the Hebrew Kingdoms. Israel in the Eighth and Seventh Centuries B. C.* Oxford, Clarendon Press 1926.

Janet Roitman, »Le pouvoir n'est pas souverain. Nouvelles autorités régulatrices et transformations de l'État dans le Bassin du lac Tchad«, in Béatrice Hibou (Hg.), *La privatisation des États.* Paris, Karthala 1999, 163–196.

Janet Roitman, »The Garrison-Entrepôt«, *Cahiers d'études africaines* 38.150 (1998), 297–329.

Michel Rolph-Trouillot, »The Vulgarity of Power«, *Public Culture* 5.1 (1992), 75–81.

Pierre Ronsanvallon, *Le Peuple introuvable. Histoire de la représentation démocratique en France.* Paris, Gallimard 1998.

Pierre Rosanvallon, *Le sacre du citoyen.* Paris, Gallimard 1994.

Eric de Rosny, *Les yeux de ma chèvre.* Paris, Plon 1977.

Donald Rothchild (Hg.), *Ghana: The Political Economy of Recovery.* Boulder, Lynne Rienner Publications 1991.

Donald Rothchild, Naomi Chazan (Hg.), *The Precarious Balance. State and Society in Africa.* Boulder, Westview Press 1988.

Rudolph Rudin, *The Germans in Cameroon.* New Haven, Yale University Press 1938.

Margo Russel, »Beyond Remittances: The Redistribution of Cash in Swazi Society«, *Journal of Modern African Studies* 22.4 (1984), 595–615.

S

Fabrizio Sabelli, *Le pouvoir des lignages en Afrique.* Paris, L'Harmattan 1986.

Ghassan Salamé, »Sur la causalité d'un manque: pourquoi le monde arabe n'est-il donc pas démocratique?«, *Revue française de science politique* 41.3 (1991).

Edward Said, *Orientalismus.* Aus dem Amerikanischen von Hans Günter Holl. München, S. Fischer, 4. Aufl. 2009.

Jules Saintoyant, *La colonisation française pendant la période napoléonienne (1799–1815).* Paris, La Renaissance du Livre 1931.

Albert Sarraut, *La mise en valeur des colonies françaises.* Paris, Payot et Cie 1923.

Jean-Paul Sartre, *Das Sein und das Nichts.* Aus dem Französischen von Traugott König. Hamburg, Rowohlt, 10. Aufl. 1993.

Williams SASSINE, *Le Zébéros n'est pas n'importe qui.* Paris, Présence africaine 1985.

Jean-François de SAUVERZAC, *Le désir sans foi ni loi. Lecture de Lacan.* Paris, Aubier 2000.

Hector E. SCHAMIS, »Distributional Coalitions and the Politics of Economic Reform in Latin America«, *World Politics* 51.2 (1999), 236–268.

Michael G. SCHATZBERG, »Power, Language and Legitimacy in Africa«, Vortrag bei der Konferenz zu »Identity, Rationality, and the Postcolonial Subject: African Perspectives on Contemporary Social Theory«, Columbia University, New York, 28. Februar 1991.

Michael G. SCHATZBERG, *The Dialectics of Oppression in Zaire.* Bloomington, Indiana University Press 1988.

Monique SCHNEIDER, *Généalogie du masculin.* Paris, Aubier 2000.

Gerschom SCHOLEM, *Fidélité et utopie. Essais sur le judaïsme contemporain.* Paris, Calman-Lévy 1978.

Arthur SCHOPENHAUER, *Die Welt als Wille und Vorstellung.* Zweiter Band, Zürcher Ausgabe. Werke in zehn Bänden. Band 4, Zürich 1977.

James SCOTT, *Domination and the Arts of Resistance: The Hidden Transcript.* New Haven, Yale University Press 1990.

James SCOTT, *Weapons of the Weak.* New Haven, Yale University Press 1985.

James SCOTT, »Prestige as the Public Discourse of Domination«, *Cultural Critique* 12 (1989), 145–166.

Léopold SÉDAR SENGHOR, *Œuvre poétique.* Paris, Seuil 1980.

Rosalind SHAW, »The Production of Witchcraft/ Witchcraft as Production: Memory, Modernity and the Slave Trade in Sierra Leone«, *American Ethnologist* 24 (1997), 856–876.

Parker SHIPTON, Mitzi GOHEEN, »Understanding African Land-Holding: Power, Wealth, and Meaning«, *Africa* 62.3 (1992), 307–325.

Ella SHOHAT, »Notes on the "Post-Colonial"«, in *Social Text* 31–32 (1992), 84–113.

François SIGAUT, »Critique de la notion de domenstication«, *L'Homme* 28.4 (1988), 59–71.

Morris SILVER, *Prophets and Markets. The Political Economy of Ancient Israel.* Boston, Kluwer-Nijhoff Publishing 1983.

Gayatri SPIVAK, *Kritik der postkolonialen Vernunft. Hin zu einer Geschichte der verrinnenden Gegenwart.* Aus dem Englischen von Nadine Böhm-Schnitker et al. Stuttgart, Kohlhammer 2013.

Hendrik SPRUYT, *The Sovereign State and Its Competitors.* Princeton, Princeton University Press 1995.

Lorenz von STEIN, »On Taxation«, in Musgrave & Peacock, *Classics in the Theory of Public Finance.* New York, MacMillan 1967, 28–36.

C. C. STEWART, »Frontier Disputes and Problems of Legitimation: Sokoto-Macina Relations, 1817–1837«, *Journal of African History* 17.4 (1976), 495–514.

David SYLVESTER, *Interviews with Francis Bacon.* New York, Thames and Hudson 1981.

T

Roger TANGRI, »Servir ou se servir? À propos du Sierra Leone«, *Politique africaine* 6 (1982), 5–18.

Charles TAYLOR, *Multiculturalism.* Princeton, Princeton University Press 1994.

Charles TAYLOR, »Modes of Civil Society«, *Public Culture* 3.1 (1990), 99–118.

Michael TAUSSIG, *Shamanism, Colonialism and the Wild Man. A Study in Terror and Healing.* Chicago, University of Chicago Press 1988.

Samy TCHAK, *La Place des fêtes.* Paris, Gallimard 2001.

Emmanuel TERRAY, *Une histoire du royaume abron du Gyaman.* Paris, Karthala 1995.

Françoise THOM, *La Langue de bois.* Paris, Julliard 1987.

John W. THOMAS, Merilee S. GRINDLE, »After the Decision: Implementing Policy Reforms in Developing Countries«, *World Development* 18.8 (1990), 1163–1181.

Charles TILLY, *The Formation of National States in Western Europe.* Princeton, Princeton University Press 1975.

Elizabeth TONKIN, »Masks and Powers«, *Man (N.S.)* 14 (1979), 237–248.

Comi TOULABOR, *Le Togo sous Eyadéma.* Paris, Karthala 1986.

Comi TOULABOR, »Jeu de mots, jeux de vilain. Lexique de la dérision politique au Togo«, *Politique africaine* 3 (1981), 55–71.

Alain TOURAINE, *Critique de la modernité.* Paris, Fayard 1992.

James TULLY, *Strange Multiplicity. Constitutionalism in an Age of Diversity.* Cambridge, Cambridge University Press 1995.

Amos TUTUOLA, *Der Palmweintrinker. Ein modernes Märchen aus Afrika.* Aus dem Englischen von Walter Hilsbecher. Berlin, Volk und Welt 1970.

U

Geoffrey R. D. UNDERHILL, »Markets Beyond Politics? The State and the Internationalization of Financial Markets«, *European Journal of Political Research* 19 (1991), 197–225.

Micheal URBAN, »Centralisation and Elite Circulation in a Soviet Republic«, *British Journal of Political Science* 19.1 (1989).

Tchicaya U'TAMSI, *La Main sèche.* Paris, Présence africaine 1978.

V

Leroy VAIL, *The Creation of Tribalism in Southern Africa.* London, James Currey 1989.

Patrick VANDEMEERSCH, *La Chair de la passion.* Paris, Éditions du Cerf 2002.

Laurens VAN DER LAAN, Wim VAN HAAREN, *African Marketing Boards Under Structural Adjustment: The Experience of Sub-Saharan Africa during the 1980's*, Leiden, Africa Studie Centrum, Working Paper Nr. 13, 1990.

Megan VAUGHAN, *Curing Their Ills. Colonial Power and African Illness.* Stanford, Stanford University Press 1991.

Françoise VERGÈS, *Abolir l'esclavage, une utopie coloniale.* Paris, Albin Michel 2001.

Paul VEYNE, »Clientèle et corruption au service de l'État: la vénalité des offices dans le Bas-Empire romain«, *Annales. Économies, sociétés, civilisations* 36.3 (1981), 339–360.

Paul VEYNE, *Brot und Spiele. Gesellschaftliche Macht und politische Herrschaft in der Antike.* Aus dem Französischen von Klaus Laermann. Frankfurt/ New York, Campus 1992.

Claudine VIDAL, *Sociologie des passions.* Paris, Karthala 1991.

W

Jean-Pierre WARNIER, *L'esprit d'entreprise au Cameroun.* Paris, Karthala 1993.

Jeremy WEATE, »Achille Mbembe and the Postcolony Going Beyond the Text«, *Research in African Literatures,* 34.4 (2003), 27–56.

Max WEBER, *Wirtschaft und Gesellschaft.* Tübingen, Paul Siebeck 1922.

Max WEBER, *Wirtschaftsgeschichte. Abriss der universellen Sozial- und Wirtschaftsgeschichte.* Berlin, Duncker & Humblot 1991.

Max WEBER, *Gesammelte Aufsätze zur Religionssoziologie.* Band 2, Tübingen, 1986, 537–573.

Max WEBER, *Die protestantische Ethik und der Geist des Kapitalismus.* In Gesammelte Aufsätze zur Religionssoziologie. Band 1, Tübingen, Mohr Siebeck, 8. Aufl.1986.

Moshe WEINFELD, »The Transition from Tribal Republic to Monarchy in Ancient Israel and its Impression on Jewish Political History«, in Daniel J. ELAZAR (Hg.), *Kinship and Consent. The Jewish Political Tradition and Its Contemporary Uses.* Boston, University Press of America 1983, 151–168.

Nira WICKRAMASINGHE, »A Comment on ›African Modes of Self-Writing‹«, in *Identity, Culture and Politics* 2 (2001), 37–42.

Sean WILENTZ, *Rites of Power. Symbolism, Ritual, and Politics Since the Middle Ages.* Philadelphia, University of Pennsylvania Press 1985.

Ivor WILKS, *Asante in the Nineteenth Century.* Cambridge, Cambridge University Press 1975.

Henry S. WILSON (Hg.), *Origins of West African Nationalism.* London, Macmillan 1969.

K. B. WILSON, »Cults of Violence and Counterviolence in Mozambique«, *Journal of Southern African Studies* 18.3 (1992), 527–582.

Y

Crawford YOUNG, *The African Colonial State in Comparative Perspective.* New Haven, Yale University Press 1997.

Crawford YOUNG, Thomas E. TURNER, *The Rise and Decline of the Zairian State.* Madison, University of Wisconsin Press 1985.

Iris YOUNG, *Justice and the Politics of Difference.* Princeton, Princeton University Press 1990.

Iris YOUNG, *Inclusion and Democracy.* Oxford, Oxford University Press 2000.

Robert J. C. YOUNG, *Postcolonialism: A Historical Introduction.* London, Blackwell 2001.

Robert J. C. YOUNG, *Colonial Desire: Hybridity in Theory, Culture and Race.* London, Routledge 1995.

Robert J. C. YOUNG, *White Mythologies: Writing History and the West.* London, Routledge 1990.

Z

Dominique ZAHAN, *La Viande et la graine.* Paris, Présence africaine 1969.

Aristide ZOLBERG et al., »International Factors in the Formation of Refugee Movements«, *International Migration Review* 20.1 (1986), 151–169.

El-ZUBEIR Pasha, *Black Ivory, or the Story of El-Zubeir Pasha, Slaver and Sultan, as Told by Himself, put on record by H. C. Jackson.* New York 1970.

SONDERNUMMERN VON ZEITSCHRIFTEN

»The Politics of Primary Patriotism«, *Africa* 68.3 (1998)

»States and Social Processes in Africa: A Historiographical Survey«, *African Studies Review* 24.2–3 (1981)

Alter 3 (1995)

»Réparations, restitutions, réconciliations«, *Cahiers d'études africaines* 173–4 (2004)

»Disciplines et déchirures. Les formes de la violence«, *Cahiers d'études africaines* 150–2 (1998)

»Vérité, réconciliation, réparation«, *Le genre humain* 43 (2004)

»Intellectuels en diaspora et théories nomades«, *L'Homme* 156 (2000)

»L'Héritage colonial: un trou de mémoire«, *Hommes & Migrations* 1228 (2000)

»Objets du fétichisme«, *Nouvelle Revue de Psychanalyse* 2 (1970)

»L'État en voie de privatisation«, *Politique africaine* 73 (1999)

»Violence et pouvoir«, *Politique africaine* 42 (1991)

»État et sociétés nomades«, *Politique africaine* 34 (1989)

»Le pouvoir de tuer«, *Politique africaine* 2.7 (1982)

»Les massacres de Katekelayi et de Luamuela«, *Politique africaine* 6 (1982), 72–106.

»In the Company of Animals«, *Social Research* 62.3 (1995)